KB105318

테슬라
마스터 플랜

테슬라 마스터 플랜

초판 1쇄 발행 | 2024년 8월 25일
초판 2쇄 발행 | 2024년 8월 30일

지은이 | 이선
발행인 | 안유석
책임편집 | 고병찬
교정교열 | 하나래
디자이너 | 오성민
펴낸곳 | 처음북스
출판등록 | 2011년 1월 12일 제2011-000009호
주소 | 서울시 강남구 강남대로 374 스파크플러스 강남 6호점 B229호
전화 | 070-7018-8812
팩스 | 02-6280-3032
이메일 | cheombooks@cheom.net
홈페이지 | www.cheombooks.net
인스타그램 | @cheombooks
ISBN | 979-11-7022-285-9 03320

TESLA

일론 머스크가 직접 써 내려간 **미래 비전**

테슬라 마스터 플랜

MASTER PLAN

이선 지음

처음북스

테슬라 혁신의 시작,
프리몬트 공장

언론 보도와 다른 현실

일론 머스크^{Elon Musk}가 단순히 전기차 제조사 대표였다면, 미국에서 심각한 기후 변화와 급진적으로 발전하는 인공 지능^{AI} 기술을 체험하지 않았다면, 화려하고 깔끔한 회사만 방문하고 용광로와 분진과 열기로 가득한 제조 현장을 방문하지 않았다면, 중국에서 로봇과 전기차의 급성장을 목격하지 않았다면, 독일에서 소프트웨어 서비스 수준이 낮다는 것을 체감하지 않았다면, 일본에서 전기차를 격렬히 반대하는 것을 목격하지 않았다면 이 책을 쓰지 않았을 것이다.

특히 2024년에 스페이스X 본사에서 팰컨 9^{Falcon 9}의 1단 로켓을 목격하면서 압도되었다. 이 로켓은 국제우주정거장^{International Space Station, ISS}에 6톤의 물자를 배송한 후 원하는 지점에 착륙할 수 있다. 무거운 물건을 탑재한 로켓을 안전하게 발사하고, 재활용해 발사 비용을 낮추는 기술은 미국, 중국, 러시아 정부 기관들도 해내지 못한 성과다.

일론 머스크에 대한 호불호를 떠나, 그의 발언은 각국의 정치와 경제에 큰 영향을 미치고 있다. 사람들은 그를 통해 산업과 과학의 미래를 보고 싶어 한다. 그가 이미 오래전에 발언한 주장은 오늘날 강력한 AI의 등장과 기후 위기, 핵무기 등 지구를 멸망시킬 방법이 차고 넘치는 상황으로 증명되고 있다. 그의 주장과 테슬라, 스페이스X의 성과들을 종합해 보면 매우 흥미로운 질문 하나가 떠오른다. 과연 인간은 언제 화성에 착륙할 수 있을까?

1910년대, 1950년대, 1970년대, 그리고 1990년대에 내연 기관 자동차 업계는 전기차와의 전쟁에서 승리할 때마다 향후 반세기 동안 제대로 된 전기차가 등장하지 않을 것이라고 주장했다. 스페이스X가 설립될 무렵에도 많은 이들이 실패할 것이라 예견하며, 일론 머스크를 미쳤다고 비난했다. 그러나 머스크는 화성 진출을 위한 시간을 벌기 위해 기후 위기를 최대한 늦춰야 한다고 생각했고, 이에 테슬라의 성공을 위해 부단히 노력했다.

이런 기업을 설립한 인물을 감정적으로 대하기(맹목적인 투자)보다는 학습의 대상으로 분석하는 것이 중요하다. 따라서 필자는 머스크에 관한 다양한 의문을 세계 각국에서 추적해 풀어낸 내용을 이 자리에서 공개하고자 한다. 매년 미국에 머물 때마다 그의 발언과 행동이 우리나라보다 더 큰 영향력을 미친다는 것을 실감하기 때문이다.

2023년, 필자는 미국 캘리포니아주 실리콘 밸리 외곽의 소도시 프리몬트를 방문했다. 호텔에서 보낸 첫날 밤은 잊을 수 없다. 많은 객실의 문틈 사이로 지독한 마리화나 냄새가 새어 나왔다. 호텔에서 환기를 위해 유리창을 열자, 최첨단 기술의 상징인 테슬라 공장이 보였다. 거대한 테슬라 공장을 바라보니 몇 가지 질문이 떠올랐다. 테슬라의 자율 주행 기술이 현재 자동차 산업에서 어떤 위치에 있는지, 경쟁사 대비 우위 요소는 무엇인지, 그리고 세계 여러 기업이 왜 긴장하는지 궁금했다.

테슬라는 전기차와 에너지 저장 솔루션의 대중화를 목표로 하는 과정에

호텔 창문으로 바라본 테슬라 공장은 북미에서 가장 많은 자동차를 생산하는 공장으로 성장했다.
(미국 캘리포니아 프리몬트 공장, 2023)

서 여러 기술적 및 시장적 도전 과제에 직면해 있다. 이를 극복하기 위한 테슬라의 전략은 무엇일까? 또한, 머스크의 리더십 스타일이 테슬라의 혁신과 기업 문화에 어떤 영향을 미쳤는지도 궁금했다. 이러한 영향은 긍정적이었을까, 아니면 부정적인 측면도 있었을까? 곧바로 마리화나 흡연으로 논란을 일으킨 그의 모습이 떠올랐다. 캘리포니아에서는 기호용 대마초가 합법이지만, 생방송 중에 세계적인 기업의 수장이 마리화나를 흡연하는 것은 결코 긍정적으로 보일 수 없다.

2018년 9월, 일론 머스크가 생방송에서 대마초를 흡연하자 수많은 언론이 그를 악동이라고 비난했다. 당시 머스크는 코미디언 조 로건^{Joe Rogan}이 진행하는 팟캐스트에 출연했다.[1] 약 2시간 30분의 방송 중, 머스크는 2시간 동안 로건과 흥미로운 주제를 두고 토론했다. 머스크는 뉴럴링크^{Neuralink}의 목적, AI가 정치와 사회에 미칠 영향, 테슬라의 자율 주행 기술 등 다양한 주제에 관한 생각을 밝혔다. 만약 인터뷰가 이렇게 끝났다면, 그는 테슬라와 스페이스X를 이끄는 고도의 지적 능력을 보여 주며 정신 상태가 위태

테슬라 마스터 플랜

롭지 않다는 것을 증명했을 것이다.

그때 로건은 멕시코에서 가져온 대마초를 머스크에게 권했다. 머스크는 처음에 그것을 일반적인 시가로 알았고, 평소 대마초를 즐기지 않던 그는 호기심에 한 모금만 피웠다. 그는 촬영 장소가 캘리포니아이기에 대마초를 피우는 것이 합법이라는 점을 보여 주려 했다. 머스크는 대마초를 피운 것에 큰 의미를 두지 않았다. 이는 방송 중에 자연스러운 행동으로 해석될 수 있다.

그러나 이튿날 언론은 그의 기행 때문에 테슬라가 망할 것이라고 비판했고, 주가도 하락했다. 설상가상으로 미국 항공우주국National Aeronautics and Space Administration, NASA과 미국 공군도 곧바로 머스크의 정신 건강 상태를 조사했다. 당시 스페이스X는 공군의 군사 위성 발사 계약을 맺었고, NASA와는 상업용 승무원 프로그램Commercial Crew Program 등 여러 프로젝트를 진행 중이었다. 명령과 체계, 관습에 익숙한 조직에서는 머스크의 행동을 이해하기 어려웠을 것이다.

머스크의 전기를 집필한 월터 아이작슨Walter Isaacson에 따르면, 머스크는 대마초를 한 모금 피운 그날 이후로 수년간 약물 검사를 받았다.[2] 그러나 검사 결과에서 불법 약물은 발견되지 않았다. 이 사건은 머스크의 인생과 경력을 이해하는 것을 더 복잡하게 만들었다. 2023년 내내 여러 한국 언론은 자율 주행 사망 사고, 전기차 화재, 주가 폭락, 머스크의 기행 등 자극적인 내용을 보도하며 테슬라가 곧 망할 것처럼 보도했다. 심지어 전기차 시대의 종말이 찾아온 것처럼 분위기를 조성했다. 반면 실제 미국에서는 무수한 전기차가 카 캐리어에 운반되고 있는 모습을 볼 수 있다는 점이 아이러니했다.

캘리포니아의 대도시 로스앤젤레스로 이동하면서 도로를 지켜봤다. 모델 Y와 모델 3가 계속해서 지나가는 모습을 보니 우리나라에서는 볼 수 없는 변화를 목격해 혼란스러웠다. 2017년 4분기 동안 테슬라는 총 29,870

대의 차량을 인도했다. 그 중 모델 S는 15,200대, 모델 X는 13,120대였으며, 모델 3는 1,550대에 그쳤다.[3] 그러나 2023년 4분기 모델 S와 모델 X의 생산량은 18,212대, 모델 3와 모델 Y의 생산량은 총 476,777대다. 테슬라는 2023년에 총 1,845,985대를 생산해 1,808,581대를 인도했다.[4]

테슬라가 100만 대의 전기차를 생산하는 데 12년이 걸렸다. 그러나 2023년 3월 무렵, 400만 대를 생산하는 데는 단 7개월밖에 걸리지 않았다. 테슬라 공장에서 어떤 혁신이 일어났던 것일까? 왜 여전히 테슬라를 인정하지 않는 사람들이 많은 것일까? 테슬라는 기술적으로 무엇을 증명해야 온전한 기업으로 평가받을까? 자율 주행 기술일까, 저가형 모델 출시일까, 아니면 휴머노이드 로봇의 대량 생산일까? 이 책은 이러한 일론 머스크에 대한 의문을 해소하기 위해 지난 5년 동안 미국, 중국, 독일, 일본에서 만난 테슬라의 흔적을 따라가며 밝혀낼 것이다.

이 책을 집필하는 데 결정적인 역할을 했던 애슐리 반스Ashlee Vance의 《일론 머스크Elon Musk》, 찰스 모리스Charles Morris의 《테슬라Tesla》, 팀 히긴스Tim Higgins의 《파워 플레이Power Play》, 월터 아이작슨의 《일론 머스크Elon Musk》 등 테슬라 관련 저서들을 분석하면서 그 한계점을 발견했기 때문이다.

이 책들은 머스크와 미국 산업의 특성을 이해하는 데 훌륭한 영감을 제공했지만, 모두 미국의 관점에서 테슬라를 설명하고 있다. 질주하는 테슬라를 향한 세계적인 평가에 관한 조사는 상대적으로 약한 편이다. 무엇보다 중요한 발표인 마스터 플랜 3Master Plan Part 3를 집중해서 분석하지 않았고, 테슬라가 몰락의 위기를 겪고 있었던 시기에 초점을 맞추고 있다.

따라서 이러한 한계를 극복하고 최신 정보를 분석하기 위해, 테슬라 최초의 전기차 로드스터부터 사이버트럭까지 실물을 살펴보고 관련 기술을 조사했으며, 테슬라 임직원 출신들이 설립한 기업들도 인터뷰했다. 인터넷이 아닌 직접 실물을 보고 만져야만 얻을 수 있는 정보가 있기 때문이다.

테슬라의 시대는 끝난 것일까?

2017년 7월, 프리몬트 공장에서 직원과 투자자들 앞에서 첫 번째 모델 3 전달식이 열렸다. 이때 일론 머스크는 생산 과정의 어려움에도 멈추지 말고 전진하자고 강조했다. 머스크는 테슬라가 최소 6개월 이상 생산 지옥 production hell에 빠질 것으로 예상했다. 이 단계를 극복하면 모델 3를 매년 50만 대 생산할 수 있다고 선언했다. 머스크의 계획대로라면 2018년 중반부터 모델 3의 월평균 생산량은 2만 대여야 했다. 그러나 테슬라가 모델 3를 본격적으로 양산한 2017년 3분기 납차 대수는 260대였고, 4분기에도 1,542대에 그쳤다.[5]

당시 테슬라는 대량 생산 경험이 부족해 온전한 생산 시스템을 구축하기 어려웠다. 이듬해 일론 머스크의 표현대로 생산 지옥을 경험했고, 이 험난한 과정을 견디지 못한 최고 경영진 중 상당수가 조직을 떠났다. 많은 언론이 테슬라의 몰락을 예측했다. 그러나 2023년 1분기 기준, 모델 Y는 미국 자동차 시장에서 픽업트럭을 제외하고 판매량 1위, 유럽 전 차종에서 판매량 1위, 중국 SUV 부문에서 판매량 1위를 기록했다. 여러 언론이 테슬라의 몰락을 예측했지만, 테슬라는 성공적으로 살아남았다.

그렇다면, 생산량 급증의 비결은 무엇일까? 이러한 호기심을 해결하기 위해 테슬라의 생산 공정과 공장 자동화를 기술적으로 분석했다. 이를 위해 토요타 본사가 운영하는 기술 박물관을 방문해 직원을 인터뷰하면서 전통적인 제조 기법과 테슬라가 추구하는 방향성의 차이를 알게 되었다.

앞으로, 테슬라가 생산 지옥을 극복하기 위해 취한 구체적인 기술적 혁신과 운영 전략을 소개할 것이다. 예를 들어, 고도로 자동화된 생산 라인, 소프트웨어 관점에서 바라본 제조 공법, 공급망 최적화 등을 다룰 것이다. 또한, 독일에서는 모델 Y와 사이버트럭에 탑재된 기가 캐스팅Giga Casting의 실물을 보고, 테슬라 차체를 분해하는 컨설팅 기업을 인터뷰했다. 이를 통해 테슬라가 어떻게 생산 효율성을 극대화했는지, 기가 캐스팅 기술이 차체 제조 과정을 어떻게 단순화하고 비용을 절감하는지 등을 본문에서 자세히 설명할 것이다.

　무수히 많은 테슬라 전기차가 주행하는 모습은 우리나라에서는 좀처럼 보기 힘들다. 그리고 언론의 부정적인 뉴스를 지나치게 접하다 보면 테슬라뿐만 아니라 미국이 주도하는 신기술을 신기루처럼 생각할 수도 있다. 2024년 1월, 테슬라가 지난해 4분기 실적을 발표하자 주가는 현지 시각 기준 25일에 12% 이상 폭락했다. 이대로 테슬라의 시대가 끝난 것일까?

　연일 부정적인 보도가 쏟아질 무렵, 샌디에이고에서 시작해 로스앤젤레스를 지나 샌프란시스코를 거쳐 캘리포니아 북단으로 이어지는 주간 고속도로 제5호선Interstate 5을 운전했다. 고속도로에는 테슬라 전기차가 매년 더 많아진 듯 보였다. 캘리포니아 도로에서 자주 보이는 테슬라 전기차들은 그 지역에서 전기차가 얼마나 보편화되었는지를 보여 준다. 이러한 광경은 전기차의 대중화가 한국보다 훨씬 더 진전된 미국의 도시 지역의 삶을 반영한다. 이는 지속 가능한 교통수단으로서 전기차의 미래를 상징한다.

　캘리포니아 신차딜러협회California New Car Dealers Association, CNCDA에 따르면, 2023년 1분기 캘리포니아에서 87,525대의 배터리 전기차가 팔렸다. 이는 캘리포니아주 신차 판매량 45만 대의 19.5%로, 2021년의 9.5% 점유율에 비해 큰 발전이다.[6] 2분기를 포함한 상반기 전기차 시장 점유율은 21% 이상으로, 2022년 16.4%를 크게 넘어섰다.[7] 그리고 테슬라 모델 Y는 1분기에 이어 2분기에도 내연 기관 자동차를 포함해 캘리포니아 주민이 가장 많이 구매한 자동차로 등극했다. 모델 3는 BMW의 3 시리즈가 3,536대 팔릴 때 41,718대가 팔렸다.[8]

　그러나 모든 시장이 테슬라에 열광하는 것은 아니다. 전기차 판매를 장려하는 정부 덕분에 테슬라는 중국에서 많은 이익을 얻었지만, 중국 전기차 브랜드의 반격도 거세다. 필자는 이러한 상황을 더 깊이 이해하기 위해 중국과 유럽 전기차 시장에서 테슬라와 경쟁하는 주요 브랜드들과의 기술적 차별점도 살펴볼 것이다.

일본에서는 토요타가 주도하는 하이브리드 엔진 때문에 전기차는 시기상조라는 분위기가 지배적이며, 독일에서는 테슬라처럼 프리미엄 모델보다 저렴한 전기차를 원하는 소비자가 많다. 이러한 상황을 고려할 때, 테슬라는 무시할 만한 기업일까? 필자는 이 질문에 대한 답을 찾기 위해 다양한 시장에서 테슬라의 전략과 성과를 분석할 것이다.

여전히 공공의 적이자 학습의 대상

매년 1월, 미국 라스베이거스에서 열리는 소비자 가전 전시회Consumer Electronics Show, CES는 100년의 역사를 자랑하는 세계 최대의 기업 행사다. 최근 5년 동안 자율 주행과 기후 위기 솔루션을 출품한 기업들이 CES 주관사인 미국 가전협회Consumer Technology Association, CTA로부터 최고의 기술 기업으로 선정되는 일이 늘고 있다. 이러한 기술은 테슬라가 바꾸려는 세상에 도움이 된다. CES 2024에는 4,300개 기업이 참가했으며, 아마존, 구글Alphabet Inc., 삼성전자 등 포춘이 선정한 세계 500대FORTUNE GLOBAL 500 기업 중 60%가 참가했다. 그리고, 한때 테슬라와 협력 관계였지만 자율 주행 기술 철학차이로 갈라선 모빌아이Mobileye Global Inc.도 참가했다.

삼성전자의 스마트싱스SmartThings는 하나의 앱으로 스마트 기기를 연결해 관리하는 디지털 플랫폼이다. 삼성전자는 이번 CES에서 파워월, 태양광 인버터, 월 커넥터 등 테슬라의 태양광 발전 관련 기기의 정보를 실시간으로 측정하고 감지하는 서비스를 선보였다. 심지어 마이크로소프트를 이끄는 CEO 사티아 나델라Satya Narayana Nadella도 스타트업 부스까지 찾아와 기술 트렌드를 조사할 만큼, CES는 세계 경제를 이끄는 기업들에게 중요한 행사다.

올해도 전기차와 자율 주행은 CES의 중요한 화두였다. 마찬가지로, 이 책에서는 테슬라의 소프트웨어 업데이트를 통한 자율 주행 기능 개선, 배터리의 에너지 밀도와 충전 속도 혁신 등 관련 기술이 경쟁사와 어떤 차이가 있는지 살펴볼 것이다.

독일 자동차산업협회Verband der Automobilindustrie, VDA가 주관하는 뮌헨에서 열린 독일 IAA 모빌리티Internationale Automobil-Ausstellung Mobility 2023에는 38개국에서 750개 기업이 참가했다. 테슬라는 이례적으로 이 모터쇼에 참가했다. 독일은 유럽에서 가장 큰 전기차 시장으로서, 이곳에서 중국과의 경쟁이 테슬라에 어떤 영향을 미칠지 매우 주목받고 있다.

125년의 역사를 자랑하는 유럽 최대 자동차 관련 행사인 IAA 모빌리티에는 폭스바겐, 벤츠 등 세계 최대 완성차 업체와 콘티넨털 AG, 아마존 등 공급 업체 및 첨단 기술 브랜드가 한자리에 모였다. 특히 독일에서 열리는 만큼 폭스바겐, BMW, 벤츠 행사장은 화려하고 거대했다. 전시 업체의 약 41%가 아시아 기업들이었지만, 일본 기업은 4개에 불과했다.[9] 상당수의 전시 업체는 중국 스타트업 및 OEM(주문자 상표 부착 생산자) 업체였다. 그리고 많은 이의 예상을 깨고 테슬라도 참가했다.

CES와 IAA 모빌리티에서 만난 기업들마다 테슬라에 대한 의견을 물었다. 그 결과, 미국이나 독일의 세계적인 기업들 모두 테슬라를 중요한 학습 대상으로 여긴다는 결론에 도달했다.

니오NIO의 CEO 윌리엄 리William Li가 IAA 테슬라 행사장에 조용히 등장해 신형 모델 3를 꼼꼼히 살핀 것처럼, 그와 같은 위치에서 회사의 미래에 대해 고민했다. 일론 머스크의 기행에 가려진 테슬라와 스페이스X의 기술력은 제조업이 GDP의 약 18%를 차지하는 독일과 25% 이상을 차지하는 한국 같은 국가들에 강력한 영향을 미칠 것이다.

테슬라를 객관적으로 분석하려면 동종 업계의 동향도 조사해야 한다. 그들이 어떤 시선으로 테슬라를 바라보고 있는지, 그들의 차량과 다양한 소프트웨어 기술도 직접 살펴봐야 한다. 많은 테슬라 비판자들은 자율 주행 기술을 경험해 보지 않았을 것이다. 테슬라 추종자들도 중국의 전기차를 타 보지 않고 평가절하하는 경우가 많다. 확증 편향과 편견에 빠지지 않기 위해 테슬라의 경쟁사들도 조사할 필요가 있었다. 따라서 CTA로부터 미디어 배지를 받아 CES에, 독일 자동차산업협회로부터는 저널리스트 자격을 승인받아 IAA 모빌리티에 참석해 매년 세계적인 여러 기업을 인터뷰할 수 있었다.

IAA 모빌리티 현장에서 독일 국영 텔레비전 방송 도이체 벨레Deutsche Welle, DW가 심각하게 중국의 전기차 소식을 보도하면서 독일 내 상황에 대한 의문이 떠올랐다. 무엇이 독일 정부와 기업들을 혼란에 빠뜨린 것일까?

독일이 테슬라의 실상을 외면할 때 비야디BYD, 니오 등 자율 주행, 전기차, 배터리 기술로 무장한 중국 기업들의 반격이 중국 시장에 영향을 미쳤다. 그 결과, 2020년 폭스바겐의 중국 시장 판매량은 전년 동기 대비 11.6% 감소했다.[10] 덕분에 세계 자동차 판매량 1위는 폭스바겐을 제치고 일본의 토요타가 차지하게 되었다.

중국 전기차 시장에서 선두를 차지한 외국 기업은 테슬라만 남았다. 폭스바겐을 제친 중국의 BYD는 자율 주행, 전기차, 배터리 기술로 무장해 한국 자동차 기업들도 추격 중이다. 이 책은 미국, 중국, 일본, 독일에서 목격한 모빌리티 전쟁의 실체를 다룬다. 지금부터 테슬라를 중심으로 벌어진 일들과 미래를 내다보자.

– 이선

CONTENTS

PART 10 슈퍼컴퓨터 도조라는 변수 (2021년)

PART 11 불안한 프로젝트 테슬라 세미 (2022년)

PART
01

스페이스X 본사에서
목격한 기적 (2002년)

들어가며

일론 머스크가 자동차 업계에서 100년 만에 혁신을 일으키고, 항공 우주 업계에서 정부 기관도 하지 못한 일을 동시에 해내지 않았다면, 그를 이해하고 조사하는 데 심혈을 기울이지 않았을 것이다. 그의 괴팍한 성격과 기행은 때로 논란을 일으킬 수 있지만, 그의 업적은 현대 산업과 기술 발전에 지울 수 없는 발자취를 남겼다. 그렇기에 많은 국가를 대표하는 기업이 테슬라를 학습 대상으로 삼는다.

제프 베이조스Jeff Bezos는 머스크가 설립한 스페이스X와 경쟁하며 블루오리진Blue Origin을 설립할 만큼 우주에 열정적이다. 2021년 7월, 그는 자사의 로켓에 탑승해 최대 고도 351,210피트(약 107km)에 다녀왔다. 그보다 높은 곳에서 지구의 대기를 직접 목격한 사람은 드물다. 특히 지표면에 많은 재산을 가진 기업가가 우주여행에 위험을 무릅쓰는 것은 쉽지 않은 일이다.

그는 우주여행의 놀라운 경험을 밝히면서, 지구의 대기가 얼마나 얇고 취약한지 실감했다고 했다. 그리고 기후 위기로 인해 우리의 존재가 얼마나 취약한지 강조했다. 세계 최고의 부자들은 왜 지구 탈출을 꿈꾸는 것일까?

머스크는 전기차와 우주여행 분야에서 혁신을 주도하고 있다. 테슬라는 빠른 생산 속도로 전기차 시장을 선도하고 있으며, 순수 전기차 기준으로 테슬라보다 많은 생산량을 보유한 업체는 없다. 스페이스X는 우주 궤도에 도달한 첫 민간 기업으로, 이는 러시아, 미국, 중국 등의 정부 기관조차도 어렵게 달성한 성과다.

테슬라의 성장은 전통적인 자동차 제조사들에게 큰 도전이며, 스페이스X의 성공은 우주 탐험의 새로운 가능성을 열었다. 많은 언론이 머스크를 조롱하거나 비판해도 그의 비전에 많은 인재가 모인다. 테슬라 인베스터 데이Investor Day 2023 발표에 따르면, 전 세계에서 입사하고 싶은 2위 직장은 테슬라다. 그렇다면 1위는 어디일까? 바로 스페이스X다.

머스크의 꿈은 지속 가능한 에너지를 통해 세계를 변화시키는 것이다. 그러나 전통적인 제조사들의 후원을 받는 일부 미디어가 이러한 꿈을 객관적으로 분석하기는 쉽지 않다. 그렇다면 이런 혁신을 주도하는 사람을 객관적으로 분석하는 것이 옳을까? 아니면 그의 기행에 초점을 맞추어 진실을 피하는 것이 나을까?

미국 사회에서 논란이 멈추지 않는 주제가 있다. 닐 암스트롱이 달에 간 것이 사실이 아니라는 주장과 기후 위기가 거짓이라는 주장이다. 이와 같은 맥락에서 전기차 시대의 전환을 부정하는 사람들도 끊이지 않는다. 미국의 특정 문화적 요인, 예를 들어 독립적 사고나 반권위주의적 태도 등이 일부 사람들이 공식적인 설명이나 과학적 증거를 의심하게 만든다. 과학 교육과 과학적 사고에 대한 이해가 부족할 때, 사람들은 과학적 사실을 오해하거나 잘못 해석할 수 있다. 이는 음모론이나 잘못된 정보를 확산시키는 데 기여한다. 따라서 전기차 시대의 상징적인 현상을 이해하기 위해 몇 가지 사실을 점검할 필요가 있다. 혼란스러울 때는 역사를 살펴보는 것이 도움이 된다.

　머스크와 베이조스 같은 기술 혁신가들이 우주 탐사에 많은 관심을 보이는 이유는 무엇일까? 특히 머스크는 왜 전기차를 개발하며, 이것이 인류에게 장기적으로 어떤 영향을 미칠까? 과학적 사실에 대한 의심과 음모론이 확산하는 현상을 어떻게 해결할 수 있을까? 테슬라는 지속 가능한 에너지 사용을 위한 기술 혁신의 현재 상태와 전망에 대해 어떻게 생각할까?

일론 머스크의
정체성 분석이 어려운 이유

2023년 3월 2일, 테슬라 인베스터 데이에서는 마스터 플랜 3가 질의응답 시간을 포함해 3시간 30분 넘게 진행되었다. 마스터 플랜은 테슬라의 목표와 이를 달성하려는 방법을 설명하는 전략적 로드맵이다.

마스터 플랜은 테슬라를 좋아하지 않거나 전기차 산업에 종사하지 않는 사람에게도 학습의 대상이다. 많은 언론과 경쟁사, 그리고 그들이 속한 국가 경제가 역대 마스터 플랜들을 무시했다가 상당한 타격을 입었다.

무엇보다 머스크는 단순히 전기차 산업에만 몰두하지 않는다. 대다수가 승차감, 마감 품질 등 하드웨어 관점으로 테슬라를 판단하지만, 전기차라는 플랫폼에 탑재되는 AI의 발전과 연계해서 학습해야 그가 구상하는 미래와 미국 경제의 방향성을 이해하는 데 도움이 된다.

테슬라 임직원은 마스터 플랜 3에서 투기의 대상으로 바라보는 사람들에게는 지루하고 장기적인 자료를 쏟아낸다. 그러나 이를 학습의 대상으로 바라보는 사람에게는 인류의 삶과 미래에 영향을 미칠 중요한 기술 동향의 단서가 가득하다. 머스크는 전기차뿐만 아니라 챗GPT^{ChatGPT}로 유명한 오픈AI^{OpenAI}의 공동 설립자이자, 현재 미국과 중국 사이에서 핵전쟁과도 같은 AI 산업 경쟁을 주도하는 극소수 인물 중 하나이기 때문이다.

머스크가 샘 알트먼^{Sam Altman}, 일리야 수츠케버^{Ilya Sutskever} 등과 공동 설립한 오픈AI는 GPT-3와 같은 거대 언어 모델^{Large Language Models, LLM}을 개발하는 데 엔비디아 V100 GPU를 1만 개를 사용했다.[1] GPU는 수천 개의 코어를 갖추고 있어 복수의 데이터 스트림을 동시에 처리할 수 있는 강력한 병렬 컴퓨팅 능력을 제공한다. 챗GPT와 같은 소프트웨어 프로젝트가 발전하려면 수천 개의 엔비디아 하드웨어 GPU가 필요하다. 이러한 LLM은 훈련과 추론 과정에서 방대한 양의 데이터를 처리해야 하기 때문이다.

엔비디아의 하드웨어와 오픈AI가 개발한 LLM의 결합으로 인해 실리콘밸리에서는 인간과 유사한 지능과 스스로 학습할 수 있는 능력을 갖춘 '인공 일반 지능^{Artificial General Intelligence, AGI}'의 등장을 우려하고 있다. 수츠케버의 스승이자 딥 러닝과 인공 신경망 분야의 선구자인 제프리 힌턴^{Geoffrey Hinton}은 구글을 떠나면서 인간을 뛰어넘는 AGI가 등장할 것이라고 경고했다.

머스크는 구글이나 오픈AI에 투자한 마이크로소프트와 같은 기업이 AI의 위험성을 고려하지 않고 투자하고 있다고 비판하면서, 이에 대항하기 위해 엑스닷에이아이^{X.AI}를 설립했다. 또한 AI의 발전 속도를 경계하고 대응하기 위해 인간도 두뇌와 컴퓨터를 연결해 능력을 강화할 필요가 있다고 주장하면서 뉴럴링크를 설립했다. 2024년 1월, 미국 식품의약국^{Food and Drug Administration, FDA} 승인에 따라 뉴럴링크는 인간의 뇌에 첫 번째 칩을 이식하는 데 성공했다.

엑스닷에이아이는 오픈AI나 구글의 바드^{Bard} 등 챗봇보다 LLM 기술에서 후발 주자일 수 있다. 그러나 테슬라는 전 세계 도로에서 주행 중인 차량의 카메라를 통해 실시간으로 대량의 비디오 데이터를 수집하고 분석하여 자율 주행 기술을 지속해서 개선하고 있다. 이러한 접근법은 테슬라가 자율 주행 분야에서 독보적인 데이터 세트를 구축하고 이를 활용해 더 정교하고 안전한 자율 주행 시스템을 개발하는 데 이바지한다.

이는 다른 기업에서 찾기 힘든 AI 역량이다. 2023년에는 세계 최고의 내연 기관 제조사인 폭스바겐이 자율 주행 프로젝트를 중단했고, 2024년에는 애플마저 전기차 제조 프로젝트를 중단하기로 했다. 이런 상황에서 자율 주행과 전기차 분야 모두에서 세계 최고 수준을 유지하고 포기하지 않는 기업이라면, 투자가 아닌 학습의 차원에서라도 배울 점이 있지 않을까? 자동차 산업에서 머스크보다 전기차와 AI 관련 역량을 동시에 가진 CEO가 있을까?

그러나 이들 산업보다 더 대단한 것은, 미국 정부도 나서지 못한 러시아와 중국과의 우주 전쟁을 머스크가 주도하고 있다는 사실이다.

2023년 2월에 열린 세계정부정상회의World Government Summit, WGS는 향후 100년 동안의 세계 지정학적 상황을 논하는 행사다. 이 자리에서 아랍에미리트 내각부 장관 모하마드 압둘라 알 게르가위Mohammad Abdullah Al Gergawi가 머스크에게 향후 10년 동안 인류의 삶에 지대한 영향을 미치는 기술 변화에 관해 질문한 장면이 인상적이었다.

2017년 WGS에 직접 참석한 머스크는 이번에는 스페이스X 본사 사무실에서 화상 통화로 등장했다. 스페이스X가 인류 역사상 가장 강력한 로켓 스타십Starship 발사에 한창이기 때문이다. 그해 12월, 스페이스X는 총 96회의 로켓 발사를 100% 성공적으로 완수했다. 이는 인류 역사상 어떤 기업이나 정부도 이루지 못한 성과로, 주요 정부 우주 기관조차 한 해 동안 이렇게 많은 발사를 일관되게 성공시킨 적이 없기 때문이다.

머스크는 자신의 얼굴이 스크린에 거대하게 등장한 것을 보고 웃으며 농담을 했지만, 향후 10년 동안 인류의 삶에 영향을 미칠 중요한 기술에 관한 질문에는 매우 진지하게 답변했다.[2] 그는 지속 가능한 에너지로의 전환이 필연적으로 확장될 시장이기에 전기차의 미래는 필연적이라고 판단했다. 그러나 테슬라 투자자에게는 아쉬운 소리로 들릴 수 있지만, 전기차 시장은 점진적으로 확대될 것이라고 말했다. 현재 화석 연료 경제의 거대한 산업 기반 때문에 내연 기관 자동차 생산을 중단하고 전기차만 생산하더라도 기존 차량을 대체하는 데 20년이 걸릴 것으로 예상했기 때문이다.

앞으로 전기차 제조 현황과 미래에 관해 여러 차례 다루겠지만, 현재 테슬라도 경쟁사들의 추격으로 인해 고민이 많다. 내연 기관, 전기차 등 모든 자동차 시장은 점진적으로 줄어들고 있고, 경쟁은 더욱 치열해지고 있어 테슬라의 독주도 한계에 도달할 수 있기 때문이다.

한편, 머스크는 AI가 가까운 미래에 상당히 염려되는 기술이라고 강조하며, 구글이 AI 안전성에 충분한 주의를 기울이지 않고 있다고 지적했다.

이 장면을 보며 아이러니를 느꼈다. WGS에 모인 사람들은 머스크가 종식시키려는 석유 시대를 이끌었던 인물들이었고, 무수한 언론에서 그를 비판해도 중동 최고의 권력자들은 머스크에게서 미래의 단서를 찾아내기 위해 몰두했다. 또한 테슬라의 태동을 무시했던 독일이 지금 내연 기관의 균열로 경제가 초토화되고 있다는 것을 현지에서 체감했기 때문이다.

독일에서 목격한
내연 기관 왕국의 균열

2023년 9월, 독일의 유명 컨벤션 센터 메쎄 뮌헨^{Messe München}에서 충격적인 장면을 목격했다. IAA 모빌리티에 테슬라가 이례적으로 행사장을 조성했고, 맞은편 BMW 행사장에서는 독일 총리를 향한 기습 시위가 펼쳐졌다.

행사가 순조롭게 진행되던 중, 경찰견을 대동한 독일 경찰이 나타나 사람들의 이목을 끌었다. 경찰견은 폭탄 테러와 관련된 이상 징후가 있는지 전시장을 샅샅이 점검하기 시작했다. 이는 2005년부터 2021년까지 재임했던 독일의 앙겔라 메르켈 총리에 이어 취임한 올라프 숄츠^{Olaf Scholz} 총리가 방문했기 때문이다. 경찰견이 BMW 전시장 점검을 마치자 숄츠 총리가 나타났고, BMW의 콘셉트카 노이어 클라쎄^{Neue klasse} 앞에 다가왔다. 그때 세 대의 차량 지붕 위로 젊은이들이 올라가 '파티는 끝났다^{THE PARTY IS OVER}'라는 문구가 적힌 천을 펼쳤다. 그린피스 대원들의 기습 시위였다.

총리의 당황한 모습이 인상적이었다. 산책 중 사고로 한쪽 눈을 심하게 다쳐 안대를 착용한 채 등장했던 그의 모습은 독일 국민에게 긴장감을 조성했다. 그리고 그 긴장은 그린피스의 기습 시위로 더욱 고조되었다. 이는

테슬라 마스터 플랜

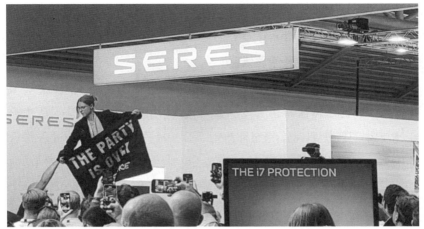

시위자들은 올라프 숄츠 총리가 보는 앞에다 기후 위기를 강조했다.
(독일 IAA 모빌리티, 2023)

독일 경제가 자동차 수출에 크게 의존하고 있는 상황에서 자동차 판매에
대한 반발이 심화되고 있음을 시사했다. 숄츠는 골치 아픈 상황에 처해 있
었다. 전임 총리 메르켈과 달리, 독일이 G7 국가 중 2023년 유일하게 역
성장을 기록하며 경제적 혹한기를 맞이했다. 여러 복합적인 원인 중 눈에
띄는 요소는 독일 경제가 지구의 이변을 일으키는 산업에 의존해 왔다는
것이다.

수십 년 동안 디젤 엔진 개발에 몰두해 온 독일 완성차 업계는 전기차 시
대를 선포했지만, 독일 국영 방송 도이체 벨레는 이 자리에서 독일 완성차
업계의 위기를 보도했다. 주요 보도를 종합해 보면, 중국 전기차 제조사들
의 부상과 테슬라의 질주가 독일 경제에 위협이 된다는 것이다. 그렇기에
독일 완성차 업계가 테슬라의 부상을 어떤 태도로 지켜본 것인지 의구심이
들 정도다.

폭스바겐은 2015년에 있었던 디젤 게이트로 지탄을 받았다. 2016년에는
독일 자동차 업계의 전문가 페르디난트 두덴회퍼^{Ferdinand Dudenhöffer}가 《누가 미

래의 자동차를 지배할 것인가ᵂᵉʳ ᵏʳⁱᵉᵍᵗ ᵈⁱᵉ ᴷᵘʳᵛᵉ?〉에서 독일 자동차 업계에 중국의 추격을 경계하라고 경고했으며, 디젤 엔진을 고집하다가는 귀중한 시간을 낭비하게 될 것이라고 강조했다.[3]

그러나 독일은 중국 시장과 디젤 엔진이라는 꿀단지를 내려놓지 못했다. 메르켈은 16년의 재임 기간 중 중국을 무려 12번 방문했다. 독일 정부가 중국 정부와 긴밀한 관계를 형성하면서, 독일 자동차 기업의 판매량은 중국 시장에서 폭발적으로 증가했다. 결국 폭스바겐은 세계 자동차 판매량 1위에 올랐다. 2019년에 폭스바겐의 자동차 판매량은 무려 1,090만 대였다.[4]

그러나 성공적인 판매 성적표의 내막을 살펴보면 불안한 현상을 감지할 수 있다. 폭스바겐은 북미에서 100만 대, 남미에서 60만 대, 유럽 및 기타 국가에서 490만 대를 팔았다. 나머지 440만 대 이상이 중국을 포함한 아시아-태평양 시장에서 팔린 것이다.

그런데 중국에서 404만 대 이상 판매된 것이 훗날 독일 경제에 악영향을 미치게 된다.[5] 토요타와 함께 세계 자동차 판매량 1위를 번갈아 차지했던 폭스바겐은 중국 시장의 판매 의존도가 높았다는 것이 토요타와 극명히 달랐고, 전기차 전환과 자율 주행 같은 신기술 개발도 늦었다는 점에서 중국 업체들에 추격의 빌미를 제공했다.

경영의 사례에서 '꿀단지'는 쉽게 내려놓기 어려운 법이다. 이 때문에 영원할 것 같던 많은 기업이 빠르게 몰락하게 된다. 2023년 독일의 주요 수출 품목을 조사해 보면 충격적인 현상이 발견된다. 독일의 수출 효자 종목인 자동차 산업의 위기가 확산되고 있었다. 독일의 완성차 업계가 테슬라와 중국의 BYD 등이 주도하는 자율 주행, 전기차 시대로 진입하는 데 어려움을 겪고 있다는 것이다.

IMF는 2023년 7월 독일의 연간 성장률을 -0.3%로 전망했다.[6] 그러자 세계 여러 언론은 독일을 두고 '유럽의 병자ᵀʰᵉ ˢⁱᶜᵏ ᴹᵃⁿ ᵒᶠ ᴱᵘʳᵒᵖᵉ'가 부활한 것이 아니냐고 우려했다.

유럽 최대의 경제국인 독일의 마이너스 성장률은 유럽 연합과 세계 경제에 큰 영향을 미친다. 이는 국경 간 무역 수지, 투자 흐름, 경제적 신뢰에도 악영향을 미칠 수 있기 때문이다.

자율 주행을 포기한
독일

독일 GDP의 50.3%는 수출이 차지한다.[7] 이는 독일 경제가 중국발 수요 변동에 취약하다는 것을 의미한다. 즉, 중국 경기가 좋지 않거나 중국 전기차가 독일 전기차보다 더 나은 선택지가 될 경우 독일 경제에 심각한 타격을 입을 수밖에 없다.

2010년에 중국의 승용차 신규 등록 건수는 1,376만 대였으며, 2017년 2,472만 대로 정점을 찍었다. 이 시기는 독일 경제가 호황을 누린 시기와 일치한다. 그러나 2018년부터 승용차 신규 등록 건수는 2,371만 대로 감소하기 시작했고, 2020년에는 2,018만 대로 저점을 찍었다가, 이듬해 2,148만 대로 소폭 반등했다.[8] 이 무렵 독일 GDP에서 자동차 산업이 약 14%를 차지하고 있었다. 따라서 독일 경제의 관점에서 중국 시장의 중요한 변화는 중국 제조사들의 시장 점유율이 증가하고 있다는 것이다.

테슬라도 중국 기업들의 맹렬한 추격으로 고민이 많다. IAA 모빌리티 2023에 출전한 것이 이를 방증한다. 테슬라는 마케팅에 적극적으로 투자하지 않기로 유명하기 때문이다.

현재 유럽 최대의 자동차 시장에서 발생하는 경기 침체는 테슬라에도 분발을 촉구하고 있다. 중국 기업들은 전기차 생산 속도를 높이기 위해 첨단 제조용 로봇을 사들이고 있으며, 그 비율은 매년 증가하고 있다.

경제 위기 속에서 테슬라가 독일의 젊은 세대의 마음을 사로잡으려면 신형 모델 3, 모델 Y보다 저렴한 전기차를 출시해야 할 것이다. 그렇지 않으면 유럽 시장은 BYD와 같은 중국 기업들이 저렴한 가격과 만족스러운 성능을 내세워 장악할 것이다.

폭스바겐은 IAA에서 테슬라와 BYD의 전기차들이 주목받는 것을 보며 고민에 빠졌다. 최근 폭스바겐은 독일 북부의 엠덴Emden 공장에서 ID.3를 포함한 전기차 생산을 일시 중단했다. 또한, 2023년 10월에는 2024년부터 2025년 말까지 소프트웨어 전담 자회사 카리아드CARIAD에서 2,000명을 해고할 예정이라고 알려졌다.[9] 이에 따라 폭스바겐의 소프트웨어 아키텍처 출시가 지연되고 있으며, 적어도 2025년까지는 신기술 출시가 예상되지 않는다.[10] 특히 레벨 4 수준의 자율 주행을 갖출 것으로 기대를 모았던 새로운 전기차 트리니티Trinity 프로젝트도 재검토되고 있다.

국제자동차기술자협회SAE International가 정의한 자율 주행 수준에 따르면, 레벨 0은 운전자 지원 기능이 없고 모든 운전 작업을 인간 운전자가 수행하는 수준이다.[11] 레벨 1에서는 일부 운전 지원 기능이 있지만, 운전자가 항상 차량을 제어해야 한다. 레벨 2는 지능형 주행 제어, 차선 중앙 유지, 사각지대 감시 장치 등 부분 자동화 수준으로, 운전자가 항상 전방을 주시하고 차량을 제어할 준비가 되어 있어야 한다. 레벨 3부터 자율 주행이라고 표현할 수준인데 특정 조건에서 운전자 없이 운전할 수 있는 기능이 있지만, 여전히 시스템이 운전자의 개입을 요구할 때 운전자가 반드시 제어해야 한다. 레벨 4에서는 대부분의 도로 조건에서 운전자가 필요하지 않으며, 차량이 스스로 운전할 수 있다. 폭스바겐이 꿈꿨던 미래는 차량이 주차장에서 출발해 도시와 고속도로를 탐색하며 목적지까지 스스로 도달하는 수준이었다. 레벨 5는 모든 도로 조건에서 운전자의 개입 없이 자율 주행이 가능한 수준으로, 운전대와 액셀러레이터가 없는 로보택시가 이에 해당한다.

폭스바겐의 포기 선언은 테슬라의 질주와 BYD의 추격을 목격한 독일인의 관점에서 보면 안타까운 소식이다. 일자리 감소 충격과 더불어 테슬라 전기차들이 AI로 전 세계 도로를 학습하는 것을 멈추지 않고 있기 때문이다.

앞으로 다룰 테슬라 신경망의 작동 원리를 이해하면, 독일 업계가 자율 주행 개발을 지체할수록 테슬라와의 격차가 벌어진다는 것을 알 수 있다. SF 영화를 즐기는 일반인들은 완전한 자율 주행 시대를 바라지만, 미국 유명 컴퓨터 과학자 렉스 프리드먼[Lex Fridman]이 강조한 것처럼, 현재 테슬라의 자율 주행 기술을 개발하고 이를 뛰어넘는 것은 매우 어려운 일이다.

경쟁사가 테슬라와 싸워 이기려면 신경망 아키텍처 및 파이프라인, 차량 내 오토파일럿[autopilot] 컴퓨팅 하드웨어, 트레이닝을 위한 도조[Dojo] 컴퓨팅 하드웨어, 데이터 수집 및 처리, 극단적인 작동 매개 변수나 조건에서 발생하

사진 1-2 구글의 자율 주행 개발사 웨이모의 신형 로보 택시에는 운전대가 없었다.
(미국 라스베이거스 컨벤션 센터, 2023)

테슬라 마스터 플랜

는 상황을 뜻하는 에지 케이스Edge Case를 위한 시뮬레이션, 그리고 이러한 기술을 전기차뿐 아니라 휴머노이드 로봇에도 적용할 수 있는 능력을 모두 증명해야 한다.

2020년 동안 폭스바겐의 중국 시장 내 차량 판매량은 선두를 유지했지만, 전년 대비 약 11.6% 감소했다.[12] 독일이 테슬라의 부상을 무시하는 동안, BYD와 니오 같은 자율 주행 및 전기차 기술로 무장한 중국 기업들이 중국 시장에 영향을 미쳤다. 결국 2023년에는 약 30년간 유지해 온 중국 자동차 시장의 챔피언 자리에서 물러나는 상황이 발생한 것이다.[13]

혼란한 장면을 목격하면서 독일 경제 위기의 원인이 무엇인지 의문이 들었다. 한국은행의 미국유럽경제팀이 최근 독일의 경제 부진 배경과 시사점을 리뷰한 것이 떠올랐다.[14] 우리나라도 독일처럼 제조업 비중과 중국 의존도가 높고, 인구 고령화에 따른 노동 시장 변화가 크다는 점에서 최근 독일 경제 상황이 우리에게 시사하는 바가 크다.

독일 경제 위기에 관한 여러 보고서를 종합해 보면, 독일은 첨단 IT 부문에서 중국보다 경쟁력이 약하다는 것이 치명적이다. 독일은 강력한 노조 문화와 노동자 권리를 중시하는 국가로, 중요한 가치를 고수하지만 동시에 외부 변화에 둔감할 수 있는 수직적이고 폐쇄적인 조직 문화를 고수하는 기업들이 많다.

따라서 그런 조직에 속한 사람들은 인간이 창의적인 일에 몰두할 수 있도록 가정마다 휴머노이드 로봇을 배치하려는 머스크 같은 사람을 이해하기 어려울 것이다. 인간의 일자리를 빼앗아 간다고 생각할 수 있기 때문이다. 심지어 머스크는 자신이 설립한 스페이스X가 개발하는 초대형 로켓 스타십에 휴머노이드 로봇을 실어 화성에 보낼 계획도 드러냈다.[15]

독일의 어느 내연 기관 자동차 회사 리더가 이런 도전을 실행하고 있을까? 그러니 대다수가 머스크가 구축하려는 세상에 반감을 갖거나 이해하지 못하는 것이다.

《리턴 투 스페이스Return to Space》는 스페이스X의 설립 과정과 인류 역사상 최초의 민간 유인 우주선을 발사한 과정을 다룬 미국 다큐멘터리 영화다. 여기에는 한스 퀘니히스만Hans Koenigsmann이 나오는데, 그는 머스크가 직접 스카우트할 정도로 스페이스X 설립 과정에 중요한 역할을 했다.

독일 출신인 퀘니히스만은 아마추어 로켓 모임에서 머스크를 만났다. 그 자리에서 머스크는 그에게 화성에 갈 로켓을 만들자고 제안했다. 퀘니히스만에 따르면, 독일에서 화성 이야기를 하면 사람들이 미쳤다고 비웃는다고 한다. 로켓 발사에 흥미를 느낀 그의 관점에서는 스페이스X가 독일에서는 찾기 힘든 최적의 회사였다.

전통적인 산업의 관점에서 머스크를 바라보는 사람들은 그를 단순히 전기차 제조사를 이끄는 괴짜 경영자로 생각할 수 있다. 특히 그가 스페이스X를 왜 설립했는지 본질적인 이유를 알지 못하면 그의 세계관을 제대로 이해하지 못하게 된다. 이렇게 경쟁 상대의 정체성을 파악하는 데 머뭇거리다가 타격을 입은 대표적인 국가가 독일이다. 우리나라도 이와 같은 오판을 하지 않기를 바라는 마음에 이 책을 집필한 것이다.

일론 머스크의
우주에 대한 집념

머스크는 1999년에 온라인 은행 엑스닷컴ˣ·ᶜᵒᵐ을 설립하고, 서비스를 출시하는 과정에서 새벽 4시까지 사무실에서 일하고, 책상 밑에서 잠을 자는 일이 빈번했다.[16] 테슬라가 위기에 처했을 때는 3년 동안 프리몬트 공장과 네바다 공장에서 거주했다. 처음에는 온종일 일하고 사무실 소파에서 잤다가, 나중에는 책상 밑에서 자기 시작했다. 덕분에 교대 시간에 모든 직원은 공장에서 퇴근하고 출근하는 리더의 모습을 목격할 수 있었다. 직원들은 사방이 뚫린 공장 공간에 책상이 놓여 있고, 그 책상 밑에서 자는 경영자의 모습을 보며 어떤 생각을 했을까?

　머스크가 아무리 열정적인 기업가 정신으로 무장했다고 하더라도, 춥고 금속 가루 냄새가 나는 바닥에서 자는 것을 즐기지는 않았을 것이다.[17] 2022년에 트위터를 인수한 후 주당 평균 120시간 이상 일하면서 과거를 떠올리며 '나는 잠들고, 일어나서 일하고, 다시 잠들고, 일어나서 일하고, 이런 행동을 일주일 내내 반복한다.'라고 말했다.[18] 너무 많이 일하는 것이 뇌에도 악영향을 미친다고 고백했음에도, 왜 그는 질주하듯이 일에 몰두할까?

충분히 성공한 기업가로 여생을 편하게 살 수도 있는데 말이다.

머스크는 일반적인 억만장자들과 비교할 때 독특하고 검소한 유형의 주택에서 생활하고 있다. 첫 번째 부인이자 여섯 명의 자녀를 낳은 저스틴 윌슨Jennifer Justine Musk사이에서 태어난 아들 자비에Xavier 머스크가 일론 머스크의 삶에 영향을 미치기도 했다.[19] 자비에 머스크는 일론 머스크를 포함한 부자를 싫어한다. 부를 독식하는 마음을 혐오하기 때문이다.

자비에 머스크는 아버지의 성을 없애고 비비안 윌슨Vivian Wilson으로 개명했으며, 성전환자가 되었다. 머스크의 전기를 집필한 월터 아이작슨에 따르면, 비비안은 머스크를 향해 자본주의를 혐오하며 격렬한 감정을 표현했다.[20]

머스크는 자비에 머스크와 갈등이 심해지자 2020년부터 집과 같은 고가의 자산을 처분하기 시작했다. 2년에 걸쳐 약 1억 2,800만 달러 가치의 저택 일곱 채를 팔았다. 앞으로 집을 소유하지 않겠다고 선언한 것이다. 그는 화려한 캘리포니아를 떠나 한적한 텍사스로 이사했다.[21] 2021년부터 미국 박서블Boxabl이 제작한 모듈형, 접이식 주택 카시타스Casitas에 거주하기 시작했다. 이 주택의 가격은 5만 달러로, 세계 최고 수준의 부자가 머물기에는 어울리지 않는 곳이다.

필자는 기업 실사나 투자 심사 업무를 하며 스타트업부터 대기업까지 1천 개 이상의 기업을 방문했다. 그 과정에서, 대부분의 기업이 매출 규모를 과시하기 위해 자산 증식에 몰두하는 모습을 보았다. 연 매출이 1천억 원만 넘어도 로비는 화려한 장식으로 가득했고, 능력 없는 자식에게 경영권을 물려준 창업가의 흉상을 휘황찬란하게 전시하기도 했다. 기업가들은 종종 부를 쌓으면 고가의 자동차나 주택, 건물 등 물질적 상징을 통해 자신의 우월감을 드러내고 싶어 한다. 그렇기에 머스크의 행동은 재벌에게서 보기 힘든 이례적인 사례다.

테슬라 마스터 플랜

물론 단순히 주거 환경의 선택만으로 그의 복합적인 인물상과 철학을 충분히 반영할 수는 없다. 머스크의 검소함은 그의 전반적인 가치관과 깊이 연결되어 있으며, 특히 스페이스X와 테슬라의 사업 철학과 직접 관련이 있다. 앞으로 자세히 다루겠지만, 테슬라를 공동 설립한 본질적인 이유는 전기 자동차의 대중화를 통해 화석 연료 의존도를 줄이고 환경에 미치는 부정적인 영향을 최소화하기 위한 것이다. 전기차 제조의 관점에서만 머스크를 이해하려고 한다면 약 40%만 파악한 셈이다. 스페이스X와 솔라시티 SolarCity까지 분석해야 한다.

머스크는 독불장군이라는 인상을 줄 수 있지만, 생활 양식은 검소하고 미니멀리스트적이다. 그는 개인적인 호화로움보다는 인류의 미래와 지속 가능성에 더 큰 가치를 둔다. 이는 고가의 자산을 소유하고 유지하는 전통적인 억만장자들과는 극명하게 대조된다.

머스크의 주거 선택에서부터 경영 철학에 이르기까지, 그는 자신의 자원을 스페이스X와 테슬라의 비전을 실현하는 데 집중하고 있다. 그의 행동은 사회적 책임과 지속 가능한 생활에 대한 의식을 나타내며, 일시적인 물질적 가치를 넘어서 인류가 다행성 종으로 진화해 생존 방식을 확장하는 영원한 가치를 추구하고 있음을 보여 준다.

머스크가 이사한 이동식 간이 주택은 스페이스X가 개발하는 가장 강력한 로켓 스타십 발사대가 있는 텍사스 보카 치카Boca Chica 지역에 있다.[22] 그는 왜 그곳에서 화성 진출에 몰두하는 걸까?

과학자들은 페름기-트라이아스기Permian–Triassic 대멸종 사건에서 약 96%의 해양 종과 70%의 육상 척추동물 종이 멸종했을 것으로 추정한다. 이처럼 지구는 다섯 차례의 대량 멸종을 경험했다.

이론물리학자로 유명한 미치오 카쿠Michio Kaku는 물리 법칙에 의해 종말은 정해진 사실이라고 주장한다.[23] 낮이 지나면 밤이 찾아오듯이, 지금껏 지구상에 존재했던 생명체 중 99.9%가 이미 멸종했다. 이러한 위기는 간빙기를 살아가는 인류가 제어할 수 있는 범위를 넘어서지만, 과거와 다른 점은 인간의 행위로 인한 종말 변수가 추가되었다는 것이다.

카쿠는 화석 연료로 인한 지구 온난화와 핵무기 사용 같은 근시안적인 판단이 대량 멸종의 심각한 원인이 될 것이라고 지적한다. 특히 세균전이 창궐하면 세계 인구의 98%가 사망할 것으로 추정한다. 따라서 인류가 별들 사이에서 살아가는 다중 행성 생명체의 미래를 꿈꿔야 한다고 주장한다.

2016년 9월, 머스크는 인류가 화성에 진출해야 하는 이유를 밝혔다.[24] 그는 인류 역사의 두 가지 가능한 미래를 제시했다. 하나는 지구에 영원히 머물러 종말을 맞이하는 것이다. 즉각적인 종말이 아니라, 과학적 연구에 근거하여 다양한 변수를 고려한 종말을 맞닥뜨리는 것을 의미한다. 다른 하나는 인류가 거주할 수 있는 기지를 화성에 건설하는 것이다. 이러한 이유로 인류는 다중 행성 생명체multiplanetary species가 되어 역사를 이어가야 한다고 주장했다.

팰컨 9으로
혁신을 쏘아올리다

미국에서 스페이스X의 역대 두 번째 로켓 팰컨 9을 처음 목격하고, 이듬해 다시 방문해 집중적으로 살펴보기 전까지는 머스크를 괴짜 몽상가로 생각했다. 거대한 물체가 우주에 발사된 후 다시 원하는 장소에 안전하게 착지할 수 있다는 사실을 직접 확인하면서, 머스크에게서 배울 점이 많다는 것을 깨닫게 되었다.

용광로 주변에서 느껴지는 열기, 철강이 부딪치는 소리, 무수한 부품을 정밀하고 신속하게 조립하는 산업용 로봇 등 공장에서부터 AI 스타트업까지 다양한 산업 현장을 조사한 경험을 통해 머스크가 잡스보다 매력적이라는 생각이 들었다. 하드웨어와 소프트웨어 모든 부분에서 역량을 발휘하는 것은 매우 어렵기 때문이다.

머스크는 오늘날 빅테크 기업 CEO들과 달리 공장에서 잠을 자면서 전사적으로 일하는 모습을 20년 넘게 한결같이 보여 주었다. 잡스는 애플 설립이라는 대단한 능력을 보여 주었지만, 생전에 애플의 하드웨어를 생산하는 공장을 방문하지 않은 것으로 알려졌다.

구글, 애플, 엔비디아 본사를 둘러봤지만, 거친 생산 현장의 활기를 느끼기 어려웠다. 이들 CEO가 콘퍼런스홀에 등장할 때, 머스크는 안전모를 쓰고 타워에 올라가 로켓 제작을 진두지휘한다.

실리콘 밸리에서 비행기를 타고 로스앤젤레스 국제공항LAX에 도착했다. 곧바로 로스앤젤레스 카운티의 도시 호손Hawthorne으로 이동했다. 바로 그곳에 미국 공대생들 입사 순위 1위 기업인 스페이스X 본사가 있기 때문이다.

잡스는 생전에 '우주에 작은 흠집을 남기고 싶다I want to put a ding in the universe'는 말로 애플을 통해 세상에 지울 수 없는 흔적을 남기고 싶다는 바람을 표현했다.[25] 머스크는 현재 인류 역사상 가장 강력한 로켓인 스타십을 우주로 발사하려고 한다.

이러한 도전에 인생을 걸고 싶은 미국 공대생들은 애플, 구글, 엔비디아를 제쳐두고 상장 기업도 아닌 스페이스X를 NASA와 테슬라보다도 선호한다. 미국에서 머스크에 관한 소식을 들을 때 한국과 다른 점은, 그의 호불호와 상관없이 생각보다 더 큰 영향력을 미친다는 것이다. 왜 미국 공대생들은 실리콘 밸리보다 화려하지 않은 호손에서 일하려는 걸까?

화려한 로스앤젤레스 도심과 달리 호손은 매년 방문할 때마다 도시 전체가 낡고 삭막한 분위기를 유지하고 있었다. 거리에서는 노숙자와 마약 중독자를 쉽게 마주칠 수 있다.

반면에 스페이스X 본사는 홀로 우주 전쟁을 준비하는 것처럼 강렬한 인상을 준다. 한적한 도시에 우뚝 솟은 팰컨 9의 1단 로켓을 쉽게 볼 수 있기 때문이다. 매년 볼 때마다 이 거대한 물체가 우주에 발사되었다가 원하는 지점에 되돌아와 재활용할 수 있다는 사실에 감탄할 따름이다.

2023년 12월 10일 기준, 스페이스X는 팰컨 9을 총 280번 발사했고, 그중 238번 착륙에 성공했으며, 수거한 로켓을 213번 다시 발사했다. 이처럼 놀라운 기록은 이 책을 쓰는 순간에도 경신 중이다. 사건 사고가 끊이

테슬라 마스터 플랜

오래된 창고를 인수해 국가도 해내지 못한 도전에 성공한 스페이스X 본사를 지켜봤다.
오른편에는 인상적인 팰컨 9의 1단 로켓이 자리하고 있다.
(미국 캘리포니아 호손, 2024)

지 않는 로켓 발사의 역사에서 한 해 동안 100% 안전한 발사를 이뤄낸 것
은 어느 국가도 해내지 못한 성과다. 또한, 스페이스X의 발사 비용은 저렴
하다.[26] 나사의 우주 왕복선Space Shuttle은 저궤도LEO로 27,500kg을 발사하는
데 약 15억 달러 즉, 1kg당 54,500달러가 들었다. 팰컨 9의 경우 6,200만
달러로 22,800kg을 LEO로 발사할 수 있으며, 이는 kg당 약 2,720달러다.
스페이스X는 거의 매주 팰컨 9를 발사해 궤도에 물건을 나르는 안전한 배
송 트럭 같다. 그렇기에 세계의 여러 나라가 위성을 믿고 맡긴다.

2024년 1월, 스타십을 배경으로 무대에 올라선 머스크는 화성 진출의 꿈
을 포기하지 않았다고 선언했다. 그는 약 1시간 동안 2023년 스페이스X가
이룩한 성과를 놀라운 수치들과 함께 발표했다.[26] 스페이스X는 2022년에
61회 궤도 로켓 발사 임무를 성공적으로 완수했고, 2023년에는 총 96회
를 성공적으로 완수했다(이 기록에는 우리나라의 군사 정찰 위성도 포함되어 있
다). 12명의 우주 비행사를 궤도에 안전하게 보냈으며, 두 번의 스타십 비
행 테스트를 진행했다. 또한, 스타링크 가입자는 연초보다 두 배 이상 증가

한 220만 명 이상이다.

스페이스X의 팰컨 로켓은 팰컨 9과 팰컨 헤비로 구분되며, 인류 역사상 가장 많은 발사 기록을 경신하고 있다. 현재까지 스페이스X보다 지구 궤도에 더 많은 로켓을 발사한 정부 기관이나 민간 기업은 없다.

머스크에 따르면, 과거 소련 정부가 개발한 소유즈 로켓의 연간 발사 횟수는 약 63회였다. 스페이스X의 발사 횟수 96회는 2023년 모든 정부 기관과 기업의 발사 비중의 약 43%를 차지하는 놀라운 수치다. 같은 기간 중국 정부와 관련 기관 모두가 발사한 횟수는 67회였으며, 그중 한 번의 실패를 기록했다.[27]

2006년 3월 24일, 최초로 발사한 팰컨 1Falcon 1은 머스크가 설립한 스페이스X의 첫 번째 로켓이었다. 스페이스X는 세 번 연속 팰컨 1 발사에 실패하며 파산 직전까지 몰렸다.

로켓 발사는 언제나 어려운 도전이었다. 1959년 타이탄 1Titan 1, 1960년 머큐리-레드스톤 1Mercury-Redstone 1, 1961년 아틀라스Atlas, 1986년 우주 왕복선 챌린저Space Shuttle Challenger, 1998년 타이탄 4Titan 4, 2003년 우주 왕복선 콜롬비아Space Shuttle Columbia, 2014년 안타레스Antares 등 무수한 로켓이 발사 후 폭발했다.

과학 작가 스티븐 페트라넥Stephen Petrank은 로켓 공학에 있어 완벽한 기록은 없다고 강조한다.[28] 지구를 벗어나려는 로켓 발사의 모든 시도 중 약 20%가 실패한다는 것이다. 그런데 정부 기관이 아닌 민간 스타트업이 화성에 가기 위해 로켓을 발사한다고 했으니, 대다수가 머스크가 미쳤다고 생각할 수밖에 없었다.

2012년 3월, 머스크는 미국 CBS의 탐사 보도 프로그램 〈60분60 Minutes〉에 출연했다. 앵커 스콧 펠리Scott Cameron Pelley는 로켓 발사가 연속적으로 실패했을 때 포기하려고 생각했느냐고 물었다.[29] 머스크는 자신이 죽거나 완전히 무능력해지지 않는 한 절대로 포기하지 않겠다고 답했다. 억만장자 투자자론 바론Ron Baron은 이 장면을 볼 때마다 전율을 느꼈다고 한다. 파산에 직면한 머스크가 한 번만 더 발사하자고 임직원을 설득했기 때문이다. 머스크는 네 번째 발사 시도마저 실패하면 더는 도전할 수 없는 상황이었다.

8주 후, 극적으로 마지막 도전에 성공하면서 스페이스X는 로켓을 지구궤도에 진입시킨 최초의 민간 기업이 되었다. 이러한 업적을 달성한 조직은 러시아, 미국, 중국의 정부 기관들뿐이다. 이제 스페이스X는 인류 역사상 가장 강력하고 거대한 스타십 발사 도전을 진행 중이다.

자동차 업계에서 이런 경영 철학을 가지고 우주 진출의 가능성을 증명하는 기업가가 또 누가 있을까? 머스크는 인식의 지평을, 도로를 넘어 행성과 행성을 잇는 우주로 확장하게 해 준다. 그가 단순한 사업가였다면 이 책을 집필하기 위해 미국, 중국, 독일, 일본에서 소중한 세월을 낭비하지 않았을 것이다. 그렇다면 이런 의문이 들 것이다. 머스크에게 테슬라는 어떤 존재일까?

PART 02

테슬라 최초의 전기차
로드스터 (2008년)

들어가며

미국 기자들은 종종 일론 머스크에게 도널드 트럼프와 조 바이든 대통령 둘 중 한 명을 선택하라는 질문을 한다. 그는 미국 대통령은 정상적인 사람이 됐으면 좋겠다면서 바이든을 지지했다(최근 2024년 7월 21일에 머스크는 자신의 X 계정에 트럼프를 지지한다고 밝힌 바 있다). 그러나 머스크는 트위터를 통해 공개적으로 조 바이든 대통령을 비난한 적이 있다.

2021년 8월, 백악관은 전기차 시대를 이끄는 공로를 치하하기 위해 제너럴 모터스GM, 포드Ford, 스텔란티스Stellantis 등 미국의 빅3 경영진을 초청했다. 흥미로운 점은 그 당시 GM의 전체 자동차 판매량 중 전기차 비율이 1.5%, 포드는 1.3%였으며, 스텔란티스는 미국에서 순수 전기차를 아직 판매하지 않고 있었다.[1]

테슬라와 빅3 사이에는 전기차 성과에 관한 중요한 기술적 격차가 있다. 2021년 마지막 분기 기준, 테슬라는 전기차 생산량이 30만 대 이상이었지만, EV1의 성공으로 전기차 시대를 주도할 수 있었던 GM은 겨우 26대를 인도했다.[2]

그러나 바이든 대통령은 미국 전기차 산업을 이끄는 기업으로 GM을 치켜세웠다. 백악관은 세계 최대의 순수 전기차 제조사인 테슬라만 초청하지 않았다. 이로 인해 백악관의 주장을 신뢰하는 국민들은 GM이 미국 전기차 시대를 주도하는 기업으로 오해할 수 있었다.

머스크는 대통령이 여러 중요한 정부 행사에서 테슬라만 고의로 무시한다고 비판했다. 이는 정부가 전기차 산업을 대표하는 기업을 선정하는 과정에서의 불공정함을 보여 준 사례다.

세계 여러 주류 언론의 비판적인 보도와 심지어 미국 정부의 외면 속에서도 테슬라는 전기차 시대를 부활시켰다. 그러나 테슬라를 학습이 아닌 투자의 대상으로 바라본다면, 이러한 혹독한 공격은 테슬라가 몰락할 때까지 지속될 수 있다. 테슬라가 추구하는 미래는 기존 산업의 일자리에 부정적인 충격을 주며, 이에 따라 해당 기업들은 정치인들을 향해 더욱 거세게 압박할 것이다.

이러한 비판과 압박 속에서도 공개된 인베스터 데이에서, 테슬라의 마스터 플랜 3는 매우 중요한 의미를 가진다. 마스터 플랜 3는 차량 디자인, 파워트레인, 전자 아키텍처, 소프트웨어, 완전 자율 주행, 휴머노이드 로봇, 충전, 공급망, 제조, 에너지 등 다양한 주제를 다루며 발표되었다.

이러한 발표 내용을 바탕으로, 2부에서 14부까지는 마스터 플랜 1부터 3까지와 2024년 6월 연례 주주 총회에서 강조된 기술 내용을 분석한다. 특히 2부에서는 머스크가 언급한 현재의 에너지 경제 및 시스템 문제, 마스터 플랜 1~3의 전체적인 구상, 그리고 마스터 플랜의 출발점인 로드스터에 대해 살펴본다.

일론 머스크의 관심은
왜 전기차에 있을까?

2024년 1월, 미국 캘리포니아 로스앤젤레스 피터슨 자동차 박물관^{Petersen} Automotive Museum에서 보기 드문 테슬라 전시회가 열렸다. 이곳에는 테슬라가 개발한 모든 전기차가 전시되어 있었으며, 머스크가 사이버트럭을 구상하기 위해 프란츠 폰 홀츠하우젠Franz von Holzhausen과 방문했던 곳이기도 하다.[3]

훗날 사이버트럭은 2024년 열린 유일무이한 테슬라 역사 기념행사에 등장했다. 테슬라의 미래를 이끄는 사람들이 방문한 이 장소를 찾으니 감회가 새로웠다. 많은 이들이 테슬라를 창업 후 세계 최고의 전기차 판매량을 기록하고 있음에도 불구하고 망할 것이라고 비웃는다.

이러한 비웃음을 이겨내고 전진하는 기업의 역사를 목격하는 것은 학습의 차원에서 매력적인 순간이었다. 폰 홀츠하우젠은 머스크가 합류를 요청하기 전까지 독일의 폭스바겐, 아우디, 일본의 마즈다에서 일했다. 모두 내연 기관 자동차 회사다. 그는 미국 CNBC와의 인터뷰에서 시간이 흐를수록 지속 가능성을 고려하지 않는 회사에 흥미를 잃었다고 밝혔다.[4]

그가 테슬라에 합류하기로 한 판단이 대단했던 것은 당시 테슬라가 내연

프란츠 폰 홀츠하우젠이 디자인한 모델 Y
(미국 피터슨 자동차 박물관, 2024)

기관 업계의 시선으로는 망상가들이 모인 작은 스타트업에 불과했기 때문이다. 테슬라는 첫 번째 전기차인 테슬라 로드스터를 출시하는 데 몰두하고 있었고, 머스크는 자금 조달 문제로 골치가 아팠다. 게다가 서브프라임 모기지 사태로 인해 투자 경색 분위기가 팽배하던 시기였다.

머스크에 따르면, 테슬라의 자금 조달 라운드는 2008년 12월 24일 저녁 6시에 마감되었다.[5] 만약 이 시간까지 자금이 조달되지 못했다면, 2일 후 급료 지급이 어려워질 상황이었다. 그는 테슬라의 파산을 막기 위해서 가지고 있던 페이팔 계좌의 남은 현금을 전액 투자했다. 당시 머스크는 집이나 처분할 수 있는 자산도 없었다. 이 사건은 머스크가 마지막 순간까지 투자자를 찾기 위해 노력했음을 보여 준다.

테슬라는 투자자들이 전기차를 골프 카트와 연관 짓는 부정적인 이미지를 격파해야 했다. 머스크는 테슬라의 대주주로서 관망하다가 2008년 CEO로 취임하면서 로드스터의 디자인부터 소재, 차체 등 제조 과정 전반에 관여했다. 이 과정에서 기존 CEO였던 마틴 에버하드Martin Eberhard와 CFO

마크 타페닝Marc Tarpenning과 경영권을 두고 심각한 갈등이 일어났다.

2007년 무렵, 머스크는 로드스터의 생산 지연과 운영 문제를 이유로 에 버하드를 CEO에서 축출했다. 이에 2009년 에버하드는 머스크를 명예 훼손, 계약 위반 혐의로 고소하며, 그가 자신을 회사에서 쫓아내고 공개적으로 헐뜯었다고 주장했다.

수많은 임원이 머스크와 갈등하면서 퇴사했다. 야후 파이낸스Yahoo Finance 조사에 따르면, 2018년 1월 이후 6월까지 13명, 9월까지 30명을 포함해 그해 최소 88명의 임원이 퇴사했다.[6] 당시 2분기 연속 수익성을 증명한 성과에도 불구하고, 경영진의 높은 이탈률은 투자자와 분석가들 사이에서 우려를 불러일으켰다.

폰 홀츠하우젠은 이러한 혼란스러운 시기를 겪고 있는 테슬라에 2008년 합류해 14년 이상 머스크와 함께한 리드 디자이너다. 그는 로드스터 이후 출시된 모델 S, 모델 3, 모델 X, 모델 Y, 사이버트럭 등 대부분 차량의 디자인에 중요한 역할을 해 왔다.

그렇다면, 왜 그는 어설펐던 스타트업 테슬라에 매력을 느꼈을까? 무엇이 그를 오랫동안 테슬라에 머물게 했을까? 서브프라임 모기지 사태로 자동차 업계가 암울한 시기를 겪고 있는 와중에, 왜 안정적인 대기업을 관두고 어려운 도전을 선택했을까?

폰 홀츠하우젠은 스페이스X 공장에 방문해 첫 번째 로켓 팰컨 1을 보고 머스크의 미래 구상에 감명을 받았다. 그는 머스크가 진심으로 지속 가능한 미래를 설계하고 있다는 것을 확인하고 테슬라에 인생을 걸었다. 테슬라는 100% 순수 전기차로 기후 위기를 늦추려 했다. 이처럼 전기 자동차를 통해 자동차 산업에 혁명을 일으키고, 이는 곧 화성 진출 시간을 확보할 수 있다는 대담한 머스크의 사명은 인재를 포섭하는 데 중요한 역할을 한다.[7]

2013년, 칸 아카데미 설립자 살만 칸Salman Khan은 머스크에게 스페이스X

와 테슬라는 전혀 다른 산업인데 어떻게 이들 기업 모두를 운영하기로 생각했는지 질문했다.[8] 머스크는 대학 시절부터 인류의 미래에 가장 큰 영향을 미칠 수 있는 세 가지 분야를 고민했으며, 그 결과 인터넷, 지속 가능한 에너지, 그리고 우주 개척을 중요한 산업 분야로 결정했다고 밝혔다.

머스크가 30대 중반이던 2006년에 발표한 첫 번째 마스터 플랜, 40대 중반이던 2016년에 발표한 두 번째 마스터 플랜, 그리고 50대에 접어든 2023년에 발표한 세 번째 마스터 플랜은 테슬라의 중장기적 비전을 드러내는 중요한 이정표들이다.

마스터 플랜 1은 지속 가능한 에너지로의 세계 전환을 가속화하는 경로를 제시했다. 머스크가 구상한 미래를 향한 첫 번째 단계는 충분한 이익을 창출할 수 있는 소규모 분량의 고급 전기차를 출시해 이보다 낮은 가격의 프리미엄 차량 개발을 위한 자금을 확보하는 것이었다. 두 번째 단계는 프리미엄 차량을 팔아 대중 시장을 위한 대량 생산의 궤도에 오르는 것이다. 세 번째 단계는 결국 내연 기관 차량보다 저렴한 전기차를 출시해 본격적인 전기차 시대를 열어가는 것이다. 마스터 플랜 3에서 밝혔듯이, 테슬라는 연간 2,000만 대 전기차 생산을 목표로 하고 있다.

108년 만에
테슬라에 백기를 든 포드

테슬라에 반감을 품은 사람들은 머스크를 쇼맨십의 대가로 여기며, 기후 위기를 앞세워 전기차를 팔아 부자가 되려는 속셈이라고 생각한다. 그러나 테슬라와 포드, NASA와 스페이스X의 역사를 돌이켜보면 숨겨진 투쟁의 진실과 마주하게 된다. 머스크는 대부분 불가능하다고 했던 100년 이상 인류에 각인된 통념, 즉 민간 스타트업이 로켓 발사 기업으로 성공할 수 있다는 것과 자동차는 내연 기관이 최고라는 고정관념을 깨트리고 있다.

일본 토요타 박물관에서 길이 3.3m, 높이 2.1m, 폭 1.6m, 무게 660kg, 축간거리 2.5m의 포드 모델 T^{Ford Model T}를 살펴봤다. 100년도 더 지난 포드의 첫 번째 대량 양산 자동차를 보니 묘한 기분이 들었다. 이 묘한 기분은 2023년 5월 26일, 머스크가 인수한 트위터에서 포드의 CEO 제임스 팔리 James Duncan Farley Jr.가 테슬라에 협력을 요청했다는 소식에서 비롯되었다. 기후 위기가 음모론이고 테슬라가 몰락할 기업이라면 왜 이런 아이러니한 현상이 일어나는 걸까?

20세기 초반 헨리 포드^{Henry Ford}의 등장은 독일 경제에도 위협적이었다.

세계 최초의 대량 생산 자동차는 헨리 포드가 개발한 것이 아니다. 1894년에 카를 벤츠Karl Benz가 개발한 벤츠 벨로Benz Velo가 그 주인공이다. 그는 훗날 독일 자동차 산업의 자존심 메르세데스 벤츠를 설립한다.

벤츠 벨로는 미국과 프랑스에서도 출하된 자동차로, 플라이휠을 수직으로 장착한 1.5마력의 엔진과 폴리pulley와 벨트Belts로 2단 변속할 수 있었고, 시속 21km로 주행할 수 있었다. 이 차는 1902년까지 1,200대 이상 생산된 것으로 알려졌다.

벤츠 벨로보다 더 많은 생산량을 기록한 것은 미국의 올즈모빌 커브드 대시Oldsmobile Curved Dash다. 당시 기술을 고려할 때 1904년에만 파격적인 기록인 5,000대를 생산했다. 전년도 생산량이 425대였기 때문에 대단한 발전이었다. 4마력의 이 차는 차체 앞의 보드가 둥근 모양을 하고 있어 개성적인 디자인이 특징이다.

그러나 여전히 대다수의 자동차는 부자들만 소유할 수 있는 전유물이었다는 것에 문제의식을 가진 이가 바로 헨리 포드다. 그는 1903년에 포드 자동차를 설립했고, 1908년 46세가 되던 해에 자동차를 대중화하기로 결심했다. 그 결과 개발된 자동차가 바로 포드 모델 T다. 포드 모델 T는 대량 생산을 통해 비용을 절감하고, 운전 작용 원리를 단순하게 개발해 운전을 쉽게 만들었다. 이동의 편의성을 맛본 사람들은 자가용을 사랑하기 시작했다. 그 결과 포드 모델 T는 1909년부터 생산을 시작해 1927년까지 무려 1,500만 대 이상 팔렸다.

1928년에 포드 자동차는 20마력의 포드 모델 T를 잇는 후속 차로, 성능을 40마력으로 향상시킨 포드 모델 A를 출시하며 본격적인 내연 기관 시대를 열었다. 포드 모델 시리즈의 열풍 덕분에 부자가 아닌 사람도 자동차를 구매할 수 있는 시대가 열렸다. 이후 포드 자동차는 미국 경제를 책임지는 러스트 벨트의 상징으로 성장해 오늘날 시가 총액 약 63조 원에 이른다.

포드는 중산층에게 이동의 자유를 선사했지만, 자신이 개발한 자동차가 기후 위기에 이처럼 악영향을 미칠 것이라고는 예측하지 못했다. 포드 자동차는 연비가 좋지 않은 대형 차량을 생산하면서 머스크에게 자극을 주었다. 포드 모델 T가 등장한 지 108년 후인 2016년 3월 31일, 머스크는 누구나 탈 수 있는 순수 전기차 모델 3를 공개했다. 당시 그의 나이는 45세였다. 머스크는 마스터 플랜 3에서 포드 자동차로 인해 형성된 100년의 자동차 문화와 제조 방식을 모두 혁신하겠다고 선언했다.

그렇다면, 미국 자동차 산업의 거대한 축인 포드가 테슬라에 굴복한 것일까? 포드는 테슬라의 수퍼차저Supercharger에 포드 전기차도 충전할 수 있도록 길을 열어 달라고 요청했다. 팔리를 인터뷰한 CNBC는 이를 두고 놀라운 상황이 일어났다고 보도했다.[9] 당시 테슬라와 포드의 깜짝 발표는 미국에서 뜨거운 반응을 일으켰다. 포드가 치명적인 경쟁사일 수 있는 테슬라와 한 배를 타기로 했기 때문이다.

포드에 이어 GM도 충격적인 행보를 보였다. 2025년부터 출시하는 전기차에 테슬라의 충전 규격인 NACSNorth American Charging Standard를 탑재하기로 한 것이다. 당시 GM은 SAE와 함께 CCSCombined Charging System를 위한 오픈 커넥터 표준을 개발하고 있었기에, 이 결정은 경쟁사들에게 큰 충격을 주었다. GM의 결정은 테슬라의 시장 입지와 충전 인프라의 광범위한 채택으로 인해 NACS가 많은 전기차 사용자에게 사실상의 표준이 되었음을 인정한 셈이다.

테슬라와 포드의 협력으로, 2024년부터 포드 전기차 구매자들은 미국과 캐나다 전역에 있는 12,000개 이상의 테슬라 수퍼차저에서 충전할 수 있게 되었다. 최초의 대량 생산 자동차인 포드 모델 T를 탄생시킨 포드가 테슬라에 협력을 요청한 것은 어떤 의미일까?

포드 모델 T를 보면 영원할 것 같던 내연 기관 산업이 머스크로 인해 무

너져 내리는 과정을 이해할 수 있다. 여전히 내연 기관 시대를 고수하려는 집단의 반발이 거세기 때문이다. 2022년 11월 테슬라 초기 투자자로 유명한 론 바론Ron Baron과의 인터뷰에서 머스크는 테슬라 이전에는 아무도 제대로 전기차를 만들지 않았다고 강조했다.[10]

바론은 머스크가 없었다면 전기차는 없었을 것이라고 주장했다. 전통적인 자동차를 만드는 사람들이 전기차를 만들고 싶지 않은 이유는 대부분 수익이 나지 않기 때문이다. 테슬라의 조사 결과에 따르면, 2022년을 기준으로 테슬라의 전기차 생산 기준 마진이 약 17%인 반면, 포드는 약 4%에 불과했다.[11]

테슬라의 활약이 커질수록 전통 기업들의 반발도 거세지고 있다. 내연 기관의 챔피언인 토요타는 하이브리드와 수소 자동차를 고집하며, 일본 정부가 주도하는 전기차 전환을 거부하는 모양새다. 토요타는 전기차로의 빠른 전환이 일자리 500만 개 이상을 사라지게 할 것이라고 경고하며 속도 조절을 요구했다.

미국, 중국, 일본, 독일 등 주요 자동차 산업 관련 행사에 참가해 본 결과, 많은 기업이 기후 위기로 인한 규제 때문에 마지못해 전기차를 출시하고 있음을 알 수 있었다. 토요타의 첫 번째 전기차를 일본에서 타 봤을 때, 그의 말이 이해가 되었다. 이게 무슨 뜻인지 앞으로 자세히 살펴보겠다.

테슬라는 100만 대를 생산하기까지 12년이 걸렸다. 그 과정에서 무수한 언론이 테슬라의 몰락을 점쳤다. 첫 번째 마스터 플랜 발표 이후, 2009년 《블룸버그Bloomberg》는 테슬라가 진정한 자동차 제조사가 될지 회의적인 반응을 보였다.[12] 연방 정부가 미래가 불투명한 작은 전기차 스타트업에 4억 6,500만 달러를 지원한 것을 두고 위험한 내기라고 표현했다.

그러나 테슬라 임직원은 머스크의 전략을 따랐고, 결국 테슬라 로드스터의 성공적인 데뷔는 모델 S 출시로 이어졌으며, 나중에는 모델 3 출시의 성공으로 이어졌다. 2012년 출시된 모델 S는 테슬라의 성장을 촉발시켜 전기차를 주류 시장에 각인시켰다. 모델 S의 플랫폼은 2015년에 출시된 모델 X의 플랫폼으로 활용되었다.

모델 X는 팔콘 윙falcon wing 도어와 세계에서 가장 큰 파노라마 윈드실드 panoramic windshield와 같은 전례 없는 기능을 도입해 내연 기관의 견고한 소비 시장에 균열을 일으키기 시작했다.

적들의 기대와 달리
생존해 발표한 마스터 플랜 2

2016년 7월에 발표한 마스터 플랜 2에서 머스크는 미국 자동차 회사 중 파산을 경험하지 않은 기업은 포드와 테슬라, 단 두 곳뿐이라고 강조했다.[13] 실제로 세계 어느 나라에서도 자동차 산업에서 창업해 성공한 사례는 매우 드물다. 머스크는 전기차로 창업한 것이 내연 기관 차량을 제작하는 것보다 무모한 행위라며, 그만큼 힘든 도전에 직면했음을 내포했다.

머스크는 테슬라를 창업한 이후 줄곧 지속 가능한 에너지 경제를 달성해야 한다고 주장해 왔다. 그날을 앞당기기 위해 테슬라가 계획한 마스터 플랜 2의 중요한 내용은 다음과 같다.

첫째, 배터리 저장 시스템이 매끄럽게 통합된 멋진 솔라 루프solar-roof를 생산한다. 둘째, 모든 사업 부문을 다루기 위해 전기 자동차 제품군을 확장한다. 마스터 플랜 1 발표 후 테슬라는 프리미엄 세단 모델 S, 합리적인 가격의 세단 모델 3, 대형 SUV 모델 X, 중형 SUV 모델 Y를 출시했다. 이제 테슬라는 대부분의 소비자들이 원하는 교통수단을 충족시키기 위해 픽업트럭과 소형차를 라인업에 추가할 계획이다. 셋째, 여러 차량을 통한 학습을 통해 수동 운전보다 10배 더 안전한 자율 주행 기능을 개발한다. 넷째, 차량을 사용하지 않을 때 수익을 창출할 수 있게 한다는 것이다.[14]

마스터 플랜 2를 발표한 후 등장한 차량이 본격적인 대중 시장으로 진출하기 위한 모델 3이다. 2017년에 본격적으로 출시된 모델 3는 4도어 패스트백 세단fastback sedan으로, 테슬라의 가장 저렴한 모델이다. 2016년에 모델 3가 공개된 첫날 예약 건수가 135,000건을 돌파하자 테슬라의 미래를 암울하게 예견했던 《블룸버그》도 '대중 시장 자동차의 100년 역사에서 독특한 차량unique in the 100-year history of the mass-market automobile'이라고 선언하게 만들었다.[15]

2009년 6월, 《블룸버그》는 테슬라가 진정한 자동차 제조 업체가 될 수 있을지 회의적인 보도를 했다.[16] 2011년 5월, 미국의 《비즈니스 인사이더Business Insider》는 테슬라가 인수될 것으로 전망했고, 8월에는 영국의 《데일리 메일Daily Mail》이 전기 자동차를 공간 낭비라고 비판했다. 즉, 전기차를 쓸모없거나 실용적인 가치가 없다고 판단한 것이다. 9월에는 《포브스Forbes》가 전기차는 극히 좋지 않은 생각이라고 지적했다.[17] 2019년 8월, 《포브스》는 테슬라가 공개 회사로서 크게 실패했다고 부정적으로 보도했다. 그러나 2021년 6월에는 모델 3가 전 세계적으로 백만 대 이상 판매되며 역대 최다 판매 전기차로 기록되었다. 그리고 2020년에 출시된 모델 Y는 모델 3의 제조 기술을 상당 부분 차용했지만, 더 넓은 실내와 다용도성을 선보였다.

테슬라(2023년 2월 기준)는 미국 캘리포니아주에서 약 48,000명이 근무하는 가장 큰 제조 업체로 성장했다. 테슬라가 토요타로부터 인수한 프리몬트 공장은 북미에서 가장 많은 자동차를 생산하는 공장이 되었다. 여기서 생산된 모델 3와 모델 Y는 내연 기관 자동차를 포함해 캘리포니아에서 가장 많이 팔린 1, 2위 차량이 되었다. 테슬라는 매일 약 4,500만 달러의 가치를 창출해 캘리포니아 경제에 기여하고 있다.

머스크는 모두가 불가능하다고 했던 전기차의 대량 생산을 주도했지만,

그의 비전은 단순히 자동차 제조 업체의 CEO로만 볼 수 없다. 그의 프로젝트는 전기차, AI, 우주 탐사, 지속 가능한 에너지 해결책 등 다양하며, 이는 그를 다방면의 천재이자 혁신가로 평가하게 한다. 미국과 영국의 유명 언론사들이 종종 그를 오판하지만, 중요한 사실은 전쟁과도 같은 산업 현장에서 그의 영향력을 실사구시의 태도로 지켜봐야 한다는 것이다.

미국, 중국, 일본, 독일에 방문하면서 이 책을 집필한 이유가 바로 저들처럼 치명적인 실수를 되풀이하지 말고, 우발적인 감정에 치우치지 말고 머스크를 통해 급변하는 세계를 감지하고, 이해하기 위해서였다. 특히 우리나라처럼 제조업으로 경제를 지탱하는 독일조차도 미국이 소프트웨어로 세상을 삼키면서 치명상을 입고 있으니 근심이 커졌다.

필자는 AI 스타트업부터 대기업 공장까지 방문하면서 우리나라 경제의 냉혹한 현실을 체감할 수 있었다. 경제 통계 발표 자료에 담기지 못한 치명적인 현상을 목격했기 때문이다. 언론의 기대와 달리, 실상은 외부 변화에 둔감한 임직원들과 마주한 것이다. 제조업 설비는 낡았고 자동화 수준은 중국보다 낮은 기업들이 많았으며, 소프트웨어 기업들도 미국 기업들과 큰 실력 차이를 보였다. 이처럼 우리나라 산업 현장에 갈라파고스화 현상이 가속화될 우려가 있다는 것을 알아챘다. 그래서 테슬라의 마스터 플랜을 중심으로 함께 성장하자는 취지로 이 책이 탄생했다.

인베스터 데이 발표에 따르면, 2019년 테슬라의 지원자 수는 약 80만 명이었으나 2021년에는 무려 300만 명으로 약 3.7배 증가했다. 매년 미국에서 실감하는 것은, 수많은 언론이 머스크를 비판해도 산업 현장에서는 여전히 애플, 구글 등 빅테크 기업보다 인기가 높다는 것이다. 인재가 몰려든다는 것은 회사의 장래가 밝다는 의미이다.

로드스터의 실물을 목격 후
알게 된 전설의 시작

1903년에 헨리 포드가 포드 모터 컴퍼니The Ford Motor Company를 설립하고, 1908년에는 포드 모델 T를 출시했다. 모델 T는 출시 후 24년 동안 1,500만 대 이상 팔리며, 포드는 미국 경제를 이끄는 상징이 되었다. 모델 T는 한때 전 세계 자동차 판매량의 절반을 차지하기도 했으며, 1950년에는 미국의 거리에서 4,000대에서 4,000만 대로 자동차 수가 폭발적으로 증가했다. 현재는 10억 대의 자동차가 지구촌 곳곳에서 매연을 내뿜고 있다.

포드 자동차는 미국 중북부의 산업 지역 러스트 벨트Rust Belt의 디트로이트에서 시작했다. 러스트 벨트에는 GM, 크라이슬러와 함께 자동차 왕국을 형성하며, 이들은 미국의 빅 3로 불렸다. 1955년, 디트로이트에 몰려 있던 빅 3는 그 해 700만 대 이상의 자동차를 판매했다. 이 시기에 토요타 자동차는 독자적인 기술 개발을 통해 승용차를 수출하기로 결심했다. 미국 시장 진출을 위해, 회사 내 최고 엔지니어 시스템을 설치하고, 디자인과 평가 부서를 강화하며, 테스트 시스템과 테스트 트랙을 새롭게 건설했다.

2000년대 초, 미국 주택 시장의 급격한 성장은 서브프라임 모기지 대출

확대와 개인의 탐욕이 맞물린 최악의 역사였다. 은행들은 안정적인 소득이 없거나 일정하지 않은 소득을 가진 낮은 신용 등급의 개인들에게도 주택 담보 대출을 제공했다. 이러한 대출을 서브프라임 모기지^{subprime mortgage}라고 불렀다.

일반적으로 주택 구매 시 일정 비율의 초기 자본이 필요하지만, 일부 서브프라임 모기지는 소득이나 자산에 대한 증빙 문서 없이도 승인되었다. 이를 닌자^{NINJA} 대출이라고도 부르는데, 이는 'No Income, No Job, and no Assets(수입도 없고, 직장도 없고, 자산도 없고)'의 약자로 당시 미국 사회의 탐욕을 나타낸다. 닌자 대출은 서브프라임 모기지 위기의 중요한 요소 중 하나였다. 이러한 대출은 전통적인 대출 기준을 무시하고 대출 신청자의 상환 능력을 제대로 평가하지 않았다. 결국 많은 미국인이 대출금을 상환할 능력이 없음에도 불구하고 대출을 받아 대규모 채무 불이행으로 이어졌고, 이는 금융 위기를 촉발했다.

서브프라임 모기지 위기는 금융 시장의 신뢰를 무너뜨렸고, 이는 은행과 투자 회사들의 파산으로 이어졌다. 또한, 신용 시장의 동결로 인해 미국 자동차 기업들은 자금을 조달하기 어려워졌다. 이 위기는 금융 부문을 넘어 전 세계 경제에 영향을 미쳤다. 소비자 신뢰도가 하락하고, 실업률이 증가하는 등의 현상이 나타났다.

서브프라임 모기지발 세계 경제 위기는 빅 3 자동차 제조사들도 피할 수 없었고, 이로 인해 실업자와 범죄자가 동시에 급증한 디트로이트는 미국의 대표적인 우범 지역으로 인식되었다. 미국과 유럽에서만 수백만 명의 실업자가 발생했다. 2007년 12월에 5%였던 미국의 실업률[18]은 이후 30개월 동안 5% 이하를 유지하였으나, 서브프라임 모기지 사태의 영향으로 2009년 6월에는 9.5%로 급증했고, 10월에는 10%까지 상승하며 정점을 찍었다.

미국이 10% 이상 실업률을 기록한 시기는 1982년 9월부터 1983년 6월까지로, 당시 최고 실업률은 10.8%였다. 이는 1970년대 후반부터 발생한 스태그플레이션, 1973년의 요르단 전쟁, 1979년의 이란 혁명으로 인한 두 차례의 주요 석유 위기, 높은 이자율로 인한 투자와 소비 감소로 인해 발생한 경기 침체 때문이다.

이러한 여파로 당시 미국 자동차 산업은 생산성 저하와 높은 제조 비용 문제를 겪었다. 여기에는 노동 비용 상승도 큰 영향을 미쳤다. 노동조합과의 임금 협상에서 높은 임금이 결정되면서 이 비용은 최종 제품 가격에 반영되었다. 경제 위기 속에서 고가의 자동차를 구매할 사람은 줄어들 수밖에 없었다. 또한, 연료 가격 상승은 소비자들이 연료 효율이 높은 소형 차량을 선호하게 했고, 이는 주로 일본과 유럽의 자동차 제조사들에 유리했다. 경제 위기가 반복될수록 소비자들의 구매력은 감소했고, GM, 포드, 크라이슬러의 자동차 판매는 크게 줄었다.

빅 3는 판매 감소와 함께 심각한 재정적 어려움에 직면했다. 이들 회사는 운영 자금 부족과 부채 증가로 인해 연방 정부에 구제 금융을 요청할 수밖에 없었다. 2008년 GM의 리처드 왜거너[Richard Wagoner], 포드 모터 컴퍼니의 CEO 앨런 멀랠리[Alan Mulally], 크라이슬러의 CEO 로버트 날리[Robert Nardelli] 등 빅 3의 경영진이 연방 정부에 구제 금융을 요청하기 위해 의회 청문회에 참석했다. 당시 이들은 절박한 기업 상황과는 어울리지 않게 개인용 제트기를 타고 등장해 논란이 되었다.

이 사건은 대기업 경영진의 행동과 공공의 인식 사이의 괴리를 드러내는 사례로, 경제 위기 상황에서 기업의 사회적 책임과 윤리에 대한 중요한 논의를 촉발했다. 당시 여론은 비난이 들끓었고, 이는 대기업 경영진의 지출 결정에 대한 대중의 인식에 영향을 미쳤다. 이후 GM, 포드, 크라이슬러 경영진은 청문회에서 더 겸손한 태도를 보이기 위해 자동차를 이용하는 모습을 보였다.

빅 3는 미국 제조업의 상징이고 디트로이트는 20세기 현대 산업 사회의 표상이었다. 그러나 포드 자동차를 제외하고 GM과 크라이슬러는 파산을 경험했다. 20세기 미국에서 자동차를 생산하겠다고 선언한 기업 중 포드를 제외한 모든 회사가 파산할 정도로 테슬라 역시 쉽지 않은 도전에 직면했다.

이처럼 대다수 기업이 끔찍한 시기를 겪고 있을 때 테슬라는 첫 번째 전기차 테슬라 로드스터를 출시해 어려운 도전의 첫 단추를 끼웠다. 빅 3는 마지못해 전기차를 생산하는 모양새였지만, 테슬라는 내연 기관 추종자들의 비난과 정부 관계자들로부터의 무시를 이겨내며 성장했다.

2008년 12월, 테슬라의 로드스터 판매량은 불과 100대 정도였다. 당시 테슬라는 제대로 된 공장이 없었기에 대량 생산이 어려웠고 품질도 엉망이었다. 테슬라 로드스터의 초기 모델에서 발생한 주요 문제 중 하나는 변속기와 관련된 문제였다. 테슬라는 원래 로드스터에 2단 변속기를 개발하려

사진 2-3 테슬라의 첫 번째 전기차를 목격하니 테슬라에 대한 새로운 인식을 느끼게 해 주었다.
(미국 피터슨 자동차 박물관, 2024)

테슬라 마스터 플랜

고 시도했지만, 이 변속기가 모터의 토크를 감당하지 못했다.

이 문제는 로드스터의 출시를 위협했고, 회사가 보유했던 현금은 엄청난 속도로 줄어 계좌의 잔액은 약 900만 달러에 불과했다. 대부분의 미국 자동차 스타트업이 대량 생산 단계로 진입하지 못하고 몰락했다. 20세기의 포드 자동차와 21세기의 테슬라만 제외하고 말이다.

당시 다임러의 5,000만 달러 규모의 투자는 테슬라가 후에 전기차 분야에서 혁신의 선구자가 되는 데 있어 핵심적인 전환점이 되었다. 바로 양산형인 모델 S를 출시하는 토대를 마련해 줬기 때문이다.

테슬라의 기원:
머스크의 마음을 사로잡은 티제로

2022년 12월, 폰 홀츠하우젠은 피터슨 자동차 박물관에서 CNBC와 인터뷰를 했다.[19] 2024년 1월, 필자는 같은 자리에서 테슬라의 역사와 모든 기술, 제품을 살펴보며 감회에 젖었다.

우리나라에서는 테슬라 탄생에 영감을 준 AC 프로펄션AC Propulsion의 티제로tzero부터 테슬라 최초의 전기차 로드스터, 본격적인 양산 제품 모델 S 초기 차량을 실물로 보기 힘들다. 테슬라 역사의 서막을 주도한 역대 차량을 보고 있으면, 전기차 기술 혁신으로 자동차 산업을 재편하기까지의 엄청난 인내와 강렬한 저항 세력의 견제를 물리친 격동의 세월을 체감할 수 있다.

1992년에 창립한 AC 프로펄션은 남부 캘리포니아에 있는 전기 동력 시스템 제조 업체다. 머스크는 AC 프로펄션의 전기 스포츠카 티제로가 없었다면 테슬라는 존재하지 않았을 것이며, 테슬라의 역사가 훨씬 늦게 시작되었을 것이라고 말했다. AC 프로펄션은 1994년 8월 23일에 통합 모터 구동 및 배터리 충전 시스템Combined Motor Drive and Battery Recharge System에 관한 특허를 취득했다. 이 특허는 축소형 통합 충전기를 포함한 혁신적인 전기 모터 시스템에 관한 것이다.

　AC 프로펄션의 기술 역량은 전기차를 추진할 뿐만 아니라 자동차 모터 시스템 내에 충전 메커니즘을 통합하는 시스템에 있다. 즉, 전기 모터를 구동하는 데 사용되는 구성 요소 중 일부가 충전 시스템과 공유되므로 보다 작고 효율적인 설계가 가능하고, 무게, 비용 및 복잡성을 줄일 수 있다. 이 특허 기술은 BMW, 토요타 차량에도 사용되었고, 1994년부터 1998년까지 3대의 전기 스포츠카 티제로를 수제로 제작하는 데도 활용되었다. 이로 인해 테슬라 로드스터 탄생에 영감을 주었다.

　티제로는 세상에 단 세 대에 불과했지만, 단순한 전기차가 아니었다. 골프카 이미지와 달리 내연 기관 스포츠카처럼 파격적인 디자인을 자랑했다. 당시 최고 속도는 약 200마력의 힘으로 시속 90마일까지 가속할 수 있었고, 시속 60마일에 도달하는 시간은 불과 4.6초였다. 티제로에는 롱 레인저Long Ranger라는 후방 장착형 트레일러가 달려 있었다. 여행 중에도 배터리에 추가 전력을 공급하고, 상시로 연결해서 주행 거리를 400마일까지 늘이

사진 2-4 AC 프로펄션의 티제로
(미국 피터슨 자동차 박물관, 2024)

기 위한 장치였다. 초기 티제로에는 납 축전지lead-acid battery가 장착되어 트레일러가 없으면 주행 가능 거리가 약 80마일에 불과했다.

롱 레인저의 흥미로운 점은 전기차 배터리 충전을 위해 소형 휘발유 엔진과 발전기를 사용하는 아이러니한 기술이라는 것이다. 티제로의 납 축전지는 안전성을 신뢰할 수 없는 상황이었고, 일상 주행을 위한 충분한 주행 거리를 제공할 수도 없었다.

납 축전지는 노트북이나 휴대전화에 장착된 리튬 이온 전지Lithium-ion battery보다 충전 시간이 더 오래 걸리고, 수명도 짧으며, 무겁고 부피가 커 전기차의 주행 거리를 늘리는 데 걸림돌이 되었다. 티제로에 장착된 납 축전지는 벽돌처럼 정사각형 셀 형태로, 주행 거리를 늘리기 위해 측면 출입문에 연이어 장착되어 문을 온전히 열 수 없었다. 또한, 납은 독성이 있어 축전지를 부적절하게 폐기하면 환경에 해로운 영향을 미쳤다.

티제로는 납 축전지의 한계로 인해 오픈카로 탄생했다. 문을 뛰어넘어야 할 정도로 내부가 비좁았다. 이러한 단점을 극복하지 않으면 친환경 전기차 시대를 열 수 없었다.

JB 스트라우벨Jeffrey Brian Straubel은 2005년 5월부터 2019년 7월까지 테슬라의 공동 창립자이자 최고 기술 책임자CTO로 재직했다. 현재 그는 레드우드 머티리얼즈Redwood Materials Inc.의 창립자이자 CEO로, 재활용 배터리에서 얻은 원료를 통해 대규모로 국내 음극 및 양극 재료를 생산하여 리튬 이온 배터리의 비용과 환경 발자국을 줄이기 위해 노력하고 있다.[20]

스트라우벨은 티제로의 납 축전지 문제를 인식하고, 이를 리튬 이온 배터리로 교체하여 테슬라 로드스터 출시로 이어지는 중대한 역할을 했다. 2000년대 초반, 그의 스탠퍼드 대학교 재학 시절은 태양광 자동차의 배터리가 납 축전지에서 니켈-카드뮴Ni-Cd 전지, 그리고 리튬 이온 배터리로 넘어가는 전환기였다.

스트라우벨은 2023년 3월 모교를 방문해 테슬라 창업 초기의 일화를 들려주었다.[21] 그는 스탠퍼드 대학교 태양광 자동차 개발 팀원들을 찾아가 수천 개의 노트북 리튬 이온 배터리를 어떻게 결합할지 고민했다. 대부분의 사람들은 리튬 이온 배터리의 화재 위험성이나 성능 저하를 우려했지만, 스트라우벨은 그 에너지 밀도가 납 축전지보다 훨씬 높다고 판단했다.

당시 노트북 배터리를 꺼내어 차량 동력원으로 사용하는 사람은 없었다. 대부분의 전기차 개발자들은 여전히 납 축전지를 사용했다. 스트라우벨의 발상은 미쳤다는 평가를 받았다. 2003년에 그는 로스앤젤레스에서 머스크와 점심을 먹으며 리튬 이온 배터리 전기차 사업 구상을 설파했지만, 대부분의 사람들은 관심을 보이지 않았다.[22]

그의 표현대로 '광기의 로켓 회사' 스페이스X를 설립한 머스크만이 전기차에 리튬 이온 배터리를 넣는 시도의 잠재력을 알아차렸다. 스트라우벨은 머스크가 리튬 이온 배터리 기반 전기차의 가능성을 즉시 이해하고 공감한 첫 번째 사람이라고 강조했다.

스트라우벨과 전기차의 가능성을 심도 있게 논의한 머스크는 2004년 약 800만 달러의 시리즈 A 라운드 자금을 테슬라에 투자했다. 이를 두고 스트라우벨은 당시 조금 미친 듯한 시도였고, 막대한 금액으로 느껴졌다고 회상했다. 아무도 테슬라처럼 이런 시도를 하지 않았기 때문이다. 머스크의 투자금은 오늘날 세계 최고의 전기차 제조사로 성장할 수 있었던 씨앗이자, 리튬 이온 배터리를 장착한 최초의 상용 생산 전기 자동차 로드스터가 탄생할 수 있었다.

2003년 무렵, 스트라우벨이 티제로의 납 축전지를 리튬 이온 전지로 교체하자 시속 60마일에 도달하는 시간이 4.6초에서 3.6초로 단축되었다. 또한 주행 가능 거리는 약 80마일에서 300마일 이상으로 늘어났다. 이러한 획기적인 개선은 리튬 이온 배터리를 사용할 시 차체 무게 감소, 성능 및 주행 거리 측면에서 장점을 얻을 수 있음을 증명했다.

20년이 지난 인베스터 데이에서 머스크는 리튬에 대한 많은 오해가 있다며, 리튬이 지구상에서 가장 흔한 원소 중 하나라고 강조했다. 만약 미국이 리튬을 생산하는 유일한 곳이라면, 미국 내에는 지구를 전기화하기에 충분한 리튬 광석이 존재한다고 설명했다. 리튬 시대를 제한하는 요인은 리튬 하이드록사이드lithium hydroxide, 리튬 카보네이트lithium carbonate와 같은 배터리 생산에 사용할 수 있는 형태로 정제하는 과정이 어렵기 때문이라고 덧붙였다.

리튬은 풍부하지만, 현재의 정제 능력과 제한적인 속도가 문제다. 즉, 배터리에 투입할 수 있는 리튬 화합물에 대한 수요를 맞추는 데 병목 현상이 발생할 우려가 있다. 머스크의 발언은 자원 부족으로 인한 전기차 시대의 몰락을 우려할 필요가 없다고 해석할 수 있다. 테슬라의 기술 혁신과 생산 규모 확장이 리튬으로 인한 병목 현상을 해결할 것으로 예상된다. 이러한 리튬 수요 열풍의 시작은 바로 테슬라의 첫 번째 전기차 로드스터로 인해 촉발되었다.

끊이지 않는
창업자 논란

머스크는 티제로를 시승해 보고, 차체가 작고 주행 거리가 짧아도 고성능을 보여 준다는 것에서 전기차의 대중화 가능성을 발견했다. 그는 전기 자동차에 오랫동안 관심이 있었지만, 스트라우벨을 만나기 전까지는 리튬 이온 배터리가 아닌 슈퍼 저장 배터리super storage batteries에 몰두해 왔다.[23]

머스크는 2004년 2월에 테슬라의 최대 주주이자 이사회 의장이 되었다. 이때까지만 해도 기술 개발에 적극적으로 개입하지 않았다. 그의 초기 초점은 주로 실제 기술 개발에 있었던 것이 아니었지만 회사 자금 조달과 전기차 관련 비전은 설립 초기부터 테슬라에 중추적인 역할을 했다.

머스크에 가려진 테슬라의 공동 설립자는 마틴 에버하드와 마크 타페닝이다. 이들은 1980년대에 만나 1997년에 누보미디어NuvoMedia를 설립해 최초의 전자책인 로켓 이북Rocket eBook을 만들었다. 그러나 그들의 이력은 제조업 전문성과는 거리가 멀었다.

2021년 2월, 테슬라를 퇴사한 지 한참이 지난 후 CNBC와의 인터뷰에서 에버하드와 타페닝은 머스크가 테슬라의 네 번째 CEO이자 이사회의 두 번째 의장이라고 주장했다.[24] 그들은 머스크가 테슬라의 성공에 크게 기여했음을 인정하면서도, 그가 창립자 중 한 명이 아니라는 점을 분명히 했다.

티제로의 영감을 받은 사람은 머스크 외에도 에버하드가 있었다. 그는 당시 페라리보다 빠르게 가속하는 수제 전기차를 보고 AC 프로펄션이 상업적 기업으로 성장하기를 바라는 마음에 10만 달러를 투자했다. 에버하드는 티제로를 구매하고자 했으나, AC 프로펄션은 이를 거절했다. 티제로는 수제로 제작해야 했기에 팔면 팔수록 적자가 늘어나는 상황이었다. 이후 AC 프로펄션은 머스크에게 티제로 대신 닛산 큐브처럼 상자형 전기차 이박스eBox를 판매하려고 했다.[25]

투자자의 관점에서 볼 때 AC 프로펄션의 소극적인 행보가 마음에 들지 않은 에버하드는 티제로를 보며 고급 전기 스포츠카 시장의 가능성을 엿봤다. 에버하드와 그의 친구 타페닝, 그리고 이들의 이웃인 이안 라이트Ian Wright는 티제로를 뛰어넘는 전기 자동차를 생산하기로 결심하고 테슬라 모터스를 설립했다. AC 프로펄션의 주선으로 머스크가 에버하드를 만났을 때, 테슬라는 시제품 자동차나 전기 자동차에 대한 지적 소유권, 테슬라의 상표 등록도 하지 않은 상태였다. 머스크는 테슬라 모터스Tesla Motors가 사업 계획만 있던 허상의 기업이었다고 보았다.[26]

2004년 2월, 에버하드와 라이트는 스페이스X를 찾아가 머스크에게 투자 유치를 요청했다. 머스크는 최종 결정권을 행사할 수 있는 회장직을 요구하며 650만 달러를 투자해 테슬라의 대주주가 되었다. 이후 그는 스트라우벨을 설득해 테슬라의 첫 번째 최고 CTO로 임명했다. 라이트는 테슬라 설립 1년 만에 머스크의 경영 철학과 맞지 않아 퇴사했다. 훗날 에버하드는 머스크가 스트라우벨을 포함해 테슬라 설립자를 5명으로 주장하자 이를 두고 소송까지 벌였다.

이들은 테슬라 설립 초기에 사사건건 충돌이 일어났다. 두 사람의 인터뷰

테슬라 마스터 플랜

와 과거 테슬라 블로그 글들을 종합해 보면 머스크는 테슬라가 내연 기관 시대를 촉발한 GM, 포드처럼 전기차의 대중화 시대를 주도하길 원했고, 에버하드는 전기차를 페라리나 람보르기니처럼 고급 스포츠카로 불리기를 원했으므로, 두 사람은 기업의 미래를 구상하는 가치관이 서로 달랐다.

2004년 무렵에는 테슬라가 로드스터를 제작할 때만 해도 공장이라고 해봐야 산 카를로스San Carlos의 커머셜 스트리트 1050번지에 있는 $930m^2$의 2층짜리 산업용 건물에 불과했다. 참고로 인근에는 UAMUrban Air Mobility 제작사 조비 에비에이션이 자리 잡고 있다(이 회사도 테슬라처럼 UAM 항공기를 상용화해 세상을 바꿀지 주목할 필요가 있다).

당시 테슬라는 로드스터 개발을 위해 티제로의 디자인 템플릿을 활용했으며, 이는 티제로의 디자인과 엔지니어링 원리 또는 기능 일부가 로드스터의 디자인을 형성하는 데 영향을 미쳤음을 의미한다. 테슬라는 AC 프로펄션의 구동 장치 사용을 허가받고 본격적으로 로드스터 개발을 시작했으나, 스트라우벨이 개발한 동력계가 더 뛰어나자 자체적으로 전기차 개발에 몰두했다.

2008년, 스트라우벨은 로드스터 개발의 공로로 매사추세츠 공과대학교MIT로부터 올해의 혁신가상을 받았다. 그러나 에버하드는 2007년 8월 CEO 자리에서 물러났다. 이는 로드스터 개발 과정에서 발생한 문제에 대한 책임을 져야 했기 때문이다.

테슬라는 로드스터를 출시한 후, 2009년에 모델 S를 공개했다. 전기 자동차로 특별히 설계된 세단 형태의 모델 S는 전기차를 단순한 석유 연료 차량의 대안이 아닌 매우 바람직한 선택으로 변모시켰다. 모델 S의 등장 이후 테슬라 모델들이 발표될 때마다 큰 관심과 열정적인 반응을 불러일으켰다. 모델 S는 열광적인 브랜드 충성도를 키우는 토대가 되었다. 20년도 채 안 되는 짧은 기간에 테슬라는 130년 이상의 역사를 가진 글로벌 내연 기관 산업을 혁신하는 데 성공했다.

테슬라의 최종 목표는 회사의 공동 창립자이자 2021년 3월에 '기술왕 Technoking'이라는 직함을 얻은 머스크가 밝힌 것처럼 '세계의 지속 가능한 에너지로의 전환을 가속화accelerate the world's transition to sustainable energy'하는 것이다. 이를 달성하기 위해 테슬라는 전기차를 넘어서 배터리, 태양광 지붕 및 기타 에너지 제품들을 생산하며, 지속 가능성과 깨끗한 에너지로 구동되는 미래를 향한 비전을 확장하고 있다. 그렇다면 머스크는 언제부터 본격적으로 테슬라 전기차 개발에 뛰어들었기에 스트라우벨까지 공동 설립자라고 주장하는 걸까?

터미네이터의 마음을 훔친
테슬라 전기차

테슬라는 티제로의 납 축전지를 리튬 이온 전지로 교체하면서 무게 감소, 성능 및 주행 거리 측면에서 큰 장점을 신속히 입증했다. 이러한 성공에 영감을 얻은 테슬라는 영국의 로터스 엘리스Lotus Elise로부터 스포츠카 로터스 엘리스Lotus Elise의 차체 개조를 허락받는다.[27] 그렇게 탄생한 것이 바로 로드스터의 프로토타입 뮬 1Mule 1이다.

2004년 무렵, 머스크는 스페이스X 로켓 제조 기술에서 배운 점을 바탕으로 엘리스가 유리 섬유 복합 소재를 사용한 것과 달리 로드스터는 더 강하고 가벼운 탄소 섬유로 차체 패널을 만들라고 지시했다. 이에 에버하드가 비용 문제로 불가능하다고 반발하면서 두 사람 간의 갈등이 커졌다.[28]

2005년 제작된 뮬 1은 차량 설계의 공기 역학적 특성을 시뮬레이션하기 위해 탄생한 공기 역학적 벅Aeromodelling Buck이다. 이 벅은 일반적으로 점토 같은 재료로 만들어지며, 차량의 외부 모양과 윤곽을 나타내도록 조각된다. 테슬라는 뮬 1을 제작 후 여러 단계의 실험을 거쳐 차량의 기계적 배치와 스타일링을 정의하고 다듬는 과정을 거쳤다.

뮬 1의 실물을 살펴보니 티제로와 나란히 있었기에 머스크가 추구한 전기차의 경영 철학이 AC 프로펄션과 어떻게 다른지 실감할 수 있었다. 티제로가 단순히 전기로 구동되는 것을 증명하는 데 몰두했던 것과 달리, 뮬 1에는 열 수 있는 문과 비바람을 피할 수 있는 지붕이 있었다. 이는 스포츠카여도 다양한 지역에서 운행이 가능하게 하려는 의지를 반영한 것이다.

테슬라 로드스터의 차대는 로터스 엘리스를 기반으로 했고, 구동 시스템은 AC 프로펄션의 기술을 응용해 제작했지만, 차체는 완전히 새로운 외관 스타일을 채택했다. 이 디자인은 테슬라의 크리스마스 파티에서 제출된 작품 중 선택된 것으로, 자동차 디자이너 바니 핫Barney Hatt이 만들었다. 최종 디자인은 생산 준비가 될 때까지 여러 단계를 거쳐 발전했다.

로드스터의 개발은 수많은 프로토타입과 반복을 포함하는 복잡한 과정을 거쳤다. 벅은 테슬라 엔지니어들이 로드스터의 형태를 다듬는 데 도움을 주기 위해 풍동 실험에 사용되었다. 뮬 1은 테슬라가 제작한 첫 공기 역학 모델로 중요한 역할을 했다.

뮬 2는 테슬라 모터스가 제작한 두 번째 엔지니어링 차량으로, 로드스터의 최종 디자인과 가장 비슷하게 만들어진 첫 번째 차량이다. 뮬 2는 크리스 페인Chris Paine 감독의 2006년 다큐멘터리 영화 《전기자동차를 누가 죽였나?Who Killed The Electric Car?》와 2008년에 큰 인기를 끌었던 영화 《아이언맨Iron Man》에 등장했다. 특히 《아이언맨》에서는 머스크에게 영감을 받아 탄생한 주인공 토니 스타크의 차고에 뮬 2가 등장해 눈길을 끌었다.

뮬 2는 콘셉트 개념에서 생산 준비 설계로 전환하는 데 결정적인 역할을 했으며, 전기차에 대한 테슬라의 접근 방식을 뒷받침하는 공학 및 디자인 철학에 대한 실질적인 개념 증명 역할을 했다. 테슬라 설립 후 불과 3년 만인 2006년 7월 19일 로스앤젤레스 근처 산타모니카 공항에서 프로토타입 로드스터가 공개되었다. 이 자리에 영화 《터미네이터》 시리즈의 주인공이

자 당시 캘리포니아 주지사였던 아놀드 슈워제네거Arnold Alois Schwarzenegger도 참석해 로드스터의 실물을 보고 감탄하며 주문 예약을 했다.

로드스터의 첫 번째 제품인 시그니처 원 헌드레드Signature One Hundred는 3주도 안 되어 100대 모두 팔렸고, 몇 주 후 머스크가 마스터 플랜 1을 발표했다. 이 계획에는 고급 전기 스포츠카를 만들고, 이 차량의 수익을 사용해 세단과 소형 콤팩트 차량을 포함한 더 저렴한 모델을 만들겠다는 내용이 포함되어 있었다.

2006년 7월 25일, 에버하드는 당시 테슬라의 반대파들이 로드스터가 로터스 엘리스의 기술을 그대로 적용해 제작했다고 주장하는 것에 반박했다. 그는 이 주장이 사실이 아니며, 당시 영국의 테슬라 엔지니어링 팀의 개발 덕분에 로터스 엘리스와 분명한 차이가 있었다고 강조했다.

테슬라는 엘리스보다 로드스터의 문지방 높이를 2인치 낮추고, 출입을 용이하게 했으며 좌석을 완전히 재설계했다. 또한 로드스터의 축간거리를 좌석 뒤로 2인치 연장해 약간의 공간을 더 확보했다. 이러한 변경으로 배터리 팩의 무게를 앞으로 옮겨 차량의 무게 분배를 올바르게 유지하고, 차대를 강화해 주행의 안정성을 높일 수 있었다.

에버하드는 2007년 중순까지 로드스터의 정식 출시를 약속했다. 그러나 그해 10월까지 대량 생산에 어려움을 겪은 테슬라는 로드스터를 100대 인도하는 데 그쳤다. 경영진은 에버하드를 생산 및 비용 초과와 관련된 문제로 CEO 자리에서 물러나게 했다.[29]

2007년 12월, 에버하드가 이사회에서도 축출될 무렵, 테슬라의 새 CEO로 취임한 제브 드로리Ze'ev Drori는 로드스터 생산 지연 문제를 해결하겠다고 나섰다. 그는 2008년 봄에 로드스터의 완전한 생산을 시작하는 것을 목표로 선언했다.[30] 하지만 2008년 10월, 머스크가 CEO로 등극하면서 드로리는 이사회 부회장으로 물러났고, 결국 2009년에 퇴사했다.

머스크의 적극적인 개발 개입으로 테슬라는 2008년부터 로드스터에 자체 모터, 구동계 및 충전 시스템을 탑재해 본격적으로 생산을 시작했고, 2012년까지 4가지 버전을 생산했다. 첫 번째 양산 차량은 머스크가 가져갔다. 당시 248마력의 로드스터는 최고 속도 시속 125마일, 시속 60마일에 도달하는 시간은 4.6초였으나 주행 가능 거리는 약 211마일로, 티제로의 약 80마일에 비해 압도적인 발전을 보여 주었다.

테슬라는 지속적인 개선을 통해 성능을 더욱 향상시켰다. 토요타 자동차 박물관에서 2010년에 생산된 무게 1,270kg의 테슬라 로드스터 스포츠를 직접 살펴보았다. 2008년에 출시된 차량보다 더 강력해진 이 모델의 마력은 292로 상승했고, 시속 60마일의 도달 시간은 3.7초로 단축되었다.

로드스터 내부를 살펴보니 오늘날 테슬라 차량에서는 보기 힘든 사이드 브레이크가 장착되어 있었다. 이는 전통적인 스포츠카 느낌과 수동 조작을 위한 선택으로 보였다. 테슬라는 운전자가 전기차를 직접 제어한다는 느낌을 제공해 클래식 스포츠카 경험을 강조한 것 같다.

사진 2-5 2010년식 테슬라 로드스터 스포츠에는 사이드 브레이크가 장착되었다.
(일본 토요타 박물관, 2023)

테슬라 마스터 플랜

길이 3,939mm, 폭 1,750mm, 높이 1,127mm의 로드스터는 티제로보다 좌석이 컸지만, 여전히 대중 시장이 수용하는 편의성을 갖추지는 못했다. 그러나 한 번 충전으로 약 390km를 주행할 수 있었으니, 티제로에 비하면 큰 발전이었다. 이는 전기차의 새로운 가치를 세상에 알리는 데 기여했다. 로드스터는 총 2,500대가 팔리면서 미국 고속도로를 주행할 수 있는 양산형 전기차로 테슬라 역사의 서막을 열었다.

로드스터는 리튬 이온 배터리 셀을 사용한 최초의 전기 생산 차량으로, 전기차 시장에서 성공할 가능성을 보여 주기 시작했다. 현재 테슬라는 신형 로드스터 출시를 예고했는데, 시속 60마일 도달 시간은 1.9초, 최고 속도는 시속 250마일, 주행 가능 거리는 620마일에 달하는 괴물 같은 스포츠카의 등장을 앞두고 있다. 만약 신형 로드스터가 예고된 성능 그대로 등장한다면 전기차 산업에서 중요한 이정표가 될 것이다.

강렬한 가속감이
인상적인 모델 S (2012년)

들어가며

테슬라는 로드스터를 출시한 후, 2008년에 모델 S의 출시를 준비하며 프란츠 폰 홀츠하우젠을 영입했다. 그는 2009년에 모델 S의 디자인을 주도하여 첫 제품을 선보였다. 내연 기관 제조사의 관점에서 볼 때, 7명이 탑승할 수 있는 세단형 전기차는 2명이 앉기에도 비좁았던 로드스터와는 차원이 다른 차량이었다. 이 신제품은 대중이 실용적인 전기차를 원할 수 있음을 보여 주었고, 결과적으로 모델 S는 테슬라가 130년 이상의 역사를 가진 전통 산업에 균열을 일으키는 데 큰 역할을 했다.

필자는 테슬라의 첫 번째 세단형 전기차인 모델 S를 운전해 본 그날을 잊을 수 없다. 약 2초 만에 시속 100km에 도달하는 가속감은 상상 이상의 즐거움이었다. 물론 1억 원이 넘는 고가의 차에 어울리지 않는 높낮이 차이와 고속 주행 시 약간의 고주파 음이 거슬리는 등 단점도 있었다. 그러나 1,000마력이 넘는 성능과 배터리 팩 덕분에 무게 중심이 낮아 고속에서도 안정적인 주행이 가능했으며, 전복 위험이 없을 것 같은 안정감이 느껴졌다. 반세기 넘게 자동차를 제작한 내연 기관 제조사의 차량과 비교해도 매우 만족스러웠다.

게다가 모델 S의 17인치 터치스크린, 요크 운전대 등 미래지향적 인테리어는 전통적인 제조사에서 볼 수 없는 혁신적인 요소였다. 테슬라의 소프트웨어 업데이트 방식은 전통적인 자동차 산업 종사자들이 이해하기 어려운 새로운 가치관을 제시했다. 무엇보다 이 차를 타고 있으면 전기차가 대중 시장에서 경쟁력을 갖출 수 있음을 입증했다는 사실에 집중하게 된다.

만약 모델 S 출시에 실패했다면, 스페이스X의 기술이 테슬라의 차량 및 서비스에 어떻게 통합될지, 슈퍼컴퓨터 도조가 자율 주행과 로봇에 어떤 영향을 미칠지 예상할 수 없었을 것이다. 머스크의 리더십과 혁신적인 비전은 모델 S의 성공에 결정적이었다. 그는 전기차 산업의 장벽을 뛰어넘는 제품을 만들어 테슬라를 시장에서 독보적인 위치로 이끌었다. 모델 S가 실패했다면, 테슬라는 오늘날과 같은 혁신적 기업으로 인식되기 어려웠을 것이다. 머스크는 기술적 한계를 극복하고 전기차가 대중 시장에서 경쟁력을 갖출 수 있음을 증명했다. 이는 테슬라뿐만 아니라 전체 산업에 영향을 미쳤다. 따라서 모델 S와 테슬라의 이야기는 단순히 자동차의 성공을 넘어서 혁신과 지속 가능한 미래를 향한 노력의 상징이다.

머스크가 테슬라를 성공시킨 데에는 어떤 요인이 있었을까? 모델 S의 성공이 테슬라의 브랜드 평판에 어떤 영향을 미쳤을까? 머스크가 전기차 생산을 성공시키면서 어떤 도전에 직면했을까?

전기차는 왜 자동차 전쟁에서
네 번이나 패배했나?

모델 S의 성공이 얼마나 대단한지를 이해하려면, 지난 130년 동안 내연 기관과의 경쟁을 돌아보면 된다. 많은 사람들이 테슬라가 전기차 시대를 처음 열었다고 오해할 수 있지만, 1902년 미국에는 이미 한 번의 충전으로 약 80km를 주행할 수 있는 베이커 일렉트릭Baker Electric이라는 전기차가 있었다. 이 차량은 길이 2.5m, 높이 2.2m, 축간거리 1.7m, 무게 436kg으로, 내연 기관 자동차인 포드 모델 T와 비슷한 차체를 가졌다.

당시 휘발유 자동차는 시동을 걸기 위해 전면에 부착된 크랭크를 손으로 강하게 돌려야 했는데, 이 크랭크를 돌리면 엔진이 시동을 걸면서 크랭크가 반대 방향으로 급격히 회전하여 운전자가 손이나 팔을 다칠 위험이 있었다. 반면, 베이커 일렉트릭은 전기 모터를 사용해 버튼으로 쉽게 시동을 걸 수 있었고, 한 번의 충전으로 80km를 주행할 수 있었다. 이러한 간편한 조작 덕분에 여성들 사이에서 큰 인기를 끌었다.

흥미로운 사실은, 내연 기관 자동차 시대가 시작되기 전에 증기 자동차가 먼저 등장했다는 것이다. 1897년에 미국의 스탠리 모터 캐리지 컴퍼니

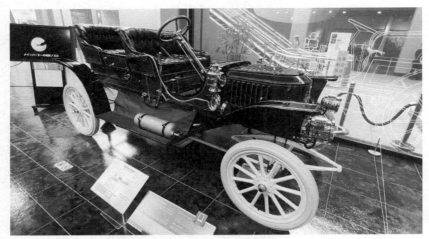

사진 3-1 최초의 증기 승용차 스탠리 스팀어 모델 E2
(일본 토요타 박물관, 2023)

Stanley Motor Carriage Company는 증기 자동차 개발에 성공한 뒤, 1909년경에는 본격적으로 스탠리 스팀어 모델 E2Stanley Steamer Model E2라는 증기 자동차를 생산했다. 이 초기 증기 자동차는 조용하고 진동이 적어 운전하기 쉬웠기 때문에, 고가임에도 불구하고 상류층 사이에서 인기가 많았다.

이처럼 마차와 인력거의 시대에 등장한 이 획기적인 이동 수단은 상류층의 폭발적인 관심을 받았다. 베이커 일렉트릭은 1910년대 중반까지, 스탠리 스팀어 모델 E2는 1920년대 중반까지 생산되었다. 이는 오늘날 내연 기관 자동차, 수소 전기차, 전기차가 치열하게 경쟁하는 것과 유사하다.

당시 전기차와 증기 기관차의 경쟁에서 전기차가 승리했다. 증기 기관차는 구동하기까지 오랜 시간이 걸리는 것이 단점이었다. 피터슨 자동차 박물관에서 필자가 조사한 바에 따르면, 20세기 초반 미국 자동차 판매량의 약 40%를 차지할 정도로 전기차가 인기가 많았다. 전기차의 판매량은 1910년대에 정점을 찍었지만, 헨리 포드로 인해 전기차 시대는 쇠퇴했다. 1912년 무렵 휘발유차가 약 650달러에 판매된 반면, 전기차는 약 1,750달러에 판매되었다.[1] 문제는 1920년대에 본격적으로 미국의 석유 사업이 확장되면서 시골에 있는 미국인들까지 석유를 저렴하게 구매할 수 있었다는 점이다.

당시 많은 미국인이 전기가 공급되지 않은 집에 살았으므로 전기차를 충전할 방법이 없었다. 약 3배 이상 저렴하고 충전의 불편함이 없는 내연 기관 엔진이 더 실용적인 선택이었다. 그 결과 전기차의 판매는 급격히 감소했고, 1930년대 중반에는 1세대 전기차의 시대가 막을 내렸다. 전기차는 가격 접근성, 충전 인프라, 배터리 기술 강화 등의 문제를 남기고 1차 자동차 전쟁에서 패배했다. 1950년대 후반부터 1960년대까지 소수의 스타트업 자동차 제조 업체가 전기차를 대중화하려고 노력했지만, 성과를 거두지 못했다.

1959년에 등장한 전기차 헤니 킬로와트Henney Kilowatt는 최고 속도 시속 60마일, 최대 주행 가능 거리 60마일을 기록했지만, 2년 동안 총 47대만 팔렸다. 대중은 내연 기관 자동차보다 훨씬 비싸고 주행 거리가 짧은 전기차에 부정적 반응을 보였다. 1974년에 등장한 씨티카CitiCar는 1976년까지 총 2,300대가 팔려 전기차로서는 많은 판매량을 기록했다. 당시 유가 상승과 가스 부족으로 인해 전기차가 주목받았다. 그러나 골프 카트처럼 2인승의 작은 차체인 씨티카는 안전성 문제와 제한적인 배터리 기술로 인해 시장에서 반짝하다 사라졌다. 전기차는 기술적 혁신, 비용 절감, 소비자 인식 개선, 안전성 향상 등이 결합해야 대중화가 가능함을 보여 주면서 두 번째 자동차 전쟁에서도 패배했다.

세 번째 자동차 전쟁은 미국 캘리포니아주 로스앤젤레스에서 시작되었다. 이곳은 산으로 둘러싸인 분지 지형과 약한 바람 때문에 대기 오염 물질이 쉽게 축적되고 정체되어, 오염이 잘 희석되지 않았다. 밀집된 도로와 공장으로 인한 높은 교통량은 로스앤젤레스의 대기 오염 문제를 더욱 악화시켰다.

1990년대에 들어서면서 캘리포니아주 정부는 자동차 제조사에 친환경 차량 제작을 요구하기 시작했다.1990년에 개정된 대기 오염 방지법$^{Clean\ Air}$ ^{Act}과 1992년에 통과된 에너지 정책법$^{Energy\ Policy\ Act\ of\ 1992}$은 내연 기관 차량에 대한 규제를 강화했고, 이로 인해 친환경 차량에 대한 개발과 보급이 본격화되었다.

캘리포니아에서 자동차를 판매하려면 생산된 차량의 20%는 배기가스를 배출할 수 없는 친환경 차량이어야 한다는 강력한 요구가 있었다. 이에 따라 GM은 1996년부터 1999년까지 EV1 전기차를 월 399달러의 리스 프로그램을 통해 유통했다. 그러나 GM은 2003년에 수익성을 이유로 대부분의 EV1을 회수하고 폐차하면서 전기차 시대는 또다시 사그라들었다. 생산 중단을 두고 사용자들의 반발이 있었다는 점을 고려하면, 이는 전기차 애호가들과 환경 단체에 아쉬운 역사의 한 장면이 되었다.

다큐멘터리 영화 《전기자동차를 누가 죽였나?》에서는 EV1 전기차 판매 중단의 중요한 원인으로 정유 회사의 압박을 지적했다. 전기차가 성공적으로 시장에 안착할 경우, 기존의 화석 연료 산업에 큰 타격을 줄 수 있어 정유 회사들이 전기차의 발전을 방해했을 가능성을 제기한 것이다. 미국은 로비가 합법인 국가이기에 충분히 일리가 있는 지적이다. 그렇다면 진실은 무엇일까? 이번에도 과거처럼 전기차 시대가 반짝이고 저물까? 그러나 이번에는 과거와 다른 점이 있다. 과학자들이 절박하게 경고하는 기후 변화와, 모델 S를 시작으로 전기차를 고성능 차량으로 변신시킨 테슬라의 존재가 있다.

모델 S는 로드스터의 생산 과정에서 치명적인 실수를 바로잡고 탄생한 덕분에, 오늘날 테슬라는 AI와 화성에 보낼 휴머노이드 로봇 산업까지 인식의 지평을 넓혔다. 로드스터에서 모델 S로의 전환기를 극복한 테슬라의 역사를 돌이켜보면, 머스크가 이 흐름을 주도하며 새로운 시야를 제공하는 것은 부정할 수 없는 사실이다.

기후 위기의 심각성 때문에 2021년부터 세계적인 완성차 업체들은 전기차로의 전환을 선언했다. 전기차 시대를 반대하면서도 개발을 포기하지 않는 아이러니한 상황이 펼쳐진 것이다. 폭스바겐은 2030년까지 유럽에서 전기차 판매 비중을 70%, 미국과 중국에서는 50%로 설정하고, 2040년에는 100% 제로에미션 차량ZEVs을 판매할 거라고 선언했다.[2] BMW는 2030년까지 전기차 판매 비중을 50%로 목표했다. 메르세데스-벤츠는 2025년부터 전기차만 판매할 것을 선언하면서, 100년 가까이 디젤 엔진으로 세계 시장을 장악했던 독일의 주요 자동차 기업들도 전동화를 받아들였다.

GM은 2025년까지 북미에서 순수 전기차를 연간 100만 대 생산할 수 있는 능력을 확보하고, 2040년까지 탄소 중립을 달성하겠다고 선언했다. 하이브리드 엔진을 고집해 온 토요타조차도 2030년까지 순수 전기차 모델 30종을 출시하고, 연간 350만 대의 전기차를 판매하겠다고 발표했다. 지난 100년간 세계 경제를 이끌었던 주요 제조사들이 전동화 전쟁에 뛰어든 원인은 모델 S의 성공 덕분이다. 만약 모델 S가 마니아를 위한 로드스터처럼 생산되었다면, 테슬라는 다른 전기차 스타트업들처럼 실험에 그치다 몰락한 기업이 되었을 것이다.

내장된 문손잡이에서 발견한
테슬라의 디자인 철학

오늘날 테슬라 모델 3와 모델 Y의 문손잡이는 차체와 평행하게 설계되었
지만, 두 배 비싼 모델 S는 프리미엄 브랜드로서의 고급스러움과 차별화된
경험을 선사한다. 모델 S는 초기 모델부터 지금까지 다가서면 자동으로 튀
어나오는 내장형 문손잡이를 갖추고 있다. 하지만 겨울철 문이 얼거나 센
서가 고장 나면 어떻게 대처할지 걱정될 수 있다. 전통적인 기업에서는 시
도하기 어려운 이러한 엉뚱한 혁신은 왜 이루어졌을까?

2008년 10월, 초기 투자자였던 머스크가 CEO로 취임하면서 회사를 바
로잡기로 했다. 당시 세 번째 CEO였던 제브 드로리를 해고하고, 직원의
약 4분의 1을 감축했다. 테슬라는 금융 위기로 인해 심각한 자금난에 처해
있었으며, 머스크는 자신의 재산을 투자하여 회사를 파산 위기에서 구했
다. 그는 테슬라뿐만 아니라 스페이스X에도 자신의 재산을 투자해 회사를
지탱했다.

바로 이 최악의 상황에 프란츠 폰 홀츠하우젠이 합류했다. 만약 그와 테
슬라 팀이 파산의 위협에 굴복했다면, 모델 S부터 사이버트럭까지 혁신적

인 자동차들이 세상에 등장하지 못했을 것이다. 테슬라는 모델 S의 성공을 통해 파산 위기를 극복하고, 크라이슬러 이후 미국에서 성공적으로 성장한 유일한 자동차 스타트업으로 자리매김했다.

모델 S는 테슬라뿐만 아니라 전 세계 자동차 산업에도 중대한 변화를 불러왔다. 이 차량은 전기 자동차가 단순히 환경친화적인 대안이 아니라 성능 면에서도 내연 기관 자동차와 경쟁할 수 있음을 증명했다. 모델 S의 출시는 전기차의 대중화를 촉진했으며, 많은 전통적인 자동차 제조사들이 전기차 개발에 더 많은 자원을 투자하게 했다.

CNBC의 총괄 프로듀서Supervising Producer 제니스 페티트Jeniece Pettitt가 폰 홀츠하우젠에게 문손잡이처럼 작은 부분도 세밀하게 혁신하는 이유를 물었다.[3] 그는 문손잡이가 고객이 전기차를 접하는 첫 순간이라고 생각한다고 답했다. 차량에 접근하는 순간 자동으로 돌출하는 문손잡이를 통해 고객에게 기계적이지 않은 따뜻하고 인간적인 첫인상을 제공하려는 전략을 반영한 것이다. 전기차에 대한 긍정적인 인식을 구축하려면 전기차가 차갑고 기계적인 이미지로만 각인되면 안 된다는 것이다.

따라서 모델 S부터 운전자가 차량 근처로 접근하면 마치 악수하듯이 숨어 있던 문손잡이가 드러나도록 했다. 테슬라를 만나는 최초의 순간에 최고의 감동을 선사해야 한다는 것이다. 또한, 주행 중 문손잡이를 사라지게 하면 차의 측면에서 발생하는 공기 저항과 소음을 줄일 수 있다.

전통적인 돌출된 문손잡이는 공기 흐름에 장애물을 만들어 차량의 측면에서 공기 저항을 증가시킨다. 숨겨진 문손잡이는 차체와 평행하게 디자인되어 공기 저항을 최소화한다. 이는 차량의 주행 효율성을 높이고 배터리 사용량을 줄이는 데 도움을 준다.

돌출된 문손잡이는 공기 흐름 중에 소음을 발생시킬 수 있다. 숨겨진 문손잡이는 이러한 소음을 감소시키며, 전기차의 경우 엔진 소리가 들리지

프란츠 폰 홀츠하우젠이 디자인한 모델 S의 문손잡이는
차량 근처로 다가서면 인사를 하듯이 튀어나온다.
(테슬라 코리아 쇼룸, 2019)

않기에 차량 내부와 외부의 소음 수준을 개선하는 데 중요한 역할을 한다.

그러나 테슬라 엔지니어들은 초기 설계에서 여러 도전 과제를 극복해야
했다. 모델 S의 문손잡이는 혹독한 겨울과 비바람이 몰아치는 여름에도 정
상적으로 수만 번 이상 작동해야 했으며, 설치 공간의 제약도 있었다. 이를
해결하기 위해 방수 센서를 도입해 성능을 개선하고, KMA215 센서를 사
용해 운전자가 차량에 접근하는 각도를 계산한 데이터를 운영 체제Operating
System에 전송해 유기적으로 작동하게 했다.[4]

물론 여전히 문손잡이가 나오지 않아 불편을 호소하는 소비자도 있다.
유리창을 깨지 않는 이상 문이 열리지 않으면 주행이 불가능하기 때문에,
임시방편으로 끈을 사용해 문손잡이를 끌어내는 경우도 있다. 그러나 테슬
라는 내부 엔지니어와 고객들이 문손잡이의 복잡성과 비용에 대해 비판적
인 의견을 제기해도 포기하지 않았다. 머스크가 원했기 때문이다. 그는 옳

다고 판단한 일을 강압적으로 밀어붙이며, 특히 전통적인 규제에 저항하는 성향을 보인다.[5]

모델 3 제조와 관련된 일화에서 자세히 다루겠지만, 머스크도 테슬라의 발전을 위해 감정적이거나 직관적이지 않은 과학적, 기술적 사실에 근거한 의견이라면 과감하게 수용하고 실행한다. 테슬라 초기 임직원들은 전기차를 먼저 디자인한 후, 엔지니어링을 하고, 그에 맞는 제조법을 모색했다. 라스 모래비Lars Moravy는 2010년 모델 S의 서스펜션과 차대를 개발하는 엔지니어로 입사해 현재는 차량 엔지니어링 부사장으로 승진했다. 그 역시 폰 홀츠하우젠처럼 머스크와 오랜 시간 함께하고 있다.

인베스터 데이에서 모래비는 초기 테슬라의 제조 방법이 마치 비행기를 날리면서 동시에 날개를 달고 엔진을 만드는 것처럼 혹독한 시간이었다고 밝혔다. 그러면서 설계, 디자인, 공학, 제조, 자동화에 관한 각각의 전문가들이 한 팀으로 구성되었다고 호평했다.

전통적인 제조업 조직에서는 다양한 부서와 팀이 각각 독립적으로 운영되며 서로 다른 관점과 목표를 가질 수 있다. 그 결과 의사소통이 원활하지 않을 수 있고, 한 부서의 결정이 다른 부서에 영향을 미칠 때 그 영향을 미리 고려하지 못하는 경우가 발생할 수 있다. 이러한 경영 방식은 최악의 경우 대규모 리콜로 이어지기도 한다. 바로 테슬라가 모델 S 개발에 한창일 무렵, 2009년부터 미국에서 약 800만 대의 차량을 불러들인 토요타의 리콜 사태처럼 말이다.

토요타와 테슬라의 제조 전략의 차이는 기가 캐스팅 실물을 분석해 비교한 내용에서 자세히 다루겠다.

애플보다 먼저 성공한
세계 최초의 차량용 대형 스크린

내연 기관 자동차와 전기차 간의 전쟁은 네 차례나 발생했으며, 전기차에 대한 대중의 관심은 계속해서 유지되었다. 테슬라가 로드스터로 성공한 것은 전기차에 대한 관심이 다시 살아났음을 증명했지만, 머스크는 모델 S를 통해 이전의 전기차들과는 다른 새로운 경험을 제공하고자 했다. 이는 전기차의 진정한 가능성을 입증하고자 하는 테슬라의 비전을 반영한 것이다.

폰 홀츠하우젠은 인베스터 데이에서 모델 S 디자인에 관한 일화를 밝혔다. 그는 2008년 독일, 미국, 일본의 주요 제조사인 폭스바겐, GM, 마즈다 Mazda에서 일하다가 작은 스타트업 테슬라에 합류했다. 당시 테슬라에는 소수의 엔지니어링팀과 디자인팀만 있었다. 그는 열악한 환경이 오히려 디자인 철학을 통일하는 데 유리했다고 말했다. 하향식 명령과 복잡한 체계로 가득한 전통 업체들과 달리 테슬라는 창의적인 도전을 끊임없이 시도할 수 있었다.

머스크는 로드스터와 달리 모델 S의 디자인 단계부터 폰 홀츠하우젠과 함께 개발했다. 머스크의 강력한 지지로 폰 홀츠하우젠은 전기차가 내연

테슬라 마스터 플랜

기관처럼 엔진 공간이 없음을 활용해 세단에 7명을 앉히는 것, 문손잡이를 기존과 다르게 설계하는 것, 인포테인먼트를 위한 거대한 스크린을 탑재하는 등 급진적인 아이디어를 곧바로 적용할 수 있었다.

그렇다면 테슬라는 어떻게 전통적인 자동차 업계와 달리 실리콘 밸리 소프트웨어 회사처럼 디지털 플랫폼 관점에서 차량을 제작할 수 있었을까? 인베스터 데이에서 폰 홀츠하우젠은 모델 S가 성공한 이유는 디자인을 먼저 하고, 그다음에 엔지니어링을 했으며, 그런 다음에 제조 방법을 파악했기 때문이라고 말했다.

임직원들이 함께 차를 디자인할 때 어디서 만들지조차 모르고 디자인했던 것이 돌이켜보면 테슬라의 성공에 정말 중요한 역할을 했다는 것이다. 이처럼 아이러니한 발언 속에 숨겨진 모델 S의 성공 전략은 무엇이었을까?

2008년 6월 30일에 모델 S가 공식 발표되었고, 프로토타입은 2009년 3월 26일에 스페이스X 본사에서 공개되었다. 미국에서 최초로 공개된 모델 S 프로토타입을 살펴봤다. 당시 머스크는 최고 속도 시속 130마일, 시속 60마일에 도달하는 시간 5.5초, 주행 거리는 300마일에 달하는 고급 세단을 발표했다. 프로토타입이지만 모델 S의 실내를 살펴보니 단번에 눈에 띄는 것은 전통적인 차량에서 볼 수 없는 인포테인먼트 스크린이었다. 마치 애플의 아이패드를 세로로 장착한 듯한 스크린을 보면서 테슬라는 개발 단계부터 단순한 자동차 제조사가 아니길 작정한 듯 보였다.

그러나 로드스터에서 모델 S로 가는 길은 쉽지 않았다. 테슬라는 여러 어려움에 직면했다. 세계 금융 위기가 있었던 2008년 동안 테슬라는 생산 자금 조달에 어려움을 겪었고, 프로젝트는 지연과 비용 초과로 고생했으며, 머스크가 CEO로 취임하면서도 상황은 바뀌지 않았다.

2009년 6월, 친환경 차량을 장려하기 위해 미국 에너지부가 테슬라에 4억 6,500만 달러의 저리 대출을 제공했다. 2010년, 테슬라는 토요타로부

터 캘리포니아 프리몬트 공장을 저렴한 가격에 인수했고, 모델 S의 배송은 2012년 6월에 시작되었다. 이는 로드스터 생산 종료 후 6개월 만이었다.

2012년부터 펌웨어 엔지니어링 시니어 매니저로 일을 시작한 데이비드 라우David Lau는 현재 테슬라 차량 소프트웨어 부문 부사장이다. 그가 입사할 무렵 테슬라는 모델 S의 초기 차량부터 이미 전체 차량의 모든 컨트롤러에서 OTAOver-The-Air를 통한 소프트웨어 업데이트 기능을 갖추고 있었다. OTA는 차량의 소프트웨어를 무선으로 업데이트하는 과정이다.

그는 인베스터 데이에서 당시 다른 자동차들은 오직 인포테인먼트 유닛에서만 소프트웨어를 업데이트하는 수준이었다고 밝혔다. 조사를 해보니, 대부분의 전통적인 자동차 제조사는 구동계, 안전 시스템, 배터리 관리 시스템 등 다른 시스템에 대한 OTA 소프트웨어 업데이트 기능을 제공하지 않았다. 이는 주로 기술적 제한, 보안 우려, 업데이트 프로세스에 대한 규제와 표준의 부재 때문이었다. 쉽게 말해, 자동차를 하드웨어 기술 관점에서만 접근해 소프트웨어 역량이 부족했다. 따라서 기능을 개선하기 위해 차량 소유주가 직접 서비스 센터를 방문해야만 했다.

반면, 테슬라는 모델 S부터 전 차량과 모든 시스템에 대해 OTA 업데이트를 제공함으로써 차별화된 전략을 취했다. 이를 통해 차량 성능 향상, 새로운 기능 추가, 보안 패치 적용 등을 원격으로 실시간으로 가능하게 했다. 애플의 아이패드보다 큰 17인치 디스플레이를 통해 차량 성능을 직관적으로 확인할 수 있게 되었다. 그 결과, 테슬라의 소프트웨어 기술을 경험한 고객은 차량 소유의 고정 관념이 깨지기 시작했다. 마치 아이폰처럼 전기차의 기능이 구매 이후에도 향상될 수 있다는 기대감이 생긴 것이다. 테슬라의 이러한 전략은 차량 소프트웨어 개발과 배포의 새로운 기준을 제시했으며, 전통 업계도 차량 소프트웨어 기술 향상에 집중하도록 자극했다.

2013년형 테슬라 모델 S P85의 실물을 살펴봤다. 85킬로와트시^{kWh} 용량의 배터리 팩을 탑재하고 있으며, 'P'는 퍼포먼스^{Performance}, 즉 고성능 버전을 의미했다. 모델 S P85의 최고 속도는 시속 140마일, 416마력의 모터로 시속 60마일에 도달하는 시간은 4.2초, 주행 거리는 265마일을 기록했다. 이처럼 고출력 모터 덕분에 빠른 가속력과 높은 최고 속도를 자랑하며, 전기차를 모르는 대다수 대중에게 긍정적인 인상을 심어 주었다.

미국에서 1949년부터 매년 자동차 잡지 《모터트렌드^{MotorTrend}》가 선정하는 올해의 차^{Car of the Year} 타이틀은 자동차 업계에서 가장 높이 평가받는 상 중 하나다. 《모터트렌드》는 차량의 주행 성능, 내구성, 전력 소모율 등을 평가하기 위해 313마일을 반복 주행했고, 1회 충전으로 라스베이거스에서 로스앤젤레스까지 285마일 거리를 주행했다. 그 결과, 모델 S는 2013년 '올해의 차'로 선정되었다. 내연 기관 차량이 아닌 전기차가 최고의 차로 선정된 최초의 순간이었다.

리콜이 아니라
OTA

전문가가 아닌 소비자가 자동차 리콜이라는 단어를 들으면 불안감과 실망감을 느낄 수 있다. 리콜이 안전 문제와 관련된 경우, 차량의 안전성에 대한 우려로 이어지며, 이는 불편함과 브랜드에 대한 신뢰 상실로 연결된다. 리콜 처리 과정에서 발생하는 시간적, 물질적 손실도 우려될 수 있다.

리콜 뉴스는 일반 대중의 관심을 끌며 특정 브랜드나 첨단 전기차 산업 전반에 부정적인 인식을 줄 수 있다. 안전 문제 공개 시, 사람들은 자동차 제조 업체의 책임감과 신뢰성에 대해 의문을 가질 수 있다. 이로 인해 불안정한 전기차보다 내연 기관 차량을 구매해야 한다는 여론이 형성될 수 있다. 미국이나 한국의 언론이 테슬라의 대규모 리콜을 보도하면, 테슬라를 구매하지 않은 대중은 머스크나 브랜드에 대한 부정적인 인식을 가질 수 있다. 그러나 리콜과 OTA를 통한 업데이트는 근본적으로 다른 개념이다.

2024년 새해가 시작된 후, 미국 도로교통안전국[NHTSA]은 테슬라 전기차의 리콜을 발표했다. 많은 언론이 이를 테슬라 차량의 제조 결함이나 심각한 안전 문제가 발견된 것처럼 보도하며 220만 대의 차량이 리콜 대상이라고

테슬라 마스터 플랜

대서특필했다.

그렇기에 대중은 모델 S, 모델 X, 모델 Y, 사이버트럭 등 많은 리콜 대상 차량이 정비소에 입고된다고 생각할 수 있다. 그러나 이번 리콜의 실체는 전기차를 정비소까지 가져갈 필요가 있는 심각한 문제로 보기는 어렵다. NHTSA는 차량의 터치스크린 디스플레이상의 폰트가 작아 브레이크 시스템 경고 표시도 작아졌다고 지적했다. 폰트의 국제 표준은 3.2mm이며, 이보다 작으면 경고 표시를 인지하기 어려워 안전 위험을 초래할 수 있다는 것이다.

테슬라는 OTA 업데이트를 통해 리콜을 실행한다고 공지했다. 테슬라는 OTA를 활용해 전기차의 성능 개선, 새로운 기능 추가, 심지어 일부 결함 수정까지 원격으로 진행할 수 있다. 이는 정비소에 차를 맡기지 않고, 물리적인 수리가 필요 없이 소프트웨어를 통해 차량을 최신 상태로 유지할 수 있는 혁신적인 기술이다.

2015년 3월, 테슬라의 버전 6.2 소프트웨어 업데이트가 실행되기 전, 엔비디아 CEO 젠슨 황은 머스크에게 앞장서서 OTA를 통해 테슬라 전기차를 업데이트하겠다고 발언했다. 이를 통해 엔비디아 CEO가 테슬라 전기차를 소유했음을 유추할 수 있었고, 그가 테슬라 전기차를 하드웨어가 아닌 지속해서 업데이트가 가능한 소프트웨어의 관점으로 생각한다는 것을 강조한 점이 흥미롭다.[6]

애플은 보안이나 성능 보완 등 제품에 문제가 발생 시 고객이 원하는 시간에 와이파이Wi-Fi를 통한 업데이트를 종종 실행한다. 마찬가지로 테슬라 역시 이번 폰트 수정은 애플의 보안 버그보다 위험이 매우 적은 간단한 소프트웨어 업데이트로 문제를 해결할 수 있다.

애플이 테슬라의 폰트 크기를 수정하는 것보다 심각한 보안 문제 때문에 아이폰이나 아이패드를 업데이트하는 것을 언론은 리콜이라고 하지 않는다. 그러니 일론 머스크나 테슬라 구매자 입장에서는 불만이 있기 마련이다. 물론 테슬라는 폰트 크기로 지적받지 않을 만큼 좀 더 섬세한 디자인 검수가 있어야만 문제에 비해 과도한 공격을 받지 않을 것이다.

모델 S를 개발할 당시 테슬라는 전통적인 자동차 업계와는 달리, 마치 아이폰처럼 뛰어난 성능을 갖추면서도 17인치 크기의 세로형 스크린을 탑재하려 했다. 테슬라는 전기차를 가족 구성원이 모두 좋아할 수 있도록 인포테인먼트 개발에 투자해 잠재 고객을 확보하려 했다.

현재 페이스리프트를 거친 모델 S와 모델 X는 모델 3와 모델 Y와 달리 터치스크린 디스플레이에 좌우 각도 조절 기능이 있어 운전자나 조수석에서 더욱 직관적으로 조작할 수 있다. 크기도 17인치로, 게임 및 영화 등 관련 콘텐츠를 선명하게 볼 수 있다. 그러나 모든 제조사가 테슬라 수준의 소프트웨어 역량을 갖추고 있는 것은 아니다.

독일에서 폭스바겐이 2021년부터 출시한 소형 전기차 ID3를 운전해 봤다. 문득 비슷한 크기의 해치백 강자 골프Golf가 떠올랐다. 벤츠부터 GM까지 수십 대의 차량을 시승했지만, 가격 대비 주행 성능에서 가장 만족스러운 차량이었다. 휘발유와 디젤 엔진을 탑재한 골프는 출시 이후 2019년까지 전 세계적으로 3,500만 대 이상 판매되며, 여러 나라의 소비자들에게 꾸준히 사랑받은 자동차다.

특히 핸들링은 뛰어났고, TDI 디젤 엔진은 150마력에 불과했지만, 강력한 토크와 정교한 DSG 변속기 덕분에 리터당 20km 연비를 쉽게 달성했다. 골프 7세대는 폭스바겐이 강조한 청정 엔진 TDI로 인해 지구에 덜 미안한 자동차라는 생각이 들게 했다. 이런 주행 매력 때문에 폭스바겐을 좋아했다. 골프는 해치백 분야의 정석으로 불렸다. 독일 볼프스부르크에서 폭스바겐 본사 공장을 방문했고, 바로 옆 폭스바겐 아레나에서 3만 명의 독일인들과 함께 분데스리가의 VfL 볼프스부르크 축구팀을 응원하기도 했다.

사진 3-4 우리나라에서 팔리지 않는 ID3를 여러 차례 타 봤다.
(독일 IAA 모빌리티, 2023)

그러나 이러한 응원은 2015년 9월 디젤 게이트가 터지기 전까지였다. 애증의 감정을 가지고 있기에 내심 폭스바겐이 절치부심하여 전기차 시대에도 활약하기를 기대했다.

차를 평가하는 기준이 주행 안정성이라면 ID3는 가격 대비 만족스러운 성능을 보여 주었다. 해치백 분야에서 30년 넘게 세계적인 베스트셀러인 골프의 유전자가 담긴 하드웨어 성능 덕분이다. ID3를 타면 탈수록 오랜 내연 기관 차대 개발 경험 덕분에 하드웨어 관련 엔지니어링 기술이 여전히 뛰어나다는 것을 알 수 있었다.

그러나 2023년 10월에 도이체 벨레는 중국 내 독일 자동차 제조사의 경쟁력 저하를 보도했다.[7] ID3의 운영 체제에 버그가 있고, 속도는 느리며, 업데이트는 딜러를 찾아가 설치해야 하는 문제가 있었다. 이는 테슬라와의 경쟁에서 배터리처럼 제조 단가를 낮춰야 하는 하드웨어 문제뿐만 아니라 소프트웨어에서도 경쟁력이 떨어진다는 지적이었다.

도이체 벨레는 2021년에 출시한 ID3의 소프트웨어 수준이 이렇다면, BYD는 이미 원격으로 업데이트가 가능한 차량을 출시했다고 강조했다. 중국 전기차들은 노래방 같은 인포테인먼트 기능도 탑재해 소비자들이 차량을 구매할 때 소프트웨어와 디지털 연결성을 중요하게 고려하게 했다. BYD는 2021년 7월 준대형 세단 차량 한[Han]에 OTA 업데이트를 통해 화웨이[Huawei] 휴대전화를 자동차에 무선으로 연결하여 다양한 제어 및 기능을 사용할 수 있도록 했다.[8] 이는 디지털 연결 및 차량 소프트웨어 기능에 대한 미래 지향적 사고를 보여 준다.

그 결과, 폭스바겐은 중국에서 시장 점유율이 오랜 시간 약 15% 수준을 유지했으나 2022년에는 거의 11% 수준으로 떨어졌다. 토요타와 혼다를 포함한 일본 제조사들은 더 나쁜 결과를 기록했다.

중국에서 2023년 상반기에 BYD가 폭스바겐을 제치고 1위 브랜드로 등극했다. BYD는 2023년 총 2,571,109대의 차량을 판매하며 전년 대비 43.3% 증가, 시장 점유율 11.85%를 기록했다. 반면 폭스바겐은 2,228,635대를 판매하는 데 그쳤다.[9] BYD는 순수 전기차 시장에서도 1,318,835대를 판매하여 25.58%의 시장 점유율로 테슬라를 제치고 선두에 섰다.

테슬라 모델 Y는 2023년 2월 독일에서 가장 많이 판매된 전기차로 등극했다. 2월에만 총 6,442대가 팔려 골프에 이어 내연 기관 차량까지 합쳐 2위를 차지했다.[10]

중국 시장에서 독일과 중국 기업들에 밀려 참패한 우리나라 기업들은 BYD의 부상을 두고 어떤 판단을 하고 있을지 궁금하다. 도이체 벨레는 독일 자동차 업계에 과거의 성과에 안주하지 말고, 중국 중앙 정부의 산업 정책을 과소평가하지 말라고 경고했다. 독일 완성차 업계가 중국에서 아픈 교훈을 배우고 있다는 것이다.

독일 경제에 충격을 주고,
중국의 눈높이마저 높여버린 모델 S

전기차 시대를 주도하려는 중국 시장에서도 테슬라는 모델 S에 적용한 OTA 기술로 중국인들의 마음을 사로잡았다. 2013년에 모델 S는 중국에서도 올해의 차를 수상했다. 폰 홀츠하우젠은 이 순간을 마치 홈런을 친 것 같은 기분이라고 표현했다.

　테슬라는 전통 업체들, 예를 들어 오랫동안 중국 시장을 지배했던 폭스바겐과 달리 자동차를 지속해서 업데이트하고 개선될 수 있는 소프트웨어 플랫폼으로 간주했다. IT에 관심이 많은 중국 소비자들은 테슬라의 기술력에 감탄했다. 모델 S의 가장 중요한 업적은 일상 운전에서 전기차의 역할을 재정의한 것이다. 《모터트렌드》는 모델 S를 지금까지 미국에서 만들어진 가장 빠른 4도어 차량 중 하나로 극찬했다. 테슬라는 여러 번의 반복을 통해 차량을 지속적으로 개선했으며, 더 큰 배터리 팩으로 사륜구동과 더 나은 주행 범위를 추가했다.

　2014년형 테슬라 모델 S P90D는 모델 S P85보다 성능이 개선된 90킬로와트시 배터리 용량과 듀얼 모터가 장착되었다. 테슬라는 이 차량의 공기 흐름을 디스플레이에 시연했다. 유체 입자가 모델 S 주변에서 어떻게 이동하고, 구부러지며, 차량의 모양에 적응해 공기를 통해 미끄러지는지를 알 수 있었다.

공기 역학 엔지니어링 관점에서 보면 테슬라는 모델 S를 만들면서 디자인팀과 엔지니어링팀이 차량 디자인의 매력을 유지하면서도 공기 역학적으로 효율적인 스타일링을 개발하기 위해 긴밀히 협력했다. 모델 S는 처음부터 모든 표면의 공기 역학적 항력을 최소화하는 데 중점을 두고 개발된 것이다.

전기차도 내연 기관 차량처럼 적은 에너지로 멀리 주행할 수 있는 효율성이 중요하다. 공기 역학의 최적화는 전기차의 주행 범위를 확장하는 핵심 요인이다. 모델 S처럼 고성능 전기차일수록 빠른 주행 속도에서 공기 저항이 강하면 주행 가능 거리가 급격히 줄어든다. 이는 기후 위기를 타개하기 위한 차량의 목적에 맞지 않게 된다.

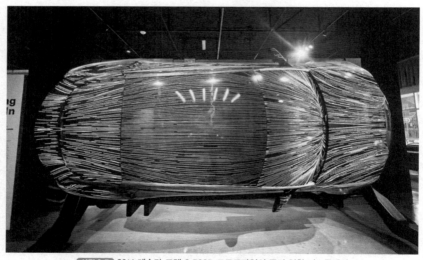

사진 3-5 2014 테슬라 모델 S P90D 프로토타입의 공기 역학 디스플레이
(미국 피터슨 자동차 박물관, 2024)

테슬라 마스터 플랜

따라서 테슬라는 모델 S의 외부 표면과 회전하는 바퀴에서 발생하는 공기 저항을 줄이는 데 집중했다. 공기 역학 수준을 높일수록 차량 구동에 필요한 에너지가 줄어들어 단일 충전으로 이동할 수 있는 거리가 증가하기 때문이다.

머스크와 폰 홀츠하우젠은 모델 S의 바닥 설계 단계부터 차량 표면을 따라 공기 흐름을 개선하기 위해 노력했다. 전통적인 업체들은 엔진 위치를 고려해 공기 역학적 디자인을 했지만, 테슬라는 그럴 필요가 없었다. 차체에 과감하고 유연한 곡선 디자인을 채택할 수 있었다.

그런 와중에도 편의성을 놓치지 않았다. 프렁크frunk는 'front trunk'의 합성어로 테슬라에서 처음 사용한 용어다. 모델 S에는 크기가 크고 무거워서 차량 공간을 많이 차지하는 버키 엔진bulky engine을 탑재할 필요가 없었다. 내연 기관 차량과 달리 후드에 후방의 트렁크 공간처럼 전방에도 많은 물건을 적재할 수 있는 프렁크가 탄생했다.

2022년에 모델 S는 0.208의 항력 계수를 기록하여 당시 전 세계 생산 차량 중 가장 낮은 수치를 자랑했다. 그 결과, 현존하는 양산 차량 중 가장 빠른 가속력을 자랑하는 모델 S 플레이드Plaid가 탄생했다.

독일 뉘르부르크링Nürburgring은 세계에서 가장 까다로운 요구 사항을 충족시켜야 하는 레이스 구간으로 유명하다. 노르트슐라이페Nordschleife로 불리는 이 구간은 약 13마일 길이로, 세계의 유명 고성능 차량들이 최고 속도를 시험하는 장소로 사용된다. 1,000피트의 고도 차이가 있는 구간을 포함한 커브가 70개 이상이다.

테슬라는 2019년에 이곳에서 모델 S 플레이드 프로토타입을 주행했으며, 이 데이터를 기반으로 2021년 9월에는 1,020마력의 양산 차량인 모델 S 플레이드로 최고 속도 시속 200마일, 시속 60마일에 도달하는 시간 1.99초, 평균 속도 시속 103마일로 7분 35.579초의 랩 타임lap time을 기록했다.

이는 당시 여러 제조사가 생산한 전기차 중 가장 빠른 속도였다.

콜린 캠벨Colin Campbell은 2023년 6월까지 테슬라의 파워트레인 엔지니어링 부사장이었고, 스트라우벨이 설립한 레드우드 머티리얼즈 CTO로 이직했다. 그는 인베스터 데이에서 전기든 엔진이든 돈으로 살 수 있는 가장 빠른 차를 만들었다고 발표했다. 모델 S에 탑재한 모터는 파운드 대비 제트 엔진만큼 강력하다고 강조했다.

우리나라에서도 판매하는 모델 S 플레이드는 최대 출력 1,020마력으로 시속 100km까지 2.1초 만에 도달한다. 최고 속도는 KTX보다 빠른 시속 322km로 주행 가능 거리는 474km다.

2023년 6월, 모델 S 플레이드는 다시 뉘르부르크링을 방문해 구간 기록을 7분 25초로 단축하며 자동차 업계를 놀라게 했다. 이 기록은 폭스바겐 그룹의 포르쉐 타이칸 터보 S의 7분 33.35초, 메르세데스-AMG GT 63 S 4MATIC+의 7분 27.800초, BMW M3 투어링의 7분 35.060초보다 빠른 것이다. 게다가 모델 S 플레이드는 반복적인 트랙 주행에도 성능 저하가 발생하지 않는다는 점에서 내연 기관 스포츠카와 차별화된다.

물론 모델 S가 완벽한 차량은 아니다. 모델 S를 운전하면서 비슷한 가격의 고급 세단에서는 용납할 수 없는 여러 단점도 발견할 수 있었다. 시속 100km 미만에서는 최고의 정숙성을 보여 주지만, 고속 주행에서는 풍절음, 문손잡이 문제 등 자잘한 결함을 해결하려고 서비스 센터를 여러 번 방문하다 보면 머스크에 대한 애정도 식을 수 있다. 또한, 엔진 열이 없기에 겨울에는 액셀러레이터 주변에 찬기가 느껴지는 등 구조적으로 아쉬운 점도 있다.

모델 S의 출시는 1930년대 이후 미국 회사가 설계하고 제조한 첫 번째 성공적인 주류 시장 EV로서 자동차 역사에 빠르게 자리를 잡았다. 머스크는 테슬라에 투자했을 때, 회사가 실질적으로 직원도 없고 지적 재산도 없는 '껍데기 회사'였다고 주장했다.[11] 모델 S는 그가 회사에 얼마나 큰 변화를 불러왔는지를 상징한다.

PART
04

미완성의
하이퍼루프 (2013년)

들어가며

미국 라스베이거스 컨벤션 센터 웨스트홀Las Vegas Convention Center West Hall에는 보링 컴퍼니The Boring Company가 뚫은 터널이 있다. 이 지하 터널은 라스베이거스 컨벤션 센터 루프Las Vegas Convention Center Loop라고 불린다. 이곳에서는 테슬라 모델 Y와 모델 X가 끊임없이 이동하며 손님을 태운다.

일론 머스크는 교통 체증 때문에 미칠 지경이라며 도시 아래에 터널을 구축하는 회사를 떠올렸다. 2017년 1월, 스페이스X 산하에 설립된 보링 컴퍼니가 그렇게 탄생했다. '지루한 회사'라는 사명처럼 어딘가 묘한 기분이 들게 한다.

터널에서 모델 Y, 모델 X에 탑승한 경험은 잊을 수 없다. 엔진이 없으므로 터널 안에서도 매연 걱정이 없었고, 내연 기관에서 겪을 수 없는 쾌적함은 신선한 충격이었다. 우리나라 빌딩 지하 주차장에서는 공회전을 하는 사람들을 쉽게 목격할 수 있다. 독일에서는 실외 주차장에서조차 공회전을 하면 지역 주민들에게 핀잔을 들을 수 있다. 그 누구도 에어컨이나 히터를 켜서 본인만 편해지자고 타인에게 이산화 질소와 미세 먼지 같은 오염 물

매연을 배출하지 않기에 기존 터널과 달리 쾌적했다.
(미국 라스베이거스 컨벤션 센터 루프, 2022)

질을 뿜어내는 행위를 용납할 수 없기 때문이다.

머스크는 고속 이동을 가능하게 하자는 취지로 하이퍼루프Hyperloop를 구상했고, 자동차와 전용 수송 차량의 고속 이동을 가능하게 하자는 목적으로 보링 컴퍼니를 설립했다. 하지만 테슬라와 스페이스X처럼 활발한 활동을 보여 주진 못하고 있다. 보링 컴퍼니는 현재 어떤 상황일까?

머스크가 로드스터와 모델 S의 출시를 연이어 성공시키며 대단한 역량을 보여 줬지만, 보링 컴퍼니는 그의 비전에 대해 비판적인 시선으로 바라봐야 함을 알려 준다.

라스베이거스 터널에서 만난
보링 컴퍼니의 미래

머스크는 차량에 라이다^{LiDAR} 센서를 장착하는 것을 바보 같다고 비판하며, 테슬라는 카메라 비전 기술만을 이용해 자율 주행을 완성하겠다고 선언했다. 2023년, 모델 Y를 타고 라이다 제조사 이노뷰전^{Innovusion} CEO 준웨이 바오^{Junwei Bao}와 함께 베이거스 루프를 이동할 기회가 있었다. 우리는 마치 적진 한복판에 있는 것 같은 기분이었다. 이는 머스크가 제거하려는 라이다 진영의 수장과 함께 테슬라 전기차를 타고 보링 컴퍼니가 뚫은 터널에 진입했기 때문이다.

필자는 바오와 머스크의 FSD^{Full Self Driving} 철학을 놓고 토론했다. 사적인 대화 내용을 공개할 수 없지만, 명함을 주고받고 토론하면서 자율 주행의 한계로 인해 새로운 생각이 떠올랐다. 머스크가 아무리 천재라도 항상 옳을 수는 없다는 점이었다. 보링 컴퍼니의 기술은 긍정적으로 기대했던 것보다는 산적한 문제가 많아 보였다. 테슬라의 FSD도 터널 안에서 완전 자율 주행을 기대했지만, 안전을 위해 인간 운전자가 필요한 한계가 남아 있었다.

라스베이거스 컨벤션 센터 루프는 1.7마일(약 2.73km) 길이의 지하 터널

이다. 2019년에 착공을 시작했고, 2020년 1월부터 매년 현지에서 발전하는 모습을 목격했다. 라스베이거스 컨벤션 센터 남쪽 역, 중앙역, 서쪽 역, 리비에라Rivera 역으로 이어진 노선은 2022년 6월에 당국의 승인으로 리조트 월드Resorts World 역까지 노선이 확장되었다.

터널의 벽은 여러 콘크리트 부분이 링 형태로 결합하여 구성된 것이 인상적이었다. 콘크리트의 강도는 파손 없이 하중을 견딜 수 있는 능력을 나타내는 중요한 척도다. 보링 컴퍼니는 제곱인치당 6,500파운드를 초과하는 강력한 강도를 가진 콘크리트를 개발했다. 이 콘크리트는 밀도가 매우 높아 외부 이물질 침투를 줄이고, 분해에 더 저항력이 있다는 것이 특이성이다. 실제로 만져 본다고 정확히 알 수는 없겠지만, 정말 단단했다.

게다가 콘크리트가 굳는 시간이 미국 산업 표준인 28일보다 훨씬 짧은 7일이라는 점도 흥미로웠다. 이 신속한 경화 공정은 전체 건설 시간을 단축하고 비용 절감 효과를 기대할 수 있게 한다.

보링 컴퍼니는 2세대 터널 굴착기 프루프록Prufrock을 개발했다. 프루프록

사진 4-3 링 형태의 구조물을 만져 볼 수 있다.
(미국 라스베이거스 컨벤션 센터 루프, 2023)

은 기존의 기계로 수년이 걸릴 작업을 몇 주 내에 끝낼 수 있는 강력한 힘을 자랑한다. 기존 굴착기보다 6배 빠른 주당 1마일 속도로 터널을 뚫을 수 있다고 한다(물론 이 속도는 정원에서 흔히 보이는 달팽이보다 4~5배 느리지만, 회사의 중장기적인 목표 속도는 하루 7마일을 초과하는 것이다).

기존 터널 건설 방식은 굴착 기계를 위한 별도의 구덩이를 파는 데 큰 비용이 들었다. 보링 컴퍼니는 지면에서 곧바로 지하로 굴착을 시작하고, 작업이 끝나면 다시 지면으로 나올 수 있어 비용 절감 효과가 크다고 강조한다.

이렇게 좋은 기술로 미국의 여러 대도시 지하 세계를 장악할 수 있기를 바라지만, 현실은 라스베이거스에 노선 확장도 버거운 상황이다. 이를 두고 아이작슨은 보링 컴퍼니는 머스크의 아이디어 중 과장된 사례로 남았다고 기록했다.[1] 물론 보링 컴퍼니가 아무런 활동을 하지 않는 것은 아니다. 2024년 6월에는 프루프록 3세대가 테슬라 오스틴 기가 팩토리와 주변 건물 지하를 뚫어 주차장, 공장, 컨벤션 홀 등을 신속히 이동하는 데 도움을 주려는 작업 모습이 공개되었다.

초전도체 열풍이 떠오르는
하이퍼루프

머스크는 2016년 하반기부터 핸들을 한 번도 터치할 필요가 없는 자율 주행 시대를 열겠다고 공언했지만, 2024년 7월을 기준으로 여전히 미완성 상태다. FSD 베타를 체험할 때마다 상당한 발전을 체감할 수 있지만, 베타라는 딱지가 떼어지지 않은 것처럼 운전대에서 두 손을 완전히 뗄 수 없다.

이노뷰전은 현재 세욘드Seyond로 사명을 바꾸고 레벨 4 이상의 자율 주행이 가능한 라이다 센서를 개발 중이다.[2] 바오는 2023년에 연간 30만 개의 라이다를 생산할 수 있다고 밝혔으며, 2022년에는 이미 5만 개 이상을 배송했다.[3] 그러나 라이다 진영도 상용화된 완전 자율 주행 시대를 아직 이끌지 못하고 있다.

사실 머스크가 꿈꾸는 완전 자율 주행 시대보다 더 신기루처럼 느껴지는 사업 영역이 있다. 바로 하이퍼루프다. 1799년, 영국 런던의 기계 공학자이자 발명가인 조지 메드허스트George Medhurst는 흥미로운 특허를 냈다.[4] 가압하거나 진공 상태로 만든 튜브에서 사람이나 화물을 이동시킬 수 있는 아이디어를 고안한 것이다. 그는 머스크가 시도한 하이퍼루프와 유사한 아이

테슬라 마스터 플랜

디어를 최초로 특허 낸 사람이다.

이론적으로 튜브가 진공 상태에 가까워지면 마찰력이 크게 줄어들어 차량이 시속 1,000km로 이동할 수 있다. 이러한 초고속 교통 시스템에 대한 꿈 같은 발상은 머스크 덕분에 다시 주목받았다. 2013년, 머스크는 테슬라와 스페이스X 엔지니어들의 도움으로 하이퍼루프 알파Hyperloop Alpha에 관한 58페이지 분량의 백서를 발표해 100년 만에 다시 관심을 끌었다.[5]

당시 캘리포니아주 정부는 로스앤젤레스에서 샌프란시스코까지 2시간 40분 만에 이동할 수 있는 고속철도 구축을 계획하고 있었으며, 예상 비용은 약 680억 달러로 알려졌다. 머스크는 캘리포니아 고속철도가 투자 대비 비효율적이라고 비판했다. 그는 이 시스템이 비행기보다 느리고 비용이 더 많이 드는 철도는 실행할 수 없는 대안이라고 강조했다. 실제로 캘리포니아 고속철도 프로젝트의 단위 거리당 비용은 초기 예상보다 상당히 높아져 예상 비용이 700억 달러로 증가했다. 머스크는 이를 두고 마일당 가장 비싸고 세계에서 가장 느린 시스템 중 하나라고 지적했다.

2024년 2월, 로스앤젤레스 지역 방송국 KTLA는 캘리포니아 초고속 열차가 공사 중이지만, 완료 날짜는 미지수로 남아 있다고 지적했다.[6] 3월에는 NBC 베이 아레나NBC Bay Area가 초고속 열차 프로젝트가 자금 조달 문제에 직면했다고 전했다. 머스크의 지적이 옳았던 것이다.[7]

과거 머스크의 백서에 따르면 사람과 물건을 운송하는 기존의 전통적인 방식은 네 가지 독특한 유형으로 구성되어 있다. 도로와 수상처럼 비교적 느리거나, 항공처럼 비싸거나, 철도처럼 느리고 비싼 방식에 대해 의문을 품은 것이다. 하이퍼루프는 사람과 물건을 빠르고 저렴하게 운송할 새로운 수단으로서, 전통적인 운송 패러다임을 바꾸려는 도전이었다. 이 도전이 성공했다면 일본의 공학 천재들이 개발 중인 초고속 기차를 뛰어넘는 성과였을 것이다. 철도나 비행기의 가장 큰 적은 공기 저항이기 때문이다.

일본 나고야에 있는 리니어 철도관SCMaglev and Railway Park을 방문했다. 이곳에서는 초전도체를 활용해 시속 500km를 목표로 한 초전도 자기 부상 철도의 연구 방향성을 확인할 수 있었다. 1997년부터 오사카에서 출발하는 산요 신칸센의 영업 운전 속도는 시속 300km였고, 2013년부터 도쿄에서 출발하는 도호쿠 신칸센의 영업 운전 속도는 시속 320km였다. 신칸센의 영업 최고 속도를 시속 20km 올리는 데 16년이 걸렸다. 주행 속도를 높일수록 공기 저항으로 발생하는 소음을 줄이기가 어려웠기 때문이다.

신칸센을 이용해 보면 열차의 선두부가 길쭉하고 차량 표면이 매끄럽다는 걸 알 수 있다. 일반 기차와 달리 대차도 덮개로 씌워 공기 저항과 소음을 줄였다. 그러나 열차가 공기 저항을 극복한다고 해도 영업 최고 속도를 올리지 못하는 근본적인 한계가 있다. 바로 신칸센은 바퀴가 있어 언제나 마찰이 발생하는 점착 철도라는 것이다. 점착식 구동이란 바퀴와 레일 사이의 마찰력을 이용해 열차를 움직이게 하는 것을 의미한다.

일본은 점착 철도의 한계를 극복하기 위해 초전도체를 선택했다. 초전도체는 전기 저항이 발생하지 않아 전기가 잘 흐르는 특징이 있어 자기 부상

사진 4-4 공기 저항으로 인해 신칸센의 속도를 시속 320km로 제한하고 있다.
(일본 나고야 리니어 철도관, 2023)

열차에 이상적이다. 그러나 개발 단계에서 초전도체를 극도로 낮은 온도로 냉각해야만 자기 부상 효과가 발생하는 어려움이 있었다.

우리나라에서 등장한 LK-99라는 물질이 상온에서 작동하는 세계 최초의 초전도체로 화제가 되었다. 당시 일본 언론도 많은 관심을 가졌는데, 상온 초전도체의 발견은 자기 부상 열차 개발에 혁명을 일으킬 수 있기 때문이다.

머스크는 사람이 탈 수 있는 유선형의 캡슐 포드를 떠올렸다. 그는 자기장을 활용해 공기가 대부분 제거된 튜브를 통해 포드를 신속하게 움직이는 방법을 모색했다. 이러한 튜브에서는 공기 저항이 크게 줄어들어 포드가 더 적은 에너지로 매우 빠른 속도로 주행할 수 있다고 판단했기 때문이다.

그는 로스앤젤레스와 샌프란시스코 사이의 경로를 제안하며, 포드가 시속 700마일의 속도로 35분 만에 이동하는 것을 구상했다. 포드는 2분마다 각 터미널에서 평균적으로 28명을 태우고 출발한다. 출퇴근 시간에는 30초마다 출발하고, 한가한 밤에는 운행 횟수를 줄이는 방식이다.

KTX가 시속 300km인 걸 고려하면 하이퍼루프는 서울에서 부산까지 20분 만에 도착하는 엄청난 속도로 질주하는 것이다. 그러나 미국의 현실에서는 철도보다 내연 기관 자동차를 전기차로 바꾸는 것이 가능성이 더 클 것이다. 캘리포니아는 미국에서 경제적으로 가장 풍족한 주다. 캘리포니아만을 따로 떼어 국가들과 비교할 때, 2022년을 기준으로 세계에서 다섯 번째로 큰 경제 체제를 구축했다. 또한 2023년 기준, 주내 총생산은 약 3조 8천억 달러로, 이는 1조 8천억 달러인 우리나라 GDP의 두 배 규모다.[8]

캘리포니아는 많은 인구와 애플, 마이크로소프트, 구글, 테슬라, 엔비디아, 보잉 등 첨단 기술 기업이 몰려 있는 지역임에도 불구하고, 철도와 지하철을 포함한 일부 대중교통 인프라는 다른 선진국이나 지역에 비해 발전이 덜 된 편이다. 이는 주민들의 자동차 의존도를 높이는 요인 중 하나로 작용한다.

캘리포니아에서 운전하다 보면 미국인들이 왜 철도가 아닌 자동차를 신발처럼 여기는지 이해할 수 있다. 코리아타운 인근의 웨스트레이크 맥아더 파크Westlake MacArthur Park 역은 로스앤젤레스 전철역 중에서 가장 높은 범죄율을 기록했다.

형광등이었던 조명을 더 밝은 LED 조명으로 교체하는 등 범죄율을 낮추기 위한 여러 방안을 시도하고 있다. 그러나 2023년 여름에도 여전히 약물 중독자와 노숙자로 인한 폭력 사고가 매일 발생했다. 이를 잘 아는 시민들은 자가용을 선호할 수밖에 없다.[9] 악순환이 반복되는 것이다.

캘리포니아주 남부의 샌디에이고에서 로스앤젤레스까지 연결된 주간 고속도로 제5호선을 운전하다 보면 최근 많은 변화가 일어나고 있음을 실감할 수 있다. 거대한 도로에서 픽업트럭이 매연을 뿜는 장면은 여전히 보기 쉽지만, 한국에서는 보기 힘든 무수히 많은 전기차를 도로에서 쉽게 목격할 수 있다.

미국 내에서 LA만큼은 철도 인프라에 투자하는 것보다 전기차를 구매하는 것이 현실적으로 개인의 안전과 친환경을 생각하는 대안이 될 수밖에 없다. 이를 위해서는 전기차 가격이 지금보다 훨씬 저렴해져야 한다. 테슬라가 기후 위기를 늦추려는 기업 설립 목적에 맞게 행동하려면 사이버트럭이나 모델 3보다 저렴한 모델 2를 출시해야 한다.

저가 모델에 출시가 늦어질수록 이 틈새시장은 BYD나 베트남의 빈패스트VinFast가 공략할 것이다. 자동차를 그저 운송 수단으로 생각하는 사람은 고가의 소프트웨어가 탑재된 테슬라 차량을 원하지 않기 때문이다.

화염 방사기를 판매한
일론 머스크

머스크는 하이퍼루프를 통해 매년 740만 명을 운송할 수 있다고 예상했다. 그는 하이퍼루프의 총투자 비용이 두 개의 편도 튜브와 40개의 캡슐을 포함해 60억 달러 미만임을 강조했다. 이 자본 비용을 20년 동안 상각하고 일일 운영 비용을 추가하면 하이퍼루프의 편도 티켓당 총 20달러의 이익이 발생할 것이라고 주장했다.

하이퍼루프 프로토타입을 실제 제품으로 전환하기 위해, 머스크는 스페이스X 본사 옆에 1마일 길이의 트랙을 건설하라고 지시했다. 그곳에서는 하이퍼루프 프로토타입을 소규모로 제작하여 테스트했다. 스페이스X는 2015년부터 2019년까지 대학생들을 대상으로 하이퍼루프 기술 개발 경쟁을 후원했다. 2017년에 테슬라는 테스트런 터널에서 하이퍼루프 실험용 포드를 주행시켰으며, 최고 속도는 220마일을 기록했다. 그러나 그 이후로는 개발 현황에 대한 소식을 찾기 힘들다.

2018년 1월 28일, 머스크는 자신을 둘러싼 소문을 유쾌한 말투로 반박했다. 누군가 머스크가 비밀리에 좀비 대재앙을 일으켜 화염 방사기에 대한 수요를 유발한다고 주장했기 때문이다.

2018년 2월에 보링 컴퍼니는 불을 뿜는 장치인 '화염 방사기 아님Not-a-Flamethrower'을 선보였다. 당시 머스크가 직접 웃으면서 시연해 논란이 일었다. 제품 명칭처럼 우스꽝스러운 설명서와 현금이 동봉돼 배송되었다. 프로페인propane을 우편으로 배송하는 것이 불법이기에 주변 상점에 가서 400g을 구매하라고 알려 준 것이다.

처음에 '화염 방사기 아님'을 봤을 때 그것이 진짜 화염 방사기인 줄 알았지만, 실제로는 천연가스인 프로판을 사용해 불꽃을 만드는 장치였다. 보링 컴퍼니는 500달러 가격에 2만 개 한정판을 출시했는데, 4일 만에 매진되며 1,000만 달러를 벌었다.[10] 로건은 머스크가 이런 장난스러운 프로젝트에 시간을 쓸 여유가 있는지 의문을 표했다.

이에 머스크는 솔직히 말해 실제로는 지붕용 토치에 공기 소총 커버를 씌운 것이라며, 많은 시간을 할애할 필요가 없었다고 웃으며 답했다. 그야말로 종잡을 수 없는 인터뷰였다. 머스크는 하이퍼루프의 비전도 끝나지 않았음을 내비쳤다.[11] 그는 2022년 보링 컴퍼니가 하이퍼루프를 포기하지 않겠다고 밝혔다. 그러나 현재까지 그 구체적인 세부 사항은 공개되지 않았다.

하이퍼루프가 성공하려면 공기 저항을 최소화하기 위해 거의 진공에 가까운 환경을 구축해야 한다. 장거리에 걸쳐 이를 유지하는 것은 공학적으로 어려울 뿐만 아니라 안전 문제도 발생시킬 우려가 크다. 초고속으로 움직이는 물체에 탑승한 승객의 안전을 지속적으로 보장하는 것은 기술적으로 쉽지 않은 과제이다.

머스크의 초기 구상과 달리, 장거리에 걸쳐 진공을 유지하면서 다양한 환경 조건을 견딜 수 있는 하이퍼루프 인프라를 구축하는 것은 초기 예상보다 훨씬 더 큰 비용이 들 수 있다. 이는 경제적으로 어려운 프로젝트임을 의미한다.

하이퍼루프 개발 시도는 뉴럴링크, 완전 자율 주행, 휴머노이드 로봇 등

사진 4-5 '화염방사기 아님'에 파란색 프로페인 통이 장착된 것이 인상적이었다.
(미국 피터슨 자동차 박물관, 2024)

머스크가 추진하는 신기술 개발 현황을 냉정하게 분석해야 한다는 교훈을
준다. 아무리 머스크가 대단한 사람이라 해도 말이다.

마스터 플랜 4를 발표한다면, 그의 나이는 60대에 가까울 것이다. 그가
한정된 시간과 자원으로 화성 진출에 몰두하고 있다는 점을 고려하면, 그
의 무수한 발언 중 우선순위를 두고 판단해야 할 기술 영역은 결국 FSD를
포함한 AI와 스타십, 뉴럴링크 정도일 것이다.

PART
05

매의 날개가 달린
모델 X (2015년)

들어가며

1886년에 독일 자동차 디자이너의 선구자 카를 벤츠가 벤츠^{Benz & Cie}를 설립해 세계 최초의 실용적인 휘발유 자동차를 개발했다. 이어서 1890년에는 독일 자동차 공학의 선구자 고틀리프 빌헬름 다임러^{Gottlieb Wilhelm Daimler}가 다임러 자동차를 설립했다. 그는 고성능 휘발유 엔진 개발에 기여하며 이동 수단의 혁명을 이끌었다. 그 후 1926년, 다임러와 벤츠가 합병하여 메르세데스-벤츠^{Mercedes-Benz}라는 이름의 자동차 회사를 창립했다.

이는 오늘날까지 독일 경제의 중요한 상징이며, 세계 자동차 산업에서 선도적인 위치를 차지하고 있다. 메르세데스-벤츠는 독일 GDP에 상당한 영향을 미치며, 2022년 기준으로 168,797명의 직원을 고용하고 있었다.[1] 이자 및 세전 수익^{Earings Before Interest and Taxes, EBIT}도 전년 대비 28% 증가한 205억 유로, 매출 또한 12% 증가한 1,500억 유로를 기록했다.

이러한 수치는 메르세데스-벤츠의 경제적 영향력을 반영하며, 그 중요성을 다시 한번 확인해 준다.[2] 그러나 2003년에 설립된 테슬라가 전동화 및 AI 전쟁에서 승리를 거두기 시작하면서, 독일 경제에 위협이 되고 있다.

2012년 제네바 모터쇼에 등장한 모델 X는 크로스오버형 SUV다. 2015년에 본격적으로 출시된 모델 X는 모델 S와 같은 플랫폼에서 제작됐고, 가격도 비슷했지만, 테슬라 최초로 사륜구동 시스템이 탑재되었다.

모델 X는 2023년 사이버트럭 출시 이전까지 일론 머스크의 취향이 가장 많이 반영된 전기차였다. 특히 매가 날개를 펼치는 것처럼 열리는 2열의 팔콘 윙 도어가 눈에 띈다. 물론 이러한 형태가 실용적인 접근에서 탄생한 것인지 의문이 들 때도 있다. 팔콘 윙 도어를 펼친 상태에서 주차하다 출입문에 부딪혀 파손되는 경우를 보면, 머스크가 굳이 이렇게 제작을 강요한 이유가 궁금해진다.

모델 X는 운전할 때마다 모델 Y보다 넉넉한 시트 덕분에 장거리 운행 시 피로도가 줄며, 최대 7명까지 탑승할 수 있어 모델 S보다 더 쾌적한 공간감을 제공한다. 특히 흥미로운 기술은 오토파일럿이었다.

테슬라의 오토파일럿 기능은 2014년 말에 출시된 모델 S에서 처음 장착되기 시작했다. 이는 테슬라가 자동차에 자율 주행 서비스를 제공하는 데 큰 발걸음이었다. 그러나 필자는 기존 오토파일럿과 향상된 오토파일럿 Enhanced Autopilot을 모두 경험하면서 자율 주행 산업의 한계점도 발견할 수 있었다.

테슬라와 다임러 크라이슬러의 흥미로운 역사

뮌헨 서북쪽에 위치한 슈투트가르트에는 메르세데스-벤츠 본사가 자리 잡고 있다. 이곳에서 운영하는 박물관을 둘러보면서 세월의 변화를 실감했다. 이는 테슬라와 다임러 크라이슬러의 흥미로운 역사 덕분이다.

로드스터 출시 과정에서 어려움에 직면한 테슬라는 머스크가 자신의 모든 자금을 투입함으로써 회사의 몰락을 일시적으로 막을 수 있었다. 그러나 6개월이 지나도 상황은 나아지지 않았다. 2008년 10월 무렵, 머스크는 위기에 처한 테슬라를 구하기 위해 다임러 본사가 있는 슈투트가르트를 방문했다.[3]

당시 메르세데스-벤츠(당시 다임러 AG)는 소형차 스마트 포투Smart Fortwo를 전기차로 출시하려 했지만, 배터리와 구동계 같은 핵심 부품이 부족했다. 머스크는 임원들에게 감명을 주기 위해 스마트 포투를 전기차로 개조해 선보였다. 미국에서 스마트 포투를 구할 수 없었던 관계로 테슬라는 직원을 멕시코로 보내 차량을 구입하고, 테슬라의 구동계와 특별히 설계된 배터리 팩으로 개조했다. 아이작슨에 따르면 이듬해 테슬라를 방문한 벤츠 임원들은 처음에는 퉁명스럽고 무뚝뚝했다고 한다.[4] 그러나 전기 모터가 장착된 스마트 포투의 시제품을 시승한 후에야 테슬라의 잠재력을 인정하고, 테슬라의 지분 9%를 5,000만 달러에 취득했다.

이후 다임러에 제공된 테슬라의 배터리 팩은 총 1,980개의 리튬 이온 배터리 셀로 구성된 6개의 모듈로, 16.6킬로와트시의 용량, 30킬로와트의 최대 방전 전력, 10킬로와트의 최대 충전 전력을 갖췄다. 다임러는 테슬라의 구동계와 배터리 팩 설계 역량을 필요로 했다. 경쟁 업체보다 크기와 충전 속도에서 명확한 이점을 가지고 있었기 때문이다.

2009년 5월, 메르세데스-벤츠의 모회사 다임러는 테슬라와 협력해 리튬 이온 배터리 팩과 충전 전자 장비를 스마트 EQ 포투의 첫 1,000대에 장착했다. 머스크는 다임러의 투자가 없었다면 생존하기 어려웠을 것이라며, 정부의 구제 금융이 아닌 민간 기업의 투자가 테슬라를 구했다고 강조했다.[5] 당시 테슬라는 2020년까지 연간 50만 대의 전기차를 생산하겠다고 선언했다.

이 사실은 초기 테슬라가 재정적 어려움을 극복하고 독립적으로 성장할 수 있었던 머스크의 경영 능력을 보여 준다. 테슬라는 2010년 3월까지 정부로부터 전기차 제조 관련 자금을 받지 않았으며, 다임러의 투자는 정부 지원 이전에 이루어졌다. 이는 테슬라가 초기에 민간 부문의 지원으로 생존하고 성장할 수 있었음을 보여 준다.

당시 미국의 빅 3, 이른바 GM, 포드, 크라이슬러는 서브프라임 모기지 사태로 인한 경제 위기로 정부 자금에 의존하고 있었다. 시간이 흘러 슈투트가르트 시청과 경찰은 2019년부터 독일 최초로 배기가스 배출 기준 유로 4 이하에 해당하는 디젤 엔진 차량의 운행을 금지했다.[6] 그해 약 72,000대의 디젤 차량이 운행 금지 조치 대상이었다.[7] 슈투트가르트에 이어 함부르크와 같은 주요 도시에서도 이산화 질소의 높은 수치로 인해 디젤 엔진 차량 운행 금지 조치를 확대하고 있다.

폭스바겐, 다임러 등 독일 제조사들이 디젤 엔진으로 경제를 주도했던 독일 정부가 전기차를 선호하는 중요한 이유는 무엇일까? 이는 단순히 전기차가 친환경적이고 탄소 배출로 인한 기후 위기가 심각해지고 있다는 점뿐만 아니라, 테슬라의 주장이 옳다는 이유에서만은 아니다.

디젤 엔진 차량이 환경과 인간 건강에 미치는 부정적 영향은 주로 이산화 질소와 미세 먼지 같은 오염 물질의 배출에 기인한다. 디젤 엔진에서 발생하는 이산화 질소는 대기 중에서 오존을 형성하고, 이는 호흡기 질환을 유발하며, 특히 천식 환자에게 심각한 영향을 끼칠 수 있다. 또한, 이산화 질소는 식물의 성장을 방해하고, 물의 산성화를 촉진하여 수생 생태계에 해를 끼친다.

또한, 미세 먼지는 호흡기와 혈류를 통해 인체에 침투하여 심혈관 질환, 기관지염, 폐렴 등의 건강 문제를 일으킬 수 있다. 특히 초미세 먼지(PM 2.5)와 같은 매우 미세한 입자는 폐의 깊은 부분까지 침투할 수 있으며, 장기적으로는 폐암과 같은 심각한 질병의 위험을 증가시킨다.

과거 다임러 AG 임원들이 초기에 테슬라의 잠재력을 과소평가했던 일은 혁신적인 아이디어와 신기술이 전통적인 산업 관점에서 오해받을 수 있음을 보여 준다. 그러나 테슬라는 이러한 초기의 의심을 극복하고 전기차 산업의 선구자로 자리매김하면서, 비전과 혁신이 전 세계적인 변화를 이끌 수 있음을 입증하고 있다.

이처럼 테슬라의 역사는 중요한 교훈을 준다. 편견과 과소평가는 진정한 잠재력을 인식하지 못하게 만든다. 테슬라의 여정은 끊임없는 도전 속에서도 변화를 주도하는 용기와 비전이 얼마나 중요한지를 일깨워 준다. 이는 단순히 머스크 한 사람의 성공 이야기가 아니다. 테슬라의 이야기는 혁신을 향한 믿음이 세상을 어떻게 변화시킬 수 있는지를 증명하는 살아 있는 증거다.

2021년 10월, 테슬라는 1조 달러 이상의 가치를 가진 미국 기업으로 성장한다.[8] 당시 테슬라의 기업 가치는 토요타, 폭스바겐, 다임러, GM, 포드 등 세계 5대 완성차 업체를 모조리 합친 것보다 커진 것이다. 2022년에 판매된 차량 중 14%가 전기차로, 이는 전년도의 약 9% 및 2020년의 5% 이하에서 크게 상승한 수치다.[9] 그해 전 세계 전기차 판매량은 60% 증가해 처음으로 1,000만 대를 돌파했다.[10] 2023년 메르세데스-벤츠는 총 2,491,600대를 팔았으며, 이 중에 순수 전기차 판매량이 전년 대비 73% 증가한 222,600대를 차지했다. 테슬라는 1,845,985대를 생산해 1,808,581대를 인도했다.[11] 테슬라의 판매량이 놀라운 것은 내연 기관과의 4차 전쟁에서 모든 기업이 패배한 것과 달리 살아남았다는 점이다.

물론 미국 시장에서 메르세데스-벤츠의 전기차 판매가 거의 250% 증가해 총 43,202대를 판매한 것은 테슬라의 관점에서도 경쟁이 치열해지고 있음을 의미한다. 그렇다면 테슬라는 독일 및 중국 기업들과 어떤 기술적 차이로 앞서 나가려는 걸까? 이는 모델 X의 역사를 살펴보면 단서를 찾을 수 있다.

팔콘 윙 도어와
테슬라 모델 X

2012년 2월 9일, 캘리포니아 로스앤젤레스에 있는 테슬라 스튜디오에서 머스크는 모델 X를 선보였다. 당시 로드스터에서 얻은 경험을 바탕으로 생산한 모델 S가 31개국에서 판매되고 있었다. 테슬라가 진정한 자동차 제조사로 자리 잡으려면 SUV도 대량 생산이 가능함을 입증해야 했다. 로드스터와 모델 S만으로는 테슬라가 고성능 전기 스포츠카와 세단을 넘어 다양한 차종을 대량 생산할 수 있는 능력을 갖추었음을 보여 줄 수 없었기 때문이다.

머스크는 서브프라임 모기지 사태로 인한 경제 혼란이 사그라들 무렵, 세단보다 이동의 편의성이 좋은 SUV 구매자들이 늘어날 것으로 판단했다. 테슬라의 세 번째 차량인 모델 X는 스포츠카 로드스터, 세단 모델 S와 다른 특징의 SUV로, 자녀가 많은 머스크가 패밀리 전기차를 구상해 탄생한 작품이다.

머스크는 30시간 이상 독점 인터뷰한 뉴욕 타임스 칼럼니스트 애슐리 반스에게 테슬라의 경쟁사 차들과 비교하면서 자동차를 외부에서 크게 보이게 하는 것보다 진짜 실력은 내부를 넓게 만드는 것이라고 지적했다.[12]

모델 X는 모델 S의 플랫폼을 기반으로 미니밴과 SUV의 특징을 결합해 제작되어 디자인적으로 많이 닮았다. 하위 버전인 SUV 모델 Y와 함께 있을 때 테슬라 구매자가 아니라면 모델 X를 쉽게 구별하기 어려울 정도다. 그러나 이 차의 디자인 차별성은 후방 출입문에 있다.

2015년에 머스크가 무대로 끌고 온 모델 X의 팰콘 윙 도어가 하늘을 향해 개폐되었다. 기존 차량에서 카시트에 아이를 앉히려면 천장 때문에 몸을 구부리는 경우가 많다. 미니밴의 미닫이문은 편리하지만, 열리고 닫히는 데 공간이 필요해 승객이 사용할 수 있는 공간이 제한된다. 팰콘 윙 도어는 좁은 공간에서도 승객이 편리하게 탑승하고 하차할 수 있게 해 준다.

팰콘 윙 도어는 머스크가 3열 좌석까지 편안한 탑승 공간을 제공할 수 있다고 강조한 덕분에 탄생했다. 이 도어는 상단으로 열리면서 동시에 중간 부분에서 경첩이 작동해 공간 활용성을 높이고, 독특한 개방 방식을 제공해 모델 S의 문손잡이처럼 소비자의 눈길을 끌었다. 게다가 모델 X는 테슬라 모델 중 최초로 사륜구동 차량이며 정지 상태에서 시속 60마일까지 가속 시간은 포르쉐 911 카레라Porsche 911 Carrera보다 빠른 4.4초를 기록했다.

그러나 초기 모델 X의 품질은 포르쉐를 능가하지 못했다. 특히 팰콘 윙 도어가 제대로 열리지 않는다는 소식이 이어졌다. 2012년 2월에 테슬라는 모델 X의 프로토타입을 공개하며 사전 예약을 시작했다. 당시 머스크는 2013년 말부터 고객에게 차량을 전달하고, 2014년부터 대량 생산할 것이라고 발표했다.[13]

하지만 2014년 2월, 테슬라는 주주들에게 모델 X의 생산이 2014년 말부터 시작되어 2015년 봄에 고객에게 인도될 것이라고 연기 소식을 알렸다.[14] 2015년 3분기가 되어서야 최초 1,000대 한정 제작 차량인 파운더 시리즈Founder Series를 인도했다.

2016년에도 모델 X를 소량으로 생산할 수밖에 없었던 이유는 팰콘 윙

토요타에 익숙한 일본인에게는 낯선 디자인의 도어
(일본 테슬라 오사카 쇼룸, 2024)

도어의 결함 때문이었다.[15] 테슬라는 스위스 부품 공급 업체 호에비거 Hoerbiger가 팔콘 윙 도어의 유압식 도어 시스템을 제대로 제공하지 못한 이유로 소송을 제기했다.[16]

테슬라는 호에비거의 프로토타입이 과열, 윤활유 누출, 문을 안정적으로 여닫지 못하거나 스스로 닫히려는 등 문제가 있었다고 주장했다. 이 사건으로 팔콘 윙 도어의 유압식 도어 시스템은 폐기되고, 테슬라가 자체 개발한 전자 기계 시스템이 탑재되었다.

아이작슨의 《일론 머스크》에 등장하는 자동차 저널리스트 에드워드 니더마이어 Edward Niedermeyer는 《루디크러스 Ludicrous》에서 테슬라 추종자들이 싫어할 정보들을 가득 적었다. 그는 반스의 《일론 머스크》 전기의 서술 방식에 의문을 가졌다.[17]

그는 반스가 팔콘 윙 도어를 두고 마치 테슬라만 창의적인 기업이라 전통 기업은 이런 시도를 하지 못한다고 서술하는 것에 이의를 제기했다. 메르세데스가 기술력이나 창의력이 부족해서 걸윙 도어 Gullwing Door를 생각하지 못한 게 아니라는 것이다. 개성 있는 디자인을 추구하는 것보다 제조 복잡성으로 인한 손실이 더 크기 때문이다.

메르세데스-벤츠 박물관에서 1952년 메르세데스가 출시한 300SL 경주용 자동차를 목격했다. 이때부터 메르세데스-벤츠는 이미 21세기에도 주목받을 멋진 걸윙 도어를 장착했다. 팔콘 윙 도어가 매의 날개 형상을 닮았다면 걸윙 도어는 갈매기의 날개를 펼친 듯한 모습이었다. 업계 최초로 지붕에 장착한 걸윙 도어는 경첩이 달려 위로 열리는 디자인이다. 이 혁신적인 디자인은 1978년에 제작된 메르세데스-벤츠 C 111-III 디젤-레코드바겐Diesel-Rekordwagen에도 스윙업 도어를 장착했다. 이미 46년 전에 테슬라보다 먼저 파격적인 디자인 차량이 등장했지만, 메르세데스-벤츠는 양산 차량에는 걸윙 도어를 장착하지 않았다.

팔콘 윙 도어는 수동식 걸윙 도어와는 달리, 전자식 센서와 문을 여닫는 장치를 함께 부착하고 있어 제작 과정이 복잡하다. 이러한 복잡성은 생산 속도의 발목을 잡는 요인이었다.

2012년 2월, 모델 X의 프로토타입을 타고 팔콘 윙 도어를 열고 등장한 머스크에 관객들은 환호했지만, 테슬라 입장에서는 투자자들의 인내심이 한계에 도달한 상황이 걱정이었다. 테슬라가 몰락할 뻔한 중요한 이유는 반복된 생산 지연 때문이었다. 테슬라는 로드스터와 모델 S의 결함과 단점을 개선해 모델 X를 첫 현금 창출원으로 성공시켜야 했다. 전통적인 내연기관 차량처럼 전기차도 다양한 모델이 하나의 플랫폼에서 파생될 수 있음을 증명해야 했다. 당시 테슬라 공장은 로드스터와 모델 S의 플랫폼이 달라 대량 생산에 적합하지 않았다.

반면 폭스바겐이 세계 자동차 시장을 주름잡았던 비결 중 하나는 2012년 말 해치백 차량 7세대 골프에 도입한 MQB 플랫폼Modularer Querbaukasten이다. 모듈형 가로 배치 플랫폼은 제타, 티구안 등 다양한 모델에 추가로 사용되며, 차량의 전면부에 엔진을 횡단 배치하는 것이 특징이다. 이러한 혁신 덕분에 골프는 누적 판매량 3,500만 대를 돌파했다.

폭스바겐 그룹은 이 접근 방식으로 부품 표준화를 가능하게 하여, 비비용을 절감시키고 더불어 아우디의 고급 차량까지 다양한 제품을 더 빠르게 출시할 수 있었다. 소비자가 원하는 모델마다 각기 다른 플랫폼을 제공한다는 것은 한정된 자원으로는 불가능한 일이다. 폭스바겐은 여러 모델이 공통의 하나의 플랫폼을 공유하도록 함으로써 생산 효율성을 크게 향상했다. 테슬라 역시 모델 S의 플랫폼을 활용해 파생 모델인 모델 X가 성공해야만 했다. 플랫폼과 부품 공유가 전략적으로 원활하게 진행된다면 이익률을 높이면서도 세단과 SUV 전기차를 원하는 고객 모두에게 다양한 선택지를 제공할 수 있기 때문이다.

머스크의 관점에서 모델 X는 업계를 압도하는 멋진 디자인과 고성능 전기차로 주목받아야 했다. 팰콘 윙 도어는 부품 수급 문제, 상향 개폐로 인한 문제점, 단차 발생 등, 전통적인 자동차 업계에서는 겪지 않았던 도전들에 직면하게 되었다. 결국, 팰콘 윙 도어의 센서 결함 문제는 아직도 고객들 사이에서 종종 보고되고 있다. 뒷좌석에 가족을 태우고 내리려는데 문이 올라가지 않아 난처한 상황이 발생하기도 한다. 만약 미리 알았더라면, 자동차 출입문이 연간 한 번이라도 제대로 작동하지 않는다는 사실이 구매 결정을 망설이게 했을 것이다.

테슬라의 아픈 손가락
모델 X

니더마이어는 《루디크러스》에서 한 장을 할애하여 팔콘 윙 도어의 문제점을 나열하고, 머스크의 디자인 야망이 테슬라의 제조 능력을 앞섰다고 비판했다. 이 책은 2019년에 출시됐으며, 테슬라에 대한 정보는 2018년까지의 내용을 다룬다. 그의 지적이 일리가 있지만, 만약 모델 X에 팔콘 윙 도어가 탑재되지 않았다면 모델 S와의 디자인 차별성이 없었을 것이고, 지금처럼 파격적인 주목을 받기 어려웠을 것이다.

 2014년 테슬라는 기가팩토리 건설을 시작으로 약 20,000건의 모델 X 예약을 확보했다. 2016년 4분기에는 모델 X의 주문 건수가 2015년 4분기보다 약 49% 증가했다.[18] 2017년 2월 테슬라는 상반기에 모델 S와 모델 X 차량을 합쳐 47,000대에서 50,000대를 인도할 것으로 예상했다. 이는 지난해 같은 기간에 비해 최대 71% 증가한 차량 인도량이다. 그해 4분기에는 28,425대의 모델 S와 모델 X, 1,542대의 모델 3를 인도하여 총 29,967대를 인도했다.[19]

 니더마이어는 팔콘 윙 도어의 품질 문제 외에도 자동으로 열리고 닫히는 앞문을 모델 X의 저조한 인도량의 원인 중 하나로 지적했다. 그는 모델 X의 앞문이 개념적으로 매력적이지만 실제로는 악몽과 같다고 비판했다. 문이 프레임과 단차가 발생하거나, 제대로 작동하지 않거나, 심지어 스스로 열리기도 한다는 것이다.[20]

미국, 일본, 우리나라에서 현재 출시된 모델 X에 탑승해 본 결과, 자동문 기능은 여전히 위험성을 내포하고 있다. 팔콘 윙 도어는 저속으로 닫히며, 센서가 탑재돼 탑승자가 온전히 타지 않은 상황에서 부딪히면 문이 닫히지 않는다.

그러나 1열 문은 손가락이 끼어 있어도 그대로 닫혀 버린다. 2열에 어린이가 탑승할 때, 차체에 손을 댄 상태에서 문이 스스로 닫히는 상황은 상상하기도 싫다. 이런 기능은 주의가 필요하다. 물론 지금은 초기 차량에 비해 완성도는 높아졌다. 모델 X의 3열에 앉아 보니 성인이 앉기에는 다소 답답한 공간이지만, 초등학생 자녀들이 타기에는 문제가 없다. 3열 승객을 위해 2열 좌석 바깥쪽 상단의 버튼을 누르면 좌석이 앞으로 당겨진다. 설정

사진 5-2 팔콘 윙 도어에는 많은 부품이 달려 있다.
(일본 테슬라 오사카 쇼룸, 2024)

에 따라 한 번만 누르면 완전히 당겨지거나 여러 번 눌러 조절할 수 있다.

2017년 6월, 머스크는 주주 총회에서 모델 X의 실패를 공개적으로 인정했다.[21] 첫째, 개발 초기부터 차량 제작에 있어 너무 많은 복잡성을 가졌다는 것이다. 그는 이를 매우 어리석었다고 고백했다. 둘째, 모델 X를 모델 S 플랫폼에서 유래시키려 한 실수다. 머스크는 SUV를 SUV답게 설계하지 못한 것을 후회했다. 테슬라는 모델 Y와 세미 트럭의 경우 이전 차들과 달리 완전히 독립적으로 디자인하고 있다고 밝혔다.

폭스바겐은 MQB 플랫폼을 도입해 다양한 모델에 최대한 비슷한 부품을 사용하며 이윤을 극대화했다. 그러나 테슬라의 경우 모델 X와 모델 S가 같은 플랫폼을 사용했지만, 팔콘 윙 도어처럼 복잡한 구조물을 별도로 장착해야 했기에 이윤은 줄고 생산 속도는 느려졌다. 모델 X와 모델 S에 같은 부품을 적용하는 비율은 약 25%에 불과했다.[22] 이는 모델 S 기반의 SUV를 만들어 생산 단가를 낮추겠다는 취지와 동떨어진 현상이었다.

테슬라에 투자하는 독자라면 《루디크러스》와 같은 주장에도 귀를 기울일 필요가 있다. 산업 흐름을 분석하는 것과 감정적으로 테슬라에 투자하는 것은 전혀 다른 결과를 초래할 수 있기 때문이다. 테슬라는 2018년에 모델 S와 모델 X 차량 99,394대를 인도했지만, 2023년 한 해 모델 3와 모델 Y의 인도량이 1,739,707대를 기록하며 큰 발전을 이뤘다. 그러나 모델 S와 모델 X의 인도량은 68,874대에 불과했다.

그렇다면 모델 X는 소비자층을 확장하지 못하고 테슬라 팬층만 사랑하는 차량으로 남을까? 수년째 정체된 판매량을 보면 그렇게 보인다. 그러나 이러한 비판적인 시선들 사이에서 경쟁사들이 두려워할 만한 테슬라의 기술이 가려져 있다.

모델 X의 서스펜션을 보면
애플이 떠오른다

머스크는 2017년 주주 총회에 이어 2019년 1월에도 모델 X를 파베르제의 달걀Faberge egg로 묘사했다.[23] 파베르제의 달걀은 약 138년 전 러시아 황실이 소유했던 보석으로 장식된 알이다. 머스크는 모델 X를 이처럼 화려한 전기차로 여긴 것이다.

그러나 니더마이어의 관점에서 보면, 머스크가 모델 X를 파베르제 달걀로 묘사한 발언이 불편할 수 있다. 《루디크러스》를 정독하면 하드웨어 관점에서 테슬라를 비판하는 것을 알 수 있는데, 그의 주장은 일리가 있다. 팔콘 윙 도어의 품질 문제가 온전히 해결되지 않는다면, 다음 세대 차량에서는 이 도어를 보기 어려울 수도 있다.

그렇다면 니더마이어의 주장처럼 과연 이 차량이 문제투성이일까? 필자는 의문을 가지고, 미국, 일본, 한국 등 다양한 환경에서 모델 X를 여러 차례 운전하거나 뒷좌석 승객으로 탑승해 보았다.

모델 X의 흥미로운 인테리어의 특징 중 하나는 선루프 대신 파노라마 윈드실드panoramic windshield가 장착된 것이다. 승차감의 관점에서는 모델 3, 모델

사진 5-3 모델 X의 파노라마 윈드실드
(일본 테슬라 오사카 쇼룸, 2024)

Y보다 나은 기분을 선사한다. 파노라마 윈드실드는 머리 위로 넓은 개방감
을 제공하며, 운전자는 눈과 비를 맞지 않고도 오픈카와 비슷한 풍경을 즐
길 수 있다. 테슬라는 왜 선루프를 달지 않았을까 하는 의문도 들었다.

테슬라는 초기 모델 X부터 모델 S처럼 OTA 업데이트 기술을 탑재했다.
데이비드 라우는 인베스터 데이에서 익명화된 데이터 로깅data logging과 텔레
메트리telemetry 기능을 통해 테슬라 차량이 어떻게 동작하는지, 고객이 차량
관련 기능을 어떻게 사용하는지 이해할 수 있다고 했다. 익명화된 데이터
로깅은 개인 식별 정보 없이 차량 사용 데이터를 수집해 분석하며, 텔레메
트리 기능은 세계 여러 도로에서 주행 중인 테슬라 차량에서 발생하는 데
이터를 원격으로 전송해 본사에서 수집하는 것이다.

테슬라는 차량 성능, 사용 패턴, 운영 지표에 대한 정보를 수집한 후 기능
을 추가하거나 개선해 OTA로 전송한다. 고객은 자동차를 구매한 이후에도
기능이 향상되는 경험을 하게 된다. 이러한 기술은 내연 기관 자동차를 포
함해 업계에서 처음 시도되는 것으로, 기존 자동차 제조사와 차별화된 역

량을 보여 준다. 예를 들어, 테슬라는 고객의 선루프 사용을 모니터링하고, 많은 고객이 선루프를 전혀 사용하지 않는다는 것을 발견했다. 그래서 테슬라는 선루프를 제거하기로 결정할 수 있었다.

또한, 테슬라는 실제 충돌 데이터를 활용해 차량의 안전성을 지속적으로 개선하고 있다. 일반적인 규제 충돌 테스트는 통제된 시나리오에서 차량의 안전을 측정하지만, 다양한 속도, 충격 각도, 장애물 유형, 승객, 물체의 크기 및 위치 등 실제 충돌에서 발생할 수 있는 모든 변수를 다루지 못할 수도 있다. 테슬라는 실제 충돌 데이터를 활용해 사고의 역학과 결과를 이해하며, 차량 구조의 물리적 변경이나 에어백과 같은 안전 기능을 제어하는 소프트웨어 조정을 한다. 테슬라는 소프트웨어 조정을 할 때마다 모든 충돌을 시뮬레이션에서 재현해 최적의 기능을 구현하려고 노력한다. 이는 주로 규제 테스트에서 우수한 성능을 발휘하도록 차량 및 안전 기능을 설계하는 일부 전통적인 업계 관행에서 벗어난 것이다.

2022년에는 실제 충돌 데이터를 기반으로 탑승객의 부상을 줄이기 위해 안전띠 긴장 조절 알고리즘을 변경하고, 모든 차량의 기능을 OTA로 업데이트했다. 충돌 안전 실험에 사용된 모델 Y를 살펴보니 배터리가 매우 낮은 위치에 있는 것이 특징적이었다. 낮은 중심의 차량 중력은 테슬라의 서스펜션 기술과 함께 전복 가능성을 줄여 준다.

모델 X를 탈 때마다 모델 3, 모델 Y보다 나은 승차감을 느꼈는데, 이는 서스펜션의 하드웨어 성능에 차이 때문만은 아니었다. 테슬라는 마스터 플랜 3를 발표할 무렵 모델 S와 X에 거친 도로 구간을 만나기 전에 자동으로 서스펜션을 높이거나 낮추는 기능을 출시했다. 라우는 이것이 꽤 간단한 기술로 들리겠지만, 실제로는 차량 내외부의 여러 구성 요소에서 소프트웨어 조정을 필요로 하는 어려운 기술임을 강조했다. 조사해 보니, 테슬라 차량의 내부 및 외부 구성 요소 간의 소프트웨어 조정이 복잡하게 이루어짐

사진 5-4 엄격한 차량 안전 평가로 잘 알려진 유로 NCAP의 2022년 평가에서 테슬라 모델 S와 모델 Y는 98%라는 최고 등급을 받았다.
(미국 피터슨 자동차 박물관, 2024)

을 고려할 때, 하드웨어 강자들이 시도하기 어려운 기술임을 알게 되었다.

경쟁사가 운전자에게 이런 서비스를 제공하려면 도로의 거칠기를 감지하는 관성 측정 장치Inertial Measurement Unit, IMU, 차량 위치를 파악하는 GPS와 고정밀 위치 데이터를 제공하는 로컬라이저localizer가 있는 오토파일럿 컴퓨터가 필요하다.

또한, 전 세계 도로를 주행 중인 차량으로부터 익명화된 텔레메트리 데이터를 수집하고, 도로의 속도 제한, 차선 구성, 도로 거칠기 등의 변화를 반영한 내비게이션 정보를 제공하기 위해 본사의 소프트웨어 역량을 활용하여 지도를 주석 처리해야 한다. 이를 위해 지도 제작 데이터, 차량 위치, 계획된 경로, 교통 및 도로 상태 데이터를 실시간으로 처리하는 온보드 엔진이 필요하다. 이 엔진은 차량이 주행 중에 경로를 예측하고 도로 상태가 곧 거칠어질지 여부를 판단한다.

이를 바탕으로 운전자에게 최상의 승차감을 제공하기 위해 에어 서스펜션과 컨트롤러를 적절히 조절하며, 이 과정에서 발생하는 모든 데이터를 신속하게 분석하고 유기적으로 작동할 수 있는 소프트웨어 역량이 요구된다.

라우의 발언에서 추측해 볼 수 있는 테슬라의 경쟁력은 컴퓨터가 도로 상황을 미리 인지하고, 하드웨어 컨트롤러를 작동해 승차감을 개선하는 데 있다. 이처럼 OTA 업데이트와 데이터 인사이트를 결합하는 기술은 애플도 탐낼 만하다. 그렇지 않았다면 스마트폰 제조사가 자율 주행이나 전기차 개발에 뛰어들었겠는가?

테슬라와 애플의 차이는 실제 세계의 데이터를 분석하는 AI 활용 능력에서 두드러진다. 테슬라는 자동차를 바퀴 달린 컴퓨터 플랫폼으로 접근했기에 FSD 같은 자율 주행 서비스도 고도화시킬 가능성이 있다.

2018년 무렵 모델 S와 모델 X는 오토파크^{Autopark} 기능을 탑재해 복잡한 주차장에서 스스로 주차할 수 있게 되었다. 하지만 테슬라 고객을 가장 만족시키는 기능은 도로에서 스스로 주행하는 오토파일럿과 그보다 발전한 FSD 베타일 것이다.

테슬라의 모델 X는 기후 위기 대응이라는 본래 목적과는 달리, 그 독특하고 개성 있는 디자인 덕분에 고급 모델로 자리 잡았다. 모델 X가 부의 상징이 되었지만, 긍정적인 역할을 부정하기는 어렵다. 모델 X 출시가 실패했다면 오늘날 세계에서 가장 많이 팔리는 전기차 모델 Y의 탄생은 불가능했을 것이다. 테슬라가 도로를 잠식하지 않았다면 탄소 배출 절감 효과는 기대하기 어려웠을 것이며, 디젤 엔진은 여전히 사용되었을 것이다.

테슬라의 신기술 도입 접근 방식은 종종 높은 가격대에서 시작되며, 이는 더 저렴한 모델을 위한 연구 및 개발에 자금을 지원한다는 점을 인식하는 것이 중요하다. 이 전략은 처음에는 모델 X와 같은 고급 품목으로 포지셔닝되지만, 궁극적으로 모델 3, 모델 Y처럼 더 저렴한 전기차로 대중 시장에 출시하려는 목표를 가지고 있다.

PART 06

M

TESLA

테슬라의 운명이 걸린
FSD (2016년)

들어가며

태평양 건너 미국에서는 놀라운 기술이 끊임없이 등장하고 있다. 지난 3년 동안 필자는 매년 CES에서 존 디어^{John Deere}가 설립한 디어 앤 컴퍼니^{Deere & Company}를 인터뷰했다. 1837년에 설립된 디어는 엔비디아와 협력해 자율 주행 트랙터를 개발했다는 사실을 알게 되었다. 애플, 구글, 테슬라 등 실리콘 밸리의 빅테크 기업 못지않게 미국 농촌에서도 모빌리티 혁명의 징조를 목격할 수 있었다.

디어는 2019년부터 농촌에 자율 주행 기술을 도입하기로 했다. 그 결과, 미국 농부들은 스마트폰으로 간단히 조작하여 낮이나 밤에 상관없이 트랙터가 스스로 광활한 지대를 돌아다니게 할 수 있다. 미국 자율 주행 산업을 주도하는 기업들의 공통점은 시간이 흐를수록 데이터가 쌓이고, 이 데이터를 처리하는 AI의 발달로 경쟁사와의 격차를 벌린다는 것이다.

이런 상황에서 테슬라를 비판하고 평가절하하는 사람 중 상당수는 오토파일럿조차 체험해 보지 않았을 것이다. 특히 오토파일럿보다 뛰어난 FSD의 경우는 기술 변화를 체감하기 더욱 어렵다. 우리나라와 달리, 북미 도로에서는 AI가 상당한 운전 실력을 보여 주고 있기 때문이다.

　오토파일럿, 향상된 오토파일럿, FSD까지 모두 체험해 보니 테슬라의 운명이 걸린 기술은 FSD라는 걸 실감할 수 있었다. 물론 완벽한 자율 주행은 아니기에 보완해야 할 점들이 남아 있다. 미국, 독일, 한국 등 여러 도로에서 테슬라 전기차 로드스터부터 모델 S, 모델 3, 모델 X, 모델 Y를 모두 운전해 봤다(개인적인 취향으로는 모델 S가 운전하는 재미가 있었다). FSD의 도움으로 하염없이 일직선이 이어진 미국 고속도로에서는 운전대에서 어느 정도 자유로워지고, 1,000마력이 넘는 모터의 힘을 느끼고 싶을 때는 운전대를 잡으면 되니까 말이다.

　테슬라와 디어 앤 컴파니 등 미국 자율 주행 산업을 주도하려는 기업들의 공통점은 시간이 흐를수록 데이터가 쌓이고, 이를 처리하는 AI의 발달로 경쟁사와의 격차를 벌린다는 것이다. 매년 미국에서 이러한 기술 발전을 목격할 때마다 우리나라가 걱정된다. 자율 주행은 막대한 시간과 자본 투자가 기본이고, AI와 같은 첨단 기술이 있어야 가능하다. 금리 인상, 부동산 가격 하락 등 외부 요인으로 기업의 신기술 개발 의지가 사그라지고 있는 시점에서 끝까지 포기하지 않는 미국, 그리고 이를 추격하는 중국 기업들이 막대한 부의 기회를 얻을 확률이 크다는 것이다.

테슬라와 엔비디아
설립자의 공통점

테슬라를 통해 일론 머스크를 알게 된 사람들은 그의 역량이 전기차 제조에만 쏠려 있다고 생각할 수 있다. 또한 그가 로켓에 몰두하는 모습을 보고 테슬라 경영에 온전히 집중하지 못한다고 오해하는 사람도 있다. 그러나 머스크가 운영하는 기업들은 단순히 투자의 관점을 넘어 많은 인류의 삶에 영향을 미치고 있다. 따라서 그에 대해 몇 가지 중요한 사실을 점검해 볼 필요가 있다.

첫째, 머스크는 팰컨 1, 팰컨 9, 팰컨 헤비, 스타십과 같은 스페이스X의 로켓을 만드는 과정에서 수많은 항공 우주 관련 엔지니어들과 격렬한 토론을 하는 것으로 유명하다. 하지만 그는 로켓 과학 전공자가 아니다. 스스로 로켓 과학을 공부하기 위해 관련 전문 서적을 독파하며 우주를 향한 여정을 시작했다. 전기차와 자율 주행 관련 지식도 마찬가지다. 둘째, 테슬라의 최초 투자자이자 공동 설립자로 인정받았지만, 스페이스X는 테슬라보다 먼저 단독으로 설립한 회사다. 이곳에서 보여 준 그의 리더십과 투지를 돌이켜보면, 머스크에게는 테슬라와 스페이스X 모두 중요하며, 이 둘은 별개의 사업이 아니라는 것이다. 셋째, 가장 중요한 사실은 그가 실리콘 밸리의 화려한 건물이 아닌 먼지가 가득한 공장에서 생활하기를 즐긴다는 점이다.

샌디 먼로Sandy Munro는 거의 모든 전기차를 분해하고 분석하여 대안을 제공하는 것으로 유명한 엔지니어다(테슬라의 초기 모델 3를 분해하고 지나치게 많은 부품 수를 비판했을 때, 머스크가 이를 수긍한 일화는 유명하다). 그는 사이버트럭 출시 후 머스크와의 토론에서, 대다수 경영진이 공학에 대해 잘 알지 못한 상태로 의사 결정을 한다고 지적했다.[1] 머스크도 이에 공감하며, 마케팅 회사를 이끌려면 마케팅에 능숙해야 하듯이 기술 회사를 이끌려면 기술과 공학에 대해 이해하고 있어야 합리적인 결정을 내릴 수 있다고 강조했다. 그러면서 드물지만 이러한 역량을 가진 기업가로 엔비디아의 공동 설립자이자 CEO 젠슨 황Jensen Huang을 지목했다. 따라서 황이 구축하려는 자율 주행 기술의 미래를 추적하는 것도 중요하다.

엔비디아의 시가 총액은 약 4,202조 원(2024년 7월 9일 기준)이다. 신사옥을 둘러보면서 우리나라 경제가 걱정되었다. 시가 총액 1위 기업 삼성전자가 약 524조 원(2024년 7월 9일)을 기록한 것을 보면, 쇠락한다고 평가받는 미국이라는 나라를 다시 생각하게 된다. 여전히 엔비디아 본사가 있는 실리콘 밸리는 세계의 천재들을 끌어당기는 매력을 지니고 있다. 엔비디아의 경우, CEO가 직접 나서서 기업의 두뇌 역할을 하는 직원들의 역량 강화를 위한 환경 조성에 심혈을 기울였다는 점이 인상적이다.

실리콘 밸리에서 가장 인상 깊었던 것은 엔비디아 신사옥이다. 엔비디아 보이저Voyager와 엔데버Endeavor는 건물 주변이 생생한 녹색 식물로 가득 차 있었고, 내부를 들여다보니 일반적인 사무실 건물과 다르게 장벽과 경계가 없는 구조였다.

황은 직급에 상관없이 모든 직원에게 공평한 선택을 제공했다. 그는 직원 모두가 외부 창문을 바라보는 사무실에서 일할 수 있도록 건물을 설계

엔비디아 신사옥을 둘러보니 젠슨 황의 철학이 반영됐음을 알 수 있었다.
(미국 캘리포니아 샌타클래라, 2023)

했으며, 자유롭게 이동하고 소통하면서 일할 수 있는 선택권을 가지기를
원했다.[2] 자연환경이나 개방된 공간에서의 시간은 주의력을 확장하고, 유
익한 마음의 방랑을 증진하며, 창의성을 향상시킬 수 있다는 연구 결과가
있다.[3] 이러한 설계는 직원들이 자신의 선호도와 작업 스타일에 맞춰 가장
생산적인 환경을 선택할 수 있도록 유도하며, 창의력과 협력을 촉진하려는
엔비디아의 목표를 반영한다.

그러나 이러한 환경 조성만으로 세계 최고의 인재들에게 리더십을 발휘
하는 것은 쉽지 않다. 자존심 강한 머스크가 황을 인정한 것처럼 CEO 본
인의 지적 역량도 중요하다. 황은 대만계 미국인으로, 엔비디아를 세계 최
고의 그래픽 처리 장치Graphic Processing Unit, GPU 제조 업체로 성장시켰다. 그는
일찍이 GPU의 잠재력을 인식하고, 데이터 과학, 기계 학습, 딥 러닝 등 필
수적인 분야로의 전환에서 중요한 역할을 했다. 황의 지휘 아래, 엔비디아
는 고성능 컴퓨팅, 그래픽스, AI 분야에서 중요한 발전을 이루었으며, 특히

GPU 기술은 게임, 전문가용 그래픽스, 데이터 센터, 자동차 산업, AI 연구 등 다양한 분야에서 핵심적인 역할을 하고 있다.

엔비디아와 테슬라를 관찰하며 발견한 흥미로운 점 중 하나는 스페이스 X의 사무실과 연구실이 실리콘 밸리의 화려한 분위기와 다르다는 것이다. 프리몬트 공장, 기가팩토리, 스타베이스 등 머스크의 경영 현장은 전쟁터와 같은 분위기를 자아내고 있다.

테슬라와 엔비디아의
자율 주행 전략의 차이점

2015년에 엔비디아에서 열린 GPU 기술 콘퍼런스 GTC에서 머스크와 황은 자동차 기술의 미래와 자율 주행 차량을 주제로 토론했다. 머스크는 자율 주행 차량의 발전이 예상보다 쉽게 달성될 수 있다고 언급하며, 자율 주행 차량이 엘리베이터처럼 일상적이고 안전하게 될 것으로 예측했다. 황은 엔비디아가 자율 주행 차량을 위한 딥 러닝 기술 개발에 중점을 두고 있다고 말했다. 여기서 테슬라와 엔비디아의 관점 차이가 드러난다. 엔비디아는 완성차 업체가 자율 주행 솔루션을 개발하는 데 사용할 수 있는 유연하고 광범위한 플랫폼을 제공하는 데 중점을 둔다.

반면 테슬라는 하드웨어와 소프트웨어를 모두 제어하려 한다. FSD를 전기차에 탑재하는 것을 시작으로 휴머노이드 로봇 하드웨어의 자율 주행까지 긴밀하게 통합된 생태계 구축에 집중한다.

필자는 2021년 1월, 디어가 공개한 완전 자율 주행 트랙터^{Autonomous 8R} ^{Tractor}를 살펴봤다. 전방과 후방에 장착된 총 6쌍의 스테레오 카메라가 인상적이었다. 이 카메라들은 360도 전방위로 장애물을 탐지하고 거리를 계산

사진 6-2 디어가 개발한 완전 자율 주행 트랙터에 탑승하니 업계 관계자들의 반응이 왜 뜨거운지 이해할 수 있었다. (미국 라스베이거스 컨벤션 센터, 2022)

할 수 있다. 카메라에 숨겨진 기술을 조사해 보니 엔비디아의 흥미로운 기술이 있었다.

트랙터는 스테레오 카메라가 캡처한 이미지를 수집하고, 이러한 정보는 수십만 개의 이미지를 분석하는 심층 신경망Deep Neural Network, DNN으로 전달된다. 디어는 2019년부터 5,000만 개 이상의 관련 이미지를 수집했다.

수집된 이미지는 라벨링 과정을 거쳐 특정 패턴이나 객체가 할당된다. 예를 들어, 땅, 나무, 하늘 등의 카테고리가 할당되며, 이 과정은 딥 러닝 알고리즘에 의해 자동으로 이루어진다.[4] 바로 엔비디아의 고성능 GPU를 활용해 처리 속도를 극대화한다.[5]

덕분에 트랙터는 카메라 이미지를 통해 특정 객체나 장애물을 인식하고, 이를 기반으로 행동을 결정한다. 트랙터가 주변을 인식한 정보를 GPU에서 실행되는 기계 학습 알고리즘이 해석하기 때문이다. 트랙터의 인공 신경망은 GPU 프로세서에서 약 100밀리초 안에 각 픽셀을 분류하여 장애물이 감지되면 주행 여부를 원격으로 농부에게 전달한다. 디어는 일반 도로에서 자동차 제조사들이 치열한 경쟁을 펼칠 때 농촌에서 콤바인, 트랙터의 완전 자율 주행 시장을 장악하려고 한다. 당시 자율 주행의 목표 작업량은 24시간 기준 325에이커[ac] 이상이었다.

엔비디아 젯슨[NVIDIA Jetson]은 다수의 센서와 카메라를 처리할 수 있는 강력한 임베디드 컴퓨팅 모듈이다. 트랙터에 제한된 공간과 전력 소비 조건에서도 고성능을 발휘할 수 있는 소형 컴퓨팅 장치가 탑재된 것이다.[6] 젯슨에는 복잡한 신경망 모델을 동시에 실행하는 데 필수적인 병렬 컴퓨팅 기능을 지원하는 강력한 GPU가 포함되었다. 여러 신경망을 병렬로 실행하면 데이터 처리 효율성이 향상되고 의사 결정 속도가 빨라진다.

예를 들어, 젯슨이 탑재된 자동차는 자율 주행 상황에서 하나의 신경망은 물체 인식을 위해 카메라의 입력을 처리하고, 다른 신경망은 거리 측정을 위해 라이다의 입력을 처리하며, 또 다른 신경망은 즉각적인 운전 결정을 처리할 수 있다.

젯슨 기반의 디어 완전 자율 트랙터는 GPS, 카메라, 센서, AI를 활용한다. 존 디어 트랙터를 구매한 농부는 먼저 언덕과 커브 구간을 주행하며 트랙터 시스템이 주행 환경을 학습하도록 한다. 이 과정이 완료되면 트랙터는 사람의 개입 없이 스스로 작업을 수행한다. 비전 시스템이 토양, 가로수, 하늘과 같은 상시 존재하는 요소들을 효과적으로 감지하도록 훈련되기 때문이다. 트랙터는 흙, 나무줄기, 하늘이 아닌 것을 감지하면 즉시 정지한다. 여기에 GPS 기술이 통합되어 1인치 정확도로 논과 밭을 주행할 수 있다.

대량 생산까지는 해결해야 할 과제가 남아 있지만, 고령화가 심각한 농촌 사회는 자율 주행 시대를 그 누구보다도 간절히 바랄 것이다. 자율 주행 차량을 위한 딥 러닝은 AI의 한 분야로, 신경망[Neural Networks]을 사용해 차량이 스스로 주변 환경을 인식하고, 결정을 내리며, 안전하게 운전할 수 있도록 하는 기술이다. 머스크는 이 기술이 차량의 안전성을 높이고 운전의 즐거움을 제공할 것이라고 주장한다.

토요타, 메르세데스-벤츠, 아우디, 볼보 등 전통 업체들도 엔비디아의 최첨단 자율 주행 기술을 도입해 테슬라에 대응하고 있다. 이러한 기술에는 카메라, 레이더, 라이다와 같은 차량 센서에서 취득하는 테라바이트급 데이터를 실시간으로 처리할 수 있는 능력과 여러 DNN을 동시에 실행할 수 있는 자율 주행 소프트웨어 역량이 포함된다.

DNN은 이미지, 음향, 텍스트 등 구조화되지 않은 데이터의 복잡한 패턴을 인식하는 데 효과적이다. 자율 주행차에서 DNN은 다양한 센서와 카메라의 입력을 처리해 차량 주변 환경을 이해하고, 물체 식별, 행동 예측, 운전 결정을 통해 안전하고 효과적인 탐색을 가능하게 한다.

이와 같이 엔비디아의 컴퓨팅 플랫폼인 DRIVE AGX는 대량의 데이터를 처리하는 데 필요한 높은 수준의 컴퓨팅 성능을 제공한다.[7] 2020년을 기준으로 엔비디아는 내비건트 리서치Navigant Research의 보고서를 바탕으로 인간 운전자를 대체할 AI를 구동하는 자율 주행 차량 플랫폼을 개발하는 회사 목록에서 선두를 차지했다.

이처럼 엔비디아를 중심으로 한 하드웨어 제조사들의 연합 전선은 현재 테슬라의 카메라 비전 기술과 달리 다양한 센서를 장착한 것이 특징이다.

자율 주행 자동차를 개발하려면 방대한 컴퓨팅 성능과 대규모의 소프트웨어 전문 지식이 필요하다. 전통 업체가 엔비디아의 도움 없이 수준 높은 자율 주행 기술을 개발하려면 고성능 컴퓨팅, 이미지 처리 및 AI 분야에서 수십 년간 쌓은 전문 지식을 활용할 줄 알아야 한다. 그러나 테슬라를 제외한 그 어떤 제조사도 소프트웨어와 하드웨어를 수직 통합하여 제품에 일체화시키는 것이 쉽지 않은 도전으로 남아 있다.

테슬라도 아직은 엔비디아의 그늘에서 완전히 벗어나지 못했다. 존 디어가 자율 주행 성능 향상을 위해 엔비디아의 GPU를 필요로 했듯이 테슬라도 FSD 컴퓨터의 성능 강화를 위해 GPU를 필요로 한다. 테슬라는 2019년 11월부터 2023년 1분기까지 엔비디아의 H100 동급 수준 GPU를 점진적으로 구매해 그 수량을 늘렸으나, 5,000개 미만이었다. 그러나 2023년 2분기에 5,000개를 돌파하더니 3분기, 4분기에는 15,000개 이상, 2024년 1분기에는 37,000개 이상을 구매했다.[8]

그럼에도 테슬라는 엔비디아의 GPU에 종속되지 않기 위해 뉴욕 버펄로의 기가팩토리에서 FSD 전용 슈퍼컴퓨터 도조의 성능 개발에 몰두하고 있다. 자체 FSD 칩을 개발하려는 이러한 전략적 움직임은 핵심 기술을 제어하고, 제삼자 공급 업체에 대한 의존도를 줄여 자동차 산업에서 경쟁 우위를 강화하려는 테슬라의 광범위한 목표와 일치한다. 이에 관한 이야기는 10부에서 자세히 다루고, 지금은 테슬라가 추구하는 자율 주행 철학과 그 전략을 먼저 살펴보자.

오토파일럿은
레벨 2

자율 주행은 머스크의 마스터 플랜 2를 실현하는 데 중요한 도전 과제다. 오토파일럿은 모든 테슬라 차량에 기본으로 탑재되는 첨단 운전자 보조 시스템Advanced Driver Assistance System, ADAS으로, 적응형 크루즈 컨트롤과 차선 유지 지원 등의 기본 기능을 제공한다.

2016년 1월에는 테슬라가 모델 S를 이용하여 곡선 도로에서 인간 대신 운전할 수 있음을 성공적으로 시연했다. 모델 S의 시스템은 차선 중앙을 유지하며 가속과 감속을 수행했으며, 간단한 탭 동작으로 차선 변경도 가능했다. 오토파일럿은 일부 운전 작업을 대신 수행하지만, 운전자는 계속해서 상황을 주시하며 언제든지 제어할 준비가 되어 있어야 한다.

2016년 4월 6일, 유튜브에는 고속도로 3차선에서 오토파일럿이 활성화된 상태로 주행하는 모델 S 영상이 올라왔다.[9] 2차선에 유압 리프팅 시스템이 장착된 트럭이 순조롭게 주행하는 조슈아 브라운Joshua D. Brown의 모델 S 측면을 향해 돌진했다. 그러자 오토파일럿은 곧바로 운전대의 방향을 오른쪽으로 움직여 트럭과의 충돌을 면했고, 운전자에게 즉시 운전대를 잡으라

테슬라 마스터 플랜

고 경고음을 울렸다. 트럭 운전자는 측 후방에 사각지대가 발생해 오른편에 있는 고속도로 출구에 신경 쓴 나머지 끔찍한 사고가 발생할 뻔했다.

브라운은 2015년 7월에 구매한 모델 S에 테시Tessy라는 애칭을 지어 줄 정도로 애정을 가지고 차량의 센서와 소프트웨어 기능을 테스트했다. 이 사건으로 인해 테시가 측면 충돌 회피 기능도 있다는 것을 알게 되었다.

자율 주행의 단계별 정의는 현재 미국 자동차기술협회SAE가 규정한 5단계가 자주 인용된다. 레벨 0은 인간 운전자가 모든 운전 작업을 수행하는 수준이다. 레벨 1은 주행 환경 정보를 바탕으로 차량이 조향이나 가감속을 제어할 수 있으나, 사람의 제어가 필요해 시스템이 운전자를 보조하는 수준이다. 레벨 2에서는 가속 및 조향과 같은 자동화 기능이 결합되어 있지만, 인간은 여전히 운전을 모니터링하고 즉시 개입할 준비가 되어 있어야 한다. 시스템이 부분 자동화를 구현하는 수준으로, 현재 시판되는 대다수 차량의 자율 주행 기술이 이 단계에 있다.

GM의 슈퍼 크루즈Super Cruise는 고속도로에서 운전자가 운전대를 잡지 않아도 된다. 운전대에 위치한 카메라가 운전자가 주행 중 전방을 주시하고 있다는 것을 확인하면 자율 주행 기능은 지속된다. 전방 주시만 유지한다면 시스템이 가속, 감속, 차선 변경까지 대신해 주어 장거리 운전의 피로를 상당히 줄일 수 있다.

이처럼 고급 기능을 갖추고 있음에도 불구하고, 슈퍼 크루즈는 운전자의 주의가 필요하기 때문에 일반적으로 고급형 레벨 2로 간주된다. 업계 전문가들은 사람의 감독 없이는 운전 작업의 모든 측면을 처리할 수 없기 때문에 슈퍼 크루즈가 레벨 2와 레벨 3의 경계에 있지 않다고 판단한다. 테슬라 오토파일럿도 예외가 아니다.

레벨 3는 테슬라 FSD가 규제를 통과하면 가까운 미래에 도달하려는 목표로 예상되는 단계다. 레벨 3에서는 차량 시스템이 특정 조건에서 안전에 중요한 모든 기능을 관리할 수 있지만, 경고가 발생하면 운전자가 즉시 제어해야 한다. UN 규정에 따라, 운전자는 시스템이 요청하면 10초 내로 운전에 개입해야 한다.

레벨 3에서는 운전자가 최고 속도를 설정하면 차량이 스스로 추월도 가능하다. 이보다 발전한 레벨 4에서는 차량이 특정 조건에서 모든 주행 작업을 수행하고, 주변 환경을 모니터링할 수 있다. 이러한 고도 자동화 조건에서는 인간 운전자의 개입이 필요하지 않다.

현재 미국 샌프란시스코에서 GM 산하의 크루즈Cruise Automation가 쉐보레 볼트Bolt 기반의 레벨 4 시스템을 장착해 로보택시를 시범적으로 운영하고 있다. 크루즈는 2022년 12월 21일 샌프란시스코에 이어 피닉스, 오스틴에서도 로보택시 운영을 시작했다고 알렸다. 현재 업계의 로보택시는 매핑mapping된 지역에서만 운영되는데, 이는 카메라, 라이다, 레이더 등의 기존 센서만으로는 안정적으로 분석할 수 없는 주행 환경에 대한 자세한 정보가 필요하기 때문이다.

사진 6-3 죽스의 로보택시에는 운전석이 없고, 성인 4명이 마주 앉을 좌석만 있었다.
(미국 라스베이거스 컨벤션 센터 웨스트 홀, 2023)

테슬라 마스터 플랜

정확한 매핑은 자율 주행 시스템의 안전한 작동에 필수적이다. 도로 레이아웃, 교통 신호, 차선 표시와 같은 정적 요소는 다양한 주행 조건에서 차량의 정확한 내비게이션과 안전한 작동을 가능하게 한다. 이러한 기초 데이터는 자율 시스템이 주변 환경을 이해하고 변화를 예측하며, 상세한 정보에 입각한 안전 운전 결정을 내리는 데 도움이 된다.

크루즈의 자율 주행 시스템은 볼트 차량을 기반으로 하고 있어 여전히 운전대가 달려 있다. 하지만 레벨 5단계에서는 운전자, 운전대, 가속 장치, 감속 장치 등 전통적인 자동차의 하드웨어가 필요 없다. 아마존이 투자한 자율 주행 스타트업 죽스Zoox의 로보택시를 보면, 운전석이 없고 승객용 좌석만 있으며, 차량 전방과 후방에는 큰 라이다 센서가 눈에 띈다. 이는 죽스의 로보택시가 레벨 5를 지향하고 있음을 보여 준다.

그러나 레벨 5에 도달하기 위해서는 크루즈처럼 특정 지역을 넘어, 모든 조건에서 모든 주행 기능을 수행할 수 있어야 한다. 머스크는 2016년 4월 18일에 오토파일럿 덕분에 트럭과의 충돌을 피할 수 있다고 브라운의 영상을 홍보했다.[10] 이러한 행동은 레벨 2에 머무르는 오토파일럿을 레벨 4 이상 수준의 완전 자율 주행으로 오해할 여지를 준다. 지금도 일부 테슬라 구매자들은 오토파일럿의 경고음을 줄이는 방법에 몰두하고 있다.

오토파일럿으로 인한
첫 번째 사망 사고

2016년 5월 7일, 플로리다 도로에서 테시는 여느 때와 마찬가지로 오토 파일럿이 활성화된 상태였다. 맞은편 도로에서 대형 트랙터 트레일러tractor-trailer가 좌회전을 시도하고 있었다. 트레일러의 측면은 흰색이었고, 하늘도 청명했다. 테시의 카메라는 햇빛에 비친 흰색 트레일러 측면을 인지하기 어려웠다. 오토파일럿은 평소와 다르게 브레이크를 작동하지 않았고, 모델 S는 도로 밖으로 튕겨 나가서 심하게 파손되었다.[11] 브라운은 사고 당시 영화 《해리 포터》를 시청하고 있었고, 그가 사망한 후에도 차량에서는 영화 소리가 계속 들렸다.

2016년 6월 30일, 테슬라는 미국 도로교통안전국NHTSA이 오토파일럿의 성능을 조사하기 시작했다고 알렸다. 테슬라는 오토파일럿과 운전자 모두 밝은 하늘을 배경으로 한 트레일러의 흰색 측면을 인지하지 못해 브레이크가 작동하지 않았다고 발표했다. 그러면서 오토파일럿은 항상 운전대를 잡고, 언제든지 직접 제어할 준비가 되어 있어야 한다고 강조했다. 시스템은 운전자의 손이 핸들에 있는지 자주 확인하고, 손이 감지되지 않을 때 시각

테슬라 마스터 플랜

적 및 청각적 경고를 제공한다. 이후 손이 운전대에서 다시 감지될 때까지 점차 속도를 줄인다.

테슬라는 모델 S가 트레일러의 앞이나 뒤에서 충돌했다면, 다른 비슷한 사고에서 오토파일럿이 심각한 부상을 방지했을 가능성이 크다고 밝혔다. 이번 사고는 오토파일럿이 활성화된 상태로 약 1억 3천만 마일을 주행한 테슬라 차량 중 첫 번째 사망 사고였기 때문이다.

테슬라에 따르면 미국 전역의 모든 차량을 통틀어 9,400만 마일마다 한 건의 사망 사고가 발생한다.[12] 전 세계적으로는 대략 6,000만 마일마다 한 건의 사망 사고가 발생한다. 그러나 이번 사고로 무수한 언론이 오토파일 럿의 잠재적인 기술적 한계, 특히 특정 장애물을 감지하는 능력의 부족을 알렸다. 이는 오토파일럿이 안전에 도움이 된다는 통계가 가려질 수밖에 없었다는 의미다.

머스크를 밀착 취재한 저자나 기자들은 그가 공학적으로는 천재적이지 만, 타인의 고통을 공감하는 데는 둔감하다는 공통적인 반응을 보였다.[13] 그는 이번 사고가 오토파일럿의 잘못보다 사람의 오판으로 인해 발생했다 고 믿었다. 미국 언론은 머스크가 기술 발전과 통계적 안전 주장에 중점을 두는 것을 종종 지적했는데, 이는 때때로 개인의 비극에 둔감하게 느껴질 수 있기 때문이다. 이번 사고로 인해 그를 향한 비평가들의 비판도 더욱 거 세졌다.

2018년 4월에 공개된 향상된 오토파일럿Enhanced Autopilot은 모델 3에 탑재 됐고, 레버를 내리면 카메라가 주변 환경을 인지한 후 차선을 매끄럽게 변 경해 주었다. 테슬라 전기차 카메라는 인간과 달리 사각지대가 없었기에 안전성을 강화하는 셈이었다. 즉, 운전자 관점에서 부담스러운 동작을 시 스템이 안전하게 대신해 주는 수준까지 발전한 것이다.

8월에 공개된 오토파일럿 베타 버전은 운전자가 운전대에 손을 살짝 얹어 놓으면 내비게이션에 설정한 목적지까지 주행을 도왔다. 이 기능은 고속도로 진입로부터 진출로까지 차선 변경, 고속도로 출구를 포함하여 차량을 자동으로 안내했다. 향상된 오토파일럿은 오토파일럿의 모든 기능 외에도 인터체인지 및 느린 차량 추월을 포함하여 고속도로 진입로에서 진출로까지 자동 주행하고, 방향 지시등 요청 시 고속도로에서 인접한 차선으로 이동하는 기능이 추가되었다.

2024년 3월 기준 모델 S와 모델 X의 향상된 오토파일럿을 경험하고 놀랐던 점은 차선이 흐릿한 급격한 코너에서도 운전대가 스스로 조작하면서 매끄럽게 주행에 성공한 점이다. 향상된 오토파일럿은 미국에서 경험한 FSD 베타만큼은 아니지만, 상당히 발전해 장거리 운전 피로도를 확실히 감소시켰다. 차량의 하드웨어에 큰 변화는 없지만, 소프트웨어 수준은 매년 발전하고 있다는 것을 체감할 수 있었다.

테슬라의 오토파일럿을 사용하다 보면 시간이 흐를수록 핸들에서 손을 뗄 수 있는 방법을 고민하게 된다. 하지만 이 기술은 아직 완벽하지 않아 주의가 필요하다. 오토파일럿이 극복하지 못한 상황이 발생할 수 있기 때문이다. 특히 고속도로 합류 구간처럼 다양한 차량이 각기 다른 속도로 접근하는 불확실한 상황에서 시스템은 보수적인 안전 조치를 위해 갑자기 제동을 선택할 수 있다.

아무런 장애물이 없어도 합류 구간에서 브레이크가 작동하는 팬텀 브레이킹phantom braking 현상이 나타날 수 있다. 따라서 운전자는 예기치 않게 차량이 급제동하는 불쾌한 경험을 할 수 있다. 하지만 오토파일럿이 레벨 2라는 것을 인지하면 이보다 편리한 운전 보조 기능도 찾기 힘들다. 완전한 자율 주행이 아니기에 여전히 전방을 주시해야 하며, 테슬라는 브라운 사고 이후 운전자에게 더욱 엄격한 조치를 실행했다.

2024년 4월 기준으로 오토파일럿을 작동해 보면 일정 순간마다 핸들을 잡아 시스템에게 운전자가 주의를 기울이고 있음을 인지시켜야 한다. 예전보다 운전자 모니터링 경고 빈도가 많아졌다. 경고 후에도 운전자가 핸들을 잡지 않으면 시스템은 오토파일럿을 해제한다. 이는 오토파일럿의 자율 주행 수준이 여전히 2단계에 머물고 있음을 나타낸다. 레벨 3 이상의 자율 주행은 운전의 책임이 운전자에서 시스템으로 옮겨지기 때문에 완전 자율 주행이라 할 수 있다.

오토파일럿은 다른 경쟁사들과 마찬가지로 인간의 운전을 지원하는 수준의 ADAS로 분류된다. 그러나 미국에서 FSD를 체험해 보면 자동차가 복잡한 운전 환경을 탐색하고 자동 차선 변경, 자동 조종, 정지 신호 및 신호등 인식 등의 작업을 수행할 수 있다는 가능성을 체감할 수 있다. 물론 NHTSA가 2016년부터 따르기로 한 SAE 기준에 따르면, 5단계의 완전한 자율 주행을 목표로 하는 FSD도 여전히 2단계에 머물러 있다. 여전히 사람의 감독과 개입이 필요하기 때문이다.

엔비디아의 그늘에서
벗어나려는 테슬라

2016년 2월에는 애플 임원 출신 피터 배넌[Peter Bannon]이 테슬라에 합류하였다. 그는 머스크에게 자율 주행을 위한 맞춤형 칩 개발에 모든 비용을 지출할 의향이 있는지 물었다. 머스크는 테슬라가 승리할 수 있느냐고 반문했고, 배넌이 그렇다고 답변하자 곧바로 개발이 시작되었다.[14] 테슬라는 오토파일럿의 역량 강화를 위해 FSD 컴퓨터용 맞춤형 칩 개발을 시작했다. 18개월 동안 설계를 진행한 끝에 2017년 8월, 초기 설계를 완료하고 12월에 첫 시도를 했는데, 정상적으로 작동하기 시작했다.

2018년 4월에는 피드백을 반영한 개선된 칩을 출시하고, 7월 검증을 마친 후 12월부터 본격적인 생산을 시작했다. 새 칩을 직원 차량에 장착해 실제 주행 환경에서 테스트했으며, FSD 컴퓨터는 2019년부터 모델 S, 모델 X, 모델 3에 탑재되기 시작했다. 배넌은 소수의 직원과 함께 칩 개발을 시작해 세 차종에 장착하기까지 겨우 3년 정도가 걸렸다고 밝혔다. 그는 이를 두고 과거 여러 기술 개발 프로젝트 중 가장 빠른 속도라며, 테슬라의 조직과 기술 개발 역량의 수직 통합 덕분이라고 했다.

테슬라 마스터 플랜

배넌의 발언은 테슬라가 대부분의 부품을 자체적으로 제조하고, 중요 기술을 내부에서 개발하여 외부 공급 업체에 대한 의존도를 최소화하는 전략을 의미한다. 이는 대부분 외부 공급 업체와의 파트너십에 의존하는 전통적인 자동차 산업과 크게 다르다. 예를 들어, 많은 자동차 제조 업체가 엔비디아와 같은 외부 기업의 기술을 사용하는 것과 비교하면, 테슬라는 주요 기술을 직접 개발하여 자체적인 기술 혁신과 제품 통제를 강화한다.

2019년 4월 23일에 열린 테슬라 자율성의 날Tesla Autonomy Day에서 머스크는 엔비디아에 대해 발언하며, 엔비디아는 훌륭한 회사지만, 다양한 고객을 위해 일반화된 솔루션을 개발한다고 언급했다. 반면 테슬라는 자율 주행에만 집중하여 소프트웨어와 하드웨어의 조합이 엔비디아에 의존하는 회사들보다 뛰어나다고 강조했다. 배넌의 말처럼, 테슬라는 칩의 소비 전력을 100와트 이하로 유지하는 등 테슬라의 요구에 맞춰 설계할 수 있는 것이 경쟁력이다.

테슬라는 자사의 방식으로 FSD 컴퓨터의 신경망이 초당 최소 50조 번의 연산을 처리하도록 설계했다. 이를 통해 자율 주행 시스템이 복잡한 환경에서 빠르고 정확하게 반응할 수 있게 했다. 특히 차량의 모든 센서와 알고리즘을 하나의 칩에 통합하여 하드웨어의 복잡성을 줄이고 생산성을 높였다.

FSD 컴퓨터가 활성화되면 차량은 비디오카메라, GPS, 지도 데이터 등 다양한 입력 정보를 처리하고, 차량의 속도, 이동 방향, 조향 각도를 결합하여 벡터 스페이스Vector Space를 생성한다. 이는 차량의 컴퓨터 시스템에 의해 생성된 3차원의 세계다. 오토파일럿은 벡터 스페이스를 통해 경로를 결정하고, 차량은 이 경로를 따라 조향, 가속, 제동 명령을 구동기actuator에 전송한다.

오토파일럿은 규칙 기반 AI를 포함하지만, FSD는 머신 러닝을 활용하여 운전 결정을 내린다. 그래서 머스크는 테슬라가 단순한 전기차 제조사가 아니라 첨단 AI 기업이라고 강조한다. 2021년에 테슬라는 8분마다 새로운 모델이 탄생할 정도로 75,000개의 신경망 모델을 훈련시켰다. 이 중 가장 성능이 좋은 281개 모델을 선택해 OTA로 배포했다.

대형 클러스터와 같은 시스템은 기계 학습 및 딥 러닝 애플리케이션에 필요한 병렬 처리 작업을 처리하는 데 특히 효과적인 하드웨어로 엔비디아의 GPU로 구성되는 경우가 많다.[15]

2021년 6월 20일, 오픈AI 출신의 딥 러닝 및 컴퓨터 비전 전문가 안드레이 카파시Andrei Karpathy가 테슬라 오토파일럿 프로젝트를 주도하며 사내 슈퍼컴퓨터를 공개했다.[16] 이를 통해 테슬라가 엔비디아의 A100 텐서 코어 GPUTensor Core GPU를 사용한다는 것이 알려졌다.

당시 테슬라 슈퍼컴퓨터의 연산 성능은 약 1.8 엑사플롭스로, 세계에서 다섯 번째로 강력한 슈퍼컴퓨터라고 카파시는 주장했다. 플롭Flops은 초당 부동 소수점 연산을 뜻하며 광범위한 수학적 계산이 필요한 분야에서 컴퓨터 성능을 측정하는 척도다. 엑사플롭스ExaFLOPs는 극도로 높은 연산 처리 능력을 뜻하는 단어로 컴퓨터가 초당 100경 번(10^{18})의 연산을 수행할 수 있는 능력을 의미한다. 2024년 1분기에 테슬라는 컴퓨팅 트레이닝에 10억 달러를 지출하며 컴퓨팅 용량을 두 배로 늘렸다. 테슬라는 올해 A100 텐서 코어보다 성능이 더 높은 H100을 대량 구매한 것으로 알려졌다. H100은 2022년 5월을 기준으로 특정 AI 훈련 작업에서 A100보다 최대 9배 빠르고, AI 추론 속도는 최대 30배 빠르다.

2024년 4월 말, 머스크는 테슬라가 올해 AI 학습에 약 100억 달러를 투자할 것이며, 이는 주로 자동차 분야에 해당한다고 밝혔다. 이는 테슬라의 슈퍼컴퓨터 성능이 3년 만에 크게 성장했음을 보여 준다. 그는 올해 말까지 H100의 수를 35,000개에서 85,000개로 늘릴 계획이라고도 말했다. 이는 도조 칩과 통합해 슈퍼컴퓨터 성능을 강화하려는 계획의 일환으로, 다른 자동차 업계에서는 상상하기 어려운 기술과 인프라를 구축하고 있음을 의미한다.

테슬라는 GPU를 오토파일럿과 FSD 기능을 향상시키기 위해 심층 신경망을 훈련하는 데 사용하고 있다. 엔비디아의 GPU를 채택한 이유는 차량에서 수집한 광범위한 데이터를 처리하고 자율 주행 기능에 필요한 복잡한 알고리즘을 실행하는 데 필요한 상당한 컴퓨팅 성능을 제공하기 때문이다.[17]

테슬라와의 협력으로 엔비디아는 대용량 데이터와 복잡한 계산을 효율적으로 처리할 수 있는 기능을 제공해 신경망 훈련을 발전시키는 데 중요한 역할을 했다. 엔비디아의 GPU 제조 기술은 자율 주행 기술의 신속한 개발 및 개선에 필수적이다.

GPU는 AI와 심층 신경망을 활용해 데이터에서 패턴을 학습하는 딥 러닝 연산에 최적화되어 있다. AI 산업이 폭발적으로 성장하면서 엔비디아는 GPU 시장의 약 80%를 장악했다. 이는 인텔의 범용 중앙 처리 장치Central Processing Unit, CPU와 달리, AI 연산에 매우 효율적인 특수한 수학 처리를 할 수 있도록 설계되었기 때문이다.

GPU는 동시에 많은 연산을 처리할 수 있는 병렬 처리 능력이 있다. 이는 모든 컴퓨팅 장치의 두뇌 임무를 수행하는 CPU보다 신경망 훈련과 같은 작업에 이상적이다. 테슬라 역시 초기에는 엔비디아의 GPU 기반 하드웨어를 자율 주행 기술에 사용했지만, 2019년부터는 자체 설계한 FSD 칩으로 전환했다.[18] 이는 레벨 4, 레벨 5를 목표로 하는 과정에서 전기차의 전력 소비, 신경망 처리 능력 및 비용 효율성 문제가 발생할 것이기 때문이다. 이러한 측면에 머스크는 더 잘 맞는 최적화를 달성하고자 했을 것이다.

머스크의 경영 철학을 분석해 보면, 독자 개발로의 전환은 테슬라가 자율 주행 시스템의 모든 측면을 직접 제어하려는 의지를 보여 준다. 테슬라는 오토파일럿 및 FSD 기능을 위한 신경망 훈련에 고성능 컴퓨팅이 필요해 엔비디아의 GPU를 사용했지만, FSD를 위한 자체 칩과 도조 같은 슈퍼컴퓨터 개발은 테슬라의 자립 및 맞춤형 하드웨어로의 전략적 전환을 시사한다.

라이다 진영은
망할 것이다

독일에서 신형 모델 3를 자세히 관찰하면서 가장 먼저 눈에 띈 것은 물리적 레버와 버튼이 기존보다 더 줄어든 점이었다. 또한, 경쟁사들처럼 자율 주행을 위한 라이다나 레이더 센서도 없다. 이를 통해 머스크의 자율 주행 철학을 이해할 수 있었다. 테슬라의 카메라 기반 시스템에 대한 자신감은 복잡한 운전 환경을 해석하고 탐색하는 소프트웨어의 능력에 대한 머스크의 믿음을 강조한다.

전통적인 자동차 회사들은 자율 기능을 위해 다양한 센서와 하드웨어를 통합하는 데 중점을 둔다. 반면, 테슬라는 소프트웨어와 최소한의 디자인을 강조한다. 이러한 대조는 로보택시 기술의 미래에 대한 서로 다른 비전을 보여 준다. 전통적인 경영 방식과 머스크의 혁신적인 경영 및 디자인 철학 간의 이러한 차이점은 테슬라의 미래 전략과 시장에서의 위치를 더 깊이 이해하는 데 도움이 된다.

2023년 2분기 파이낸셜 결과 발표에서 머스크는 로보택시가 혁명적이라고 강조했다.[19] 그는 로보택시가 역대 차량 중 가장 혁신적인 디자인을 채

택할 것이며, 시간당 생산량이 가장 높을 것이라고 예상했다. 인베스터 데이에서 언급된 제조의 미래에 관한 단서인 언박스드^{unboxed} 방식과 레벨 5를 지향하는 조향 장치와 가속, 감속 장치를 제거함으로써 차량의 구조가 단순화될 것이다. 이는 생산 공정의 속도를 높이고, 제조 비용을 절감할 수 있는 잠재력을 제공할 수 있음을 보여 준다.

신형 모델 3보다 간소화될 것으로 예상되는 테슬라 로보택시의 설계는 대량 생산에 유리하며, 로보택시의 고유한 기능에 집중할 수 있게 해 줄 것이다. 로보택시가 실제 도로에서 자율 주행을 성공적으로 수행하기 위해서는 FSD 기술의 안정성과 신뢰성이 핵심적이다. 이를 위해 높은 수준의 AI와 기계 학습 능력, 지속적인 소프트웨어 업데이트와 개선이 필요하다.

그러나 레벨 3 이상의 자율 주행을 목표로 하는 대부분의 테슬라 경쟁사들은 여전히 라이다 센서를 탑재한다. 레벨 3 수준에서는 특정 조건에서 차량이 스스로 모든 운전 작업을 수행할 수 있지만, 운전자는 시스템이 위급한 상황을 알리면 즉시 개입해야 하므로 차량에서 잠을 잘 수 없다.

2019년 4월 23일, 머스크는 테슬라 자율성의 날에서 라이다를 탑재하는 것은 어리석은 짓이며, 라이다에 의존하는 사람들은 망할 것이라고 공개적으로 비판했다.[20] 이러한 예상은 2022년에 현실이 되었다. 애플이 전기차 시장에서 승부를 보겠다고 판단했을 때, 무려 5,000명의 직원이 테슬라의 아성에 도전했다.[21] 그러나 2024년 초에 애플은 자율 주행 목표를 레벨 4에서 레벨 2 플러스로 하향 조정했다.[22] 이후 2월, 미국 언론들은 애플이 프로젝트 타이탄Project Titan을 취소했다고 보도해 업계에 충격을 주었다.

레이더Radar는 물체에 반사되는 전자기파를 방출하여 차량의 거리, 속도 및 각도를 결정한다. 이 기능은 레벨 3 이상의 자율 주행에서 필수적인 센서로, 비, 안개, 눈 등 다양한 기상 조건에서도 뛰어난 성능을 발휘하며 최대 수백 미터 거리에 있는 물체를 고속에서도 감지하고 추적할 수 있다.

그렇기에 모델 S에는 전방 레이더와 전방, 측면, 후방에 있는 8개의 카메라와 12개의 초음파 센서Ultrasonic Sensors, USS가 전방과 후방 범퍼에 장착돼 있었다.[23] USS는 주로 차량 주변의 장애물을 감지하고 주차와 저속 주행 시 공간 인식을 돕는다. 이처럼 테슬라는 카메라, 레이더, 초음파 센서의 조합을 통해 자율 주행 시대를 준비했다. 머스크는 비전 시스템이 손상될 수 있

사진 6-5 웨이모의 로보택시 지붕에 거대한 라이다가 장착된 것이 인상적이다.
(미국 라스베이거스 컨벤션 센터 2023)

테슬라 마스터 플랜

는 악천후나 저조도 상황에서 카메라 입력을 보완하는 레이더의 능력을 높이 평가했다.

그러나 시간이 지나면서 카메라 기반 비전 시스템의 장기적인 잠재력을 더 강조했다. 이는 인간의 시각 및 인지 기능을 모방한 비전 처리가 자율 주행에 더 효과적일 것이라는 믿음 때문이다. 그는 정교한 신경망으로 보완된 카메라가 인간의 눈과 뇌처럼 환경을 해석할 수 있다면, 레이더나 라이다 시스템보다 우수할 것이라고 주장했다.

2021년 4월 10일에는 FSD 베타 버전 9의 출시 준비가 거의 끝났다면서 레이더 없이 비전 기술로 이상한 코너 케이스weird corner cases와 나쁜 날씨에서도 좋은 성능을 보여 주었다고 발표했다.[24] 향후 레이더를 장착할 의향이 있냐는 질문에 제거할 거라고 답변했다. 코너 케이스는 시스템이 비정상적이거나 극단적인 예외 상황을 의미한다. 자율 주행 맥락에서는 비정상적인 도로 표시, 여러 보행자, 예측할 수 없이 움직이는 자전거 타는 사람 등 복잡하고 드문 시각적 패턴의 상황을 말한다.

테슬라는 2021년 5월에 레이더를 제거하고 카메라 비전 및 신경망 처리에 의존하는 최초의 전기차인 모델 3 및 모델 Y의 배송을 시작했다. 같은 해 하반기, 테슬라는 약 2,000대의 차량에 FSD 베타 소프트웨어를 탑재했고, 2022년 10월 1일에는 2차 AI 데이에서 이 소프트웨어를 16만 명의 고객에게 배포했다고 밝혔다.

당시 미국과 캐나다에서 선별된 고객들은 FSD 베타 프로그램에 참여해 차량이 도로를 탐색하고, 보행자 및 기타 장애물에 직관적으로 반응할 수 있는 베타 소프트웨어를 사용할 수 있었다. 2022년 2월에는 북미 시장에 출시하는 모델 S와 모델 X에도 같은 조치를 했다.[25] 현재 전 세계 대부분의 테슬라 전기차는 카메라 기반 오토파일럿 시스템인 테슬라 비전에 의존하고 있다.

테슬라는 비전만 탑재된 모델 3와 모델 Y가 레이더 장착 차량과 비교해 미국과 유럽에서의 능동 안전 등급을 유지하거나 개선했으며, 보행자 자동 긴급 제동[AEB]에서도 더 나은 성능을 보였다고 발표했다.

능동 안전 시스템은 운전자가 제어력을 유지하고 충돌을 피할 수 있도록 설계된 차량의 시스템이다. 여기에는 자동 비상 제동, 차선 이탈 경고, 전자 안정성 제어 등이 포함될 수 있다.

테슬라의 전기차는 라이다나 레이더 같은 센서를 늘리는 대신, 8대의 카메라와 강력한 신경망 처리 기능에 의존한다. 카메라가 취득한 비디오에는 원시 카메라 데이터[Raw camera data]부터 실시간 객체 식별, 자율 주행이 환경 내에서 탐색하는 데 사용하는 최종 360도 외부 세계의 표현까지 여러 가지 시각화 정보가 담겨 있다.

이미지 인식은 신경망의 고전적인 응용 프로그램이다. 프로그래머는 대규모 이미지 데이터베이스를 구축한 다음 역전파[Backpropagation]라는 기술을 사용하여 네트워크가 이미지를 정확하게 분류하도록 훈련한다. 역전파는 반복적인 최적화를 통해 오류를 줄이는 기계 학습의 초석 기술이다.

2016년 2월, 테슬라는 자사의 자율 주행 컴퓨터용 맞춤형 칩 작업을 시작했다. 2018년에는 직원 차량에 컴퓨터를 장착해 실제 환경에서 테스트를 시작했고, 이 컴퓨터는 2019년에 출시된 새로운 모델 S, X, 3에 배치했다.

테슬라는 자율 주행이 활성화되면 비디오카메라, GPS, 지도 데이터 등 다양한 입력 정보를 처리하고, 차량의 속도, 이동 방향, 핸들 각도와 결합한다. 자율 주행 컴퓨터는 이 데이터를 사용해 3차원 세계의 표현인 벡터 스페이스를 생성한다. 자율 주행은 벡터 스페이스를 통해 궤적을 결정하고, 차량의 작동기에 조향, 가속 및 제동 명령을 보낸다.

그러나 테슬라는 여기서 멈추지 않고 FSD 버전 12[FSD V12]부터 종단간 AI[End-to-End AI, E2E AI] 전략을 적용했다. 왜 이렇게 급진적인 전환이 일어났을까?

미완성의 FSD가
최대 변수

테슬라는 거대한 신경망을 훈련하기 위해 2022년 1월부터 9월까지 훈련 인프라를 약 40~50% 확장했다. 그 결과 당시 미국 내 여러 훈련 클러스터에 걸쳐 약 14,000개의 GPU를 보유하게 되었다.

2023년에는 모든 모델 S 및 모델 X에서 USS마저 제거하며 테슬라 비전의 다음 단계를 밟았다. USS를 제거함과 동시에 USS에 의해 생성된 입력 과정을 대체하기 위해 비전 기반 점유 네트워크occupancy network를 출시했다. 인베스터 데이에서 공개된 점유 네트워크의 예시 출력에서는 장애물의 위치와 움직임을 원활히 예측하는 능력을 확인할 수 있었다. 예를 들어, 테슬라 차량 전방에 주행하는 트럭의 변덕스럽고 격렬한 움직임을 점유 네트워크가 정확하게 포착해 충돌을 피하도록 돕는 모습이 인상적이었다.

이러한 전환은 테슬라가 더 향상된 카메라와 AI를 사용하여 차량 주변 환경을 인식하고 이해하는 데 중점을 두고 있음을 보여 준다. 점유 네트워크는 오토파일럿에 고화질 공간 위치, 더 긴 범위 시야, 물체 식별 및 구분 능력을 제공했다. 신경망의 작동 원리를 고려할 때, 테슬라의 점유 네트워크는 시간이 지남에 따라 빠르게 개선될 것이다. 이러한 기능은 전기차에 국한되지 않고 테슬라가 꿈꾸는 휴머노이드 로봇에도 적용될 것이다.

머스크가 라이다와 레이더가 불필요하다고 주장한 핵심 이유는 인간이 운전할 때 주변 환경을 인지하는 것처럼 차량의 카메라 두 개로 얻은 데이터만 활용해야 한다는 것이다. 이 결과 카메라만으로 인식한 환경을 AI 신경망이 신속하게 처리하는 자율 주행 시스템인 FSD가 등장했다. FSD는 완전 자율 주행에 도달하지는 않았지만, 테슬라의 AI는 이미 라이다와 레이더 없이도 안정적인 운전이 가능할 정도로 발전했다. 이러한 진보는 기존 센서 제조 업체들에 도전 과제를 제기하며, 자율 주행 기술 경쟁에서 테슬라를 선두에 서게 했다.

테슬라가 2022년에 공개한 테슬라 FSD 컴퓨터는 하드웨어 3.0에 탑재된 것으로 알려졌다. 오른편에는 파란색, 빨간색, 하얀색, 검은색 등 카메라에서 수집한 영상 데이터를 처리하는 커넥터들이 보였다. 중앙에는 2개의 자율 주행 컴퓨터가 있다. 커넥터를 통해 축적한 데이터를 이들 컴퓨터가 처리하는 것이다. 시스템 온 칩System on a Chip, SoC을 장착한 FSD 컴퓨터는 2대의 독립적인 컴퓨터로 머스크는 이를 두고 한쪽이 고장이 발생해도 전기차는 주행이 가능하다면서 FSD 컴퓨터가 고장이 발생할 확률은 누군가 의식을 잃을 확률보다 훨씬 더 낮다고 주장했다.[26]

왼편에는 전원 공급 장치와 데이터 전송을 관리하고 제어하는 통신 채널control connection 장치 등이 있다. 배넌은 이러한 FSD 컴퓨터 구조에 대해, 비디오, 컴퓨터, 전원 관련 부품이 직관적으로 간단하고 깔끔하게 배치된 것을 좋아한다고 했다.

FSD 컴퓨터는 테슬라 전기차의 글로브 박스와 방화벽Firewall에 위치하고 있다. 경쟁 업체의 자율 주행 컴퓨터가 트렁크 절반을 차지할 정도로 큰 것을 감안하면, 테슬라의 컴퓨터는 매우 작지만 뛰어난 성능을 자랑한다.

사진 6-6 2022년에 공개한 테슬라 FSD 컴퓨터는 전기차에 탑재되어 두뇌 역할을 한다.
(미국 피터슨 자동차 박물관, 2024)

이때만 해도 두 대의 FSD 컴퓨터는 독립적으로 모든 비디오 정보를 분석하고 처리했다. 여기에는 레이다, GPS, 지도, IMU 센서, 초음파 센서, 휠 속도 센서 데이터, 조향각 센서, 가속 및 감속 데이터가 포함된다. 이러한 다양한 정보를 두 대의 FSD 컴퓨터가 얼마나 정확하고 신속하게 처리하느냐에 따라 자율 주행 수준이 고도화된다. 양쪽 컴퓨터가 분석한 도로 상황에 대한 결괏값이 동일할 때 비로소 차량이 움직인다.

그런데 테슬라는 최근 들어 이러한 방식을 포기했다. 레이더 사용을 중단하고 신경망 처리와 결합한 카메라 비전 기반 시스템만 남겨두고, 레이다와 초음파 등 중요한 센서를 제거한 것이다.

테슬라의 오토파일럿 및 FSD 시스템 개발에는 V11까지 약 30만 줄의 C++ 코드가 사용되었다. 그러나 FSD V12부터는 뉴럴 네트워크로 대체되었다. 이는 전통적인 코드 작성 방식에서 벗어나려는 테슬라의 전략적 변화다. 즉, AI에 인간의 운전 방식을 분석한 규칙을 제공하지 않기로 한 것이다.

믿을 것은
오로지 AI

테슬라의 오토파일럿, 향상된 오토파일럿, FSD 베타를 모두 경험한 결과 가장 놀라운 점은, 일상적인 주행 환경에서 오직 카메라 비전만을 사용하는 테슬라 차량이 라이다, 레이더 등 세 가지 종류의 센서를 사용하는 경쟁사 차량보다 더 매끄러운 주행을 실현했다는 사실이다. 특히 FSD 베타는 오토파일럿과 비교할 수 없는 수준의 긴 자율 주행을 가능하게 했다. 어떤 과정으로 발전했을까?

레벨 5는 완전 자동화 수준이며 모든 운전 조건에서 운전자 개입 없이 차량이 스스로 운전을 제어한다. FSD 베타가 이 정도 수준까지 발전해야 진정한 자율 주행차라고 정의할 수 있다. 테슬라가 레벨 5를 향해 도전하면서 어떤 난관을 맞이했을까?

2014년에 엔지니어로 입사해 테슬라의 자율 주행 개발을 주도한 인도 출신의 아쇼크 엘루스와미Ashok Elluswamy는 2019년 5월부터 오토파일럿 소프트웨어 책임자로 승진해 근무 중이다. 그는 인베스터 데이에서 차선 연결과 같은 작업을 컴퓨터 비전의 기존 방법으로 모델링하는 것이 더 복잡하다고 말했다.

그래서 테슬라는 컴퓨터 비전 기술에서 멈추지 않고 언어 모델링, 강화 학습 같은 다른 분야의 기술을 활용해 이 작업을 모델링하기로 했다. 즉, 입력부터 출력까지 모두 신경망으로 처리하는 자율 주행을 추구한다는 것이다. 엘루스와미에 따르면 테슬라는 취약했던 후처리 단계를 제거하여 계획 시스템에서 높은 품질의 결과물을 도출했다고 한다.

라벨링labeling은 자율 주행 시스템에서 중요한 과정으로, 수집된 데이터에 의미 있는 태그나 설명을 추가하는 작업이다. 예를 들어, 도로 이미지에서 신호등, 차량, 보행자 등을 구분해 표시하는 것이다. 이 과정을 통해 FSD 시스템은 다양한 시나리오를 인식하고, 올바르게 반응하는 방법을 학습한다. 사람의 라벨링 작업은 데이터의 정확성을 보장하고, 훈련 데이터의 질을 높이는 데 필수적이다.

그러나 자율 주행 차량의 기술처럼 높은 정밀도가 필요한 작업에서 사람의 라벨링에는 몇 가지 단점이 있다. 첫째, 비용과 시간 소모가 크다. 수동 라벨링에는 상당한 인력이 필요해 비용이 많이 들며, 대규모 데이터 세트의 수동 라벨링은 시간이 오래 걸려 기계 학습 프로젝트의 진행이 지연될 수 있다.[27] 둘째, 높은 정확성을 기대할 수 있지만 결국 사람이 하기 때문에 오류가 발생할 수 있다. 피로 상태에서 잘못된 해석을 하게 되면 일관되지 않은 라벨링이 AI 학습에 혼선을 줄 수 있다. 셋째, 점점 더 커지는 데이터 세트의 요구를 충족하기 위해 사람이 라벨링 작업을 확장하는 것은 물리적으로 어려울 수 있다. 비싸고 구하기 힘든 GPU를 사용하는 자동화된 도구는 방대한 양의 데이터를 사람보다 훨씬 빠르게 처리할 수 있기 때문이다.

따라서 엘루스와미가 왜 테슬라의 기존 계획 시스템이 점점 더 많은 AI 시스템을 사용하기 시작했는지 이해할 수 있다. 특히 복잡한 도시 환경에서 FSD를 위해 테슬라 차량과 상호작용을 하는 많은 다른 객체들이 있을 때, 신경망 기반의 알고리즘이 필요할 것이다. 예를 들어, 전기차가 좌회전 해야 하는 교차로에서 보행자들과 대기하는 차량들을 모두 인식하고, 여러 변수를 고려해 최적의 안전 주행 경로를 결정해야 한다.

엘루스와미의 발언에 따르면, 교차로에서 각 상황을 10밀리초 동안 수천 가지 시나리오로 분석해야 하며, 이는 전통적인 컴퓨팅 방식으로는 처리하기 어렵다. 테슬라는 AI를 사용해 이러한 모든 것을 50밀리초 이내에 실시간으로 계산할 수 있도록 만들었다.

엘루스와미의 표현처럼 테슬라는 차량군의 피드에 접근하고 문제를 해결할 데이터를 수집하는 능력에서 독특한 이점을 가진다. 그러나 온전한 자율 주행을 위해서는 원시 데이터만으로는 충분하지 않다. 이러한 네트워크들을 훈련시키기 위해서는 라벨이 달린 데이터가 필요하다. 엘루스와미는 테슬라가 인간 라벨러에만 의존한다면 멀티 카메라 비디오 모듈을 훈련시키기에는 데이터양이 부족할 것이라고 지적했다. 테슬라는 이 네트워크들을 훈련시키기 위해 엄청난 양의 데이터가 필요하기 때문이다.

따라서 테슬라는 차량 군으로부터 데이터를 수집하고, 자체 데이터 센터에서 계산 알고리즘을 실행하여 네트워크들을 훈련시키는 라벨을 생성하는 복잡한 자동 라벨링 파이프라인을 구축했다.

현재 세계 각국에서 주행 중인 테슬라 전기차에는 지형지물을 인식하는 카메라들이 부착되어 있다. 이들 카메라로부터 얻은 정보는 자율 주행과 관련된 AI 모델을 훈련하는 데 중요한 역할을 한다. 다양한 차량에서 수집한 클립들을 모아 테슬라 차량 주변의 세계를 단일 통합 표현으로 만드는 3D 재구성이 이루어진다. 테슬라는 인베스터 데이에서 이 알고리즘을 통해 도로의 모든 차선, 경계, 인도, 횡단보도, 심지어 도로 위의 텍스트까지 정확하게 재구성되는 모습을 선보였다.

그렇다면 테슬라는 차량의 다양한 센서와 카메라에서 수집된 데이터를

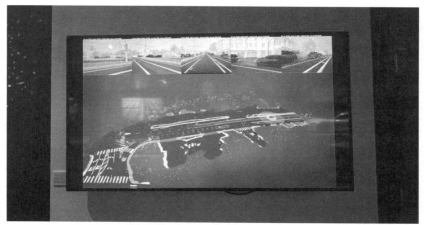

활용하여 실제 세계를 기본적으로 재구성할 것이다. 이 기본 모델에는 다양한 주행 환경에서 촬영한 도로와 교통의 세부 정보가 포함된다. 이러한 기본 재구성이 완료되면, 이를 기반으로 추가 시뮬레이션을 구축할 수 있다. 이러한 시뮬레이션은 현실 세계에서 접할 수 있는 것보다 훨씬 더 다양한 운전 시나리오를 생성할 수 있도록 설계된다.

테슬라 엔지니어는 운전자가 거의 직면하지 않는 까다로운 조건을 만들 수 있다. 여기에는 악천후, 다양한 조명 조건, 다른 도로 사용자의 예측할 수 없는 움직임 등이 포함된다. 테슬라가 이러한 시뮬레이션을 조성하는 목표는 드물거나 자연적으로 접하기 어려운 상황을 포함하여 가능한 모든 상황을 처리할 수 있는 자율 주행 시스템을 준비하는 것이다.

이처럼 FSD 컴퓨터는 다양한 환경에서 시스템을 훈련함으로써 현실 세계에서 정확하고 안전하게 대응하는 방법을 배울 수 있다.

테슬라가 자율 주행에 실패하면
다른 기업은 더 힘들다

테슬라의 자율 주행 기술이 발전하기 위해서는 컴퓨팅 파워가 매우 중요하다. 이는 대형 모델을 빠르게 훈련시키기 위해 많은 계산 능력이 필요하기 때문이다. 인베스터 데이 발표에 따르면, 테슬라는 14,000개의 GPU 클러스터 중 30%를 AI를 사용한 자동 라벨링에 활용하고 있다. 나머지 70%의 GPU는 자율 주행 데이터를 처리하고 모델 매개 변수를 지속적으로 조정하는 작업에 사용된다. 인간이 라벨링 작업을 하는 대신 AI가 스스로 라벨링을 수행할 수 있도록 해야 한다.

전통적인 자율 주행 시스템에서는 여러 단계의 데이터 처리가 필요했으며, 이 과정에서 오류나 지연이 발생할 수 있었다. 테슬라는 원시 데이터를 분석 및 모델 교육에 더 적합한 형식으로 변환하는 작업과 같은 복잡한 후처리 과정을 최소화하거나 제거하여 실시간으로 데이터를 효율적으로 처리하는 시스템을 개발한 것으로 보인다.

엘루스와미의 발언을 종합해 보면, 테슬라는 인간의 지시를 대폭 축소하고 자율 주행 학습의 대부분을 AI가 수행하도록 하여 레벨 5 수준의 자율 주행을 목표로 하고 있다. 테슬라의 이러한 행보는 경쟁사에게 큰 위협이자 중요한 의미를 지닌다(조조의 등장 이유를 함께 살펴보면, 테슬라의 전략을 더욱 잘 이해할 수 있을 것이다).

테슬라 수준의 자율 주행 개발이 얼마나 어려운 도전인지를 이해하려면, 경제, 과학, 기술 등 여러 분야에서 유럽을 이끄는 독일의 대표 기업들을 살펴보면 된다. 특히 폭스바겐은 독일 제조업의 자존심이자 경제의 상징이다. 그렇다면 독일 기업이 과연 테슬라 수준의 AI 인프라를 구축할 수 있을까?

자율 주행 도전에 뛰어든 세계적인 기업들이 연이어 개발 포기를 선언했다. 2022년, 한때 자율 주행 글로벌 3위 업체였던 아르고 AI^Argo AI가 레벨 4 이상의 자율 주행을 포기하면서 폐업을 결정했다. 독일의 라이다 센서 공급 업체인 이베오 오토모티브 시스템즈^Ibeo Automotive Systems도 파산 신청을 해 업계에 충격을 주었다.

2023년 1월 CES에서 폭스바겐 관계자와 인터뷰했을 때만 해도 자율 주행 개발에 자신감을 보였다.[28] 당시 약 300명의 소프트웨어 전문가들이 폭스바겐의 실리콘 밸리와 시애틀 지사에 모여 두 손을 놓고 자유를 누릴 수 있는 자율 주행(최소 레벨 3)을 선보이기 위해 노력 중이었다. 그러나 그해 10월 IAA 행사장에서 만난 폭스바겐 관계자는 최근 트리니티 프로젝트를 중단하면서 자율 주행 개발 속도를 늦추기로 했다고 밝혔다.

FSD를 미국과 한국에서 경험해 보면 품질의 차이를 느낄 수 있다. FSD의 효율성은 고품질의 상세한 매핑 데이터에 크게 좌우된다. 테슬라는 미국에서 광범위한 매핑 범위와 데이터를 보유하고 있지만, 한국과 같은 다른 국가에서는 그만큼 관련 데이터를 확보하지 못한 상황일 수 있다.

신경망 기술의 특성상 미국과 다른 한국의 도로 설계, 표지판 및 교통 행동의 차이는 FSD의 성능에 영향을 미칠 수 있다. 이 기술은 미국 조건에 맞게 최적화되어 있어 운전 환경이 다른 장소에서 성능이 저하될 수 있다.

FSD를 지원하는 머신 러닝 모델은 주로 미국에서 많이 사용되는 데이터를 기반으로 훈련된다. 반대로 생각해 보면, FSD의 참모습을 체험하기 어려운 많은 한국인이 테슬라를 우습게 판단할 수 있다. 인베스터 데이를 기준으로 테슬라는 미국과 캐나다 고객에게 FSD 베타 소프트웨어를 배포했고, 약 40만 명의 운전자로부터 양질의 데이터를 실시간으로 취득하고 있다. 여전히 인간의 개입이 필요하지만, FSD 베타는 회전, 정지 신호, 다른 물체를 인지해 양보할 수 있으며 AI가 목적지까지의 운전을 상당 부분 대신할 수 있다.

그 결과 미국 운전자의 평균 사고율이 50만 마일당 1건인데 반해, FSD 베타는 320만 마일당 1건을 기록하면서 5~6배 더 안전하다는 것을 증명했다. 테슬라는 확장할 수 있는 완전 자율 주행 시스템을 개발하기 위해 AI, 데이터, 컴퓨팅 성능을 통합하고, 동시에 차량 사용량이 늘어나면서 도로 안전이 향상될 수 있다고 판단한다.

테슬라는 마일당 사고가 더 적다고 주장하지만, 운전자 행동 및 도로 상태와 같은 다른 요소가 중요한 역할을 한다는 것을 간과하면 안 된다. 즉, FSD가 반드시 안전에 직접적으로 연관되는 것은 아니라는 점에 유의하며 관련 기술의 현황을 객관적으로 분석하는 것이 중요하다.

FSD가 레벨 3 이상으로 발전하기 위해서는 여전히 안전과 신뢰성을 보장하기 위한 규제 승인 및 기술 검증의 구속을 받고 있다. 이 문제를 해결하면 테슬라 홀로 카메라 비전 기술로 진정한 자율 주행 시대를 이끌 수 있을 것이다.

그러나 현재 12번째 업데이트를 했음에도 불구하고 얼리어답터가 아닌 대중에게 인정받는 수준까지 발전하지 못하면, 비난을 피하기 어려울 것이다. 그래서 많은 사람이 2024년 하반기에 테슬라 로보택시 행사를 기대하고 있다.

테슬라 마스터 플랜

중국 전기차 시장의 부상과
글로벌 자동차 업계의 도전

2000년대 초반부터 최근까지 베이징, 선양, 상하이, 선전 등 중국의 주요 대도시를 방문하며 도로 풍경이 크게 변한 것을 실감할 수 있었다. 예전에는 폭스바겐 택시가 매우 많았지만, 이제는 그 자리를 테슬라와 BYD가 차지하고 있다. 중국인들의 전기차 구매가 폭발적으로 증가했기 때문이다. 반면, 중국인들은 테슬라와 BYD 등 전기차 구매가 폭발적으로 증가했다. 중국 내연 기관 시장에서 40년간 1위를 차지했던 외국 자동차 제조 업체들은 중국 전기차 제조사의 활약과 정부 정책으로 인해 판매가 둔화되고 시장 점유율이 감소하며, 성능 면에서도 중국산 전기차보다 좋지 않다는 평가를 받고 있다. 도이체 벨레의 보도 내용을 기반으로 중국에서 겪은 산업 변화를 조사해 보았다.[29]

중국 공산당은 문화 대혁명 이후 경제 발전과 대륙의 이동성을 높이기 위해 대중교통 활성화를 필요로 했다. 1978년에 중국 산업부 장관이 이끄는 대표단이 예고 없이 독일 볼프스부르크에 있는 폭스바겐 본사를 방문했다. 당시 가난했던 중국은 1980년대 경제 성장으로 개인 소득이 증가하면서 자가용 시장의 가능성을 보았다. 이를 눈여겨본 독일은 1984년에 헬무트 콜Helmut Kohl 총리가 상하이 폭스바겐 자동차 회사의 합작 벤처 기공식을 위해 중국을 방문하며 본격적으로 중국을 공략했다. 당시 미국 크라이슬러의 자동차 브랜드 지프가 중국 시장 공략에 실패한 것이 독일 경제에는 천운으로 작용했다.

폭스바겐 이후 일본의 토요타, 닛산, 미국의 GM, 포드 등 다른 외국 기업들도 중국에 진출했지만, 폭스바겐, BMW, 벤츠 등 독일 기업들만큼 성공하지 못했다. 2000년대 초까지 폭스바겐은 중국 승용차 시장의 50%라는 엄청난 점유율을 유지했다.

폭스바겐 그룹이 중국 자동차 시장을 빠르게 공략할 수 있었던 비결 중 하나는 MQB 플랫폼과 같은 제조 기술 덕분이다. 폭스바겐은 여러 공통된 모델이 공통 하나의 플랫폼을 공유하도록 함으로써 생산 효율성을 크게 향상했다. 이러한 접근 방식으로 부품 표준화를 가능하게 하여 비용 절감과 중국인들이 좋아했던 아우디의 고급 차량까지 다양한 제품을 더 빠르게 출시할 수 있었다.

그러나 2015년에 폭스바겐은 디젤 게이트로 전 세계의 비난을 받았다. 폭스바겐은 소프트웨어를 사용해 배출 가스 검사를 조작하여 규제를 준수하는 것처럼 속였지만, 실제 주행에서는 허용 배출량을 초과했다. 이로 인해 리콜 요청이 쇄도하고 막대한 벌금이 부과된 데다가, 그동안 쌓아온 기업에 대한 신뢰를 잃었다.

이러한 상황에서 독일 자동차 업계 전문가 페르디난트 두덴회퍼는 2016년 독일 자동차 업계를 향해 중국의 추격을 경계하라면서 디젤 엔진을 고집하다가는 귀중한 시간을 낭비할 것이라고 경고했다.[30] 그러나 독일은 중국 시장과 디젤 엔진이라는 꿀단지를 놓지 못했다. 디젤 게이트가 발생했음에도 그해 독일 자동차의 절반은 디젤 엔진이었다.

독일은 디젤 게이트를 겪고도 변화에 느린 반응을 보였다. 그 결과, 2023년 한 해 동안 독일 국영 텔레비전 방송 도이체 벨레가 보도한 경제 관련 소식들에서 좋은 소식을 찾기 어려웠다. 독일의 경기 침체 원인은 크게 러시아와 우크라이나 전쟁으로 인한 에너지 가격 상승, 주요 수출 대상국 경제의 하강세, 그리고 중국 기업들의 벤치마킹으로 인한 경쟁력 하락이 있다.

도이체 벨레는 독일 자동차 경영진 사이에서 '중국 속도'라는 표현이 등장했다고 보도했다. 이는 중국 전기차 산업 발전 속도를 따라잡기 위해 독일이 얼마나 빨리 움직여야 하는지를 나타낸다.[31] 장기적으로 독일 경제의 상징인 디젤 엔진의 종말은 불가피하고, 운전을 즐기는 독일인들과 달리 테슬라와 BYD는 완전 자율 주행 시대를 주도하고 싶기 때문이다.

올라프 숄츠 총리가 이끄는 독일 정부는 메르켈 정부 때 발생한 디젤 게이트와 다르다는 것을 보여 주려는 모양새다. 독일 정부는 2023년 9월부터 향후 4년간 320억 유로의 법인세 감면을 승인하면서 중국발 전기차 경쟁에 발 빠르게 대응하려고 한다. 동시에 전국적으로 전기차 충전소를 대폭 확장할 계획도 발표했다.

흥미로운 사실은 기업들이 정부와 소통하는 데 필요한 서류 작업을 줄이기 위해 노력한다는 것이다. 그러나 독일 내부에서는 FSD 기술처럼 급변하는 상황에 대응할 수 있을지 비관적인 시선이 많다. 도이체 벨레는 이러한 독일 정부를 향해 '80%의 기업들이 여전히 팩스 기계를 사용하는 나라에서 과연 중국 속도에 도달할 수 있을지 의문'이라고 했다. 테슬라와 중국 전기차들과의 경쟁에서 승리하려면 소프트웨어 기술도 발전해야 하기 때문이다.

그렇다면 독일에 실리콘 밸리처럼 뛰어난 인재들이 존재하는 곳이 있을까? 결국 독일과 미국이 아닌 중국과 미국의 대결로 귀결된다.

2011년 10월, 《블룸버그》 TV 앵커 베티 리우^{Betty Liu}가 당시 워런 버핏이

10%의 지분을 소유하고 있는 BYD에 대해 이야기하자 머스크는 웃기 시작했다.[32] 당시 그의 관점으로 BYD는 싸구려, 저품질의 중국산 전기차에 불과했다. 리우가 머스크에게 왜 웃느냐고 질문하자 그는 BYD의 차는 테슬라와 완전히 다른 수준의 자동차라면서 낮은 가격이 장점이지만, 제품이 훌륭하지 않다고 말했다. BYD의 차는 매력적이지 않고, 기술적으로도 강하지 않으며, 중국 시장에서 살아남는 데 급급할 거라고 판단한 것이다.

하지만 시간이 지남에 따라, 2011년에 내린 머스크의 판단이 잘못되었다는 사실이 점점 명확해지고 있다. 2023년 4분기에 BYD는 처음으로 순수 전기차와 하이브리드 엔진을 포함한 배터리 기반 신에너지 차량 판매량에서 526,000대를 돌파해 484,000대 이상 판매한 테슬라를 앞질렀다.

물론 순수 전기차로 세계 여러 시장에 진출해 다양한 고객을 확보한 테슬라와 달리 BYD 구매자의 약 90%는 중국인이다. 그러나 중국의 내수 시장이 곧 세계 전기차 시장이기에 테슬라를 포함한 외국 기업들은 BYD의 활약에 긴장할 수밖에 없다. 2024년 4월에는 베이징 모터쇼에 현대자동차그룹이 무려 약 1,200명의 참관단을 보낸 것도 이를 반영한다.

머스크는 이제 많은 사람이 중국에 가 봐야 한다고 강조한다. 2024년 4월에는 머스크가 인도 방문 계획을 취소하고 베이징을 깜짝 방문해 서방과 인도를 놀라게 했다. 그는 15년 전만 해도 중국 기업을 공개적으로 평가절하했으나, 훗날 BYD의 실력을 인정하며 기술 기업의 관점에서 중국 시장의 중요성을 여러 차례 강조하고 있다. 테슬라가 업계의 선두 자리를 차지하는 데는 FSD와 같은 상징적인 기술 덕분이다. 아직은 테슬라가 카메라 기반 자율 주행에서 독보적인 기술 격차를 보유하고 있기 때문이다.

테슬라,
30년 만에 중국의 철벽 규제를 넘다

세계은행의 자료에 따르면, 우리나라는 GDP에서 제조업이 차지하는 비율이 25% 이상으로 세계 5위의 제조업 강국이다.[33] 약 18%를 차지하는 25위의 독일보다도 제조업이 국가 경제에 미치는 영향이 큰 상황이다.[34] 독일과 한국이 제조업 강국이 된 원동력은 로봇의 활약에 있다. 우리나라는 세계에서 로봇 밀도가 가장 높은 나라다.

제조용 로봇의 수준은 제조업의 경쟁력에 중요한 역할을 한다. 국제로봇연맹International Federation of Robotics, IFR에 따르면, 자동차 공장에서 근로자 1만 명을 기준으로 한국은 2,867대, 독일은 1,500대, 미국은 1,457대, 일본은 1,422대, 중국은 772대의 로봇을 도입했다.[35] IFR에 따르면, 중국 자동차 공장의 경우 로봇 밀도는 낮지만, 2021년 기준 신규 로봇 설치 대수가 전년 대비 약 2배에 달하는 61,598대를 기록했다. 이는 전 세계 자동차 공장에 설치된 총 119,405대의 52%를 차지하는 수치다.

자동차 용접은 업무가 힘들고 위험해 구인난이 심한 분야였으니 중국 공장에서 제조용 로봇이 폭발적으로 잘 팔리고 있다. 자동화 구축에 가속도가 붙은 덕분에 중국에서 자동차 생산량은 급증하고 있다.

이처럼 제조업 기업이 물건을 많이 팔려면 자동화 설비 투자와 채용이 필요하다. 그 과정에서 기술적인 비결이 구성원들에게 전달되면서 기술적인 평준화가 발생한다. 물론 모든 기술이 전달되는 것은 아니며, 특허와 무역 비밀로 보호되는 기술들도 많다. 그러나 특히 중국 배터리 산업의 부상을 살펴보면 중국의 전기차와 로봇 산업이 미국, 독일, 일본, 한국의 전통 기업을 긴장하게 만드는 현상이 이해가 될 것이다.

일본은 리튬 이온 배터리를 최초로 상용화한 나라이고, 세계 최고의 산업용 로봇 제조사들을 보유하고 있다. 이들이 생산한 로봇은 토요타, 테슬라 등 세계 여러 자동차 공장에서 활약하고 있다. 산업용 로봇이 없다면 자동차 생산은 진행되지 않는다. 경제에서 자동차 관련 비중이 높은 우리나라도 세계에서 인구 대비 가장 많은 로봇을 사고 있다.

특히 일본의 산업용 로봇을 가장 많이 수입하는 나라는 중국이다. 중국 전기차 제조사들은 일본산 로봇을 활용해 전기차 품질을 높이고 배터리 생산 속도를 올릴 수 있었다. 그렇다면 중국은 세계의 공장으로서 가격 경쟁력을 앞세워 다양한 물건을 생산하면서 일본의 산업용 로봇 제조 기술을 보고 어떤 생각이 들었을까?

중국 최대의 자동차 부품 제조사 완샹 그룹Wanxiang Group Corporation은 2001년 창립한 배터리 제조사 A123를 2006년에 인수했다. 사명을 완샹123Wanxiang 123 Co., Ltd.로 바꾸고 본격적으로 전기차 배터리 사업에 뛰어들었다. A123은 이미 피스커 오토모티브에 전기차 배터리를 공급했다. 중국 자본가들은 파산에 직면한 피스커 오토모티브를 인수해 미국에서 전기차 생산을 모색했지만, 미국 에너지부의 승인 거부로 투자가 어려워졌다. 그러던 중 2014년 2월에 완샹 그룹이 피스커 오토모티브를 인수했다. 테슬라는 그해 모델 S를 중국에 판매하겠다고 선언하고 2014년 4월부터 인도를 시작했다.

중국은 산업용 로봇을 구매하면서 그 활용도의 중요성을 깨닫고 업계 선두 업체를 인수하기도 했다. 1898년에 설립된 쿠카KUKA의 본사는 독일의 아우크스부르크에 있기에 대부분 쿠카가 독일 기업으로 알고 있지만, 지분의 대부분은 중국의 가전 업체 메이디MideaGroup가 사들였다. 독일은 중국에 쿠카와 같은 첨단 로봇이나 폭스바겐, 아우디, 벤츠, BMW의 내연 기관 자동차를 팔았다. 75명의 노벨상 수상자를 배출한 과학과 공학의 자부심이 강한 독일인들은 중국의 추격이 큰 문제가 되지 않을 거라 판단했을 것이다. 중국은 저렴한 인건비를 무기로 독일에 하이얼, 하이센스, TCL, 메이디 등이 생산한 가전기기를 저렴한 가격에 팔았다.

중국은 독일과 같은 선진국에 제품을 수출하면서 큰 경상 수지 흑자를 기록하며 엄청난 외화를 쌓았다. 이 돈으로 쿠카와 같은 독일의 첨단 기술 기업을 매주 하나씩 인수했다. 이러한 현상을 두고 독일인들은 중국의 살라미 전술이라고 정의했다. 살라미 전술이란 중국 자본이 독일의 첨단 기술 기업을 하나씩 사들여 세계의 공장 이미지에서 벗어나 고부가 가치 기술 국가 이미지로 탈바꿈하는 전략을 말한다. 그 과정에서 독일의 경쟁력도 약화된다는 것이다.

독일의 한스 베클러 재단Hans Böckler Foundation에 따르면, 2011년부터 2020년까지 약 193명의 중국 투자자들이 243개의 독일 기업을 부분적 또는 완전히 인수했다.[36] 우수한 기술을 보유한 기업을 인수함으로써 중국은 고부가가치 수입국에서 수출국으로 변신하게 된 것이다.

머스크는 독일과 중국의 밀회가 낳은 독이 든 화려한 사과 같은 효과를 잘 알고 있었을 것이다. 그의 전기를 쓴 월터 아이작슨의 표현대로, 머스크는 합작 투자를 알레르기가 생길 정도로 싫어했다.

중국과 테슬라에도 흥미로운 역사가 있다. 2017년 4월 상하이 오토쇼에

내연 기관 자동차 기준으로 폭스바겐은 중국인이 선호하는 1위 기업이라는 것을
중국 현지에 가 보니 실감할 수 있었다.
(중국 상하이 오토쇼, 2017)

서 방문한 폭스바겐 행사장이 떠오른다. 당시 폭스바겐의 인기는 대단했
다. 중국인들로 발 디딜 틈이 없는 폭스바겐 행사장에서 알게 된 사실은 중
국 정부가 폭스바겐이 중국에 자동차를 팔려면 반드시 중국 기업과 합작
회사를 설립해야만 가능하다는 것이었다.

　이러한 조건은 무려 30년간 이어온 중국 정부의 철칙이었다. 그래서
등장한 회사가 상하이-폭스바겐SAIC Volkswagen, 제일-폭스바겐 모터스FAW-
Volkswagen이다. 중국 정부는 거대한 내수 시장의 문을 독일에 열어 주고, 중
국 기업은 독일 기업들로부터 정교한 동력 시스템, 견고한 차대 구조, 실용
적이며 고급스러운 디자인 등 여러 기술을 습득했을 것이다.

　실제로 중국 자동차 업계에는 폭스바겐 출신 인사가 많아졌다. 이들은
결국 폭스바겐을 포함한 벤츠, BMW 등 독일 자동차 산업의 최대 경쟁사
를 만들어 내는 데 일조했다.

　2017년 4월, 머스크는 중국의 부총리 왕양汪洋을 만났다. 머스크는 합작

　　　　　　　　　　　　　　　　　　　　　　　　　　　테슬라 마스터 플랜

회사가 아니더라도 테슬라가 중국에서 생산을 시작하면 중국 자동차 산업에 도움이 될 거라고 설득했다. 왕양과의 회담은 비공개로 진행됐으므로 상세 내용을 알 수는 없었다.

다만, 머스크의 통솔력과 추진력은 대단했다. 그의 고집스러운 전략으로 중국 정부가 30년 동안 고집하던 제조업 관련 법안까지 바꾸게 했다. 만약 테슬라가 중국 업체들과 합작 법인을 설립했다면 FSD와 같은 첨단 소프트웨어 기술을 온전히 보전할 수 있었을까? 중국이 쉽게 복제할 수 있는 기술을 테슬라가 개발했다면 진작에 차별성이 사라졌을 것이다.

머스크는 중국에서 합작 법인 없이 테슬라 공장을 설립하는 복잡한 길을 선택했다. 이 과감한 전략이 테슬라를 중국 내 외국 기업 중 전기차 판매 1위로 이끌고 주요 기술을 보호하는 데 이바지했다. 이는 독일 기업들이 중국에서 합작 법인 설립을 통해 기술 보호에 대해 어떤 영향을 받았을지에 대한 고민을 남긴다.

독일의 오판이
일본과 한국 자동차 산업에 남긴 교훈

중국은 전기차 판매의 선두 주자로, 전 세계 전기차 판매량의 약 60%를 차지했다. 2022년 4분기에 가장 많이 판매된 전기차 모델 10개 중 7개가 중국 브랜드[37]였으며, 이들을 BYD가 이끌고 있다.

독일 자동차 산업이 중국 시장을 주도해 온 가운데, 이제는 독일 기업들이 중국의 전기차 제조 기술을 적극적으로 학습하려는 추세가 나타나고 있다. 폭스바겐은 샤오펑Xpeng 모터스와 손잡고 중국 시장을 겨냥한 전기차 개발을 가속화하고 있다.

미국과 독일에서 열리는 CES와 IAA 같은 주요 모빌리티 행사에서 중국 기업과의 상호작용을 유심히 관찰했다. 독일 기업가들은 중국 시장의 중요성을 인식하고 있는 듯했다. 이는 테슬라와 같은 글로벌 경쟁사에 대응하기 위해 중국과의 협력을 강화하려는 의지를 반영한 것으로 보인다. 특히 BYD, CATL 등 중국 기업들 행사장을 둘러봤다. 독일어를 사용하는 업계 종사자들을 유심히 관찰했는데, 그들의 시선이 중국 전기차에 어떤 반응을 보였을지 궁금했기 때문이다. IAA에 참가한 독일인들은 그 어느 때보다도

중국 자동차에 강한 호기심을 보였다.

많은 독일인은 여전히 중국 자동차의 품질에 대해 부정적인 인식을 가지고 있다. 특히 중년 이상의 독일 사람들은 메르세데스 벤츠, BMW, 폭스바겐에 대한 애정이 강하다. 이들 기업이 30년 넘게 중국 시장을 장악하면서 독일 수출 경제를 주도했기 때문이다.

독일은 노벨 물리학상을 받은 한스 알브레히트 베테Hans Albrecht Bethe, 막스 보른Max Born, 베르너 카를 하이젠베르크Werner Karl Heisenberg 등 75명의 노벨상 수상자를 배출한 과학과 기술의 강국이다. 또한, 우리나라와 달리 경제의 허리를 책임지는 강소 기업, 즉 전 세계 히든 챔피언의 절반을 보유한 유럽 최대의 경제 강국이다. 독일인들의 관점에서 중국은 학습의 대상이 아니라 교육의 대상이었다.

그러나 독일 경제의 주축인 자동차 산업의 균열이 빠르게 일어나고 있다. 2022년에 중국의 자동차 부품 수출 규모는 2021년 대비 10.9% 성장한 5,413억 위안(736억 9,000만 달러) 이상이었다.[38] 이는 독일의 대기업과 긴밀한 관계를 형성한 히든 챔피언들에게도 치명적이다.

독일의 예상보다 중국이 빠른 속도로 성장했다는 게 문제다. 특히 약 3만 개의 부품으로 구성된 자동차 산업은 수많은 사람의 일자리가 연결돼 있다. 현재 70만 명 이상의 독일인이 독일 자동차 기업에 근무 중이다.[39] 이들 기업에 부품과 설비, 로봇을 공급하는 기업들까지 포함하면 300만 명 이상이 독일 자동차 관련 산업에 따라 생계를 유지하고 있다.

2019년에 폭스바겐의 자동차 판매량은 무려 1,090만 대에 달했지만, 성공적인 판매 성적표의 이면에는 불안한 현상이 감지된다. 폭스바겐은 북미에서 100만 대, 남미에서 60만 대, 유럽 및 기타 국가에서 490만 대를 판매했으며, 나머지 440만 대 이상이 중국을 포함한 아시아-태평양 시장에서 집중적으로 팔렸다. 그중 404만 대 이상이 중국에서 팔렸다.

이러한 사실은 현재 독일 경제에 악영향을 미치고 있다. 토요타와 함께 세계 자동차 판매량 1위를 번갈아 차지했던 폭스바겐은 중국 시장 판매 의존도가 높았다. 즉, 중국 기업의 반격이 성공할수록 독일 기업은 그만큼 빠르게 타격을 입는 것이다.

중국 자동차 제조 업체 협회에 따르면 2023년 1월부터 7월까지 전기차, 하이브리드 전기차 등 중국산 신에너지 자동차의 수출 물량은 63만 6천 대로, 전년 대비 150% 증가했다. 이는 중국산 전기차가 중국 내수 시장에서만 판매된다는 통념에 균열을 일으키고 있다.

특히 유럽 시장에서의 중국 전기차 수출량은 2022년 대비 112%, 2021년 대비 무려 361%나 증가하면서 독일 업계와 테슬라 모두 긴장해야 할 상황이 되었다.

이제는 일론 머스크도
우습게 보지 않는 BYD

폭스바겐 행사장 인근에서 중국 전기차 제조사 BYD가 유럽 최초로 순수 전기차 BYD SEAL U를 공개했다. 독일 자동차 업계 종사자들이 긴장하며 자세히 살펴봤다. 그들을 긴장하게 만든 중국 전기차가 등장한 것이다.

머스크는 한때 BYD를 조롱했지만, 2024년 1월에는 중국 자동차 제조업체들이 무역 장벽이 없다면 세계적인 경쟁자들을 완전히 무너뜨릴 것이라고 말했다. 그는 미국 전기차 시장 리더가 BYD와 같은 회사들로부터 받는 압박을 강조하며 심경의 변화를 밝혔다.[40]

BYD는 전기차뿐만 아니라 자체 배터리도 제조하여 제품 개발부터 생산까지 통제할 수 있는 큰 이점을 갖고 있다. 이는 공급망 안정성을 높이고 생산 비용을 절감할 기회를 제공한다. 경쟁사들은 이러한 수직 통합 모델을 따르거나 공급망 파트너십을 강화하는 방법으로 대응해야 한다. 독일이 무시해 온 중국 기업이 선보인 위협적인 행보다.

BYD SEAL U에는 리튬, 철, 인산을 사용해 가격 경쟁력을 갖춘 BYD 블레이드 배터리Blade Battery가 탑재되었다. BYD에 따르면, 블레이드 배터리는 열 폭주^{thermal runaway}를 테스트하는 가장 까다로운 방법인 못 관통 테스트를 통과했다.[41] 이 테스트에서, 못이 배터리를 관통해도 연기나 불꽃이 발생하지 않았고, 표면 온도는 섭씨 30℃에서 60℃에 그쳤다.

LFP 배터리와 삼원계 리튬 배터리의 주요 차이점 중 하나는 화학 구성이다. 삼원계 리튬 배터리는 니켈, 코발트, 망간을 포함해 고에너지 밀도를 제공하지만, 같은 조건에서 LFP 배터리보다 위험한 반응을 나타낼 수 있다.

못 관통 테스트와 같은 극단적인 조건에서 삼원계 리튬 배터리는 열 폭주 현상으로 인해 급격히 가열될 수 있으며, 이는 배터리 화재나 폭발로 이어질 수 있다. 열 폭주 현상은 배터리 내부에서 화학 반응이 급격히 가속화되면서 과열 상태가 되는 것을 말한다. 따라서 LFP 배터리는 열적 안정성과 안전성이 중요한 응용 분야에 더 적합하고, 삼원계 리튬 배터리는 높은 에너지 밀도가 요구되는 곳에 더 적합하다.

LFP 배터리는 니켈, 코발트 같은 비싼 금속을 사용하지 않아 비용 효율

사진 6-10 상당수의 독일인이 주목한 BYD SEAL U
(독일 IAA 모빌리티, 2023)

테슬라 마스터 플랜

적이다. 이는 BYD가 더 낮은 가격으로 전기차를 출시해 더 넓은 고객층에게 접근할 가능성을 열어 준다. 특히 유럽처럼 정부가 전기차 시대를 주도하는 상황에서 저가 모델은 내연 기관을 대체할 매력적인 도구가 된다. 따라서 유럽 제조사들은 가격 경쟁력을 갖추기 위해 비용 절감이나 가치를 높이는 혁신적 방법을 찾아야 한다.

배터리 비용 절감은 전기차 제조 업체의 경쟁력 강화를 위해 필수적이다. 전기차 시장에서 이는 점점 더 중요한 요소가 되고 있다. 그러나 소비자 관점에서 자동차는 단순한 이동 수단이 아니라 첨단 인포테인먼트 기능과 연결성을 중시하는 것이 중요하다.

도이체 벨레의 취재에 따르면, 폭스바겐 전기차를 구매한 일부 사람들은 소프트웨어의 역량이 중국보다 낮다고 불만을 표출하기도 한다.[42] 이미 테슬라 전기차를 구매해 고도화된 자율 주행 기술과 인포테인먼트 성능을 즐긴 중국인들은 차량 구매 시 소프트웨어 개발을 중요하게 여긴다.

따라서 독일 자동차 제조업체들은 비용 효율적인 생산과 동시에 차량용 반도체 칩 개발 같은 기술 혁신에 투자해 소비자의 기대를 충족시키는 차세대 차량을 제공해야 한다. 그러나 애플의 전기차 포기 선언과 폭스바겐의 자율 주행 개발 중단 선언을 통해 이 과정이 쉽지 않음을 실감할 수 있다.

테슬라는 FSD 외에도 기가 캐스팅, 도조 등의 기술을 연이어 선보이며 중국, 일본, 독일 완성차 업계를 긴장하게 만들고 있다. 특히 토요타의 입장에서 우려스러운 점은 헐값에 판매한 프리몬트 공장에서 테슬라의 전기차 생산량이 급증하고 있다는 것이다. 한때 천막을 치고 수작업으로 전기차를 제조했던 테슬라는 이제 명실상부한 업계 강자로 자리 잡았다.

이러한 변화 속에서, 중국은 독일과 일본이 아닌 테슬라를 맹렬히 추격하고 있음을 체감했다. 이는 자동차 산업의 중심이 어떻게 빠르게 이동하고 있는지를 보여 주는 중요한 예가 된다.

PART
07

생산 지옥에서 탄생한
모델 3 (2016년)

들어가며

독일 남부 뮌헨에는 1916년에 창립된 BMW의 본사, 박물관, 출고 센터인 BMW 벨트가 있다. BMW의 심장이라 불리는 이곳에 도착하니, 입구에서 철저한 가방 검사가 이루어졌다. 보안 요원들에게 그 이유를 묻자, 기습 시위를 방지하기 위해서라고 했다. 이 순간, 뮌헨의 컨벤션 센터에서 열린 IAA 모빌리티 행사에서의 경험이 떠올랐다. 테슬라 행사장 맞은편에서 발생한 독일 총리를 향한 기후 위기 기습 시위는 잊을 수 없는 당황스러운 장면이었다.

현장에서 독일인들에게 왜 이런 과격한 시위가 일어나는지 물어보니, 대도시 젊은이들 사이에서 기후 위기에 대한 인식이 높아지고 있다는 답변이 돌아왔다. 이는 독일 전통 제조업계에서도 피할 수 없는 변화로, 내연 기관을 거부하고 육류 섭취를 거부하는 비건 인구도 증가하고 있다고 했다.

실제로, 대체육은 독일인들 사이에서 인기를 얻고 있으며, 6년째 육류 소비량이 줄어들고 있다. 독일의 시장조사기관^{GfK}에 따르면 대체육이 가장 많이 소비되는 지역은 프랑크푸르트 암 마인^{Frankfurt am Main}으로, 전국 평균 대체

육 구매 가격보다 65.2% 높다고 한다.[1]

이러한 변화는 자동차 산업에도 영향을 미치고 있다. EY^{Ernst & Young}의 연구에 따르면 자동차 구매를 계획하는 소비자의 절반 이상이 순수 전기차, 플러그인 하이브리드, 또는 하이브리드 자동차를 선택한다고 한다.[2] 이는 친환경 차량으로의 전환이 강력하게 이루어지고 있음을 보여 준다.

과거 BMW 3 시리즈, 특히 디젤 엔진의 320D는 뛰어난 주행 성능으로 많은 사랑을 받았다. 차체는 크지 않지만 민첩성, 반응성, 토크가 균형 잡힌 주행 성능을 보여 주었다. 반면, 전기차는 배터리 덕분에 무게 중심이 낮아 직진 시 안정적인 주행 능력을 제공하지만, 코너링 성능은 3 시리즈만큼 훌륭하지 않다. 그러나 이러한 주행 성능의 단점에도 불구하고 전기차는 현재 꾸준히 발전하고 있으며, 시장을 빠르게 늘려나가고 있다.

IAA의 BMW 행사장이나 BMW 본사에서 차량을 유심히 관찰하며 토론하는 중국인들의 진지한 표정이 인상적이었다. 그런 모습을 보니 중국 전기차 제조사들이 독일 완성차 업계를 테슬라만큼 경쟁 상대로 생각할지 의문이 들었다. 무엇보다 테슬라는 모델 3의 대량 생산을 통해 생산 지옥을 극복했을 뿐만 아니라, 독일 내연 기관 제조사에서는 보기 힘든 비용 절감까지 이루었다(2022년에 출시한 모델 3는 2018년 출시 제품보다 생산 비용을 30%나 줄였다).

독일 경제 위기에 관한 여러 보고서를 종합하면, 독일이 첨단 IT 부문에서 테슬라에 뒤처지고 중국에 비해 경쟁력이 약하다는 점이 드러난다. 일론 머스크가 테슬라를 공동 설립한 근본적인 이유를 이해하지 못한다면, 그의 세계관을 온전히 파악하기 어렵다. 이렇게 경쟁 상대의 정체성을 파악하지 못하면 국가에 치명적인 타격을 입을 수 있다.

테슬라의 2차 파산 위기를
촉발한 모델 3

매년 캘리포니아의 도로를 운전해 보면, 이곳이 세계 자동차 산업의 경쟁 무대임을 실감하게 된다. 2023년에 캘리포니아주에서만 신규 등록 차량 수가 약 180만 대였다. 중국, 일본, 독일의 여러 도시에서도 운전해 봤지만, 이처럼 큰 규모와 트렌드를 선도하는 소비자들이 몰려 있는 도로는 드물었다.

전체 신규 등록 차량 건수는 2023년에 중국이 약 2,580만 대로 가장 많았지만, 미국은 픽업트럭부터 세단까지 다양한 차량 구매자들이 많다. 중국처럼 대중교통이 발달하지 않았기에, 미국인에게 자동차는 신발과도 같다.

캘리포니아 신차 딜러협회가 분류한 준고급 자동차Near Luxury Car 카테고리에서 2023년에 BMW의 3 시리즈는 7,175대 팔리며 점유율 4.6%를 기록한 반면, 모델 3는 82,786대 팔리며 52.8%로 1위를 기록했다.[3] 2위는 BMW i4가 8,695대(5.5%), 3위는 일본의 렉서스 ES가 8,459대(5.4%), 4위는 메르세데스 C-클래스가 7,749대(4.9%)를 기록했다.

테슬라의 조사 결과에 따르면, 2022년 기준으로 테슬라의 전기차 생산 마진은 약 17%였고, 메르세데스-벤츠는 14% 미만, BMW는 10% 미만, 폭

스바겐은 8% 미만이었다.[4]

2023년 기준, 독일 수출에서 자동차와 관련 부품이 차지하는 비중은 약 17%다. 이는 자동차 산업이 독일 경제에서 중요한 역할을 하며 경제적 안정성과 성장을 유지하는 데 크게 기여하고 있음을 보여 준다.[5] 그러나 제조업의 특성상 설비 투자와 숙련된 인력이 많이 투입되기 때문에 신속한 전환은 쉽지 않다.

2017년, 독일 완성차 업계가 내연 기관 엔진에 집착할 때, 중국 전기차 스타트업 니오는 뮌헨에 기술 개발 센터를 열었다. 니오의 CEO 윌리엄 리는 IAA 테슬라 행사장에 조용히 등장해 신형 모델 3를 꼼꼼히 살펴 독일 언론의 주목을 받았다.

바로 그 자리에서 중국 전기차 업계 임직원들이 그랬던 것처럼 필자 역시 모델 3를 유심히 관찰했다. 특히 이 차량이 어떻게 세상의 주목을 받는 전기차로 성장했는지 궁금증이 생겼다. 머스크가 모델 3를 출시할 시기를 생산 지옥이라고 표현했기 때문이다. 모델 3는 어떻게 생산 지옥에서 벗어나 업계의 주목을 받게 됐을까?

2022년 6월, 머스크는 전기차 스타트업 루시드Lucid와 리비안Rivian이 제조 비용을 대폭 줄이지 않는 한 파산할 수 있다고 경고했다. 그는 현금 지출이 계속된다면 약 6분기 이내에 파산할 것으로 예측했다. 이는 전기차 진입 장벽이 높다는 것을 의미하며, 테슬라도 모델 3 출시 지연으로 생산 지옥을 겪으며 몰락할 뻔했다. 모델 3는 전기차 마니아를 위한 로드스터나 틈새시장용 모델 S, 모델 X와 달리 본격적인 대량 생산 실력을 증명해야 할 차량이었다.[6]

모델 3는 마스터 플랜에서 강조한 것처럼 더 많은 소비자를 공략하기 위해 저렴한 가격으로 대량 생산이 가능하다는 것을 입증해야 했다. 머스크는 그 어느 때보다 폰 홀츠하우젠과 함께 모델 3 디자인에 몰두했다.

2016년에 미국에서 공개된 프로토타입 모델 3를 직접 살펴보니, 모델 S의 공기 역학적 실루엣을 재해석한 디자인이 인상적이었다. 모델 S보다 휠베이스는 짧지만, 내부 공간을 극대화하기 위해 계기판과 앞좌석을 좀 더 앞으로 배치해 뒷좌석 승객이 다리를 펼 수 있는 공간을 더 넓게 제공할 수 있었다.

또한, 매끄러운 외관을 만들고 공기 저항을 최소화하기 위해 그릴이 없는 새로운 디자인의 전면 노즈, 평평한 손잡이, 공기 역학을 개선한 바퀴 등 전비 효율성을 높이기 위한 기술이 탑재되었다.

모델 3의 프로토타입을 유심히 관찰해 보면 공기 저항 감소에 집중하면서도 실내 공간의 제약을 최소화하려고 노력했다는 것을 알 수 있다. 테슬라는 모델 X의 경험을 바탕으로 지붕을 제거해 머리 공간을 더 확보하고 개방감을 제공하는 데 집중했다. 대중 시장으로 진입하려면 이러한 요소들은 구매에 중요한 역할을 한다. 테슬라는 프로토타입 버전에서 사소한 기능만 변경해 2017년 생산에 돌입했다.

그러나 테슬라는 이러한 혁신에도 불구하고 시장에서 주가 하락의 위험에 노출되었다. 테슬라는 주가가 하락하면 돈을 버는 공매도 세력의 주요 대상이었다. 특히 2018년은 공매도 세력이 가장 많이 공격을 펼친 시기였고, 그 결과 테슬라는 미국 시장 역사상 가장 많이 공매도된 기업이 되었다.[7] 야심 차게 공개한 모델 3의 양산이 머스크가 약속한 시점을 한참 지나고 있었기 때문이다.

그해 4월 공매도 주식은 무려 3,800만 주 이상으로, 이는 테슬라 주식에 대한 부정적인 시각이 매우 강했음을 의미한다.[8] 당시 골드만삭스는 고객들에게 주식을 매도할 것을 권장했다. 이는 테슬라가 모델 3의 생산 목표량을 달성할 수 없을 것이라고 판단했기 때문이다. 그들은 2018년 2분기에 모델 3의 생산량이 주당 약 1,400대 수준에 머물 것이라고 예상했다.

그해 6월, 《월스트리트 저널》의 기자팀 히긴스가 테슬라 공장을 방문했을 때, 머스크는 지친 기색이 역력했다고 한다.[9] 그의 트위터 계정에는 테슬라가 곧 망할 것이라며 공매도자들의 조롱이 끊이지 않았다.

생산 지옥을 견뎌낸 승리의 결과

생산 지연은 테슬라가 내연 기관 왕국을 상대로 실패한 여러 전기차 스타트업 중 하나로 남을 수 있다는 우려를 키웠다. 테슬라가 혁신적인 기술 기업임은 맞지만, 대규모 투자 없이 시장 점유율을 유지할 수 있는 능력에 대한 회의적인 시각이 지배적이었다. 공매도 세력은 이러한 회의론과 생산 목표 달성 역량 부족 등을 이유로 테슬라를 표적으로 삼았다.

머스크는 성과와 재무 목표를 달성하지 못하면 보상받지 않겠다고 배수진을 쳤다.[10] 다만, 예상 목표를 달성할 때마다 1% 할인된 가격으로 테슬라 주식을 구매할 수 있는 조건이었다. 이런 배수진을 친 머스크의 행보에 불만을 품은 일부 투자자들은 그를 상대로 소송을 걸기도 했다.

2024년 6월, 테슬라는 머스크를 위한 558억 달러 보상 패키지를 재승인할지 여부에 대해 투표했다. 이 보상 계획은 2018년 투자자들의 승인을 받았지만, 그해 초 머스크의 보상이 과도하다며 소송을 제기한 투자자의 손을 들어준 법원에 의해 무산된 바 있다.[11]

2024년에 열린 연례 주주 총회에서 테슬라 주주들은 압도적인 비율로

100% 성과 기반의 스톡옵션 부여를 승인했다.[12] 2018년에 테슬라 주주들이 승인한 계획에 따르면, 머스크의 558억 달러 급여 패키지는 테슬라의 시가 총액이 6,500억 달러에 도달하고 특정 매출 및 수익성 목표를 달성하는 것을 조건으로 했다.[13]

2024년 5월에 테슬라는 이러한 보상 계획이 혁신적이고 전례 없는 성장을 위해 머스크에게 인센티브를 제공했다고 주장했다.[14] 실제로 2018년 3월 21일부터 2023년 말까지 6년 만에 머스크는 주주 수익률을 거의 1,100% 달성했다. 테슬라의 차량 생산 대수는 2018년부터 2023년까지 7배 증가했다.

테슬라는 머스크가 성장 목표를 달성하지 못했다면 보상을 받지 못했겠지만, 그는 해냈기 때문에 보상 패키지를 승인한다고 밝혔다. 공매도의 조롱과 무수한 언론의 비판 속에서도 테슬라는 전진을 멈추지 않았다.

머스크는 창업이란 유리를 씹어먹으면서 심연을 응시하는 것과 같다고 말했다.[15] 구형과 신형 모델 3를 운전하면서 테슬라의 발전을 실감할 수 있다. 모델 3에는 머스크의 고통스러운 시간이 녹아 있다. 실제로 1925년 6월 6일에 설립된 크라이슬러 이후 미국에서 자동차를 대량 생산할 수 있는 수준까지 성공한 스타트업은 테슬라뿐이었다.

4번 연속으로 전기차가 자동차 전쟁에서 패배한 것처럼 테슬라 이전에도 많은 자동차 스타트업이 등장했지만, 대규모 생산에 성공하고 시장에서 지속할 수 있는 입지를 확보한 사례는 매우 적었다. 이러한 진입 장벽에는 대규모 자본 요구, 복잡한 공급망 관리, 엄격한 안전 및 환경 규제 준수, 강력한 기존 경쟁자들과의 경쟁 등이 포함된다. 따라서 스타트업이 이처럼 견고한 시장에 진입하고 성공하는 것은 매우 어려운 일이었다.

테슬라가 등장한 이후에도 여러 전기차 스타트업이 시장에 진입하려 시도했으나, 테슬라만큼의 영향력을 가지고 대규모 생산과 시장 점유율 확보에 성공한 사례는 드물다. 루시드와 니오 같은 회사들이 테슬라에 이어 전기차 시장에서 주목받고 있으나, 테슬라와 같은 규모와 영향력에 이르렀다고 보기에는 아직 갈 길이 멀다. 2023년에 테슬라는 200만 대의 전기차를 생산하여 전년도에 비해 상당한 증가 추세를 보였다. BYD는 약 160만 대, 폭스바겐 그룹은 약 80만 대를 생산했다. 광저우자동차그룹GAC, 현대자동차, GM 등은 약 40만 대~60만 대를 기록했다.[16]

그럼에도 한때 제2의 테슬라로 주목받은 리비안처럼 후발 주자들이 끊임없이 등장한다. 특히 미국과 중국 정부는 전기차 제조를 장려하고 있다. 왜 이러한 현상이 지속되고 있을까?

마스터 플랜 4를 발표하기 전까지
지구가 버틸 수 있을까?

CNBC의 페티트가 사이버트럭 앞에 앉아 있는 폰 홀츠하우젠에게 머스크가 어떤 상사냐고 묻자[17] 그는 웃으며 항상 구성원을 한계까지 밀어 넣는 좋은 상사라고 답했다. 그의 인터뷰를 들어 보면, 시종일관 지구를 위해 개선책을 하루빨리 내놓아야 한다고 강조한다. 이러한 지구를 위한 노력은 머스크의 가족에게도 영향을 미쳤다.

2006년생 데미안 머스크Damian Musk는 8살부터 채식주의자로 살아왔다.[18] 이 소년의 어머니는 캐나다의 작가이자 머스크의 전처인 저스틴 윌슨이다. 데미안 머스크가 채식주의자가 되기로 한 결정적인 이유는 탄소 발자국을 줄이기 위해서였다. 이러한 행동과 가치관은 그의 아버지가 추구하는 지속 가능한 미래와 환경 보호라는 큰 주제와 일맥상통한다. 채식주의자로서의 삶은 머스크의 자녀답다. 이는 환경에 대한 책임감과 지속 가능성에 대한 가치를 가족 내에서 공유하고 있음을 반영한다.

이러한 가치관은 머스크의 주변 사람들에게도 퍼져 있다. 예를 들어, 스탠퍼드 대학교 후배들을 찾아간 스트라우벨은 대기 중 이산화 탄소 농도

측정 데이터의 불안정한 증가세가 인류에게 부과된 가장 어려운 문제라고 강조했다. 데이터를 두고 정치적 해석을 하지 말고, 이는 해석이 필요한 어려운 현상이 아닌 명백한 진실임을 강조한다.[19] 2023년 2월에는 대기 중 이산화 탄소 농도가 420ppm을 넘어섰다는 현실과 마주하라는 것이다. 그는 이 수치가 다시는 그 이하로 내려가지 않을 것이라 예측하며, 이는 우울한 전망이지만 거의 확실하기에 해결책을 제시해야 한다고 강조한다.

이처럼 머스크와 그의 동료들은 기후 위기에 대한 심각한 문제의식과 이를 기술로 극복하려는 점에서 공통점을 찾을 수 있다. 머스크가 진지한 표정으로 매일 아침 천연가스를 태우는 모습을 보고 두려움을 느낀다고 말하는 장면은 인상적이다. 할리우드 배우 출신이 아니기에, 그의 발언은 연출이 아닌 진심으로 느껴진다. 스탠퍼드 대학교에서 태양광 전기차 대회에 몰두했고, 테슬라를 공동 설립했으며, 레드우드 머티리얼즈를 설립해 배터리 재활용에 헌신하는 등 그의 삶 자체가 이를 증명한다. 그렇다면 지구는 현재 어떤 상황에 처해 있을까?

21세기에 들어 지구 온도가 급상승하고 있다는 것을 탄소 배출이 가장 심한 미국에서 실감할 수 있었다. 2017년부터 매년 미국 네바다의 같은 지역을 방문해 왔다. 매년 방문할 때마다 기후 변화로 인한 심각한 가뭄을 목격할 수 있었다. 후버 댐의 저수량은 소양호의 10배 이상으로 규모가 크지만, 실제로 가 보니 수위가 낮아진 것을 보고 충격을 받았다. 21세기 들어 수위가 약 42.7m(2022년 기준) 하락했다.[20] 이는 1930년대 이후 가장 낮은 수치다.[21] 또한, 버진강Virgin River도 완전히 메말라가고 있었다.

2022년 6월부터 미국 내무부 산하 개간국USBR은 콜로라도강 유역 주들에 향후 18개월 동안 물 사용량을 200만에서 400만 에이커까지 줄이라는 긴급 명령을 내렸다. 7월에 NASA가 공개한 위성 사진들을 살펴보면 미드호Lake Mead의 물이 20년 만에 급격히 줄어들었고, 지난 1년간 그 감소 속도가 더 빨라진 것을 확인할 수 있다.

미드호의 낮아지는 수위를 보면서 NASA가 1,200년 만에 미국 서부에서 최악의 가뭄을 기록할 수 있다고 경고한 이유를 실감할 수 있었다. 후버 댐의 수력 발전에서 생산된 전기는 라스베이거스, 피닉스, 샌디에이고, 로스앤젤레스 등 미국 남서부 지역의 약 4천만 명이 사용하고 있다.

후버 댐의 터빈을 작동하려면 해발 고도 기준 수위를 1,000피트 이상 유지해야 한다. 2000년 7월 말에 후버댐 수위의 해발 고도는 1,199.97피트(341m)였으나, 2022년 7월 18일에는 1,041.30피트(317.4m)로 낮아져 매우 위태로운 상황이다. 후버 댐의 최대 수용량은 1999년 여름의 해발 1,220피트(372m)였으니, 지난 20여 년간 54.6m나 수위가 낮아진 셈이다. 이는 1937년 4월 이후 가장 낮은 수위로, 전체 저수량의 27% 수준에 불과하다.

욕조 고리bathtub ring는 물에 있던 탄산 칼슘 및 여러 미네랄 화합물이 사암

사진 7-2 정상적인 수위에서 잠겨 있던 호수 연안 지역이 수위가 낮아지면서 하얗게 광물화가 진행된다. 이러한 현상을 욕조 고리라고 한다.
(미국 미드호, 2021)

테슬라 마스터 플랜

에 달라붙어 흰색 띠를 형성하는 현상을 말한다. 즉, 미드호의 욕조 고리는 그 위아래 길이가 상당해 수위 변동성이 높다는 것을 보여 준다. 당시 미국 남서부 사람들은 마치 한강 바닥이 보이는 듯한 위기를 느꼈을 것이다.

현재 미국 서남부의 심각한 가뭄 원인에 대해 일부 사람들은 기후 위기보다는 라스베이거스와 같은 인공 도시의 설립과 이로 인한 물 사용 증가를 지적할 수 있다. 이들은 사막 한복판에 많은 사람이 모여 살면서 미드호의 수위가 낮아졌다고 주장한다.

그러나 미드호의 물 중 약 10%는 인근 지역의 강수량과 지하수에서 나오며, 나머지는 로키산맥에서 녹은 눈이 콜로라도강으로 흘러 들어온 것이다. 그러니 기후 위기가 심각해질수록 서남부 주민들의 물 사용량도 증가하게 되며, 이는 가뭄을 더욱 악화시키는 악순환을 낳는다. 따라서 가뭄의 원인은 단순히 인공 도시의 물 사용 문제뿐만 아니라, 기후 위기로 인한 자연 자원의 감소도 중요한 요인으로 작용하고 있다.

AI 기술은 위성 이미지부터 기온 기록까지 방대한 양의 환경 데이터를 처리하고 해석할 수 있으며, 이를 통해 과학자들은 기후 패턴을 더 정확하게 이해하고, 미래 변화를 예측하며, 해결책을 제안할 수 있다. 특히 세계 195개국의 과학자들은 모두 기후 위기의 원인이 인간의 행위에 있다고 지적했다.

IPCC^{Intergovernmental Panel on Climate Change}는 1988년 세계기상기구^{World Meteorological Organization, WMO}와 유엔환경계획^{United Nations Environment Programme, UNEP}이 기후 변화의 과학적 이해를 증진하고, 그 영향을 평가하며, 가능한 대응 전략을 모색하기 위해 공동으로 설립한 국제 협의체다. 1990년 1차 발간을 시작으로 2023년 3월 IPCC가 발간한 제6차 평가 보고서의 종합 보고서^{Synthesis Report} 내용이 충격적이다.[22] 기후 위기로 인한 끔찍한 시점에 도달하지 않으려면 2025년부터는 더 이상 이산화 탄소 배출량을 늘려서는 안 된다고 설정했기 때문이다.

　보고서는 인간의 지속 불가능한 에너지 사용으로 인해 온실가스 배출이 지구 온난화를 명백하게 초래했다고 밝혔다. 2019년에 대기 중 이산화 탄소 농도는 적어도 과거 200만 년 중 가장 높았고, 메탄과 아산화 질소 농도는 적어도 80만 년 중 최고 수준을 돌파했다. 2011~2020년 사이에 지구 지표 온도는 1850~1900년의 평균 14℃ 대비 1.1℃ 상승했으며, 전 지구 지표 온도의 상승을 제한하더라도 2040년까지 1.5℃에 도달할 것으로 예상된다.

　특히 IPCC 보고서의 요약문은 세계 195개국 정부 대표단이 문장 단위로 만장일치 합의에 도달해 작성되었다는 점에서 중요하다. 대표단은 보고서의 내용에 대해 심도 있는 논의를 진행하며 문장별로 합의를 이루었다.

　미국이나 중국 정부의 독단적인 판단이 아닌 만장일치의 의미는 포드와 같은 전통적인 미국 기업도 기후 위기로 인한 각종 규제에서 벗어날 수 없다는 것을 뜻한다. 테슬라를 편애해서가 아니라, 중단기적으로는 전기차가 현실적인 기후 위기의 대안 교통수단이라는 것이다.

　대기 온도가 1℃ 증가할 때마다 공기가 수증기를 보유하는 용량이 약 7~10% 증가한다는 것은 과학적으로 확립된 사실이다. 지구가 뜨거워질수록 지표면의 물은 말라가고, 수증기는 대기로 뒤덮여 지구 밖으로 도망갈 수 없기에 어느 순간 강력한 물 폭탄이 형성된다.

　IPCC 6차 보고서가 지적한 1.1℃의 온도 상승은 작은 숫자처럼 보일 수 있지만, 지구의 전체 평균 온도에 대한 것이기 때문에 그 영향력은 매우 크다. 보고서는 전 지구 지표 온도의 상승을 제한하더라도 해수면 상승, 남극 빙상 붕괴, 생물 다양성 손실 등 일부 변화는 불가피하며, 기후 위기가 심화할수록 급격하거나 비가역적인 변화가 일어날 가능성이 커진다고 밝혔다. 이미 일부 지역에서는 폭우, 홍수, 태풍 등의 극단적인 날씨 현상이 더 자주 발생하고 있다. 이는 농업, 식수 공급 등에 심각한 영향을 미친다.

이러한 상황에서 자동차 업계만 예외를 둘 수 없다. 어떤 기업도 미국과 중국 정부, 나아가 세계 주요 국제기구의 규제에서 벗어나지 못하기 때문이다. 전통 업체들은 전동화 개발 시간을 벌기 위해 총력을 다해 반격을 시도할 것이다.

IPCC 6차 보고서는 단기 대응 전략으로 온실가스 저배출 전기로 구동되는 전기차를 지목했다. 전기차가 완전히 무공해 자동차라서 선택된 것은 아닐 것이다. 그들이 머스크를 편애해서 전기차 시대를 앞당기려는 것도 아니다. 그들이 살아온 환경은 석유 경제의 후원으로 조성된 것이 압도적이기 때문이다.

세계 여러 과학자의 판단으로는 전기차가 온실가스 배출을 줄일 수 있는 단기적이고 현실적인 대안이라는 것이다. IPCC는 제58차 총회에서 통합적인 단기 기후 행동의 시급성을 강조한 제6차 평가 보고서를 만장일치로 승인했다. 보고서에 따르면 전기차는 기후 위기에 대응하기 위한 현실적인 대안 교통수단으로 인정받고 있다. 이 보고서는 전기차가 낮은 온실가스 배출 전기를 사용함으로써 육상 교통의 온실가스 배출을 대폭 줄일 수 있는 큰 잠재력을 가지고 있음을 높은 확신을 가지고 언급한다.

또한, 전기차 배터리 기술 발전은 중대형 트럭의 전기화를 촉진하고 기존의 전기 철도 시스템을 보완할 수 있다고 언급한다. 전기차 배터리 생산의 환경 파괴 범위environmental footprint와 중요 광물 수급에 대한 우려는 재료 및 공급 다양화 전략, 에너지 및 재료 효율 개선, 순환 재료 흐름을 통해 해결할 수 있다고 제시한다. 이는 전기차가 지속 가능한 교통의 미래를 위한 중요한 해결책 중 하나로 간주할 수 있음을 시사한다.

제2의 테슬라도 고전 중,
생각보다 높은 전기차의 진입 장벽

2022년 3월, 미국의 주간지 《타임Time》은 그해 가장 영향력 있는 100대 기업에 리비안을 포함하고 테슬라는 제외했다. 2022년 5월에는 영국 신문사 《파이낸셜 타임스Financial Times》는 리비안을 테슬라의 대항마로 보도했다.[23] 그러나 중국에서 만난 바이튼Byton의 사례를 통해 생산의 어려움을 극복하는 것이 새로운 기업들에게 여전히 큰 도전임을 알 수 있다.

매년 1월 미국 네바다 라스베이거스에서 열리는 CES는 세계 최대 규모의 ICT 융합 전시회다. 중국과 미국의 관계가 좋을 때는 상하이에서 아시아 시장 공략을 위한 CES ASIA도 개최되었다. 바이튼은 퓨처 모빌리티Future Mobility가 출시한 전기차 브랜드다. 2018년 CES ASIA의 키노트 연사로 바이튼 경영진이 선택되었고, 당시 기자 회견에 참석했을 때 테슬라의 대항마로 성장할 자신감을 엿볼 수 있었다. 전기차 제조와 자율 주행 모두 대단한 도전을 선언했기 때문이다.

그해 일본 경영학자 다나카 미치아키田中道昭가 출간한 책 《2022년의 차세대 자동차 산업2022年の次世代自動車産業》에서는 자동차 업계 구조의 붕괴를 보여 주는 증거 사례로 바이튼을 꼽았다.[24] 바이튼의 전기차는 스타트업이 개발한 것이 믿기지 않을 만큼 완성도가 높고, 첨단 기술과 세련된 디자인이 인상적이었다. 이처럼 당시 일부 업계 전문가들은 개발에 수십 년이 소요되는 내연 기관과 달리 전기차는 진입 장벽이 낮다고 주장했다.

바이튼은 중국 난징에 설립된 회사지만, 경영진의 상당수는 유럽 자동차 업계 전문가였다. 공동 설립자이자 기술 책임자 다니엘 키르셰르트^{Daniel Kirchert}는 독일 바이에른 출신으로, BMW의 중국 마케팅 판매 책임자 재직당시 매출을 크게 늘린 것으로 유명하다. 그는 중국 자동차 전문가로 불린다. 제품 개발 총괄자인 카르스텐 브라이펠^{Carsten Breitfeld}는 독일 니더작센 출신으로, 기계 공학 박사 학위를 가지고 있으며, BMW에서 i8 하이브리드 스포츠카 개발 프로젝트 리더 및 엔지니어링 부사장으로 근무했다.

바이튼은 중국 전기차 스타트업으로 시작했지만, 경영진은 대부분 자동차 업계 전문가들로 구성되어 성공할 가능성이 커 보였다. 2021년에 전기

사진 7-3 다니엘 키르셰르트가 바이튼 콘셉트카를 소개하고 있었다.
화려한 이목을 끌었던 작년과 달리 한적한 행사장 분위기가 인상적이었다.
(미국 라스베이거스 CES, 2020)

SUV를 출시하기로 한 바이튼은 여섯 번의 투자 중 다섯 차례 투자 금액이 84억 위안(약 1조 4,890억 원)을 넘어섰다. CES 2020에서 바이튼은 SK텔레콤과 양해 각서Uoumemorandum of Understanding, MOU를 체결했다.[25] 차량 내 인포테인먼트 시스템의 개발과 적용을 모색했다.

바이튼은 한 번 충전으로 주행 가능 거리가 500km가 넘고, 48인치 크기의 디스플레이를 탑재한 모델을 공개하며 큰 기대를 모았다. 미국과 중국에서 만난 바이튼의 콘셉트카 M-Byte에 앉아 보니, 큰 화면이 주행에 방해가 되지 않으려면 테슬라를 뛰어넘는 자율 주행 기술이 필요하겠다고 생각했다.

애플의 아이폰을 생산하는 폭스콘Foxconn은 전기차 생산을 위해 바이튼과 협력했다. 그러나 기대와는 달리 바이튼은 재정적 어려움을 극복하지 못하고 파산했다. 바이튼의 등장과 몰락을 목격하며, 머스크의 표현대로 자동차 프로토타입을 만드는 것은 쉽고 재밌지만, 신뢰할 수 있는 제품을 합리적인 가격에 대량 생산하는 일은 극도로 어렵다는 것을 실감할 수 있었다.[26]

리비안의 행보를 지켜봐도 마찬가지다. 기후 위기의 관점에서 리비안의 픽업트럭은 개인적으로 성공하길 바라는 전기차다. 그러나 현실은 냉혹하다. 2023년 6월, 미국의 주간지 《바론스Barron's》에 따르면 리비안은 나스닥 100 지수에서 퇴출당할 우려를 보도했다.[27] 2021년 11월 12일 129.95달러의 주가는 2024년 2월 23일에 10.07달러로 급격히 하락했다. 그해 4분기에 리비안은 17,541대의 차량을 생산하고 13,972대를 인도했으며, 이는 전년 대비 생산 가이드라인을 초과하는 성과였다.[28]

그러나 리비안은 여전히 생산 능력 확대, 공급망 관리, 비용 효율성 개선, 시장 점유율 확대 등 해결해야 할 과제가 산적해 있다. 리비안은 포드의 F-150 라이트닝Lightning, GMC의 허머 EV, 쉐보레의 실버라도 EV, 램의 1500 EV 등 기존 내연 기관 픽업트럭 강자들이 연이어 출시하는 전기 픽업트럭과 경쟁해야 한다. 설상가상으로 테슬라가 사이버트럭을 출시하며 픽업트럭 시장에서 큰 관심을 받고 있다. 물론 테슬라도 사이버트럭의 대량 생산이라는 과제를 안고 있다.

리비안과 달리 타임이 선정한 100대 기업에서 제외된 테슬라는 2023년 4분기 494,989대를 생산했고, 인도량은 484,507대를 기록했다. 그해 총 인도량은 1,808,581대로, 2017년 3분기 모델 3의 납차 대수가 불과 1,542대였던 것과 비교하면 놀라운 성과다.

이 과정에서 어떤 일이 있었길래 머스크는 콘셉트카를 디자인하는 것보다 공장 건설이 100배 더 어렵다고 강조했을까?

모델 3 초기와 비슷했지만, 다른 운명에 처한 피스커 오션

2024년에도 여느 때와 마찬가지로 언론은 테슬라의 주가 하락을 두고 회사가 몰락하는 것처럼 부정적인 보도를 이어갔다. 그러나 테슬라처럼 견고하게 버티는 전기차 제조사는 드물다. 2023년 한 해 동안 테슬라는 미국 시장에서 65만 대 이상 판매하며 점유율 50%를 넘겼고, 세계 시장에서 차량 판매 및 리스로 820억 달러 이상의 수익을 올렸다. 이는 전기차가 미국 신차 판매의 단 8%를 차지하고, 30개 전기차 제조사가 파산하거나 파산 위협에 처한 상황에서 벌어진 일이다.

테슬라 설립 이후 꾸준히 비판적인 보도를 해 온 CNBC도 머스크의 의견과 일치하는 부분이 있다. 그것은 스타트업의 파산과 별개로 전기차 시대는 막을 수 없다는 것이다. CNBC는 2019년 신차 판매의 2.4%에 머물던 전기차 점유율이 2035년에는 61%로 성장할 것이라고 확신한다.[29] 탄소 중립을 열망하는 국가들이 늘어나면서 전기차 판매량도 장기적으로 성장세를 기록할 것이다. 그러나 이러한 기회를 잡기 위해서는 막대한 자본을 활용한 대량 생산 역량과 첨단 소프트웨어의 수직 통합 관리가 필요하다.

덴마크 출신 헨릭 피스커^{Henrik Fisker}는 고급 자동차 디자인 실력으로 업계에서 유명하다. 머스크는 그의 도움을 받아 모델 S의 디자인 개발을 마치고 싶어 했다. 그러나 2008년에 머스크는 피스커가 플러그인 하이브리드 자동차 피스커 카르마^{Fisker Karma}를 위해 디자인과 사업 아이디어를 훔쳐 갔다고 주장했다. 피스커 오토모티브^{Fisker Automotive}와 창업자 피스커를 고소했지만, 법원은 피스커에게 유리한 판결을 내렸다.

피스커 오토모티브는 자신 있게 테슬라와 다른 길을 걷기로 했지만 2013년에 파산했다. 신기술에 대한 높은 개발 비용과 자동차 제조의 자본 집약적 특성을 극복하기 어려웠기 때문이다. 설상가상으로 그해 강력한 허리케인 샌디^{Sandy}가 뉴저지주 뉴어크 항에 있던 300대 이상의 피스커 카르마를 파괴했다. 이러한 죽음의 계곡을 테슬라도 모델 3를 제조하면서 피할 수 없었다.

피스커 카르마의 배터리는 중국 공급 업체로부터 품질 문제가 발생했고, 차량 자체적으로도 결함이 발생해 리콜하는 등 품질 관리 문제도 심각했다.

사진 7-4 독일 시장을 공략하겠다고 등장한 피스커의 전기차 SUV 알레스카
(독일 뮌헨, 2024)

그럼에도 피스커는 2016년에 뮌헨에서 피스커Fisker Inc. 전시장을 열었다.

2023년 9월에 키르셰르트는 도이체 벨레와의 인터뷰에서 바이톤이 실패했음에도 중국에서 전기차 사업에 재도전하는 이유를 밝혔다.[30] 첫째, 중국 정부가 스타트업이나 전통적인 대기업과 관계없이 성공적인 전기차 장려 정책을 시행했고, 둘째, 중국 자동차 제조 업체들의 경쟁력이 급속도로 강화되고 있어 중국 전기차 산업의 힘과 잠재력을 믿게 되었다는 것이다.

폭스바겐 그룹의 이사회 위원 토마스 슈말Thomas Schmall은 중국 업계를 자세히 지켜본 결과 그들의 개발 속도와 작업 품질을 존중한다고 했다. 그는 폭스바겐이 금속, 강철 등 하드웨어 구성 요소에서 강력한 우위를 점하고 있지만, 소프트웨어와 공급망에서는 어려움을 겪고 있다고 토로했다. 결국 전기차 시장 진입 시간이 중요한데, 이것이 중국 업체들의 큰 강점이라는 것이다.

과거 내연 기관 업계와의 전쟁에서 무참히 패배했던 것과 달리, 심각한 기후 위기로 인해 전기차는 피할 수 없는 운명과도 같다. 그러나 모든 업체가 승리하는 것은 아니다.

피스커는 2023년 8월 3일에 픽업트럭 알래스카Alaska를 공개하며 전기차 시장을 포기하지 않았다는 의지를 보였다. 그러나 많은 투자자는 피스커의 현금 보유량이 회사의 미래를 지탱하기에 부족하다고 판단했다. 그 결과, 피스커의 주식은 수요일 장외 거래에서 40% 이상 급락했다.[31]

2022년 미국 CES에서 피스커가 프리미엄 SUV 전기차 오션Ocean을 공개한 행사에 참여했다. 트렁크 유리창을 열 수 있는 점이 흥미로웠다. 더 흥미로운 사실은 피스커가 오션을 직접 생산하지 않는다는 것이다. 이는 BMW의 미니 시리즈를 생산한 마그나Magna International의 오스트리아 공장에 외주를 맡기기 때문이다.

2023년에 마그나는 오션을 10,193대 이상 생산했지만, 그중 절반도 고

헨릭 피스커는 전기차 시장을 포기하지 않았다.
(미국 라스베이거스 CES, 2022)

객에게 인도되지 않았다. 마커스 브라우니Marques Brownlee는 머스크가 출연하
는 1,870만 명이 구독 중인 유튜브 채널을 운영한다. 그는 2014년 2월 18
일에 자동차를 리뷰하는 별도의 채널에서 오션을 두고 '지금까지 리뷰한
차 중에 가장 최악'이라고 평가했다.[32] 브라우니는 하드웨어에 대한 비평보
다는 디스플레이 조작, ADAS 시스템 오류, 블루투스 페어링 실패 등 소프
트웨어 측면에서 혹평했다.

피스커의 주식은 2021년 2월 26일 주당 28.5달러까지 상승했지만,
2024년 8월 1일 기준 0.0037달러로 하락했다. 결국 2024년 6월 17일, 피
스커의 운영 자회사Fisker Group Inc.가 공식적으로 파산을 신청했다.[33] 한때 자
신감 있던 피스커는 현재 채무자 자금 조달과 자산 매각을 논의 중이다.

미국과 독일에서 피스커 오션에 대한 현지 평가를 지켜보면서 2017년
무렵 생산한 테슬라의 초기 모델 3가 떠올랐다. 모델 3 역시 도색 품질 저
하, 단차 등 품질 문제가 심각했다. 이는 테슬라가 프리몬트 공장의 생산
라인을 급격히 늘리면서, 페인트가 충분히 건조되지 않은 상태에서 생산

속도를 높였기 때문이다.

머스크에 따르면 2021년 12월이 되어서야 모델 3의 단차 문제를 해결하고 페인트 품질을 향상할 수 있었다.[34] 또한, 초기 모델 3의 트렁크 부품 개수는 지나치게 많았다. 2018년에 먼로가 모델 3를 분해하며 발견한 사실이다. 그는 400대 이상의 전기차를 분해한 것으로 유명하다.

먼로는 머스크에게 모델 3의 트렁크 부품 중 절반 이상이 불필요하다고 지적했다. 고집불통일 것 같던 머스크가 이를 수긍한 점은 흥미롭다. 먼로 라이브Munro Live 유튜브 채널에서 머스크가 먼로를 만나 테슬라 제조 전략을 개선하기 위해 허심탄회한 토론을 하는 모습을 볼 수 있다.[35]

테슬라가 모델 3를 본격적으로 양산하기 시작한 2017년 3분기에 납차 대수는 260대였다. 4분기에도 모델 3의 납차 대수는 1,542대에 불과했다.[36] 당시 테슬라는 대량 생산 경험이 부족해 온전한 생산 시스템을 구축하기 어려웠다. 머스크는 빠른 생산을 위해 많은 로봇을 도입했으나, 한정된 공간에 지나치게 많은 로봇을 설치한 것이 문제였다.

테슬라는 인간이 해야 할 최종 조립도 로봇에 맡기려 했지만, 로봇에게 문제가 발생하면 접근이 어려워 수리에 많은 시간이 소요되었다. 로봇은 모든 생산 과정에서 원활하게 활약하지 못했다. 그 결과, 생산 과정에서 병목 현상이 발생했다. 주요 원인은 머스크조차 예상하지 못했던 전지 팩과 차체의 느린 조립 속도였다. 2018년 4월, 머스크는 테슬라에서 과도한 자동화가 실수였음을 인정했다.[37] 이는 머스크가 인간의 생산 역량을 과소평가한 것이다. 이 무렵 머스크는 프리몬트 공장 바닥에서 잠을 자며 고군분투했다. 공매도 세력의 바람대로 테슬라가 망하는 것을 막기 위해서였다. 덕분에 직원들도 로봇 대신 직접 모델 3를 조립했다고 알려졌다.

로봇을 향한
일론 머스크의 오판

초창기 테슬라는 어떤 오판을 했던 걸까? 디자인, 엔지니어링, 제조 과정을 동시에 결합하는 조직 구성까지는 좋았으나, 제조 과정을 완전 자동화로 시급히 변경한 것이 패착이었다. 2015년 9월 3일, 머스크는 약 2년 후 생산을 시작할 예정이라면서 기가팩토리의 온전한 작동이 필요하다고 말했다.[38]

2016년 2월 11일에 머스크는 3월 31일 테슬라 매장에서, 4월 1일 온라인에서 모델 3 예치금 1,000달러를 납부할 수 있다고 발표했다.[39] 테슬라 매장은 명품 판매장에서 신제품을 출시할 때처럼 아침부터 대기하는 사람들로 북적였다. 2016년 3월 31일, 모델 3 발표 현장에서 머스크는 3만 5천 달러에 근접한 가격으로 구매가 가능하다고 했다. 이는 마스터 플랜 1의 세 번째 단계에 진입한 것이다. 불과 하루 만에 주문 수는 115,000건을 돌파하며 자동차 업계에서는 보기 드문 현상이 나타났다.

2017년 2월, 테슬라는 그해 7월 모델 3의 초기 생산을 시작으로 9월부터 본격적인 대량 생산에 들어간다고 예상했다.[40] 4분기에는 매주 5,000대 이상, 2018년부터 매주 1만 대 이상의 생산량을 보여 주겠다고 했다.

그러나 2017년부터 모델 3 인도가 시작됐으나, 4분기 모델 3의 인도량은 1,542대, 생산량은 2,425대에 불과했다. 약 45만 명이 모델 3를 예약했으니, 1년 동안 예치금을 맡긴 사람들은 차량 출시 지연에 불안감이 커지기 시작했다. 그해 10월, 머스크는 테슬라가 생산 지옥에 빠졌으며 현재 생산에 큰 문제가 발생해 매우 어려운 상황이라고 고백했다.[41]

2018년 2월, 테슬라는 모델 3의 생산 목표를 1분기 말까지 매주 2,500대, 2분기 말까지 매주 5,000대로 설정했다.[42] 그해 9월, 머스크는 테슬라가 생산 지옥에서 이제 물류 지옥으로 넘어왔다고 토로했다.[43]

이처럼 자동차를 생산하고 고객이 원하는 시점에 첨단 기술을 탑재해 출시하는 것은 어려운 일이다. 테슬라는 2018년에야 모델 3를 총 145,846대 생산하여 고객에게 배송할 수 있었다. 2019년에는 302,301대, 2020년에는 중국 상하이 기가팩토리에서 연간 25만 대 이상을 생산하기 시작했다.

로드스터, 모델 S, 모델 X와 달리 모델 3는 전기차가 진정으로 대중 시장에서 통할 수 있음을 증명해야 했다. 따라서 모델 S보다 더 작은 차체에 효율성을 강화하고, 모델 S나 모델 X에서 긍정적으로 반응했던 기능들을 탑재하면서 훨씬 더 저렴하게 제작해야 했다. 이 과정에서 생산 공정을 혁신해 속도를 높이려 했던 것이 오히려 생산 지옥에 빠지게 된 원인으로 작용했다.

테슬라는 로봇을 대량으로 사들이기보다는, 토요타처럼 인간의 생산성을 먼저 정확히 분석하고 로봇이 꼭 필요한 곳에만 설치했어야 했다. 공급망 문제와 공장 내 병목 현상으로 인해, 모델 3는 2017년 말에도 대량 생산에 진입하지 못했다.

2018년 4월에 머스크는 테슬라에서 지나치게 자동화를 추진한 것이 실수였다고 고백했다. 그의 오판으로 인해 테슬라가 생산 지옥에 빠졌다는 것이다.[44] 모델 3의 배터리 팩 상단에는 절연 및 소음 감소를 위해 부드러운 유리섬유 매트를 접착제로 부착해야 했는데, 테슬라는 밀린 주문량을 해소하기 위해 플러퍼봇Flufferbot이라는 로봇을 도입했다. 그러나 이 로봇은 부드러운 덮개를 제대로 잡지 못했고, 자동화 시도가 오히려 근로자의 생산성에 악영향을 미쳤다. 결국 2분기 말까지 매주 5,000대를 생산하겠다는 목표는 달성하지 못했다.

2018년 1분기 실적 발표 자리에서 다시 한번 머스크는 지나치게 자동화에 몰두한 나머지 어리석은 일들을 벌였다고 토로했다. 그만큼 이 시기가 지옥처럼 느껴질 정도로 힘든 것이다.[45] 결국 테슬라는 부품을 전달하는 공정에서 로봇을 제거하고, 프리몬트 공장 외부에 대형 텐트를 설치해 인간 근로자 중심의 생산 라인을 설치해야 했다.

설상가상으로 팬데믹은 테슬라를 물류 지옥으로 이끌었다. 2009년에 입사해 테슬라 공급망 부사장Vice President으로 승진한 로샨 토마스Roshan Thomas는 인베스터 데이에서 지난 3년이 정말 힘들었다고 고백하며, 팬데믹이 공급망 관리의 수준을 완전히 바꿔 놓았다고 말했다.[46] 테슬라 역시 팬데믹으로 인해 글로벌 공급망의 기존 취약성이 노출되었고, 전례 없는 운영 유연성과 탄력성이 필요해졌다. 토마스는 당시 미국 서부 해안 항구들이 혼잡해 선박들의 예상 도착 시간이 75% 이상 벗어났다고 설명했다.

토마스는 자신이 단순한 공급망 담당자가 아니라고 강조했다. 그의 팀은 소매를 걷어붙이고 주 정부, 도시 관리자, 시장들과 협상하며 테슬라의 공급 업체가 운영을 재개할 수 있도록 도왔다. 물류 시스템의 정확성이 35% 미만이었으니 칩 부족 사태가 발생했다. 인베스터 데이에서 테슬라 공급망 부사장 칸 부디라즈Karn Budhiraj는 이 시기를 악몽이라고 표현했다. 팬데믹 상황은 테슬라가 새로운 난관에 적응하도록 강요했기 때문이다.

그는 당시 자신의 팀이 한 번에 하나의 문제를 해결해야 했으며, 정부 관계자들에게 많이 의존했다고 회상했다. 팬데믹은 국가별로 다른 시기에 발생했지만, 자동차를 만들기 위해서는 모든 부품이 필요했기에 이 상황은 더욱 복잡했다.

어느 시점에서든 한 공장이 문을 닫거나 정부가 특정 지역의 공장을 폐쇄하길 원했기 때문에 테슬라는 새로운 규칙을 배우고 논점을 만들어 내며 팀을 활용해 이를 해결해야 했다. 부디라즈는 이 과정이 어려웠지만, 좋은 경험이었고 많은 것을 배웠다고 소감을 밝혔다.

토마스는 이중 소싱의 기반을 마련했고, 많은 경우 테슬라가 단순화한 부품과 공급망 디자인 덕분에 팬데믹 시기에 동종 업계보다 훨씬 나은 상태로 견딜 수 있었다고 강조했다. 그렇다면 어떻게 하루에 0대에서 40,000대의 전기차를 생산하게 되었는지, 그리고 마스터 플랜 3의 목표로 선언한 연간 2천만 대 생산량을 어떻게 달성할 수 있을지 의문이 생긴다.

테슬라는 인베스터 데이에서 마스터 플랜 3를 실행할 준비를 위한 기반을 마련했다고 선언했다. 테슬라의 전략을 요약하자면 공급망 디자인의 단순화다. 테슬라는 공급망의 각 단계에서 더 많은 통제를 확보할 것이며, 그들의 오랜 파트너들과 함께 지속 가능한 성장을 추구한다.

부디라즈는 테슬라는 애플과 매우 다르다고 강조했다. 애플은 제조를 외주화하지만, 테슬라는 내부에서 수행한다는 것이다. 그래서 테슬라에게 공급망은 매우 중요한 위치에 있다고 말했다. 그의 발언이 의미하는 바는 무엇일까?

생산 지옥과 물류 지옥에서 깨달은
소중한 가치

부디라즈는 인베스터 데이에서 모델 S와 모델 X의 플랫폼에서 모델 3와 모델 Y 플랫폼으로 확장하면서 관련 부품 수가 감소했음을 보여 주었다. 모델 S와 X 플랫폼에는 티어 1$^{Tier 1 parts}$ 공급 업체가 3,400개, 티어 2 공급 업체가 21,000개의 부품을 공급했지만, 모델 3와 Y 플랫폼에는 티어 1 공급 업체가 2,100개, 티어 2 공급 업체가 19,000개의 부품을 공급한다.

티어 1 공급 업체는 테슬라의 5개 공장에서 필요한 부품을 직접 제조하고 공급하며, 티어 2 공급 업체는 티어 1 공급 업체에 부품을 공급하는 역할을 한다. 이처럼 최종 고객인 테슬라가 요구하는 제품들의 공급망에 따라 공급 업체는 티어 6 수준까지 내려갈 수 있다.

테슬라는 복잡한 공급망을 간소화하기 위해 설계 엔지니어들이 차를 더 간단하고 제조하기 쉽게 만들도록 했다. 부디라즈에 따르면 테슬라는 공급 업체들을 단순한 하청 업체가 아닌 함께 지옥을 겪은 유능한 파트너로 여긴다. 그 결과, 2017년 모델 3에 처음 탑재된 15인치 디스플레이는 시간이 지남에 따라 비용을 줄였고, 무게와 전력 소모도 감소했다. 테슬라가 공급망을 간소화하면서 차량 성능을 향상할 수 있는 목표 중 하나는 60년 동안 사용해 온 12볼트 시스템을 변경하는 것이다.

내연 기관 자동차들은 12볼트 시스템으로 시동, 조명, 오디오 및 인포테인먼트, 파워 윈도우, 파워 스티어링, 와이퍼 등을 작동시켰다. 전기차로 전환되면서 차량 내부에서의 전력 수요는 증가했고, 200암페어^{ampere} 이상의 전류를 운반하기 위해 큰 전선이 필요해졌다.

그러나 이러한 추세로 인해 차량 전체의 질량과 제조 비용을 증가시키는 문제가 발생한다. 테슬라는 인베스터 데이에서 사이버트럭과 이후 모든 차량 플랫폼에 48볼트 시스템을 적용하기로 선언했다. 48볼트 시스템은 기존 12볼트 시스템보다 높은 전압을 제공한다. 이를 통해 전기 흐름을 기존 시스템의 4분의 1 수준으로 줄일 수 있다. 높은 전압으로 인해 같은 양의 전력을 전달하기 위해 더 적은 전류가 필요하기 때문이다.

전류가 4분의 1로 줄면 전력 손실은 16분의 1로 줄어든다. 즉, 와이어를 통해 이동할 때 발생하는 에너지 손실이 크게 감소한다. 전압을 높이면 동일한 전력을 전달하기 위해 필요한 전류를 줄일 수 있어 배선이 가늘어지고, 전력 손실이 줄어들어 전체 차량 질량과 제조 비용이 감소할 수 있다.

또한, 전류를 줄임으로써 전선의 전기 저항으로 발생하는 열이 많이 감소한다. 48볼트 시스템 구현으로 방열판^{Heat sink}의 크기를 줄이거나 완전히 제거할 수 있어, 차량 전장 부품이 작동 시 발열이 적다는 것을 의미한다. 이는 차량 내 에너지를 분배할 때 더 작은 전선과 E-퓨즈 등 관련 부품의 질량을 줄일 수 있게 한다. 이러한 변경은 차량의 전기 시스템 효율성을 크게 향상시키고, 와이어의 두께를 줄여 차량의 무게를 감소시키며, 물류 과정을 축소해 전체적인 제조 비용을 절감할 수 있다. 테슬라는 사이버트럭을 시작으로 향후 모든 테슬라 플랫폼에 48볼트 시스템을 적용하려고 한다.

테슬라는 모델 Y에 처음으로 히트 펌프^{Heat Pump} 시스템을 도입해 현재 모

델 3, S, X 등 모든 플랫폼에서 사용하고 있다. 히트 펌프는 새로운 개념이
아니다. 에어컨을 거꾸로 돌린 것과 같다고 생각하면 이해하기 쉽다. 에어컨
시스템은 차량이나 집 안의 열기를 빼내 더 더운 외부 환경으로 밀어내지만,
히트 펌프는 추운 외부에서 열을 수집해 차 안으로 밀어 넣는 역할을 한다.[47]
따라서 히트 펌프는 열을 생성하지 않고 열을 이동시키는 역할을 한다.

테슬라의 마스터 플랜 3의 주요 목표는 가정, 사업, 산업 등 모든 화석 연
료 난방을 히트 펌프로 대체하는 것이다. 수석 부사장 드류 바글리노[Drew
Baglino]는 인베스터 데이에서 건물을 난방하는 데 필요한 총에너지를 약 3배
줄일 수 있다며 이것이 필수적인 작업임을 강조했다.[48]

일반적으로 전기차에 히트 펌프 시스템을 적용하면 많은 부품이 필요해
진다. 그러나 테슬라는 이 시스템의 이점을 유지하면서도 제조 과정의 복
잡성을 줄이고자 했다. 이 목표를 달성하기 위해, 테슬라는 인쇄 회로 기판
[Printed circuit board, PCB]의 구조에서 영감을 받아 히트 펌프의 구성 요소를 효율
적으로 배열하고 연결하는 방법을 개발했다.

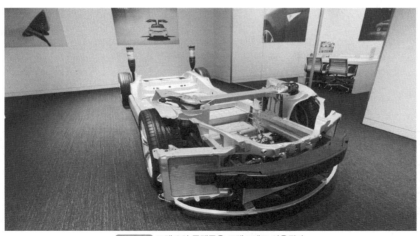

사진 7-6 모델 S의 플랫폼은 모델 X에도 사용된다.
(일본 테슬라 오사카 쇼룸, 2024)

테슬라는 PCB의 이중 층 구조를 모방해 히트 펌프의 구성 요소를 간소화함으로써 제조 복잡성을 크게 줄였다. 이 방식을 통해 상부층에는 냉매 시스템을, 하부층에는 냉각 부품과 튜브를 배치했다. 즉, 전통적인 자동차에 필요한 약 20개의 별도 부품들을 슈퍼 매니폴드super manifold라는 단일 어셈블리로 통합함으로써, 제조 복잡성을 대폭 감소시켰다.

팬데믹 동안 테슬라는 전 세계의 다양한 공급 업체와 함께 100개 이상의 부품을 원격으로 조율해야 했다. 이 과정에서 생산성 향상을 위해 슈퍼 매니폴드 관련 부품을 반자동 라인으로 신속하게 전환했다. 그러나 여전히 품질 문제가 발생해 완전 자동화만이 유일한 해결책이라고 판단했다. 테슬라는 자동화에 앞서 3D 시뮬레이션을 제작했다. 이 시뮬레이션을 통해 복잡한 하위 조립품을 모두 포함하여 부품 제작에 관여할 공급 업체의 공장 배치도에 접근하고, 반복과 공정 최적화를 거듭했다. 테슬라는 공급 업체와 긴밀하게 조율하여 정확히 어떤 장비를 구입하고 테스트할지 결정했다.

그 결과, 불과 8개월 만에 완전 자동화 라인을 구현하는 성과를 냈다. 슈퍼 매니폴드를 만드는 데 1,000명이 필요했던 생산 라인은 이제 단 10명만으로 운영할 수 있다. 또한 품질도 크게 향상되어 결함률을 0.005% 미만으로 줄였으며, 두 개의 축구장 크기 공장에서 7초마다 하나씩 생산하고 있다.

테슬라는 모델 S와 X 플랫폼 개발을 위해 많은 공급 업체를 파트너로 초대했는데, 이는 어떤 공급 업체가 기술적, 재정적, 문화적 능력을 갖추고 자신들과 어울릴 수 있는지 판단하기 위함이었다. 이러한 노력 덕분에 모델 3와 Y 플랫폼을 다루는 공급 업체의 수를 극적으로 줄일 수 있었다.

테슬라는 생산과 물류의 어려움을 극복하며 복잡한 조립 과정을 최적화했다. 앞으로 더 많은 공급 업체에 이러한 사고방식을 적용할 계획이다. 이것이 테슬라가 연간 2,000만 대 차량 목표를 자신 있게 달성할 수 있다고 생각하는 이유다.

레버를 제거한
신형 모델 3

독일 IAA 모빌리티 2023에서 처음 등장한 테슬라는 신형 모델 3를 공개했다. 니오의 CEO 윌리엄 리가 이 차량을 유심히 관찰하며 통화했던 기억이 떠오른다. 그는 신형 모델 3에서 중국 전기차와 어떤 차이를 발견했을까?

모델 3 하이랜드^{Highland}라고도 불리는 신형 모델 3를 자세히 관찰하면서 가장 먼저 눈에 띈 것은 물리적 레버의 제거와 은은하게 빛나는 LED 라이트였다. 기존 모델 3를 운전해 봤기에 터치스크린을 중심으로 한 대시보드의 변화를 알아챌 수 있었다. 대시보드부터 1열, 2열 문까지 은은하고 세련된 분위기를 제공하는 앰비언트 라이트가 장착되었다. 송풍구도 가로로 크게 만들어 쾌적한 느낌을 주려고 한 노력이 엿보였다.

이러한 시도는 테슬라가 프리미엄 시장을 목표로 하는 자동차 디자인의 추세를 따르려 했다는 것을 유추할 수 있다. 앰비언트 라이트는 더욱 고급스럽고 편안한 실내 환경을 조성하는 데 도움을 주며, 실내 공간을 더 넓고 개방적으로 느껴지게 하고 탑승자에게 세련미를 선사한다.

모델 S처럼 방향 지시등 레버도 삭제되고, 운전대 왼쪽에 버튼으로 대체되었다. 방향 지시등을 작동하면 버튼은 진동으로 상황을 알려 준다. 상향등, 와이퍼도 모두 운전대에 있는 버튼을 눌러야 작동된다.

주행, 후진, 주차를 하려면 메인 터치스크린에서 주행 아이콘을 눌러야한다. 스마트폰을 터치하는 것과 비슷하다. 물리적인 도구를 더 많이 삭제했기에 디지털에 익숙하지 않은 사람에게는 다소 불편할 수 있다. 그러나대부분 한 시간만 주행하면 조작에 익숙해질 것이다.

테슬라의 관점에서는 원가 절감을 위해 레버를 삭제하는 것이 중요하다.고객이 다소 불편할 수 있지만, 양쪽 레버를 줄이면 비용 절감 효과뿐만 아니라 생산 과정을 간소화해 출고 속도를 높일 수 있다. 레벨 3 이상의 FSD시대에 돌입한다면 이러한 결정은 옳은 판단이 될 것이다.

메인 터치스크린의 경우 디스플레이 밝기가 더 좋아지고, 터치 감도도섬세해졌다. 전통적인 자동차 업계에서는 애플의 아이패드보다 크고, 아이폰처럼 선명한 화면과 빠른 작동이 가능한 차량용 스크린을 제공하지 못하고 있다. 애플이 판매하는 아이패드 중 가장 큰 아이패드 프로 디스플레이

사진 7-7 신형 모델 3에서는 양쪽 레버가 사라졌다.
(독일 IAA 모빌리티, 2023)

는 12.9인치다. 반면, 모델 3와 모델 Y의 터치스크린 디스플레이는 15인치다. 신형 모델 3는 베젤이 더 얇아져 미세하지만, 더 넓은 화면에서 콘텐츠를 즐길 수 있다. 물론 인포테인먼트 시스템은 애플 생태계처럼 다양한 앱과 콘텐츠를 제공하지 않는 점은 개선 사항으로 남아 있다.

테슬라는 인베스터 데이에서 밝혔듯이 모델 3의 경우 15인치 디스플레이가 2017년부터 장착되었다. 테슬라는 항상 차량의 모든 부품을 개선하려고 노력하고 있으며, 이러한 제조 기술은 자동차뿐만 아니라 다른 제조업체들도 주목해야 할 부분이다. 같은 맥락에서 변속기 버튼도 천장에 작게 탑재했다.

테슬라의 표현대로 당근을 깎는 것처럼 디스플레이 비용을 최종적으로 24% 줄이고, 무게도 12% 줄이며, 전력 사용량도 33%나 줄였다. 동시에 디스플레이 밝기를 50% 증가시키고 색 정확도를 개선했다.

테슬라가 차량 무게를 줄이고 제조 공정을 단순화하기 위해 노력한 흔적이 모델 3에서도 엿보인다. 모델 S 이후 테슬라는 몇 년 동안 모델 3에서 인포테인먼트 컴퓨터, 에어백, 모터, 배터리 등을 제어하는 장치들을 통합하거나 직접 설계하기 시작했다. 이를 통해 전선 수와 무게가 크게 줄어들어 모델 S에서 모델 3로 전환될 무렵 배선 장치wire harness의 무게가 17kg 감소했다. 3만 개의 부품이 장착된 내연 기관 차량과 비교하면 큰 성과로 볼 수 있다. 이는 생산 비용을 줄이고 복잡성을 낮춰 자동화할 수 있는 영역을 확장하며 생산 속도를 높일 수 있기 때문이다.

신형 모델 3는 기존 모델 3와 달리 2열에도 8인치 터치스크린 디스플레이를 추가하여 유튜브 영상, 음악 감상, 넷플릭스 영화 시청 등 다양한 콘텐츠를 선명한 화면으로 즐길 수 있다. 1열과 마찬가지로 물리 버튼은 없으며, 2열에서도 1열 조수석 좌석 위치를 이동시키고 에어컨 통풍 방향을 조정할 수 있어, 장거리 주행 환경을 더욱 쾌적하게 만든다.

물론 디스플레이의 위치와 모델 S보다 작은 크기를 고려하면 장시간 콘텐츠에 집중하기는 어려울 것이다. 그래도 2열에 디스플레이가 있다는 점은 지루함을 참지 못하는 어린이에게 좋은 옵션일 것이다. 17개의 스피커가 장착되어 있어 아이들에게는 자동차가 움직이는 거실처럼 느껴질 수 있다. 1열 디스플레이와 별도로 2열 디스플레이도 제어가 가능하며, 온도 조절도 개별적으로 할 수 있고, 넷플릭스와 유튜브를 시청할 수 있다.

전통적인 자동차 회사는 자율 기능을 위해 다양한 유형의 센서와 하드웨어를 통합하는 데 중점을 둔다. 반면, 테슬라는 소프트웨어와 최소한의 디자인을 강조한다. 이러한 대조는 자동차 기술의 미래에 대한 서로 다른 비전을 보여 준다. 또한, 하이랜드 모델에도 여전히 자율 주행을 위한 라이다나 레이더 센서가 없다. 이를 통해 머스크의 자율 주행 철학이 변하지 않았음을 알 수 있다. 카메라 기반 시스템에 대한 테슬라의 자신감은 복잡한 운전 환경을 해석하고 탐색하는 소프트웨어의 능력에 대한 머스크의 믿음을 반영한다.

2023년 12월, 오토파일럿 기능에는 차선 유지 보조, 측면 충돌 보조, 자동 긴급 제동뿐만 아니라 교차 교통 긴급 제동 기능이 추가되었다.[49] 차량 엔지니어링 부사장 모래비는 테슬라의 자동 긴급 제동 시스템이 경쟁 업체와는 다른 차원의 기술임을 강조했다. 오토파일럿 시스템은 카메라를 통해 좌우로 더 멀리 보고, 실시간으로 데이터를 축적하고 분석할 수 있어 사고 가능성을 지속적으로 줄여 준다. 다른 차량들과 달리 테슬라 구매자는 OTA 업데이트를 통해 시간이 지날수록 더 나은 기술 혜택을 받을 수 있다.

신형 모델 3의 주행 성능도 인상적이다. 승차감은 기존 모델보다 부드럽고, 후륜 구동의 경우 급가속 시에도 차량 전면이 흔들리지 않는 안정감을 제공한다. 내연 기관 차량이었다면 불안할 수 있는 상황에서도 안정적인 주행이 가능하다.

내연 기관 차량은 무게 중심이 앞쪽에 있고, 모터와 구동 휠이 뒤쪽에 있어서 눈이나 비가 오는 노면에서는 주행이 불안정하다. 그러나 테슬라 전기차는 타이어뿐만 아니라 눈이 쌓인 언덕에서도 안정적인 주행이 가능하다. 무게 중심을 전방과 후방에 50대 50으로 배분하고, 하부에 배터리를 장착해 후륜에 많은 하중을 보내 견인력을 강화했기 때문이다.

모래비는 테슬라의 모터가 미끄러짐을 감지하고 10밀리초 이내에 반응하여 초당 100번의 제어가 가능하다는 점을 강조한다. 내연 기관 차량은 토크를 생성하고 구동 시스템을 통해 전달하는 데 시간이 필요해 약 0.25초가 걸린다. 즉, 미끄러짐을 감지하더라도 신속하게 처리하기 어렵다.

솔라시티,
이상과 허상 사이 (2016년)

들어가며

테슬라는 전기차 제조 업체로 유명하지만, 에너지 혁명에도 큰 관심을 두고 있다는 사실을 모르는 사람이 많다. 테슬라가 혁신하려는 분야는 도로에만 국한되지 않는다. 테슬라는 그리드Grid도 혁신하는 중이다.

그리드는 전기가 생성되는 곳에서 소비되는 곳까지 효율적으로 전기를 전달하는 광범위한 시스템이다. 이는 건물, 산업 시설, 학교, 주택 등에 전력을 공급하는 현대의 중요한 공학적 업적 중 하나다. 그리드는 다양한 발전 시설에서 생성된 전력을 장거리를 통해 최종 사용자에게 전달하며, 발전소, 송전선, 변전소, 변압기 및 배전선이 포함된다. 테슬라가 그리드의 안전성을 지원한다는 것은 그리드 전반에 걸쳐 일관되고 안정적인 전기 흐름을 유지하는 것을 의미한다.

솔라시티 인수를 통해 테슬라는 파워월Powerwall을 개발하여 그리드의 안정성과 효율성을 향상시키고 재생 가능 에너지의 사용을 촉진하고 있다. 파워월은 태양광 패널 또는 그리드에서 생성된 전력을 저장하는 홈 에너지 저장 장치다. 이를 통해 사용자는 필요할 때 전력을 사용할 수 있다.

파워월은 테슬라의 태양광 장치 솔라 루프^{Solar Roof}나 솔라 패널^{Solar Panels}, 또는 그리드에서 발전한 전력을 저장할 수 있다. 파워월은 저장한 전력을 필요에 따라 다양한 용도로 사용할 수 있으며, 이는 테슬라 전기차에 배터리 충전을 포함한다. 이처럼 파워월은 태양광 패널과 결합해 재생 가능한 에너지 사용을 극대화한다.

그러나 파워월은 초기 설치 비용이 많이 들며, 지역에 따라 경제적으로 적합하지 않을 수 있다. 일부 사용자는 높은 설치 비용과 장기적인 투자비 회수에 대해 우려를 표출한다.

파워월이 현대 가정에서 에너지 저장 및 관리 솔루션으로서 가지고 있는 잠재력을 살펴보고, 더 많은 대중에게 다가서기 위해 극복해야 할 난관들도 고찰해 보려 한다.

5차 전쟁에서도
전기차는 패할 것일까?

중국, 독일, 노르웨이 등의 일부 유럽 국가들과 캘리포니아와 몇몇 주에서 전기차가 크게 성장하고 있음에도 불구하고, 전기차는 아직 글로벌 현상이 아니다. 아파트 문화가 강한 한국이나 개발 도상국에서는 높은 구매 비용과 충전 인프라 부족으로 인해 판매가 더디고, 일본과 같은 내연 기관 왕국은 하이브리드 자동차를 고집하며 100% 순수 전기차 시대를 거부하고 있다. 그렇다면 이번에도 전기차 시대는 끝난 것일까?

다보스포럼으로 유명한 세계 경제 포럼The World Economic Forum은 2030년까지 전 세계 온실가스 배출량 저감 목표를 달성하기 위해 연간 전기차 판매량이 18배 증가해야 한다고 추정했다.[1] 그들이 테슬라를 편애해서 이런 주장을 하는 것은 아닐 것이다. 이는 지구 온난화로 인한 기후 변화에 대응하기 위한 필수적인 조치로 간주되는데, 이런 맥락에서 지구 표면의 평균 온도 상승이 가져오는 위험을 고려할 때, 과학자들이 이를 심각하게 다루는 것은 당연하다.

지구 표면의 평균 온도가 1℃ 상승하는 것이 얼마나 두려운 일이기에 세계 여러 과학자가 지구 생태계에 사형 선고가 떨어졌다고 주장하는 것일까? 왜 198개국의 과학자들은 기후 위기의 대안으로 전기차를 선택했을까? 과학자의 관점에서 보면 세계적인 기후 위기, 환경 파괴, 유한한 천연 자원은 내연 기관 자동차의 종말을 요구하는 명백한 요소들이다.

국제 에너지 기구International Energy Agency는 최근 몇 년 동안의 전기차 판매 성장이 지속된다면, 자동차에서의 이산화 탄소 배출량을 2050년까지 순 배출 제로 시나리오와 일치시킬 수 있다고 강조한다.[2]

테슬라는 마스터 플랜 3에서 IEA의 자료를 바탕으로 세계 에너지 흐름을 분석한 결과, 에너지의 상당 부분이 폐열로 손실되는 현재 에너지 경제의 비효율성을 지적했다. 특히, 화석 연료는 시스템에 많은 양을 투입하여 에너지 추출, 정제 및 전력 생산 과정에서 상당한 손실을 초래한다는 점을 강조했다.

2006년 3월에 테슬라 합류한 드류 바글리노는 무수히 많은 퇴사한 임원들 사이에서 폰 홀츠하우젠과 함께 오랫동안 머스크 곁에 남아 수석 부사장으로 승진했다. 그는 모델 S를 시작으로 18년 동안 근무하면서 테슬라의 배터리 관련 전문가로 성장했다(물론 그는 2024년 4월에 퇴사하여 테슬라의 미래에 부정적인 영향을 미친다는 소문도 돌았다).

바글리노는 인베스터 데이에서 전 세계 에너지의 80% 이상이 화석 연료에서 오며, 이 중 단지 3분의 1만이 유용한 작업이나 열로 전달된다고 지적했다. 머스크는 휘발유 자동차의 경우 휘발유에 있는 에너지의 3분의 1 미만, 때로는 25%만이 운동 에너지로 변환된다고 강조했다.

나머지 에너지는 불필요한 폐열로 전환되며, 석유를 추출하고 정제하며 휘발유를 주유소까지 운송하는 데에도 많은 에너지가 필요하다는 것이다. 전형적인 휘발유 차량의 경우, 석유에서 나오는 에너지의 20% 미만만이 실제로 운동 에너지로 사용된다.

머스크는 지속 가능한 에너지 생태계를 만들기 위해 전기 문명과 내연 문명이 동일한 에너지양을 필요로 한다고 가정하지 말라고 강조한다. 이는 사실이 아니라는 것이다. 연소 과정에서 대부분의 에너지가 폐열로 소모되기 때문이다. 바글리노는 연료를 연소시키고 최종 사용 지점까지 운반하는 과정에서도 많은 에너지가 손실된다고 지적했다. 테슬라는 IEA의 2019년 자료를 바탕으로 연간 총 1차 에너지 공급량을 165페타와트시^{PWh}로 규정한다. 페타와트시는 1킬로와트시의 1조 배에 달한다.

165PWh 중 화석 연료 총공급량은 134PWh를 차지한다. 화석 연료를 추출하고 정제하는 과정에서 37%^{61PWh}가 손실되며, 화석 연료 산업의 자체 소비와 전기 발전 중 변환 손실로 최종 소비자에게 도달하기 전에 27%^{44PWh}의 에너지가 소진된다.

궁극적으로 1차 에너지 공급량의 단 36%^{59PWh}만이 경제에 유용한 작업이나 열을 생산하는 데 사용된다. 이는 재생 에너지 및 전기 자동차와 같은 보다 효율적인 기술을 통해 에너지 효율성을 향상하고 폐기물을 줄일 수 있는 상당한 잠재력을 나타낸다.

테슬라는 최종 사용 효율성과 모든 단계의 효율성을 통해 총에너지 사용량을 절반으로 줄이는 것을 목표로 한다. 이들이 전기화에 몰두하는 가장 중요한 이유는 지속 가능한 에너지 경제를 훨씬 쉽게 달성할 수 있다고 판단했기 때문이다.

구글 신사옥에서 생각해 본
테슬라의 미래

세계 인구의 가장 부유한 1%가 전 세계 부의 약 45.8%를 소유하고 있지만, 가장 가난한 절반은 단 1.3%만을 소유하고 있다.[3] 그리고 세계에서 가장 부유한 사람 26명이 전 세계 인구의 하위 50%와 같은 재산을 보유하고 있는 것으로 나타났다.[4] 극소수 부자들의 관점으로 세상을 바라본다는 것이 어떤 의미가 있을까?

2023년 6월, 영국의 평균 온도는 15.8℃로, 1884년 이후 가장 높은 수치를 기록했다. 영국 국립대기과학센터National Centre for Atmospheric Science, NCAS의 과학자 로완 서튼Rowan Sutton은 영국에서 가장 따뜻한 10년이 모두 2002년 이후에 발생했다고 지적했다. NCAS에 따르면, 2023년 7월 3일의 세계 평균 기온은 17.01℃로 지구 역사상 가장 더운 날이 되었고, 불과 며칠 만에 7월 4일에는 17.18℃, 7월 6일에는 17.23℃로 상승했다. 산업화 이전부터 지구 표면의 평균 온도는 약 1℃ 상승했으며, 가장 따뜻한 18년 중 17년이 21세기에 발생했다.[5]

이처럼 기후 위기가 심각한 상황에서도 세계 최고의 부자 26명 중 단 한

명도 지구에서 탈출할 수 없는 상황이다. 이들은 세계 여러 분야의 산업, 정부, 글로벌 정책을 형성할 수 있는 막강한 경제적, 사회적 힘을 가지고 있지만, 여전히 나머지 79억 명과 함께 병들어가는 지구에서 살아가야 한다. 일부는 스페이스X가 화성에 진출해 다행성 종족 시대를 구축하기를 바랄 것이다. 최소한 그곳으로 탈출할 수 있는 재산은 가지고 있기 때문이다.

물론, 선별은 머스크가 할 것이기에 돈만으로는 해결되지 않을 수 있다. 미지의 개척지로 떠나는 상황에서 지구 기준의 영향력은 무의미할 수 있다. 부자보다 과학자, 의사, 간호사, 그리고 이들을 도울 옵티머스^{Optimus} 로봇이 우선순위를 차지할 수 있다.

기후 위기의 심각성과 탄소 배출의 영향을 고려할 때, 가장 부유한 사람들이 지속 가능한 운송 및 전기 자동차 산업에 중점을 두는 회사를 지원하는 것은 논리적이다. 그러나 그렇다고 해서 그들 모두가 테슬라에 투자하지는 않는다.

세계 상위 10위 부자로 알려진 워런 버핏^{Warren Buffett}이 투자한 BYD가 중국 자동차 시장에서 최초로 폭스바겐과 테슬라를 제치고 판매량 1위를 기록한 것처럼 말이다.[6] 물론 버핏이 단순히 환경을 위해 전기차에 투자했다기보다 기후 위기라는 시대적 배경과 중국 정부의 막대한 육성 정책에 따른 재정적 동기가 강했을 것이다.

세계 3위 부자로 알려진 제프 베이조스의 블루 오리진과 머스크의 스페이스X 사이에는 치열한 경쟁과 자존심을 건 논쟁과 소송이 있었다. 그러나 이들이 모두 인정하고 주시하는 것은 우주에서 바라본 지구의 불안정한 상태다.

시가 총액 2,770조 원(2024년 7월 11일 기준)의 아마존 설립자 제프 베이조스는 기후 위기의 심각성을 인식해 100억 달러 규모의 베이조스 지구 펀드^{Bezos Earth Fund}를 조성했다. 이 펀드는 과학 연구, 재생 가능 에너지, 환경

문제 해결을 위해 과학자, 활동가, NGO 등을 지원한다.[7]

한때 머스크의 친한 친구였던 구글의 공동 설립자 래리 페이지Larry Page는 세계에서 가장 부유한 사람 중 하나로, 그의 순자산은 약 1,228억 달러로 추정되며 이는 세계에서 9위에 해당한다.[8]

구글 신사옥 베이 뷰Bay View를 방문했을 때, 용비늘dragonscale로 불리는 태양광 패널이 눈에 띄었다. 은색의 태양광 패널 9만 개가 설치되어 약 7메가 와트의 에너지를 생산하며, 이는 건물에 필요한 총에너지의 약 40%를 충당한다. 북미에서 가장 큰 지열 설비를 갖춰 난방 목적으로 천연가스를 사용하지 않기에 탄소 배출이 발생하지 않는다. 구글은 신사옥 인근의 풍력 발전소까지 동원해 필요 전력의 90%를 재생 에너지로 충당할 계획이다.

베이 뷰는 엔비디아 건물보다 이색적인 창문 구조를 갖추고 있다. 일반적인 건물의 환기 시스템은 바깥 공기 유입량이 20~30%에 불과하지만, 구글은 100% 외부 공기로 환기할 수 있다. 특히 일반적인 5층 이상 높이에 단 두 개 층만 만들어 쾌적한 환경을 제공한다.

이와 같이 첨단 기술을 통해 환경 보호와 에너지 효율을 높이는 움직임

사진 8-1 미국을 대표하는 혁신 기업 본사 건물들을 공통점은 탄소 배출 절감 효과를 위한 구조를 갖춘 것이다. (미국 캘리포니아주 마운틴뷰, 2023)

테슬라 마스터 플랜

은 다른 기업에서도 이어지고 있다. 테슬라의 경우, 전기차를 통해 기후 위기를 막고자 하는 강력한 비전을 가지고 있었다. 머스크, 에버하드, 스트라우벨은 테슬라의 경영권을 두고 치열한 다툼을 벌였지만, 이들이 테슬라를 설립한 목적은 동일했다. 전기차가 기후 위기를 막는 데 탁월하다고 판단했기 때문이다.

IPCC 6차 평가 보고서는 장거리 운송 및 항공과 같이 전기화가 어려운 부문에서 저탄소 에너지 운반체로서 수소의 잠재력을 다루고 있다. 그러나 가까운 미래에 운송에서 발생하는 탄소 배출을 줄이는 현실적인 대응 전략으로 전기차를 지지하고 있다.[9]

에버하드가 테슬라를 공동 설립한 이유도 전기차가 기후 위기를 막는 데 탁월하다고 판단했기 때문이다. 그는 경영권 다툼에서 머스크에게 패하고 테슬라를 떠났지만, 전기차와 배터리 기술 혁신을 추구하며 청정에너지 운송 발전에 대한 지속적인 의지를 보였다.[10]

그는 폭스바겐에서 전기차 개발에 관여했고, 2016년에는 스타트업 인이브이잇inEVit을 설립했다. inEVit은 중국 전기차 제조사 SF Motors(현재 Seres)에 인수되기까지 전기 구동계 및 전력 저장 솔루션 개발에 주력했다.

그가 테슬라를 설립할 때만 해도 기후 위기는 지금처럼 언론의 주요 이슈가 아니었다. 전기차와 휘발유 차량의 효율성 차이를 연구했다는 점이 인상적이다.[11] 에버하드는 타페닝과 함께 수소, 석유, 천연가스를 포함한 다양한 에너지 경로를 비교하여 상세하게 분석했다.

그들의 연구 결과에 따르면, 전기차는 에너지와 탄소 발자국 측면에서 단순히 조금 더 나은 것이 아니라 훨씬 더 효율적이었다. 이 분석이 화석 연료 의존도에 대한 해결책으로 테슬라를 설립하기로 한 결정을 이끌었다. 휘발유 엔진은 연료 에너지의 약 20%만을 전진 운동으로 변환하는 반면, 전기 모터는 90% 이상의 효율을 달성할 수 있었다.

심지어 석탄에서 생산된 전기라도 전기를 사용해 차량에 전력을 공급하는 것이 더 친환경적이었다. 이는 휘발유 자동차보다 훨씬 더 많은 에너지를 동작으로 변환할 수 있기 때문이다.

머스크는 인베스터 데이에서 자연 서식지를 파괴하거나, 전기 사용을 중단하고 추위 속에 살지 않고도, 지속 가능한 에너지로 가는 명확한 길이 있다고 주장했다. 그 길의 중심은 수소가 아닌 배터리 중심의 전기다.

인류는 편리함 때문에 기술 문명을 즐겼지만, 강력한 집단의 요구로 인해 불편함을 감수해야 할 날이 앞당겨질 수 있다. 내연 기관 자동차의 진입을 금지하는 도시가 늘어나는 것처럼 말이다. EU는 2035년까지 새로운 휘발유 및 디젤 자동차의 단계적 폐지를 제안했다. 유럽 최대 경제국인 독일도 이러한 단계적 폐지를 지지하며 100년 넘게 경제를 책임졌던 엔진 산업을 폐기하기로 했다. 미국과 캐나다 정부도 마찬가지다.

어떠한 개인이나 특정 기업도 세계 정부를 거스르는 의견을 제시하고 취향을 고수하기는 어려울 것이다. 자동차를 구매해야 한다면 소비자의 관점에서 충전과 같은 불편함이 발생해도 전기차를 타야만 하는 시대가 올 수 있을 것이다.

토요타의 수소차
vs 테슬라의 전기차

머스크는 수소 연료 전지를 믿을 수 없을 정도로 멍청하다고 묘사하며, 이를 바보 전지fool cells라고 불렀다.[12] 수소를 사용하여 자동차에 전력을 공급하는 것은 배터리-전기 기술에 비해 비효율적이라며, 전기에서 수소를 생성하는 과정이 단순히 전기 자동차 배터리를 충전하는 것보다 더 많은 에너지가 필요하다고 지적했다.

하지만 토요타, 현대자동차 등 일부 자동차 제조사들은 계속해서 수소 연료 전지차를 연구하고 있다. 예를 들어 토요타의 수소 연료 전지 자동차 미라이Mirai는 배터리 전기차에 비해 주행 거리가 길고 주유 시간이 짧은 등의 장점이 있다. 토요타 본사에서 만난 미라이의 수소 연료 전지는 수소와 산소 간의 화학 반응을 통해 전기를 생성하고, 수증기만 배출하는 친환경 발전소처럼 보인다. 수소 연료와 산소가 공급되는 한 배기가스 배출 없이 지속해서 전기를 생성할 수 있다.

그러나 수소 자동차는 높은 생산 비용과 연료 보급 인프라 부족 등의 문제를 해결하지 못해 판매 성적은 전기차에 비해 미미하다. 2021년 2월 기

준으로 미국에서는 토요타, 현대자동차, 혼다 등의 연료 전지 전기 자동차 판매 또는 임대 기록이 약 6,000대였다. 반면, 2020년 테슬라는 그해 499,550대의 전기차를 고객에게 인도했다.

수소의 어원은 독일어 바서슈토프 Wasserstoff로, 수소가 산소와 결합할 때 물을 생성하는 특성에서 유래했다. 그렇기에 수소라는 단어를 들으면 대부분은 청정한 이미지를 떠올린다. 마치 물이 내일의 에너지원이 될 수 있을 것으로 기대하는 것이다.

수소는 주기율표의 첫 번째 원소로, 우리에게 친숙하며 우주에서 가장 풍부한 존재다. 그러나 지난 30년간 수소를 확보하고 청정 에너지원으로 사용하는 것이 말처럼 쉽지 않았다. 머스크는 수소가 교통 분야에서 유의미하게 사용되지 않을 것이며, 사용되어서도 안 된다고 주장했다. 왜일까?

수소는 생산 방법에 따라 여러 가지 색으로 분류된다. 각 색은 수소의 생산 방법, 자원 소비, 그리고 배출량을 반영한 것으로 실제 수소의 색깔을 의미하는 것은 아니다.

녹색 수소Green hydrogen는 태양광이나 풍력 등 재생 가능한 전기로 물을 전기 분해하여 생산한다. 이는 이산화 탄소 배출이 거의 없는 친환경적인 방법으로, 산소 외에 배출물이 없기에 이상적이다.[13] 그러나 생산 비용이 많이 들어 전체 수소 중 작은 비중을 차지한다.

파란 수소Blue hydrogen는 주로 천연가스와 가열된 물을 결합해 생산하지만, 부산물로 이산화 탄소가 생성된다. 따라서 파란 수소는 탄소 포집 및 저장Carbon Capture and Storage, CCS 기술을 사용하여 이산화 탄소를 포집하여 저장한다.[14] CCS는 수소 생산 과정에서 발생하는 이산화 탄소를 포집한 후 대기권으로 유입되지 않도록 지하나 기타 안전한 장소에 저장하는 기술이다.

회색 수소Grey hydrogen는 현재 가장 흔한 수소 생산 방식이다. 생산 과정에서 천연가스나 메탄을 사용하며, 생성된 온실가스를 포집하지 않는다. 회색 수소는 본질적으로 파란 수소와 유사하지만, 탄소 포집 및 저장을 사용하지 않기 때문에 친환경 에너지라고 할 수 없다.

회색 수소가 파란 수소로 대체된다면, 이는 기후 변화에 대한 강력한 도구이자 무한한 에너지원이 될 수 있으며, 국제적으로도 매우 수익성 높은 비즈니스가 될 것이다. 그러나 IPCC 6차 보고서에서도 다뤘듯이, 가까운 미래에는 전기 배터리가 현실적인 대안으로 주목받고 있다. 기후 위기를 방치하면 5년도 안 되어 지구가 붕괴할 수준으로 급변할 수 있기 때문에, 청정 수소 에너지를 기대하면서도 교통 운송 분야에서는 우선순위가 밀려난 상황이다.

도이체 벨레는 독일에서 불고 있는 수소 열풍을 취재하며, 녹색 수소가 이상적이지만 생산 비용이 천연가스로 만든 수소의 3배 정도 높다는 한계를 지적했다.[15] 이는 승용차 부문에서 전기 자동차에 의존하는 것이 기후 위기의 대안임을 보여 준다. 에너지 효율성에서 휘발유 자동차가 20%, 수소 자동차가 27%, 전기 자동차가 64%이기 때문이다.

물론 독일의 이산화 탄소 배출의 3분의 1이 철강 생산에서 발생하기에 2019년부터 티센크루프 철강ThyssenKrupp Steel이 수소로 전환하는 시범 프로젝트를 진행하고 있다. 이는 장기적으로 성공하기를 바라지만, 독일 정부와 기업이 목표로 한 2050년까지 온전한 친환경 에너지 경제를 구축하려면 1,000억 유로 이상의 투자가 필요하다. 도이체 벨레는 세계 여러 정부의 정치적 지원 없이는 달성할 수 없는 목표라는 점을 강조한다.

머스크는 인베스터 데이 이전부터 수소 에너지와 수소 연료 전지에 대해 회의적인 견해를 밝혀왔다.[16] 수소는 지구상에서 자연적으로 대량으로 발생하지 않기 때문에 전기 분해나 탄화 수소 분해를 통해 생산해야 한다. 이 과정에는 상당한 에너지가 투입되며, 이는 궁극적으로 화석 연료에 의존할 수 있어 환경적 이점을 무효로 만들 수 있다.

머스크는 또한, 수소 저장에는 거대한 탱크가 필요해 배터리에 비해 효율성이 떨어진다고 언급했다. 그리고 수소를 액체 형태로 변환하는 데 필요한 에너지도 문제로 지적했다.

사진 8-3 현대자동차는 수소를 활용한 드론, 청소 트럭 등을 개발한다.
(수소 H2 MEET, 2022)

테슬라 마스터 플랜

그는 수소 연료 전지가 전기 자동차용 배터리만큼 효율적이지 않으며, 전기 배터리가 여전히 지배적인 기술로 남을 것이라고 믿는다.[17] 수소 구동 차량은 더 먼 거리와 더 빠른 충전 시간 측면에서 이점을 가질 수 있다. 그러나 2024년 기준, 현실은 수소 연료 충전소 인프라가 전기 자동차 충전소만큼 개발되지 않았다. 또한, 수소 차량은 더 비싸므로 전기 차량에 비해 상업적으로 실행 가능성이 떨어진다.

물론 수소 연료 전지는 배터리 무게가 제한 요인이 될 수 있는 트럭, 버스 등 대형 운송 수단에 특정 이점을 제공하기에 토요타, 현대, 혼다 등의 기업은 개발을 쉽게 멈추지 않을 것이다. 독일의 경우 녹색 수소 생산을 위해 세계 최대이자 온도가 최대 3,000도에 이르는 인공 태양을 개발해 149개의 램프로 지구에 도달하는 태양광의 10,000배를 생산하고 있다.[18] 인공 태양은 날씨에 따라 변동성이 강한 실제 태양에서 벗어나 빛의 열로 물을 산소와 수소로 분리하는 데 활용하려는 것이다.

수소 에너지에 투자하지 않기로 한 머스크의 결정은 대부분의 운송 요구에 맞는 전기 배터리의 더 큰 효율성과 실용성에 대한 그의 믿음에서 비롯되었다. 그는 에너지 관리를 위한 고정식 배터리 저장 장치를 통해 전기 자동차와 풍력, 태양광 발전과 같은 재생 가능 에너지원을 기반으로 지속할 수 있는 미래를 구상한다.

삼성전자와 협업한
테슬라의 흥미로운 에너지 사업

2024년 1월, 전 세계 기업들이 모이는 CES에서 삼성전자는 테슬라와의 협업을 공개했다. 삼성전자의 스마트싱스 에너지 프로젝트는 테슬라의 인터페이스를 활용하는 최초의 협업 사례다. 삼성의 스마트싱스와 테슬라의 전기차, 솔라 루프, 파워월과 파워팩Powerpack 등 하드웨어 제품을 연결해 스마트폰 앱에서 전력량을 모니터링하고 간편하게 제어할 수 있게 하려는 것이다.

바글리노는 삼성전자의 스마트 홈 테크놀로지 경쟁력을 높이 평가해 초기 협업을 결정했다.[19] 그는 이번 협업을 통해 다양한 기기로 전력 상태를 모니터링하고 정전에도 대비할 수 있는 서비스를 제공할 수 있게 되었다고 말했다.

테슬라 에너지Tesla Energy Operations Inc.는 솔라루프, 파워월, 파워팩 등 에너지 저장 제품을 판매하는 테슬라의 신재생 에너지 사업부다. 그동안 태양광 사업은 부진했지만, CES 2024 삼성전자 행사에서 발견한 테슬라 에너지의 신제품을 보면서 머스크가 왜 테슬라를 에너지 기업이라고 주장하는지 실감할 수 있었다. 그는 왜 테슬라를 단순한 전기차 제조사가 아니라고 주

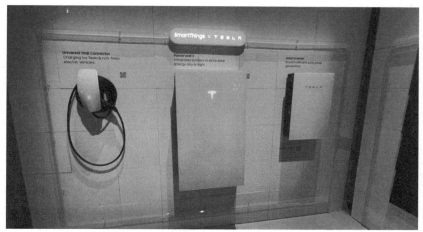

사진 8-4 오른쪽부터 테슬라의 충전기, 파워월, 태양광 인버터다.
(미국 라스베이거스 CES, 2024)

장하는 걸까?

2015년에 테슬라 에너지를 소개한 머스크는 태양광 발전의 명백한 문제로 밤에는 태양이 빛나지 않는다는 점을 강조했다.[20] 그는 태양광 패널의 표면적에 대해 많은 사람들이 오해하고 있으며, 실제로는 미국 내 모든 화석 연료 전기를 대체하는 데 필요한 땅이 뉴멕시코주의 약 16분의 1 정도로 매우 적다고 지적했다.

2016년 11월에 테슬라는 당시 미국 최대 태양광 설치 회사 중 하나인 솔라시티SolarCity를 인수했다. 머스크의 사촌 동생이 린든 리브Lyndon Rive가 설립한 솔라시티는 테슬라 에너지에 흡수되었다. 이러한 인수를 두고 많은 사람은 머스크가 사촌 동생을 구제한 것처럼 보였다며 기업 지배 구조가 최악이라고 비판했다.

그해 테슬라는 주택의 지붕을 전기를 생성하는 태양 전지로 대체하는 솔라 루프를 소개했다. 각 태양 타일이 최대 72와트의 출력을 제공하며, 전통적인 태양광 패널보다 효율적으로 지붕 공간을 활용할 수 있다고 강조했다.

그러나 2017년 무렵 일부 언론은 솔라시티의 부채가 늘어나고 현금이 지속 불가능한 속도로 소진되어 10년 역사 동안 30억 달러가 넘는 부채를 축적했다고 지적했다.[21] 솔라시티의 주가는 2014년 2월 최고점 이후 약 77% 하락했다. 많은 이들이 테슬라의 인수가 전략적 비즈니스 행보가 아닌 머스크 사촌의 실패한 회사를 구제하는 방법이라고 느꼈다. 인수 후에도 솔라 루프의 의미 있는 성과 발표가 없었기 때문이다. 그렇다면 현재까지 어떤 일이 있었을까?

반도체 재료를 사용하여 햇빛을 전기로 변환하는 솔라 루프는 유리 태양 타일과 건축용 강철 타일을 결합하여 전기를 생성하면서도 주택의 외관을 개선할 수 있다는 점에서 경쟁사와 차별화된다. 2020년 3월부터 뉴욕 버펄로에 있는 기가팩토리에서 솔라 루프의 대량 생산을 시작했다.

테슬라의 프리몬트 공장에서 솔라 루프를 만져 보니 유리와 건축용 강철 타일의 조합으로 얇지만 견고한 표면을 만들었다. 이 소재는 매끄러운 외관을 유지하면서도 내구성과 내후성을 제공한다.

사진 8-5 솔라 루프를 만져보면 표면이 얇지만 견고함을 알 수 있다.
(미국 캘리포니아 테슬라 프리몬트 공장, 2023)

파워월 2는 주거용 또는 경량 상업용으로 설계된 완전 통합 AC 배터리 시스템이다. 이 충전식 리튬 이온 배터리 팩은 태양광 자체 소비, 시간 기반 제어, 백업을 위한 에너지 저장을 제공한다. '전력망을 벗어나는 것off-the-grid'을 추구하는 고객 관점에서는 파워월 덕분에 햇빛이 비치는 시간에 생산된 전력을 저장했다가 야간에 활용할 수 있으니 흥미로운 기술 제품일 것이다. CES 2024에서 공개된 파워월 3는 여러 면에서 파워월 2와 다르다.

파워월 2와 파워월 3의 에너지 용량은 13.5kWh로 같지만, 파워월 3는 11.5킬로와트kW의 연속 전력을 제공한다. 이는 파워월 2의 5.8kW 연속 전력보다 향상된 수치다.[22] 파워월 3에는 통합 태양광 인버터가 포함되어 있어 여러 파워월을 연결할 수 있다. 총에너지 저장 용량을 쉽게 확장할 수 있는 것이다.

예를 들어, 파워월 3 장치를 3대 연결하면 이론적으로 저장 용량이 40.5kWh로 늘어난다. 그렇다면 더 광범위한 에너지 저장 및 백업 용량을 확보해 더 큰 에너지를 요구하는 사항을 수용할 수 있다.

의외로 잘 모르는
비장의 무기 메가팩

테슬라 에너지는 2019년에 메가팩^{Megapack}을 개발했다. 재생 에너지의 미래가 대규모 에너지 저장에 달려 있다고 판단했기 때문이다. 메가팩은 사용량이 적은 시간대에 잉여 에너지를 저장했다가 수요가 많거나 정전 시 이를 방출하는 대규모 에너지 저장 솔루션 역할을 한다.

메가팩은 발전소, 공공 유틸리티, 대규모 상업 프로젝트에 에너지 저장을 제공하는 대형 리튬 이온 배터리로, 그리드를 안정화하고 정전을 방지하는 데 도움이 된다. 각 유닛은 3.9메가와트시^{MWh} 이상의 에너지를 저장할 수 있다. 테슬라에 따르면 이는 평균 3,600가구에 1시간 동안 전력을 공급하기에 충분한 양이다.

2022년 4월에 테슬라는 퍼시픽 가스&일렉트릭$^{Pacific\ Gas\ \&\ Electric}$과 합작 투자로 256개의 메가팩을 캘리포니아주 몬터레이 베이에 설치했다. 256개의 메가팩은 약 730MWh의 에너지를 저장하고, 필요에 따라 제공할 수 있다. 이는 약 673,846가구에 1시간 동안 전력을 공급할 수 있는 에너지다.

메가팩은 주로 태양광, 풍력 등 재생 가능 에너지원에서 나오는 직류^{DC} 전

메가팩을 실제로 보니 초대형 에너지 저장 설비의 위엄이 느껴졌다.
이론적으로는 전기차 못지않게 기후 위기에 지대한 공헌을 할 것이다.
(미국 피터슨 자동차 박물관, 2024)

기를 저장한 후 전력망에 배전하기 위해 교류로 전환하도록 설계되었다. 메가팩은 이론적으로 설치 대수에 제약이 없다. 테슬라는 인베스터 데이에서 50개국에 걸쳐 16기가와트시^{GWh} 이상의 산업용 및 주거용 메가팩을 배치했다고 보고했다. 바글리노의 표현대로 메가팩은 화석 연료를 하나씩 단계적으로 퇴출하는 제품으로 발전하고 있다.

테슬라는 호주처럼 경쟁력 있는 소매 전기 시장을 노리고 있다. 특히 남호주에서는 2022년에 태양광 및 풍력이 에너지 공급의 70%를 차지했으며, 이는 텍사스의 30%와 캘리포니아의 35%를 훨씬 웃도는 수치다. 테슬라는 10억 명 규모의 소매 전기 시장이 존재하는 상황에서, 중앙 집중식과 분산식 저장 시스템 모두가 완전히 재생 가능한 그리드 시대를 열어 줄 열쇠라고 판단한다. 이 시장에서 연간 에너지 지출 비용은 2조 달러 이상이다.

물론 테슬라의 관점에서 파워월 설치 대수가 급진적으로 늘어나야 하는 험난한 도전이 기다리고 있다. 솔라 루프도 마찬가지다. 설치 비용과 시간이 부담스러운 사람들이 많기 때문이다. 특히 솔라 루프의 초기 설치 비용은 7만 달러까지 상승하는 경우가 있어 경제적인 관점에서 투자할 가치가 있는지 고민하게 한다.

그러나 테슬라는 포기를 모른다. 인베스터 데이를 기준으로 메가팩 설치 속도는 지난 4년 동안 4배로 높아졌고, 건설 및 제조에 드는 노동력은 3배로 줄었다. 테슬라는 향후 몇 년 동안 매년 100기가와트시^{GWh} 이상씩 성장할 것으로 예상한다.

테슬라는 현재 캘리포니아주에 있는 라스로프^{Lathrop} 공장에서 연간 1만 개의 메가팩을 생산한다. 이는 북미 최대 규모의 청정에너지 저장 공장 중 하나로, 저장 용량은 40GWh에 달한다. 두 번째 메가팩 조립 라인도 가동되었다.

2024년 1분기 기준으로 테슬라는 흥미로운 수치를 공개했다. 테슬라는 2017년부터 2024년 1분기까지 분기별로 비자동차 부문의 총이익$^{Non-}$ $^{Automotive\ gross\ profit}$을 보여 주었다. 2017년 4분기부터 2022년 1분기까지 적자를 기록하다가 2022년 2분기 이후로 급격한 수익 성장을 보인다. 메가팩 설치의 지속적인 증가 덕분에 같은 기간 에너지 저장 배치의 양도 꾸준히 증가하고 있다.

테슬라는 2024년 1분기에 에너지 생성 및 저장 부문의 수익과 총이익도 사상 최고치를 기록했다.[23] 수익은 전년 대비 7% 증가했고, 총이익은 메가팩 배치 증가에 힘입어 전년 대비 140% 증가했다. 에너지 저장 배치는 순차적으로 증가하여 1분기에 4.1기가와트시^{GWh}를 기록했다.

테슬라의 마스터 플랜 3의 중요한 가치는 재생 가능한 에너지를 통해 생산한 에너지를 분산하고 저장하는 제품의 활용을 극대화하는 것이다. 테슬라의 에너지 생성 및 저장 부문은 전기차 판매만큼 주목받지 않지만, 여전히 높은 마진을 자랑한다.

테슬라 마스터 플랜

마이크 스나이더^{Mike Snyder}는 2014년 테슬라에 입사해 현재 메가팩 조직을 이끌고 있다. 그는 인베스터 데이에서 메가팩의 가장 놀라운 특징으로, 제품에 내장된 두뇌가 전 세계 어느 그리드와도 바로 연결할 수 있다는 점을 강조했다. 즉, 모든 메가팩이 하나의 단위로 작동하도록 하는 소프트웨어가 핵심이다.

스나이더는 낮은 가격에 에너지를 구매하고 높은 가격에 판매하여 이익을 창출할 수 있도록 돕는 자율적인 에너지 거래 플랫폼 오토비더^{AutoBidder}의 중요성도 언급했다. 메가팩 운영은 5분마다 수백 또는 수천 가지 결정을 내려야 하므로, 태양광 발전소, 풍력 발전소보다 훨씬 복잡하다.

그는 이러한 복잡성은 배터리가 다양한 방식으로 많은 가치를 제공하기 때문이라고 설명했다. 배터리에서 최대한의 가치를 얻기 위해서는 이러한 결정들이 오토비더에서 실시간으로 이루어져야 한다. 오토비더는 고객이 에너지 서비스를 그리드에 제공하면 그에 맞는 보상을 제공한다.

테슬라의 목표는 파워월 구매자에게 새로운 가치를 제공하고 전기차의 총소유 비용을 절감하는 것이다. 이를 위해 텍사스의 테슬라 차량 소유자를 대상으로 월 30달러에 무제한 야간 홈 충전을 제공하는 소매 전력 계획을 제안하고자 한다. 또한, 이 계획은 고객이 밤에 재생 에너지로 충전하도록 장려함으로써 총소유 비용을 더 줄일 수 있다. 텍사스의 풍부한 풍력 에너지와 밤의 강한 바람은 이 제안을 가능하게 한다. 테슬라는 이를 통해 전통적인 하드웨어 업체들과 차별화되며, 소프트웨어와 하드웨어의 수직 통합 전략을 지속적으로 추구한다.

테슬라의 중장기적인 목표는 연간 1테라와트시^{TWh}의 생산율에 도달하는 것으로, 이는 라스로프 공장의 용량을 25배로 늘리는 것이다. 이러한 목표가 이상과 허상 사이 어디쯤 있는지는 테슬라의 예상처럼 수년 내로 밝혀질 것 같다.

망한다고 했지만,
세계 판매량 1위로 올라선
모델 Y (2020년)

들어가며

2011년 8월, 영국에서 두 번째로 발행 부수가 많은 신문사 《데일리 메일 Daily Mail》은 전기차는 불필요한 존재라고 지적했다.[1] 2019년 8월에는 미국의 유명 경제 잡지사 《포브스》는 테슬라의 재정적 수치를 분석해 심각한 실패를 겪고 있다고 보도했다.[2] 그러나 테슬라의 모델 Y는 2023년에 120만 대가 팔리며, 세계 판매 1위 자동차 모델에 등극해 전기차 시장에서 독보적인 위치를 입증했다. 세계 대부분 국가의 어려운 거시 경제 환경에도 불구하고, 테슬라는 전략적 가격 조정과 운영 효율성 덕분에 경쟁 환경을 효과적으로 헤쳐 나갔다.

그럼에도 불구하고, 한국 언론에서는 여전히 일론 머스크의 기행과 테슬라의 부정적인 미래를 다룬 기사를 쉽게 찾아볼 수 있다. 심지어 전기차 시대가 매우 더디게 오고 있어 내연 기관의 시대가 끝나지 않을 것처럼 보도하기도 한다. 이러한 보도로 인해 기후 위기를 음모론으로 여기는 사람들이 늘고 있다. 그들과는 마치 달에 인간이 가 본 적이 없거나 지구가 평평하다고 주장하는 것처럼 과학적 근거를 기반으로 한 토론이 불가능하다.

세계 최고의 인재들이 모인 기업이 전기차 시장에 도전했다는 것은 자율 주행 시장과 전기차 시장의 가능성이 새로운 부의 창출 기회라는 것을 방증한다. 애플이 전기차 제조를 포기한 것은 전기차 수요의 정체나 감소 때문이 아니라, 테슬라처럼 자율 주행 기능을 지속적으로 업데이트하고 대량 생산까지 해낼 수 있는 어려운 개발 난이도를 실감했기 때문일 것이다.

그러나 모두가 테슬라의 활약을 바라는 것은 아니다. 빅 3가 100년 가까이 판매한 자동차와 테슬라가 주도하는 전기차의 파워트레인은 상당히 다르다. 미국 의회조사국Congressional Research Service에 따르면 미국 내 내연 기관 부품 제조 업체의 근로자는 약 59만 명이다. 이들 중 약 25%인 15만 명이 내연 기관 파워트레인 부품을 생산한다.[3] 이들이 전기차 시대에 필요하지 않을 수 있다는 것은 심각한 갈등 요소가 된다.

이들은 휘발유 또는 디젤을 연소시켜 동력을 생성하는 엔진, 엔진에서 생성된 동력을 바퀴로 전달하는 변속기, 변속기에서 생성된 회전력을 바퀴로 전달하는 구동축, 연료 공급 시스템, 배기 시스템, 냉각 시스템 등 약 3만 개의 부품을 개발하고 생산한다. 반면, 테슬라는 배터리에서 전력을 받아 전기 모터를 사용해 차량을 구동한다. 이에 따라 연료 탱크, 배기 시스템, 기어 박스 등 많은 전통적인 내연 기관 차량의 구성 요소가 필요 없다.

또한 자율 주행 기술 수준을 높이는 데 필요한 근로자 역량은 소프트웨어 공학에 집중되어 있다. 따라서 하드웨어 제조 전문가들은 변화의 물결에 위협을 느끼고 있다.

모델 3 제조 과정에서 어려움을 겪은 머스크는 장난감 자동차에서 영감을 받아 부품을 줄이는 방법을 모색했다. 그 결과 70개의 부품을 줄이는 기가 캐스팅이 탄생했다. 테슬라의 기가 캐스팅 도입 방향은 토요타의 인간 중심 일자리 창출과는 다르다.

테슬라와 BYD 같은 회사들의 혁신과 시장 점유율 확대는 전통적인 자동차 산업에 큰 변화를 압박하고 있다. 이러한 변화는 기존 자동차 제조 업체들의 전략과 노동 시장에 중대한 영향을 미치며, 이는 노동 조건과 일자리 안정성에 대한 전미자동차노조^{United Auto Workers}의 우려를 증폭시킨다.

그러나 테슬라는 기가 캐스팅을 멈추기 힘들다. 시간이 흐를수록 테슬라의 제조 혁신 기술은 기존 생산 방식에 필요한 많은 근로자를 필요 없게 만드는 방향으로 발전하고 있다. 이는 빠르게 추격하는 중국 업체들과의 기술 경쟁력 격차를 벌려야 하기 때문이다.

일론 머스크가 간과한
토요타의 전략

신장 약 2m, 체중 약 193kg의 빅터 셰퍼드Victor Sheppard는 프로 미식축구NFL 선수처럼 탄탄한 체격을 가진 남성이다. 2016년 무렵, 그가 구매한 2007년식 픽업트럭 토요타 툰드라TUNDRA 때문에 미국 사회가 토요타를 주목하게 되었다. 픽업트럭 계기판이 999,999마일에서 더 이상 증가하지 않는 한계에 도달했음에도 주행할 수 있었기 때문이다.

셰퍼드는 주행 거리를 더 이상 기록할 수 없는 상황에서도 운전을 지속했다. 여전히 차량이 멀쩡히 작동했기 때문이다. 그의 차량을 연구용으로 가져온 토요타 연구소도 놀랄 상황이었다. 실험실에서 실제 픽업트럭의 혹독한 주행 상황을 조성해 보면 160만 km 이상을 주행하기가 어렵기 때문이다.

토요타가 조사해 본 결과 툰드라의 시트 프레임도 멀쩡했다. 약 880kg의 중량을 감당할 수 있는 트럭 베드Bed도 움푹 들어가지 않고 살아남았다. 일반적인 소비자는 자동차의 주행 거리가 별 탈 없이 20만 km를 넘어서면 해당 차량이 정말 대단한 내구성을 가졌다고 생각한다. 세단의 경우 픽업트럭과 달리 안정적인 도로 환경에서 주행하지만, 일부 세단의 경우 주행 거리가 10만 km에 도달하기 전에 각종 엔진 관련 결함 뉴스가 빈번하게 발생하기 때문이다.

이 사건으로 인해 미국 소비자는 토요타를 더욱 신뢰하게 되었다. 오늘날 미국 도로에서 '30만 마일 클럽', '40만 마일 클럽', '50만 마일 클럽'이라는 스티커를 부착한 토요타 툰드라를 목격할 수 있다. 픽업트럭을 사랑하는 미국인에게 토요타는 강력한 신뢰성과 내구성의 표준이 되었다. 이러한 비결이 무엇일까?

2018년 12월 기준, 3년 이상 자동차를 보유한 약 33,000명의 미국인을 대상으로 차량 신뢰성 연구가 진행되었다. 독일의 데이터 수집 기업 스태티스타Statista에 따르면, 제조사별로 평균 100대당 136건의 결함이 발견되었다.[4] 렉서스는 106건으로 1위, 토요타와 포르쉐가 108건으로 공동 2위를 차지했다. 쉐보레가 115건으로 4위, 현대가 124건, 기아가 126건, 폭스바겐이 131건, 최하위를 차지한 피아트는 249건을 기록했다.

2023년 회계 연도를 기준으로 토요타의 전체 판매량 중 북미 시장은 29%를 차지했다. 까다롭기로 유명한 북미 시장에서 토요타는 1,030억 달러 이상, 약 134조 원의 연 매출을 기록했다. 토요타가 품질이 좋은 제품을 출시할 수 있는 원동력은 무엇일까?

린Lean 생산은 제조 공정에서 낭비를 최소화하며 효율성을 극대화하는 전략이다. 린 생산의 핵심은 가치 창출 활동에 집중하는 것이다. 그 외 불필요한 활동, 즉 낭비를 제거하여 전체적인 생산 효율성을 높인다.

린 생산의 원조로 간주되는 기업은 현재 세계 최대 자동차 판매량을 기록하는 토요타다. 토요타의 생산 시스템의 핵심 원칙은 생산 과정에서 낭비를 제거하고, 효율성을 극대화하며, 지속적인 개선을 추구하는 방식이다. 토요타 생산 방식Toyota Production System, TPS의 주요 구성 요소로 지도카Jidoka

自働化, 저스트 인 타임Just-in-Time, JIT 등이 있다.

지도카는 인간의 감각을 가미한 자동화를 의미한다. 지위를 막론하고 누구라도 비정상적인 상황이 발생하면 즉시 생산 라인을 멈출 수 있는 권한을 부여하는 것이다. 이를 위해 안돈Andon, 行灯이라는 경고 시스템이 작동한다.

지도카는 일본 토요타시의 토요타 공장뿐만 아니라 미국 공장에도 적용된다. 그러나 미국 근로자들은 문제가 발생해도 안돈 버튼을 누르기 쉽지 않았다.[5] 전통적인 미국 자동차 경영진의 관점에서 일개 직원이 설비를 멈춘다는 것은 해고 사유가 되기 때문이다. 이런 기업 문화가 미국 자동차 품질을 낮추는 원인 중 하나였다.

문제가 발생해도 모르는 척해 온 미국 근로자들에게 지도카는 생소한 개념이었다. 그래서 일본 상관들은 미국 부하 직원들에게 안돈 시스템을 작동해도 해고당하지 않는다고 교육했다. 작업자가 문제를 발견하면 호출 버튼을 누르고, 안돈 보드에 노란 램프가 표시되며 사이렌이 울린다. 이를 확인한 팀장은 즉시 문제가 발생한 위치로 달려간다. 생산 라인은 계속 움직이며, 설정된 시간이나 거리 내에 문제가 해결되면 노란 램프가 사라진다. 그러나 상황이 심각하면 팀장은 생산 라인을 완전히 멈추고, 노란 램프는 빨간 램프로 전환된다. 문제가 완전히 해결된 후에야 다시 생산 라인이 가동된다.[6]

JIT란 개념은 간단하다. 집에서 많은 손님이 찾는 파티를 연다고 상상해보자. 손님들의 취향과 정확한 인원을 파악할 수 없는 상황에서 예전 방식은 파티 시작 전에 많은 양의 음식을 준비해 음식이 남거나 부족할 수 있다. 식자재를 미리 사다 놓고 온전히 사용하지 못하면 낭비가 발생한다.

JIT는 필요한 물품을 필요한 시기에 필요한 만큼만 생산하는 방식이다. 이렇게 하면 과잉 생산과 재고 부담을 줄이고, 비용 절감과 품질 향상을 동시에 달성할 수 있다. JIT는 토요타가 생산 효율성을 극대화하고 낭비를 최소화하며 지속적인 개선을 추구하는 중요한 요소다.

예전에는 자동차뿐만 아니라 일반 제조업 공장은 부품이나 재료를 미리 제작해 보관했다. 그런데 경기가 좋지 않아 완제품이 팔리지 않으면 부품 재고가 많아져 문제가 된다. 시간이 흐르면 원자재가 변질하거나 공간을 차지하고, 자금도 묶인다. 특히 신제품 수요가 급증하면 기존 기술과 부품은 쓸모없어진다. 그래서 토요타는 부품이나 제품을 미리 많이 만들지 않고, 주문이 들어왔을 때 생산한다. 이렇게 하면 재고가 쌓이지 않아 공간과 비용을 절약할 수 있다.

토요타도 위기가 있었다. 2009년 8월, 미국에서 렉서스 ES350의 가속 페달이 매트에 걸려 급가속 상태가 발생했다. 이 결함으로 미국인 4명이 사망하자 토요타의 안전성에 대한 의혹이 커졌다. 가속 페달 문제로 시작해 여러 모델에서 이슈가 발생했다.

원래 토요타는 경쟁 업체들과 마찬가지로 다양한 생산 공정을 거쳐 만들어진 자동차를 마지막에 품질 검사 후 시장에 내보냈다. 만약 완성차에 문제가 발생하면 불량이 발생한 차량이라는 정보만 컴퓨터에 입력하고, 여유가 있을 때 점검했다. 그러나 이러한 방식의 품질 관리는 불량률이 1만분의 1 정도로 높다는 것이 문제였다.[7]

2010년 2월 24일, 미국 하원은 당시 토요타 사장 토요다 아키오豊田章男를 공청회에 소환해 혹독하게 문책했다. 약 3시간에 걸친 청문회에서 토요타는 결함을 인정하고, 미국에서만 600만 대를 리콜하면서 창사 이래 가장 큰 위기에 직면했다. 그러나 초대형 리콜 사태를 겪은 후, 토요타는 자공정완결自工程完結, Ji-Kotei-Kanketsu 전략을 적용했다. 각 생산 과정에서 즉각적으로 문제를 파악하고 해결하는 방식을 선택한 것이다.

이때부터 토요타는 제조 과정의 문제를 작업자Man, 기계Machine, 재료Materia, 방법Method으로 구분하고 즉시 해결한다. 토요타는 이러한 업무 수행 방식을 4M 원칙이라고 정의한다. 4M 원칙을 고수하는 조직에서는 업무 중에 스마트폰으로 동영상을 시청하거나 게임을 하는 등 한눈파는 행위가 불가능하다.

결과적으로, 토요타는 문제 발생 시 책임을 다른 부서로 전가하지 않는 방식을 통해 불량률을 100만분의 5~10 수준으로 줄였다.[8] 이는 토요타의 지속적인 품질 관리 원칙의 성과로 볼 수 있다. 소비자 관점에서 토요타를 신뢰할 수밖에 없는 원동력인 셈이다.

테슬라의 모델 3가 생산 지연과 품질 저하 등 여러 부정적인 평가를 받을 무렵, 토요타는 모든 패널을 스탬핑하고, 이를 용접하여 차체를 구성한 후 색칠하고, 마지막으로 모든 부품을 설치하는 생산 방식을 고수했다. 최고의 제품을 만들자는 모노즈쿠리ものづくり 정신, 끊임없이 개선하자는 가이젠改善 정신 등 일본 특유의 기업 문화를 고수해 세계 시장을 석권한 것이다. 이때만 해도 머스크는 토요타를 치켜세우며 배울 점이 많다고 했다. 그러나 테슬라는 인베스터 데이에서 헨리 포드와 토요타가 100년 동안 주도해 온 생산 방식에 의문을 표출했다.

100년의 전통을
깨트리려는 테슬라

차량을 만드는 토요타의 전통적인 방법을 학습하기 위해 일본 토요타시를 방문했다. 그곳에는 토요타 본사가 운영하는 토요타 회관Toyota Kaikan Museum이 있다. 방직 회사로 시작해 자동차 회사로 탈바꿈한 모든 역사를 기록한 나고야시의 토요타 산업 기술 기념관Toyota Commemorative Museum of Industry and Technology과 테슬라의 첫 번째 전기차 로드스터 실물이 전시된 일본 나가쿠테시의 토요타 박물관Toyota Automobile Museum을 방문했다.

　토요타를 상징하는 주요 장소를 둘러보면서 묘한 기분이 들었다. 사람은 직접 관찰한 것에 인식의 제한을 받는 경우가 많다. 일본 대학생들이 토요타 직원의 설명을 열심히 경청하고, 질문하고 메모하면서 학습한다. 표정들이 사뭇 진지했다. 그들은 토요타가 매년 1,000만 대 이상 판매량을 기록하는 것을 목격하면서 세계 최고 기업이 자국에서 탄생했음을 자부심을 가질 것이다.

　어린아이들은 부모의 손에 이끌려 자연스럽게 일본 경제의 자랑이자 전통적인 기업 문화를 체험한다. 그러면서 토요타의 방식이 정답이라고 인식

토요타 그룹이 운영하는 토요타 산업 기술 기념관을 방문하면
세계 최고 내연 기관 기업의 산업 전략과 역사를 배울 수 있다.
(일본 토요타 산업 기술 기념관, 2023)

할 것이다. 하지만 이 광경을 목격하면서 의문이 들었다. 일본 사회는 세계 최고의 내연 기관 자동차 왕국에 가려진 테슬라를 어느 정도 이해하고 있을까?

머스크는 토요타의 TPS를 경시한 대가를 톡톡히 치렀다. 사이버트럭 출시 후, 머스크는 샌디 먼로와 테슬라의 미래를 두고 토론하며 과거 모델 3의 품질 문제를 떠올렸다.[9] 초기 모델 3는 트렁크 관련 부품이 지나치게 많아 누수가 발생한다는 지적이 많았다. 테슬라 차량은 토요타의 높은 품질과 비교되어 소프트웨어 기술 덕분에 혹평을 면한다는 비판도 많았다.

모델 S로부터 모델 X가 탄생했듯이 모델 Y는 모델 3를 기반으로 한 파생 SUV다. 테슬라는 하드웨어의 품질을 높이기 위해 부품을 최대한 줄여 생산 단가와 제조 복잡성을 낮추고, 빠른 생산 전략을 추구한다. 모델 3는 가장 오랫동안 시행착오를 겪으며 대량 생산한 제품이다. 테슬라는 2018년 중반에 주당 5,000대 생산 역량에 도달했고, 그 이후 모델 3의 생산 비용을 30%나 줄였다. 프리몬트 공장의 생산성은 2018년 중반보다 두 배로 향상되었다.

테슬라가 100만 대를 생산하는 데 12년이 걸렸지만, 200만 대를 생산하는 데 18개월, 300만 대를 생산하는 데 11개월, 400만 대를 생산하는 데 7개월이 걸렸다. 생산 지옥을 겪은 스타트업이 세계적인 전기차 제조사로 급성장하는 것은 보기 드문 일이다. 테슬라의 생산 속도를 높일 수 있었던 비결이 무엇일까?

리비안, 피스커, 바이튼 등 전기차 스타트업의 고전을 돌이켜보면, 20세기 이후 자동차 산업에서 살아남은 신생 기업이 크라이슬러와 테슬라뿐이라는 말이 실감 난다. 마스터 플랜 3를 기준으로 테슬라의 연간 목표 생산량은 2,000만 대다.

인베스터 데이에서 당시 테슬라 최고 재무 책임자[CFO]였던 잭 커크혼Zach Kirkhorn은 모델 3의 발전 양상에 대해 두 가지 기업 특징을 정의했다. 첫째, 비용 절감이 테슬라 문화에 깊이 뿌리박혀 있다는 것이다. 둘째, 비용을 줄이면서 동시에 제품을 개선하는 것이 중요하다는 점이다. 비용 절감만으로는 제품의 질을 유지하기 어렵지만, 커크혼은 이를 해결하는 것이 테슬라의 미래를 위해 필수적이라고 생각한다.

헨리 포드에 대한 테슬라와 토요타의
극명한 생각 차이

사실 포드는 이동식 조립 라인을 발명하지 않았다. 그는 클라렌스 W. 에이버리Clarence W. Avery에 다양한 생산 단계를 학습하게 한 후 이동식 조립 라인 개발을 맡겼다. 에이버리는 1913년에 포드의 하이랜드 파크Highland Park 공장에서 이동식 조립 라인을 최초로 구현했다. 이 혁신적인 시스템은 차량을 고정된 위치에서 조립하는 대신 작업자를 따라 부품을 이동시키는 방식으로 생산 시간을 크게 단축했다. 그 결과, 포드 모델 T의 조립 시간이 12.5시간에서 2.7시간으로 줄어들었다.[10]

물론 지금의 관점에서 본다면 포드 자동차 공장 시스템은 차체를 밧줄로 끌면서 부품을 조립하는 원시적인 상황이었다. 생산 라인에 부품을 쌓아두고, 모델 T의 차체가 이동할 때마다 작업자들이 부품을 집어 볼트로 조립하게 한 것이다. 덕분에 포드는 모델 T를 단 90분 만에 제작할 수 있었다. 그러나 근로자들이 전체 자동차를 만드는 대신 한두 가지 작업만 하게 되면서 조립 라인 작업이 지루하게 느껴지고, 엄격한 시간 요구로 인해 불만이 생기기도 했다. 자동차 부품이 빠지거나 작업자가 자동차를 조립하다가

테슬라 마스터 플랜

모델 T의 성공으로 1928년에 등장한 포드의 모델 A
(일본 토요타 박물관, 2023)

서로 넘어지는 사고가 발생할 수 있었다.[11]

에이버리의 혁신은 자동차 대량 생산의 효율성을 극대화했으며 포드 자동차의 가격을 대폭 낮추어 더 많은 사람이 자동차를 구매할 수 있게 했다.[12] 1908년 825달러에 판매되던 모델 T의 가격은 1925년에는 260달러로 저렴해졌다. 이후 무한 체인 메커니즘으로 발전하면서 조립 시간이 더욱 단축되었다.

토요타는 헨리 포드의 조립 공정에서 시작된 다단계 자동차 제조 방식을 '엔지니어링의 예술 작품'이라고 묘사했다. 그러나 테슬라는 인베스터 데이에서 100년 넘게 이어진 이 공장 통념에 의문을 제기했다. 현대의 생산 라인 속도는 여전히 느리며, 고전적인 노동 분업 방식을 고수하기 때문이다.

테슬라는 이미 도색된 문을 차체에서 제거하고 내부를 조립한 후 다시 장착하는 과정이 비효율적이라고 판단했다. 작업을 완료한 근로자가 다시 시작점으로 돌아가 부품을 집어 다시 작업을 시작하는 과정에 100년이 넘도록 수많은 전문가가 의문을 품지 않았기 때문이다.

근로자는 작업을 완료한 후 시작점으로 돌아가는 데 약 20초를 소비한다. 이 20초는 아무런 부가가치가 발생하지 않는 시간이며, 총조립 시간에서 무려 33%를 차지한다.[13] 따라서 제조사 관점에서 더 많은 직원이 필요하게 되어 인건비가 증가하고, 생산 속도가 정체된다는 부작용이 발생한다.

또한, 테슬라는 기존 생산 방식을 고수하는 공정이 비효율적이라고 판단했다. 인간이나 로봇 모두 어색한 움직임을 반복하고, 작업 과정마다 경계를 형성하는 것이 문제였다. 테슬라는 이러한 공정을 삭제하려 한다. 최종 조립에서 문제가 발생하면 전체 생산 설비 가동에 차질이 생긴다. 작업자들이 차량 내부를 들락날락하며 조립하고, 공정 단계마다 작업자와 로봇의 접근성이 제한되어 비효율적이다.

라스 모래비는 인베스터 데이에서 헨리 포드가 1922년에 처음 도입한 이동식 조립 라인이 100년이 지난 지금도 변경하기 어렵다는 현실을 지적했다. 그는 이런 비효율적인 방식이 여전히 개선되지 않는 것을 어리석다고 비판했다.

일본은 왜 테슬라 시대를
거부하는 것일까?

1929년, 일본의 젊은 기업가 토요다 키이치로^{Toyoda Kiichiro}가 당시 영국의 최고 직기 제조사 플랫 브라더스^{Platt Brothers}를 방문했다. 그의 아버지, 토요다 사키치^{Toyoda Sakichi}는 목화로 무명을 대량 생산할 수 있는 자동 직기를 발명했으며, 1914년 일본 면 산업을 이끈 토요다 자동 방직 공장을 설립한 인물이다. 키이치로 역시 토요다 방직에서 근무하며 직기 산업에 몰두했다.

제1차 산업 혁명 당시 영국의 직기 산업은 오늘날 자동차 산업처럼 유망한 제조업이었다. 당시 키이치로는 미국과 영국 출장을 통해 포드로 인한 자동차의 대중화 현상을 목격하고 충격을 받았다. 그는 일본도 자동차 산업에서 두각을 나타내야 한다고 판단했다. 일본에서 대량 판매되는 포드, 쉐보레 등 미국산 자동차와 경쟁할 수 있는 일본산 저가 자동차를 생산하기로 결심했다. 이렇게 탄생한 기업이 바로 오늘날 세계 1위의 자동차 판매량을 기록하는 토요타 자동차다.

현대의 관점에서 보면 토요타가 세계 1위 자동차 기업이 된 것은 현명한 선택처럼 보이지만, 당시 키이치로의 지인들은 그의 모험이 위험한 도전이라며 극구 말렸다. 직기의 모터와 자동차의 엔진 제조는 차원이 다른 사업이었기 때문이다. 사키치는 자동 직기 개발에 몰두해 1924년 G형 자동 직기를 발명했고, 곧바로 플랫 브라더스가 1925년에 특허를 취득한 G형 자동 직기의 사용 권한을 사들였다. 이 양도료가 1937년에 키이치로가 원하던 토요타 자동차를 창업할 수 있는 밑거름이 되었다. 흥미로운 점은 토요타자동직기 임원들이 부정적인 반응을 보였음에도, 사키치는 가업을 이어받지 않으려는 키이치로의 결정을 존중했다는 것이다.

키이치로는 쉐보레의 1933년형 세단 엔진 기술을 분석했다. 당시 쉐보레는 세계 최고의 혁신 자동차 기업으로 평가받고 있었다. 1934년 9월 25일, 토요타의 첫 번째 프로토타입 엔진이 완성되었다. 토요타가 제조한 부품은 실린더 헤드, 실린더 블록, 피스톤 등 주조 부품에 한정되었으며, 크랭크샤프트, 캠축, 밸브, 플러그, 전기 부품 등은 쉐보레 부품을 사용했다. 그러나 이 엔진을 쉐보레 트럭에 장착해 보니, 엔진의 60마력 중 최대 49

사진 9-4 토요타 자동차 그룹의 전신은 방직 공장이었다.
(일본 토요타 산업 기술 기념관, 2023)

테슬라 마스터 플랜

마력밖에 사용할 수 없음을 발견했다.

키이치로는 여러 해외 기업의 자료를 분석해 실린더 헤드를 회오리 형태의 연소실에 맞게 재설계했다. 1935년 5월, 마침내 1934년형 크라이슬러 데소토DeSoto 세단을 모델로 삼은 65마력의 6기통 엔진을 개발해 모델 A1이라는 시험 제작 자동차에 탑재했다. 1935년 9월, 모델 A1은 일반 도로에서 1,433km의 시험 주행에 성공했다. 이 과정에서 모델 A1은 주행 테스트에서 결함이 발생했지만, 토요타는 이 과정에서 다양한 기술 데이터를 수집할 수 있었다.

모델 A1을 기반으로 개발된 G1 트럭은 1935년 11월에 토요타가 출시한 첫 번째 자동차로, 최대 적재량은 1.5톤이었으며 총 379대가 생산되었다. 당시 일본 사람들은 닛산을 승용차 제조사로, 토요타를 트럭 제조사로 여겼다. 그러나 1936년 4월, 최신 기술의 집약체인 크라이슬러와 쉐보레 등 미국 자동차를 참조한 키이치로의 주도로 토요타자동차는 최초의 승용차인 토요타 모델 AA를 출시했다.

토요타의 자동차 제조 기술은 독특했다. 당시 미국 자동차들의 엔진은 앞바퀴 축 뒤쪽에 위치했지만, 모델 AA의 65마력 엔진은 더 앞쪽에 배치되었다. 이 설계 덕분에 뒷좌석이 전륜과 후륜 축 사이에 위치하게 되어 주행 중 진동을 줄여 편안한 승차감을 제공했다.

1950년대에 닛산과 토요타는 자동차 개발에 대한 관점에서 차이를 보였다. 닛산이 영국의 오스틴과 협력한 것과 달리, 토요타는 일본 자체 기술로 생산한다는 원칙을 고수했다. 이 경영 철학을 지키기 위해 많은 어려움을 겪어야 했다. 당시 일본의 도로 포장률은 1%에 불과했기 때문에 대부분의 자동차는 판 스프링Leaf spring 서스펜션을 채택했다. 그러나 판 스프링을 탑재한 자동차는 승차감이 좋지 않았다.

토요타는 경쟁력을 갖추기 위해 앞바퀴에는 더블 위시본Double-Wishbone 서스펜션을 개발한다. 1955년에 등장한 토요펫 크라운Toyopet Crown은 일본에서 성공한 토요타 최초의 가정용 차량이다. 1세대 토요타 크라운은 각각의 앞바퀴를 지지하는 두 개의 독립된 위시본과 그 사이에 장착된 코일 스프링 덕분에 당시 경쟁사보다 안락한 승차감을 제공할 수 있었다.

당시 대부분의 일본 자동차는 5~8개의 판 스프링 서스펜션을 사용했으나, 토요타는 최초의 크라운에 동종 업계 대비 3개만 장착했다. 이는 서스펜션의 강도를 유지하면서도 진동을 줄여 승차감을 향상시켰다. 또한 1세대 토요타 크라운 디퍼렌셜Differential에는 하이포이드Hypoid라는 기어가 링 기어로 채택되었다. 덕분에 동종 업계 대비 차체의 바닥 높이를 더 낮게 만들어 실내 공간을 확장할 수 있었고, 무게 중심도 낮출 수 있어 주행 성능도 향상할 수 있었다.

토요타 연구진이 비포장도로가 대부분인 일본 환경에 맞게 기술 개발을 하다 보니, 크라운을 구매한 택시 회사들 사이에서 긍정적인 입소문이 퍼

사진 9-5 일본에서 성공한 토요타 최초의 가정용 자가용 토요펫 크라운
(일본 토요타 산업 기술 기념관, 2023)

졌다. 1956년 4월, 토요타 크라운은 런던에서 도쿄까지 주파하는 데 성공했다. 《아사히신문》이 기획한 이 행사가 보도되자, 일본 사람들은 닛산에 가려져 있던 토요타를 인지하기 시작했다. 일본 내수 시장에서 반응이 좋아지자 토요타는 미국 시장에 도전하기로 했다. 1957년 미국 시장에 진출한 1세대 크라운에 대해 수많은 미국인의 혹평이 쏟아졌다. 엔진의 힘이 너무 약하고, 승차감이 불안정하다는 이유로 구매를 꺼리는 자동차라는 평가였다.

그러나 67년이 지난 2022년, 토요타는 세계 자동차 시장에서 상위 10대 모델 중 4대를 차지하고 있다. 이 모델들은 1위 코롤라^{Corolla}, 2위 라브4$^{RAV 4}$, 5위 캠리^{Camry}, 9위 하이럭스^{Hilux}이다.

1957년에 토요타가 토요펫 크라운의 미국 진출을 포기했다면, 오늘날 내구성이 좋기로 유명한 토요타 자동차는 존재하지 않았을 것이다. 또한 빅 3와 함께 미국 대기 오염의 주범으로 지목되지도 않았을 것이다.

2020년 회계 연도 2분기 실적을 공개하는 콘퍼런스 콜에서 아키오는 테슬라의 존재를 개의치 않는다는 발언을 했다.[14] 그는 테슬라가 요리법은 있지만, 진짜 주방과 요리사는 없다고 표현했다. 즉, 자동차라는 까다로운 요리를 만드는 주방과 요리사를 토요타가 보유했다는 뜻이다.

그는 토요타의 요리법이 세계의 표준이 되는 미래가 올 것이라고 강조했다. 토요타가 만든 1억 대 이상의 자동차가 세계 여러 도로를 누비고 있으니, 아키오의 주장도 일리가 있다. 2022년 10월에는 예상보다 전기차로의 전환 속도가 더딜 수 있다며 토요타는 홀로 다른 길을 가겠다고 선언했다.[15]

2023년 세계 자동차 시장 상위 10대 모델에서 테슬라의 모델 Y는 115만 대 이상 팔리면서 1위를 차지했다. 코롤라는 113만 대를 판매하면서 2위로 밀려났다. 테슬라는 토요타가 86년간 고군분투해서 형성한 기술과 전통의 상징을 제거하려 한다. 만약에 이 치열한 전쟁에서 테슬라가 승리한 다면, 일본 경제에 어떤 일이 벌어질까?

일론 머스크 자녀의
장난감에서 시작한 엉뚱한 도전

아키오는 일본 정부에 전기차로의 전환 속도를 조절하지 않으면 일자리 550만 개가 사라질 것이라고 경고했다.[16] 237만 명이 엔진, 변속기 등 내연기관 자동차 관련 부품의 제조, 판매, 유지 보수 분야에 종사하고 있으며, 269만 명이 택시, 버스, 트럭 운전사 등 교통 부문에, 35만 명이 주유소와 자동차 보험 등 서비스 부문에 종사한다.[17]

테슬라의 파워트레인 및 에너지 엔지니어링 부문 수석 부사장 바글리노는 인베스터 데이에서 모델 3가 WTW^well-to-wheel 관점에서 토요타 코롤라보다 4배 이상 효율적이라고 강조했다. 토요타의 하이브리드 자동차들과 달리 완전 전기 자동차인 모델 3는 재생 에너지 및 화석 연료에서 생성된 전기를 사용한다. 바글리노는 파스타를 삶고 요리하는 데 사용되는 에너지로 모델 3가 1마일 이상 주행할 수 있다고 강조했다.

반면에 코롤라가 주행하려면 원유 추출 및 정제부터 차량 작동까지 모든 과정에서 모델 3보다 비효율적이라는 것이다. 무수한 언론의 이목이 쏠린 자리에서 이렇게 발언을 했다는 것은 토요타에 전쟁을 선포한 것처럼 들렸다.

2024년 기준, 전기차 제조에서는 여전히 순익이 많지 않은 상태다. 전기차를 판매할수록 적자인 경우도 많다. 그렇기에 테슬라의 기가 캐스팅은 전기차 생산 속도를 가속화하고 생산 비용을 줄일 수 있다는 이점이 있다. 이는 토요타와 같은 경쟁사를 긴장하게 만드는 요인이다.

테슬라는 모델 S를 기반으로 모델 X를 개발한 것처럼 모델 3보다 더 많은 승객을 수용할 수 있도록 구조를 재구성해야 했다. 그러나 차체 제조 과정에서 질량 증가 문제에 직면했다. 질량이 증가하면 부품 개발을 위한 엔지니어링이 필요하고, 외주 계약과 부품 운송 과정에서 복잡한 일정이 얽히며 탄소 배출도 늘어나고, 최종 조립을 위한 근로자와 로봇 설비가 더 많이 필요하다.

병목 현상을 경험한 머스크는 모델 3에서 모델 Y로 전환할 때, 모델 3와 달리 차체 구조를 재구성하여 질량을 줄이는 전략을 채택해야 했다. 여러 프레스 기계를 사용해 용접하는 방식보다 더 획기적인 방법을 고안해 생산 속도를 높일 필요가 있었다. 머스크는 자녀의 장난감 자동차의 하부가 하나의 다이 캐스트die-cast로 되어 있다는 것에 차량 제조 속도를 높이는 영감을 얻었다.[18] 다이 캐스팅Die Casting은 용융 금속을 높은 압력으로 금형 속 빈 공간에 주입하여 정밀하고 세밀한 형태의 금속 부품을 만들 수 있는 방식이다. 이를 실제 전기차에도 적용하는 방법을 모색해서 탄생한 것이 기가 캐스팅이다.

그러나 소형 장난감의 다이 캐스팅과 승객의 안전을 책임져야 하는 차체의 기가 캐스팅은 차원이 다른 기술이다. 자동차 후면 상당 부분의 부품을 하나로 주조하려면 거대한 압력을 만드는 주조 기계뿐 아니라 특수 알루미늄 합금과 같은 재료 개발도 필요하다. 테슬라가 아이드라Idra Group로부터 도입한 기가 프레스는 모델 Y의 기가 캐스팅을 위해 6,000톤의 힘으로 알루미늄 합금을 주조한다.

대형 주물은 열처리 시 변형되기 쉽다. 예를 들면, 감자 칩이 기름에 튀겨질 때 가장자리와 가운데 부분의 열 팽창률이 달라 생기는 것과 같은 뒤틀림 현상이 발생할 수 있다. 이를 해결하기 위해 테슬라는 고강도 특수 알루미늄 합금을 개발해 열처리 없이 주조할 수 있도록 했다.

한편, 일본에서는 토요타가 테슬라의 시대를 부정하면서도 여러 전기차를 출시하고 있다. 그러나 품질의 대명사로 불리던 토요타가 출시한 첫 번째 전기차 bZ4X는 주행 중 바퀴가 빠지는 논란이 있었다. 2022년 10월, 토요타는 차량과 바퀴를 연결하는 허브 볼트Hub bolt가 느슨해져 주행 중에 바퀴가 분리될 수 있음을 인정하고 2,700대를 리콜했다. 당시 토요타는 운전자들에게 리콜이 완료될 때까지 차량을 운전하지 말라고 권고했다.[19] 그 해 bZ4X는 미국 260대, 일본 110대, 캐나다 20대, 나머지는 유럽에서 총 5,000대가 팔리는 데 그쳤다.

토요타 엔지니어들은 테슬라 모델 Y를 분해하면서 기가 캐스팅에 감탄했다고 알려졌다.[20] 기가 캐스팅 덕분에 차체 무게를 약 100kg 줄일 수 있었고, 이는 전기차 특성상 주행 거리 향상에도 상당한 영향을 미친다. 테슬라가 모델 Y의 전면 및 후면 언더바디 부품을 줄일 수 있는 기가 캐스팅을 도입한 것은 인간의 노동을 통한 일자리 창출에 초점을 맞춘 토요타의 전통적인 접근 방식과 극명한 대조를 이룬다.

토요타 경영진 관점에서 테슬라는 얄미운 존재일 것이다. 테슬라가 추구하는 속도로 전기차를 제조하기 위해서는 많은 직원이 필요 없어지고, 머뭇거리고 있기에는 머스크조차 우습게 생각했던 BYD가 전기차 판매량에서 테슬라를 앞지르려고 하는 촉박한 상황이다. 테슬라가 경쟁사보다 생산 속도가 빠른 중요한 이유 중 하나가 바로 기가 프레스를 도입해 기가 캐스팅으로 전기차를 생산하기 때문이다. 테슬라는 기가 캐스팅 도입에 멈추지

토요타 본사가 운영하는 토요타 회관에는 bZ4X뿐만이 아니라
초소형 전기차 C+팟(오른쪽 상단)도 있었다.
(일본 토요타 회관, 2023)

않고, 그 누구도 시도해 보지 않은 방식으로 자동차를 조립할 예정이다.

이 흐름이 계속된다면 토요타, 포드 등 기존의 자동차 제조 업체들이 테슬라를 따라잡기는 더욱 어려워질 것이다. 이러한 방식을 적용하려면 그들의 자동차를 완전히 새롭게 설계해야 하고, 인간 중심의 공정을 포기하는 것도 쉽지 않기 때문이다.

토요타와 차원이 다른
규모의 주조

토요타의 경우, 모래 주조는 엔진 블록 및 실린더 헤드와 같은 파워트레인 부품을 생산하는 데 사용된다.[21] 이는 파워트레인 내부 구조에 대한 정밀한 형태가 필요하기 때문이다. 그러나 차체의 경우 여러 개별 부품을 용접하거나 차체 패널을 금형으로 찍어내는 스탬핑Stamping 방식으로 생산한다. 전통적인 사형 주조는 패턴 생성, 주형 준비, 금속 주입, 후처리 등 여러 단계를 거쳐야 한다. 반면, 기가 캐스팅은 이러한 단계를 하나의 대형 금형으로 통합해 시간과 비용을 절감하면서도 제품의 일관성과 품질을 향상시킨다.

토요타는 용융 금속을 부어 굳히는 모래 금형을 사용한다. 모래 금형의 유연성은 다품종 소량 생산에 이상적이며, 특히 여러 제품으로 변형이 쉬워 다양한 부품을 소량으로 생산하는 데 비용 효율적인 전략이다. 그러나 테슬라는 이탈리아의 아이드라로부터 기가 프레스Giga Press를 도입해 기가 캐스팅으로 전기차를 생산하는 전략을 확대하고 있다. 거대한 기가 프레스는 기존의 수백 개 부품이 필요한 조립 과정을 하나의 기가 캐스팅 부품으로 대체해 제조 속도를 높인다.

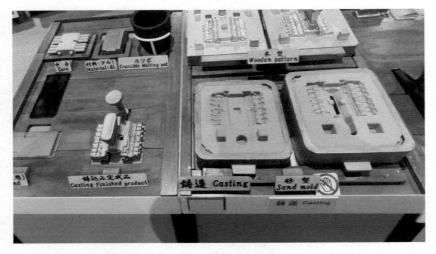

사진 9-7 토요타 산업 기술 기념관에서 전통적인 주조 방식을 볼 수 있다.
(일본 토요타 산업 기술 기념관, 2023)

물론 테슬라도 주조 과정에서 모래를 사용하지만, 전통적인 모래 주조 방식과는 다소 차이가 있다. 테슬라는 기가 캐스팅처럼 대형 부품을 한 번에 주조할 수 있는 복잡한 금형을 만들 때 바인더 젯팅^{binder jetting} 기술을 활용한다.[22] 이는 산업용 모래 위에 액체 결합제를 층별로 분사하여 금형을 3D 프린팅하는 방식으로, 전통적인 금속 금형에 비해 시간과 비용을 획기적으로 절감할 수 있다. 이를 통해 제조 과정의 유연성을 크게 향상시킬 수 있다.

예를 들어, 디자인 변경이 필요할 경우 몇 시간 내에 새로운 금형을 다시 프린트할 수 있어 전체 개발 주기를 크게 단축할 수 있다. 전통적인 금형 제작 방식이 6개월에서 1년이 걸리는 것에 비해 바인더 젯팅 기술은 2~3개월로 줄일 수 있다.

인베스터 데이에서 테슬라는 포드, 토요타와 같은 산업 거인들이 100년 동안 주도해 온 전통적인 자동차 생산 방식에 도전장을 내밀었다. 이러한 급진적인 혁신이 가능한 이유는 설계, 공학, 제조, 자동화 계획 관련 인재

테슬라 마스터 플랜

들이 한 팀으로 구성되었기 때문이다. 이러한 조직 설계 전략은 서로를 비난할 수 없고, 함께 문제를 해결해야 하는 조직 문화를 조성하게 된다.

혼다에서 7년 9개월, 테슬라에서 14년 넘게 근무한 라스 모래비는 전통적인 자동차 제조 회사에서는 테슬라처럼 각기 다른 역량을 가진 구성원이 한 팀으로 일하지 않는다고 강조했다. 그의 발언에서 전통적인 자동차 제조 회사에서는 부서 간 의사소통과 협력이 어렵다는 것을 유추할 수 있다.

전통적인 자동차 제조 방식은 차체 패널을 금형으로 찍어내 용접하고, 차체의 기본 프레임을 조립하고, 조립된 차체에 색상을 입히고, 최종 조립 단계에서 차체에 문을 달고, 도장을 마친 후, 문을 떼어내고 내부 장착을 시작하는 방식이다. 그런 다음 차량을 들어 올려 하부 작업을 하고, 다시 내린 후 시트를 설치하며, 최종적으로 유리를 달고 문을 다시 장착한다. 테슬라는 이러한 최종 조립 과정에서 불필요한 움직임과 공정이 많아 비효율적이라고 본다.

테슬라는 이러한 비효율성을 극복하기 위해 모든 공정을 통합하여 혁신을 추구한다. 초기 단계부터 팀들이 협력하여 최적의 솔루션을 찾는 방식이다. 이 과정에서 탄생한 기가 캐스팅과 같은 혁신은 토요타의 JIT 시스템, 모노즈쿠리 정신, 가이젠 정신을 무색하게 만든다. 생산 과정에서 사람의 개입이 점점 줄어들기 때문이다.

이제 독일로 이동해 테슬라의 기가 캐스팅 실물을 자세히 들여다볼 것이다. 일본의 경쟁 상대인 독일도 불안하기는 마찬가지다. 테슬라의 혁신 기술은 독일의 강점을 제거하는 방향으로 나아가고 있다. 이들 모두 노동집약적인 제조업을 추구하고 있기 때문이다.

인터뷰:
케어소프트를 통해 알게 된
기가 캐스팅의 진면목

독일 IAA 모빌리티 2023에서 만난 미국의 케어소프트 글로벌Caresoft Global은 첨단 프로세스와 기술을 활용해 자동차를 분해하고 이를 분석해 벤치마킹을 하여 자동차 제조 업체들에게 제품 개발과 비용 절감에 관한 깊이 있는 정보와 해결책을 제시한다. 폭스바겐 행사장 인근에 자리를 마련한 케어소프트 글로벌은 샅샅이 분해한 모델 Y를 전시했다. 덕분에 일반적인 차대에서 볼 수 없는 기이한 구조와 그 목적을 파악할 수 있었다.

기가 캐스팅의 실물을 자세히 만져 보고, 케어소프트 글로벌 임직원을 통해 테슬라의 혁신 기법을 알게 되었다. 테슬라가 제조에 관한 진화를 일으키고 있음을 실감할 수 있었다. 그들이 신기술을 어디에 어떻게 적용했는지 볼 수 있고, 어디로 나아갈지 추론할 수 있는 귀한 자리였다. 현장의 여러 독일 자동차 업계 종사자가 모델 Y의 분해된 광경을 유심히 관찰하는 걸 보면서 격세지감을 느꼈다. 상당수 독일 기업이 몰락할 거라고 예상했던 테슬라가 기가 캐스팅의 적용 범위를 넓힌다는 것은 그들에게 어떤 의미일까?

모델 3 생산 과정에서 지옥의 시기를 거쳤던 테슬라는 자동차의 구조를 단순화하여 제조를 더 쉽게 만들기 위해 큰 노력을 기울일 수밖에 없었다. 모델 3의 전면과 후면에는 171개의 금속 부품을 용접한 형태가 존재한다. 머스크는 이를 2개로 줄임으로써 차량을 더 가볍고 강하게 만들기로 했다. 테슬라는 2020년 프리몬트 공장에서 사상 최대의 주조 기계를 도입했다고 알렸다. 테슬라는 대형 주조 기계에서 흔히 발생하는 뒤틀림 현상을 방지하기 위해, 코팅이나 열처리 등 추가 작업이 필요 없는 특수 알루미늄 합금을 자체 개발하는 데 주력했다.

초기 모델 Y는 후면 하부에 단일 부품 주조인 기가 캐스팅이 적용되었다. 그 결과, 강력한 후면과 느슨한 전면이 하나의 차체로 결합된 기이한 형태였다. 이 차량을 미국에서 1열과 2열 모두 시승해 보니, 현재 모델 Y의 단단하고 안정감 있는 주행감과는 달리 약간의 헐거운 느낌을 받았다. 그러나 2021년 5월, 텍사스 기가팩토리에서 모델 Y의 전면에도 기가 캐스팅이 적용되면서 핸들링, 주행감, 소음, 진동, 방수 능력 등 모든 면에서 크

사진 9-8 기가 캐스팅은 모델 Y 후면 하부부터 적용되었다.
(독일 IAA 모빌리티, 2023)

게 개선되었다.

기가 캐스팅 기술을 조사해 보면, 테슬라는 전자 기술과 AI 같은 소프트웨어부터 하드웨어까지 모두 수직 통합해 개발할 수 있는 드문 역량을 가지고 있다. 이러한 접근 방식은 자동차 산업에서 상대적으로 드물다. 많은 제조 업체는 여전히 복잡한 공급망과 외부 파트너에 의존하기 때문에 급진적인 변화를 이루기 어렵다. 그 결과, 우왕좌왕하는 사이에 전기차 제조 역량이 내연 기관 차량과는 달리 순익을 남길 수 있는 완전히 새로운 전기차 제조 설비를 구축하지 못하고 있다. 이 과정에서 막대한 투자와 대량 해고가 발생할 수 있기 때문이다.

케어소프트 옆에 있는 폭스바겐 행사장이 눈에 들어왔다. 당시 폭스바겐은 2025년까지 2만 5천 유로 미만의 전기차를 출시하겠다고 선언했다.[23] 테슬라의 기가 캐스팅을 살펴보니 그 주장에 의문이 생겼다. 과연 순익을 남기면서 선두에 있는 테슬라와 이를 뒤쫓는 중국 기업들과 경쟁할 수 있을까?

내연 기관 시대에 골프가 독일을 이끈 것과 달리 ID3는 특히 중국 시장에서 판매가 부진하다. 2023년 10월 기준, ID3의 판매 가격이 흥미롭다. 독일에서 세제 혜택을 적용한 실질적인 판매 가격이 약 35,000달러인 반면, 중국에서는 옵션 차이가 거의 없는 비슷한 차량이 16,600달러 수준으로 판매되고 있다.[24]

스마트폰과 달리, 기회비용과 안전성 문제가 걸린 자동차 구매는 소비자의 민감한 요구를 충족시키며 신뢰를 형성해야 한다. 그렇기에 중국 소비자의 관점에서, 40년 동안 신뢰를 쌓아온 폭스바겐이 전기차 판매 가격을 필사적으로 낮추는 것은 의미가 있다.

그러나 독일 경제의 관점에서는 불안한 상황이 지속되고 있다. 폭스바겐은 중국에서 BYD와 같은 현지 기업들과의 가격 전쟁에 휘말려, 시장 점유율을 유지하기 위해 필사적으로 가격을 낮추고 있다. 도이체 벨레는 ID3가 중국에서는 팔수록 손해가 발생하는 독일 전기차라고 보도했다.[25] 순익이 남지 않는다면, 자동차 관련 산업에 약 500만 명이 종사하는 독일 경제에 치명적인 상황이 발생할 수 있다.

경쟁사가 기가 프레스를 도입한다고 해도, 열처리 없이 정확한 형태를 유지하는 알루미늄 합금을 만들기 위해서는 재료 과학 및 합금 개발에 상당한 자원을 투자해야 한다. 테슬라가 스페이스X 재료팀으로부터 대형 주조 기계용 특수 알루미늄 합금 개발에 도움을 받은 것처럼, 연구와 재료 과학 전문 지식, 시행착오에 대한 상당한 투자가 필요하다.

항공기에서 영감을 얻은
모델 Y 구조화 배터리

테슬라는 기존 자동차 제조 방식을 완전히 재설계하여 혁신적인 모듈식 접근 방식을 도입하고 있다. 모래비는 인베스터 데이에서 차세대 모델 Y를 위해 개발한 모듈식 병렬 제조 혁신the modular, parallel manufacturing innovations을 통해 비용을 50% 절감할 수 있다고 주장했다. 그는 100년 동안 지속해 온 업계의 제조 방식을 재고해야 한다고 강조하며, 생산 속도를 높이기 위해 차체의 바닥이 차량의 일부가 되어야 한다고 했다. 즉, 모델 Y의 구조화 배터리structural battery가 그 바닥을 채우는 것이다.

배터리 팩, 카펫, 시트, 센터 콘솔이 하나의 모듈로 장착되기에 과거처럼 문을 열고 내부 부품을 조립하는 번거로움을 줄일 수 있다. 구조화 배터리 덕분에 현재 44%의 더 많은 작업 밀도를 얻었고, 근로자가 작업 시작점으로 돌아가는 시간과 공간도 30% 효율성을 향상시켰다.

테슬라는 구조용 배터리가 에너지 장치이자 구조물로 활용되도록 하여 자동차 제작 방식에 큰 변화를 가져오고 있다. 배터리 팩 내부의 지지대와 안정화를 위한 중간 구조물을 없애면서 배터리 셀을 더 밀집시켜 배치할

테슬라 마스터 플랜

사진 9-9 항공기에서 영감을 얻은 모델 Y 구조화 배터리와 그 위에 바로 장착이 가능한 시트가 인상적이다.
(미국 피터슨 자동차 박물관, 2024)

수 있게 되었다. 배터리 팩 자체가 구조물로 작용하기 때문에 더 많은 공간을 확보할 수 있다.

초기 항공기의 경우 연료 탱크를 별도의 화물로 취급해 기체의 부피가 커지고 불필요한 무게가 추가되었다. 2020년 9월, 머스크는 연료 탱크를 날개에 통합함으로써 항공기의 무게를 줄이고 효율성을 높인 발상의 전환처럼 자동차에도 같은 개념을 적용할 수 있다고 강조했다.

여러 자동차 제조사와 부품 공급 업체들을 만났지만, 이런 아이디어를 실행할 수 있는 조직 문화를 가진 곳은 드물었다. 모래비가 강조한 것처럼 자동차 설계, 제조 공정, 조립 공장을 동시에 설계하는 자동차 제조 업체는 테슬라이기에 이처럼 급진적인 혁신이 가능한 것이다.

모델 Y의 차대 하부에도 인상적인 변화가 있었다. 바닥이 뚫려 있어 케어소프트 엔지니어들이 분해한 줄 알았다. 이는 2021년 모델 Y의 차대 하부 바닥이 완전히 막혀 있던 이전 디자인과 상반되기 때문이다. 그러나 케어소프트에서 이 변화의 이유를 설명해 주었는데, 바닥이 뚫린 이유는 배

사진 9-10 모델 Y의 차대 하부는 모델 3와 달리 구조용 배터리를 장착하도록 뚫려있다. (독일 IAA 모빌리티, 2023)

터리의 상단이 차체의 바닥을 형성하기 때문이었다. 이러한 구조 변경은 차량의 중력 중심을 낮추는 효과를 주어, 핸들링과 안정성을 개선하는 데 기여한다는 점이 인상적이었다.

배터리를 감싸는 상단이 의자를 안정적으로 받쳐야 하는 이중 역할을 하기 위해 조금 더 두꺼워져야 했다. 그러나 2020년 테슬라 배터리 데이에서 머스크가 밝혔듯이, 구조적 개선 설계를 통해 차량의 차체 무게를 10% 줄일 수 있었다. 덕분에 주행 가능 거리를 14% 늘리고, 부품 수는 370개 줄이는 효과를 얻었다.

테슬라는 구조용 배터리 위에 좌석과 내부 부품을 장착하고, 모델 Y의 차대 하부 큰 구멍을 통해 올려 조립한다. 이처럼 제조 공정을 완전히 재고한 덕분에 최종 조립 라인을 약 10% 줄일 수 있었다. 그만큼 원가는 낮아지고, 생산 속도는 높아진다.

테슬라는 차체를 좌측, 우측, 전방, 후방, 바닥처럼 5개의 모듈로 나누려

한다. 각 모듈은 별도로 조립되고 페인트를 칠한 후 최종 조립 단계에서 하나로 합쳐진다. 이러한 생산 방식이 전통적인 방식에서 발생하는 비효율성을 크게 제거한다.

만약 한 스테이션Station이 중단되더라도, 전통 업체들의 공장과 달리 나머지 스테이션들은 계속해서 자동차를 생산할 수 있다. 테슬라는 모듈식 병렬 제조와 기가 캐스팅 기술 등을 통해 개별 작업 단위를 통합하고, 더 적은 공간을 사용하여 더 많은 차량을 생산하려고 한다. 이는 공장의 크기를 줄이면서도 생산 효율성을 높이는 것을 목표로 한다.

단순히 공장 규모만 줄인 것이 아니라, 복잡한 공급망을 모두 정밀하게 제어하는 데도 많은 발전이 있었다. 로샨 토마스에 따르면 2022년에만 공급 업체에서 테슬라 공장까지 약 1,600만 개의 팔레트를 이동시켰다.

이는 막대한 자재와 부품이 테슬라 공장으로 유입되었음을 나타낸다. 토마스는 그 팔레트들을 나란히 놓으면 지구의 절반을 덮을 수 있을 정도라고 비유했다.[26] 특히 팬데믹을 거치면서 중요한 부품의 공장이 멈출 상황에 대비해 이중 소싱과 삼중 소싱을 하고 있다. 그 결과 테슬라는 세계 45개 국에 공급 업체가 있고, 약 685개 서비스 센터에 매주 10억 개, 1년이면 약 520억 개의 전자 부품이 정시에 도착하고 있다. 테슬라의 전기차 판매량이 증가하면서 이 숫자도 증가할 것이다.

테슬라는 인베스터 데이에서 앞으로 제조 공간이 40% 줄어들 것이라고 주장했다. 이는 새로운 공장을 더 빠르고 적은 자본 지출로 건설할 수 있음을 의미한다. 자동차 조립 비용도 절반으로 줄어들 것이라고 했다. 이는 테슬라가 중국의 저가 전기차 출시에 대비하기 위해 2만 5천 달러짜리 자동차를 제공하면서도 여전히 상당한 이익을 낼 수 있는 주요 방법이 될 것이다.

로봇을 위한
기가 캐스팅

테슬라가 주도하는 전기차 전환은 토요타의 자랑인 변속기와 하이브리드 엔진 등 내연 기관을 없애기 때문에 관련 일자리에 직접적인 타격을 준다. 테슬라의 기가 캐스팅과 같은 급진적인 혁신 기술은 생산에 필요한 산업용 로봇 대수도 줄인다. 기가 캐스팅, 구조용 배터리 팩Structural battery pack, 휴머노이드 로봇 등 테슬라의 제조 혁신 기술을 이해하려면 전통적인 생산 방식을 고수해 온 기업들의 반발을 공감할 수 있다.[27]

2021년에 토요타의 CEO 토요다 아키오는 전기차의 부상이 일본의 수백만 개 일자리를 위협할 수 있다고 우려했다. 그는 일본 정부를 향해 2030년까지 순수 전기차 정책을 고수하면 일본은 550만 개의 일자리와 800만 대의 자동차 생산량을 잃게 될 것이라고 경고했다. 하지만 토요타가 원하는 속도로 전기차 전환 시기를 늦출 수 있을까?

토요타의 우려에는 테슬라가 개발하는 옵티머스의 빠른 발전 속도가 포함되지 않았다. 옵티머스는 산업용 로봇이 하지 못하는 노동을 대신할 완벽한 자동화를 목표로 한다. 바로 이것이 토요타와 같은 전통적인 기업에

사진 9-11 모델 Y 전면의 기가 캐스팅은 U자 형태로 만들어져 작업자가 드나들기 편한 구조다. (독일 IAA 모빌리티, 2023)

위협이 될 수 있다.

테슬라가 기가 캐스팅을 추구하는 종착점은 옵티머스가 작업을 돕기 위함일 수도 있다. 머스크가 옵티머스에 투영하려는 가치와 미래를 유심히 추적하고 관찰해야 하는 이유다. 2022년 8월, 테슬라는 연례 주주 총회에서 모델 Y의 후면에 이어 전면에도 기가 캐스팅을 적용하면 171개의 금속 부품을 2개로 줄여 용접 횟수를 1,600개 이상 줄일 수 있다고 발표했다.

케어소프트에 따르면 테슬라는 전면 캐스팅으로 360개의 부품을 제거할 수 있다. 케어소프트 사장 테리 워이초스키Terry Woychowski의 표현처럼 차대가 지루할 정도로 단순해졌다.[28] 하지만 제조 현장의 작업량 증가와 부품이 차지하던 바닥 공간 등 모든 비용을 고려할 때 이는 대단한 혁신임을 부정할 수 없다. 이러한 단순화로 인해 제조 복잡성 감소, 비용 효율성 증가, 인건비 및 시간 단축, 구조적 무결성 향상, 탄소 배출 감소 등 긍정적인 영향이 발생하기 때문이다.

사진 9-12 기가 캐스팅을 살펴보니 후방 충돌 시 더 높은 안전성을 제공할 수 있는 구조로 보인다.
(미국 피터슨 자동차 박물관, 2024)

테슬라의 비용 절감 전략은 설계 단계에서 시작된다는 것이 흥미롭다. 테슬라는 최종 차량 가격 인하를 위해 일방적으로 공급 업체를 압박하지 않고, 차량의 품질을 낮추지 않아도 된다. 물론 테슬라와 공급 업체 간에 실제 벌어지는 일은 당사자들이 제일 정확히 알 수 있으나, 워이초스키가 지적한 것처럼 처음부터 설계를 통해 비용을 제거하는 것은 초기 모델 3 제조 과정에 비해 대단한 발전이다.

토요타는 작은 부품을 세세하게 조립해 큰 부품을 만들지만, 테슬라는 그 과정을 없앴다. 모델 Y의 전면 기가 캐스팅은 U자 형태로 만들어졌는데, 이는 작업자가 차량 전면의 내부를 조립하고 나가는 데 유용한 동선을 제공한다. 덕분에 빠른 속도로 조립할 수 있다.

2022년 11월 기준으로 테슬라는 총 15대의 대형 기가 프레스 주조 기계를 보유하고 있다. 상하이 기가팩토리에 6대, 프리몬트 공장에 2대, 텍사스 기가팩토리에 4대, 독일 기가팩토리에 3대가 있다.

모델 Y의 전면 기가 캐스팅 안쪽에 장착된 HVAC 모듈
(미국 피터슨 자동차 박물관, 2024)

　각 기가팩토리에는 독일 로봇 제조사 쿠카의 산업용 로봇을 배치하여, 무거운 물건을 들어 올리고, 반복적이고 복잡한 작업부터 의자 설치 같은 간단한 작업까지 로봇이 수행하면서 생산 속도를 높이고 있다.

　차량의 전면과 후면은 기가 캐스팅으로, 중앙은 구조용 배터리로 제작하면서 모델 3를 기준으로 생산에 필요한 산업용 로봇의 약 70%를 줄였다. 테슬라는 인베스터 데이에서 레고 조립과 같은 언박스드^{unboxed} 방식으로 전환하겠다고 선언했다. 직사각형의 대형 자동차가 선형 컨베이어 벨트를 따라 움직이는 방식에서 벗어나 작업자들이 소규모 그룹으로 나뉘어 차량의 다양한 부품을 동시에 작업한 후 최종 조립 시 한 지점에 모이게 하려는 것이다.

　물론 2024년 3월 말 기준으로 언박스드 방식에 대한 구체적인 성과를 언급하지는 않고 있다. 《블룸버그》 인텔리전스^{Bloomberg Intelligence}는 새로운 모듈식 제조 공정이 비용을 절반이 아닌 33%까지 절감할 수 있을 것으로 분석했다. 테슬라는 이에 관한 논평 요청에 응답하지 않았다.[29] 그러나 케어소프트의 연구 결과, 이 방식이 실현된다면 엄청난 재정적 이득이 발생할 것으로 예상된다.

언박스드 제조는 쉽지 않은 도전이다. 아직 검증되지 않았고 새로운 조립 공정으로 전환해야 하므로 생산 지연이 발생할 위험이 있다. 그러나 모델 Y의 전면과 후면에 기가 캐스팅을 적용한 것처럼, 테슬라는 오랜 제조 관행을 개선하는 노력을 멈추지 않을 것이다.

케어소프트가 알려 준 흥미로운 사실은 테슬라의 HVAC(난방, 환기 및 에어컨) 모듈을 고정하는 데 필요한 수직 볼트가 4개에 불과하다는 점이었다. 전면에 기가 캐스팅을 도입한 후 접근이 쉬워져서 안쪽으로 이동해 HVAC를 장착하고, 나오면서 전면 범퍼까지 빠른 속도로 조립할 수 있다. 따라서 U자 형태의 기가 캐스팅을 바라보면 테슬라가 개발 중인 휴머노이드 로봇 옵티머스가 떠오른다. 차량 제조가 이 정도로 간편하게 바뀐다면, 기가 캐스팅 사이를 자유로이 드나들며 작업하는 옵티머스를 상상하게 된다.

인터뷰:
테슬라 임원 출신이 설립한
요트 스타트업

테슬라의 공급망 부사장 칸 부디라즈는 인베스터 데이에서 팬데믹에도 굴복하지 않고 가능한 한 많은 전기차를 시장에 출시하는 것이 테슬라의 목표라고 강조했다.[30] 이 말은 2023년에 미국에서 만난 요트 제조 스타트업 블루 이노베이션 그룹Blue Innovations Group의 임직원들과 비슷한 생각을 가진 것이 인상적이었다.

이 회사의 대표는 아시아계 미국인으로, 전기 요트를 만들겠다는 목표를 공개적으로 선언하며[31] 머스크의 전략을 요트 제조에 적용하겠다고 했다. 대표와 인사를 나눈 후, 사업 개발과 재무 관리 담당자 메이지 쿠Maisie Koo가 적극적으로 인터뷰에 응해 주었다. 그녀는 테슬라의 경영 철학이 요트 제조에 어떤 영향을 미쳤는지 스타트업 초기 구성원답게 열정적으로 설명해 주었다.

그녀에 따르면 이 회사의 설립자 존 보John Vo는 테슬라 출신이다. 그는 테슬라에서 글로벌 제조 총괄Head of Global Manufacturing을 담당했다. 보는 테슬라에서 2011년 4월부터 2017년 8월까지 회사의 모든 제조 공정, 전략, 효율성 개선 및 제품 품질 관리와 같은 중요한 책임을 맡았다. 테슬라에서 이렇게 오랜 기간 근무한 사람은 임직원까지 통틀어서 보기 드물다.

참고로 테슬라 최고 재무 책임자CFO를 역임한 잭 커크혼Zach Kirkhorn 같은 주요 임원이 떠난 이유는 명시적으로 설명되지 않았기에, 테슬라 분석가들 사이에서 여러 추측이 이어졌다. 그는 테슬라 평균 임원 재직 기간보다 훨씬 긴 10년 이상을 머스크와 함께했기 때문이다. 이 둘의 관계가 나쁘다는 징후는 없었다.

테슬라 부사장의 평균 재임 기간은 약 4.8년으로 알려져 있다. 하지만 2017년 초 이후 퇴사한 임원의 평균 재직 기간은 약 3.9년으로 더 짧았다.[32] 시간이 갈수록 테슬라가 처한 도전의 강도는 높아졌고, 머스크의 리더십 역시 더욱 강해졌기 때문이다.

당시 임직원들은 숙면을 취하지 못할 정도로 힘들었다. 머스크가 하루에 최대 14시간까지 일하는 일 중독자였기 때문이다. 임원들의 연간 이직률은 무려 44%였다.[33] 거의 불가능한 목표를 달성하기 위해 강압적인 상사역할을 자처하는 머스크 밑에서 오래 버티는 것은 쉽지 않다. 3.9년의 재직기간은 다른 회사와 비교해도 상당히 높은 이직률을 시사한다.

실제로 머스크와 커크혼은 퇴사에 대한 공개 성명을 통해 상호 감사와 존경을 표했다. 머스크는 커크혼이 지난 수년간 테슬라에 많은 공헌을 해준 데 대해 감사를 표하며, 그의 미래를 응원했다. 커크혼도 테슬라에서의 업무에 대한 자부심을 표현하고, 머스크의 리더십에 감사를 표했다. 이러한 전환은 업계에서 드문 일이 아니므로, 그의 퇴사를 테슬라 몰락의 징후로 판단하기보다는 자연스러운 일로 이해하는 것이 더 합리적이다.

보의 경우에도 테슬라에서 오랜 기간 업무를 수행하면서 머스크의 경영 철학에 많은 영향을 받은 것으로 보인다. 쿠는 보가 테슬라를 떠나면서 전기 자동차의 개념을 물 위에서도 실현하고 싶었다고 설립 배경을 설명했다. 전기 자동차는 이미 많이 도전하고 있으니, 전기 보트를 만들고 싶었다는 것이다. 그들이 출시하려는 30만 달러짜리 요트 R30의 주요 기술들을 살펴보면 테슬라가 떠오른다.

보가 맡은 직책은 테슬라 내에서 매우 높은 위치에 속하며, 전략적 의사 결정과 회사의 성공에 중대한 영향을 미쳤다. 그의 업무는 전 세계적인 제조 네트워크의 관리 및 최적화를 포함하므로 테슬라의 글로벌 확장 및 운영에 핵심적인 역할을 했을 것이다.

전기 요트의 조종석은 모델 X의 요크 핸들을 떠올리게 하며, 곳곳에서 테슬라의 DNA를 느낄 수 있는 기술들이 적용되어 있다. 이는 마치 바다에서도 테슬라 전기차를 타는 기분을 선사할 것 같다. 선체는 알루미늄으로 만들어졌으며, 모터의 토크 제어로 인해 급가속이 자유자재로 가능하다.

조타석에서 내비게이션, 음악, 영화 감상 등을 직관적으로 제어할 수 있는 깔끔한 디자인도 눈에 띈다. 일반 요트의 운전대 주변에는 버튼이 많아

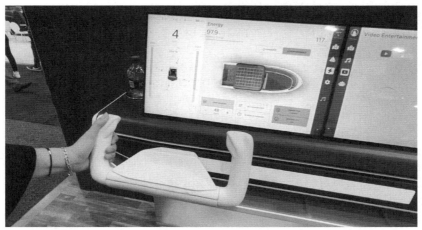

사진 9-14 전기 요트의 조타실 프로토타입에는 모델 X가 떠오르는 요크 핸들이 달려 있었다.
(미국 라스베이거스 컨벤션 센터 웨스트홀, 2023)

혼란스러울 수 있지만, R30은 통합된 사용자 인터페이스로 이 문제를 해결했다.

특히 태양광 충전 기능을 갖추고 있어 흥미롭다. 조타석의 인포테인먼트 시스템은 대화형 기능과 다목적 배열 구성을 통해 사용자에게 편안함과 효율성을 동시에 제공한다(테슬라 전기차의 인포테인먼트 시스템과 유사한 모습을 보인다). 이러한 기술 통합은 전기 요트가 단순한 운송 수단을 넘어 새로운 해양 경험을 창조할 수 있음을 보여 준다.

R30의 탄생 배경은 보가 테슬라 출신 경영자답게 엔진 요트를 전기 요트로 전환해 기후 위기에 대응하려는 의도였다. 물론 전기 보트의 등장을 회의적으로 보는 시각도 있었다. 테슬라 출신답게 무모한 도전이라는 것이다.

전기 요트 시장은 2023년 기준 33억 달러에서 2030년까지 77억 달러로 성장할 전망이다.[34] 플로리다주는 미국의 2,300억 달러에 달하는 레크리에이션 보트 시장에서 약 14%를 차지하고 있다.[35] 특히 피넬라스[Pinellas]와 힐즈버러[Hillsborough]는 미국에서 보트 소유자 수가 가장 많은 상위 5개 카운티 중 2곳이다. 이러한 이유로 블루 이노베이션 그룹은 2023년 12월 연방 하원 의원 캐시 캐스터[Kathy Castor]가 회사를 방문할 정도로 주목받는 스타트업이다.

2024년 연례 주주 총회 발표에 따르면 테슬라의 이산화 탄소 배출량 감소 효과는 2021년 약 500만 미터톤, 2022년에는 약 1천만 미터톤, 2023년에는 약 2천만 미터톤에 달했다.[36] 테슬라 전기차를 구매한 사람들이 내연 기관 차량을 구매했다면 그만큼 이산화 탄소 배출량은 증가했을 것이다. 이제 보트에서도 이러한 변화의 물결이 일어나길 기대한다.

모델 Y, R30, 메가팩의 공통점은 LFP 배터리

평형수Ballast Water는 선박의 안정적인 운항을 위해 균형을 맞추기 위해 사용되는 물이다. 그러나 평형수는 해양 환경을 가로질러 외래종을 수송하는 주요 매개체가 되면서 문제가 되었다. 선박이 화물을 적재하지 않았을 때 안정성을 유지하기 위해 하부에 바닷물을 보충하는 과정에서 다양한 유기체가 함께 빨려 들어가 다른 바다로 이동해 생태계를 파괴하는 것이다. 이를 방지하기 위해 선박들은 평형수에 해로운 화학 물질로 처리를 해 왔으나, 이렇게 처리된 물이 배출되면서 해양 환경에 악영향을 미쳤다. 이에 따라 세계 여러 정부 기구는 친환경적인 평형수 처리 방법을 요구하고 있다.

평형수도 엄격히 관리하는 시대에 전기 요트가 주목받는 이유는 기존 엔진 보트와 달리 배출 가스나 유해 물질이 바다에 유출되지 않기 때문이다. 또한, 전기 모터는 엔진 요트에 비해 진동과 소음이 적어 승객에게 편안한 승차감을 제공한다.

R30 요트의 혁신과 경영 철학은 단순한 기술적 진보에 그치지 않는다. 이 요트는 테슬라에서 얻은 교훈을 바탕으로 지속 가능성과 환경 보호를

사진 9-15 R30에는 거대한 리튬 인산 철 배터리가 탑재되었다.
(미국 라스베이거스 컨벤션 센터 웨스트홀 2023)

핵심 가치로 삼고 있다. 전기 추진 시스템을 통해 전통적인 연료 기반 요트가 가지는 환경적 영향을 줄이고, 태양광 충전 기능을 통해 재생 가능 에너지 사용을 증진한다.

이러한 기술 통합은 해양 산업의 미래에 대한 새로운 비전을 제시하며, 지속 가능한 해양 여가의 새로운 경험을 가능하게 한다. 지금까지 출시된 테슬라 전기차들이 이미 그러한 가능성을 입증했듯이 말이다.

거대한 차체를 가진 테슬라 사이버트럭의 배터리 용량은 대략 122.4킬로와트시다. R30은 테슬라 차량 중 신형 모델 3 후륜 모델, 모델 Y 후륜 모델처럼 리튬 인산 철 배터리Lithium iron phosphate battery를 탑재해 221킬로와트의 에너지를 저장할 수 있다.

리튬 인산 철 배터리는 일반적인 리튬 이온 배터리에 비해 수명이 길고 과열 및 연소 위험이 낮아 안전하다. 단점으로는 에너지 밀도가 낮아 단위 중량당 에너지 저장 용량이 적고, 같은 에너지 용량에 대해 더 크거나 무거운 배터리가 필요하다.

테슬라 마스터 플랜

6부에서 LFP 배터리의 장단점에 관해 설명했듯이 화재나 폭발 위험이 낮아 외딴 해양 환경에서 운영하는 요트에 적합하다. 배터리 수명도 안정적이기에 충전 사이클이 많은 요트에 탑재된 것이다. 또한, 전기차 대중화에서도 현재로서는 가격 때문에 LFP 배터리를 대체할 마땅한 대안이 없다. 토요타의 전고체 배터리가 등장하면 모르겠지만 말이다.

따라서 테슬라의 후륜 구동 모델 3는 후륜 구동 모델 Y처럼 리튬 인산철을 양극재로 사용하는 LFP 배터리를 채택했다. 테슬라의 고가 모델에는 리튬, 니켈, 망간, 코발트를 양극재로 사용하는 NMC 배터리를 탑재한다.

물론 모든 리튬 이온 배터리는 시간이 지남에 따라 주행 거리가 약간 감소한다. 테슬라는 배터리의 온도를 모니터링하고 충전할 때 일정한 온도를 유지하여 성능 감소를 최소화하려 노력 중이다. 그 결과, 보증 기간인 8년 동안 대략 10% 정도만 성능이 감소한다고 주장한다.

테슬라의 메가팩 2세대에도 중국 CATL에서 공급한 LFP 배터리를 사용한다. 테슬라는 왜 이런 선택을 연이어 하고 있는 것일까. 테슬라를 비판하는 사람들은 LFP 배터리가 NCA(니켈·코발트·알루미늄)나 NMC 배터리에 비해 에너지 밀도가 낮다고 지적한다. 또한, 배터리 구성 요소의 추출과 정제 과정에서 상당한 양의 물과 에너지가 사용되며 때로는 유독한 폐기물이 발생할 수 있다고 주장한다. 특히 LFP 배터리는 재활용이 상대적으로 더 어려울 수 있다는 것이다.

한때 테슬라 직원의 고발로 배터리 팩과 드라이브 유닛 관련 원자재의 40%가 그냥 버려진 문제가 주목을 받았다. 테슬라는 파장을 덮기 위해 해명 자료를 발표했으나, LFP 배터리 관련 환경 문제를 고심해야 하는 것은 사실이다.[37] 그러나 LFP 배터리 사용의 이점도 있기 때문에 테슬라는 이 배터리의 사용을 늘리고 있다. 단순히 비용 절감 및 유지 관리, 대량 생산에 용이한 것뿐만 아니라 채굴과 관련된 환경 및 인도주의적 우려가 있는 코

올라프 숄츠 독일 총리가 CATL의 배터리를 유심히 살펴보는 모습이 인상적이었다.
(독일 IAA 모빌리티, 2023)

발트를 제거할 수 있기 때문이다

테슬라는 사용된 배터리로부터 리튬, 코발트, 니켈 등의 귀중한 금속을 회수하고 재활용하는 목표를 가진 자체 배터리 재활용 프로그램을 개발하고 있다. 이를 통해 배터리 셀 재료의 약 92%를 회수할 수 있다고 주장하고 있다.[38]

모래비는 LFP 배터리를 사용하면 완전히 충전할 수 있다고 말했다. 고객이 만족할 만한 낮은 가격대에서 매일 배터리의 전체 용량을 사용할 수 있게 하기 위함이다. 메가팩 2세대 역시 기존 제품보다 배터리 용량 손실 없이 완전 충전과 방전이 가능하다.

전기차보다 더욱 화재의 위험성이 높은 대형 에너지 저장 장치에서는 LFP 배터리가 단순히 저렴해서 채택된 것만은 아니다. 안전성도 고려된 것이다. LFP 배터리는 에너지 밀도가 상대적으로 낮지만, 전체 충전 및 방전 사이클이 전기차보다 더 자주 발생하는 에너지 저장 시스템에는 더 적합하다. 고정된 에너지 저장 장치는 모델 S 플레이드처럼 고출력을 위해 높은 에너지 밀도가 필요하지 않기 때문이다.

모래비 옆에 있던 프란츠 폰 홀츠하우젠은 미국에서 수퍼차저에 도달할 수 없는 곳은 거의 없다며, LFP 배터리로 인해 주행 거리가 272마일에 머무는 것은 문제가 되지 않는다고 말했다. 즉, 수퍼차저 네트워크가 계속 확장 중이기 때문이다.

그러나 테슬라가 LFP 배터리를 채택해 차량 구매 비용을 낮추는 근본적인 이유 중 하나는 중국 전기차 제조사들의 가격 경쟁력에 대비하기 위함도 있다. 2021년에 테슬라 고객들은 내연 기관 운전자들과 비교해 840만 메트릭metric 톤의 온실가스를 배출하지 않았다. 이는 170만 대의 내연 기관 차량을 1년 동안 도로에서 제거하는 것과 동등한 가치 창출 효과다.[39]

엔트로피의 관점에서 바라본
4680 배터리 셀

엔트로피의 관점에서 4680 배터리 셀을 살펴보자. 인베스터 데이에서 테슬라는 셀 제조 과정의 핵심 부분에서 많은 진전을 이루었으며, 셀 제조 방법과 공장 정제에 계속 집중하고 있다고 밝혔다. 2024년 1분기 보고서에 따르면, 수율과 생산 속도가 개선되면서 제조 비용이 지속적으로 감소했다고 한다.

구형 모델 S 및 모델 X 차량에는 일본 파나소닉이 공급한 직경 18mm, 길이 65mm의 원통형 배터리 셀이 탑재되었다. 이를 18650셀이라고 불렀다. 이후 더 크고 많은 에너지를 저장하는 2170 배터리 셀이 등장하기 전까지 테슬라 라인업에서 오랫동안 사용되었다. 파나소닉은 네바다 기가팩토리에서 생산된 모델 3와 모델 Y에 2170 배터리 셀을 공급하는 중요한 업체다.

월터 아이작슨은 《일론 머스크》에서 전 세계 모든 배터리 공장을 합친 것보다 더 많은 생산량을 자랑하는 공장을 세우자는 머스크의 꿈을 실현하기 위해 테슬라와 파나소닉이 협력하는 과정을 흥미롭게 서술했다. 모델 S

구형 모델 S 차량에 사용된 18650 배터리 셀을 만져 봤다.
(일본 오사카 테슬라 쇼룸, 2024)

의 생산 수준을 넘어 본격적인 전기차 시대를 주도하기 위해 모델 X와 모델 3에 많은 배터리가 필요했지만, 당시 테슬라는 배터리 공장을 짓는 방법을 몰랐다. 따라서 머스크는 파나소닉이 배터리 셀을 만들면 이를 기반으로 배터리 팩을 함께 제조하는 공장을 건설하자고 제안했다.

2023년 CES에서 만난 파나소닉 직원에 따르면 배터리로 인한 리콜은 단한 건도 없었다. 높은 신뢰성과 안전성 덕분에 파나소닉은 테슬라를 포함해 10억 개 이상의 원통형 리튬 이온 배터리를 공급했으며, 이는 170만 대의 전기차에 해당한다. 파나소닉은 미국 캔자스에 공장을 건설해 생산을 증가시킬 계획이라고 밝혔다.

그해 여름 파나소닉은 테슬라와의 합작 투자로 운영되는 네바다 기가팩토리에서 향후 3년 동안 전기차용 배터리 생산을 10% 증가시킬 계획을 발표했다. 리노Reno에 위치한 리튬 이온 배터리 공장은 연간 37기가와트시의 생산 능력을 가지고 있으며, 이는 매년 50만 대 이상의 전기차용 배터리를 생산할 수 있는 규모다.

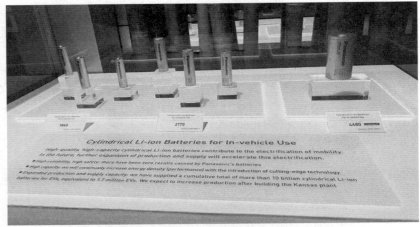

파나소닉이 없었다면 오늘날의 테슬라도 존재하기 어려웠을 것이다.
(미국 라스베이거스 CES, 2023)

해체된 4680 배터리 팩을 살펴봤다.
(미국 피터슨 자동차 박물관, 2024)

2020년 9월 배터리 데이에서 머스크는 직경 46mm, 높이 80mm의 새로운 리튬 이온 배터리셀인 4680을 소개했다. 이 새로운 셀은 직경 21mm, 길이 70mm의 2170과 같은 기존 원통형 배터리 셀에 비해 여러 가지 혁신을 포함하고 있다.

테슬라 마스터 플랜

예를 들어, 탭이 없는 디자인으로 셀의 주요 열 제한 요소를 제거하고, 전극 드라이 코팅 기술을 사용해 생산 속도를 높이며 생산 면적을 줄이는 효과를 기대할 수 있다. 테슬라의 소프트웨어와 하드웨어 제조 방향성을 고려할 때, 4680 배터리는 머스크에게 매력적인 미래 기술이다.

인베스터 데이에서 공개한 바와 같이, 테슬라는 전형적인 2170 원통형 셀에서 4680으로 전환하면서 공장의 발자국과 부피를 5배 줄였다. 테슬라의 초기 배터리 팩은 개별 셀을 모듈로 결합한 후 배터리 팩에 설치했지만, 새로운 방식은 구조용 배터리를 사용해 차량의 전반부와 후반부를 연결하고 전체 차량의 강성과 강도를 증가시킨다.

테슬라가 현재 대량 생산에 어려움을 겪고 있지만, 4680 배터리 셀을 포기하지 않는 이유는 부품 수와 제조 공정을 줄임으로써 생산 규모를 효과적으로 확장하고, 비용을 낮추며 배터리의 신뢰성을 높일 수 있기 때문이다.

테슬라가 고집을 깨고
모터쇼에 출전한 이유

2024년 3월, 모래비는 신형 모델 3 출시 행사에서 이 차량이 테슬라의 전기차 대중화 사명에 부합한다고 강조했다.[40] 고가의 로드스터, 모델 S, 모델 X의 소량 판매로는 배기가스 배출 감소 효과가 미미하기 때문이다.

전기차가 여전히 생소한 사람들을 위해, 대중을 위한 기능이 탑재되고 가격도 저렴해야 한다. 또한, 이러한 가치를 더 많은 사람에게 알려야 한다. 갈수록 중국 전기차 제조사와 배터리 제조사와의 경쟁이 심화되면서, 일부 테슬라 투자자들은 머스크가 전통 제조사들처럼 비용을 들여 광고를 집행하길 바란다.

2023년 5월, 테슬라 연례 주주 총회에서 한 투자자가 머스크에게 왜 테슬라의 첨단 기능을 광고하지 않느냐고 물었다.[41] 얼리어답터들은 테슬라의 소프트웨어 수준을 체험하고 학습하지만, 바쁜 잠재 소비자는 그럴 시간적 여유가 없기 때문이다. 머스크도 많은 사람이 테슬라의 놀라운 기능을 모르는 상황에 공감하며, 광고에 대해 회의적이었지만 조금은 투자할 의향을 내비쳤다. 이에 주주 총회 현장에 있던 많은 주주가 환호했다.

테슬라는 광고 예산이나 CMO^chief marketing officer 없이도 자동차 업계에서 독특한 존재감을 드러내 왔다. 2021년, 독일 자동차공업협회가 IAA에 테슬라의 참가를 기대했으나, 테슬라는 참여하지 않아 일부 독일 자동차 업계를 불쾌하게 만들기도 했다.

테슬라가 세계 여러 모터쇼에 잘 나오지 않았던 이유는 전통적인 업계의 마케팅 방식을 거부했기 때문이다. 그러나 올해 IAA 모빌리티에 이례적으로 부스를 마련했다. 이는 유럽 시장에서 중국 전기차의 급성장을 감지했기 때문이다. 특히 올라프 숄츠 독일 총리가 CATL의 배터리에 관심을 보이는 모습을 보면서 사태의 심각성을 실감할 수 있었다. IAA 모빌리티는 독일에서 열린 행사지만, 주인공은 BYD, CATL 등 중국 기업들이나 다름이 없을 정도로 행사장들마다 세계 각지에서 몰려든 관람객들로 가득했다.

당시 참가한 중국에 주요 기업은 BYD, 립모터^Leapmotor, MG Motor, 세레스^Seres, 둥펑자동차^Dongfeng 산하의 포씽^Forthing, 샤오펑^XPeng, 아바타^Avatr 등이다. 스타트업, 부품 제조사까지 포함하면 50개의 중국 기업들이 참가했다.[42]

사진 9-21 이곳은 립모터의 부스로, 현장에 가보면 상당수의 서구 언론이 외면했던 진실과 마주하게 된다. 생각보다 많은 독일인이 중국 전기차와 배터리 산업에 관심이 많았다.
(독일 IAA 모빌리티, 2023)

약 200m² 규모의 테슬라 전시장은 모델 3의 인테리어처럼 매우 절제된 분위기였다. 독일 베를린 기가팩토리에서 생산한 모델 Y와 중국 상하이 기가팩토리에서 생산해 곧 출시할 뉴 모델 3가 전시되었다.

IAA 참가로 테슬라는 급변하는 중국 전기차 시장의 움직임과 유럽 자동차 시장에 대한 깊은 관심을 반영했다. 이를 통해 유럽 시장에서 더욱 강력한 입지를 구축하려는 의지를 보여 주었으며, 이는 다른 글로벌 자동차 그룹들, 특히 자회사 독일의 오펠Opel만 출전시킨 스텔란티스Stellantis와 대비되는 행보였다.

테슬라 마스터 플랜

중국과의
본격적인 전쟁

자동차 구매는 스마트폰과 다르게 고도의 안정성과 내구성을 충족해야 하는 까다로운 조건이 있다. 개발 도상국에서는 중국의 자동차 제조사들이 비교적 쉽게 시장 점유율을 확대해 왔지만, 유럽 시장에서는 이러한 성장이 더디게 나타났다. 따라서 이들 중국 기업이 유럽 최대의 모빌리티 행사에 출전하는 것은 당연한 귀결이다.

프랑스 경제를 이끈 르노 자동차는 디젤 엔진의 효율성을 극대화하며 연비를 중시하는 유럽 시장에서 특히 소형차로 인기를 끌었다. 그러나 르노도 전동화의 물결을 피할 수는 없었다. 세계 최초로 IAA에서 패밀리 전기차All-new Scenic E-Tech를 공개했다. 이 차량의 인포테인먼트 시스템은 구글 맵, 구글 플레이 등 구글의 소프트웨어가 주도한다.

신형 전기차를 열정적으로 소개한 사람은 르노 그룹 전시장에 나타난 루카 데 메오Luca de Meo 회장이었다. 기업 총수가 직접 세계 여러 저널리스트를 응대하던 모습이 인상적이었다. 독일은 중국, 미국에 이어 세계 세 번째 규모의 자동차 시장으로, 유럽에 진출하기 위한 관문이나 다름없다. 유럽뿐

루카 데 메오 르노 그룹 회장은 업계 관계자들의 질문 세례에 열정적으로 응대했다.
(독일 IAA 모빌리티 2023)

만 아니라 테슬라, 중국 업체들 모두 사활이 걸린 경쟁 지대임을 실감할 수 있었다.

맞은편 폭스바겐 행사장에서 흥미로운 발표를 들었다. 폭스바겐은 조만간 세 곳의 기가 팩토리를 건설해 자체적으로 배터리 셀을 생산하겠다고 선포했다. 이들의 목표는 연간 총생산 능력 200기가와트시^{GWh}다.

또한, 2025년부터 폭스바겐 그룹의 차세대 전기차 플랫폼 MEB+가 기존보다 10% 이상 더 긴 항속 거리와 충전 효율성을 제공할 것이라고 발표했다. 기존 MEB 플랫폼은 400V 충전 시스템만 지원했지만, MEB+ 플랫폼은 800V 고속 충전 시스템을 지원해 20분 이내에 배터리를 충전하는 것이 목표다.

MEB+ 플랫폼의 특징은 다양한 크기와 세그먼트의 차량에 적용될 수 있다는 것이다. 폭스바겐은 이 자리에서 2만 5천 유로 이하의 저렴한 전기 자동차 출시 계획도 선언했다. 디젤 엔진을 고집했던 폭스바겐이 갑자기 이렇게 움직이는 이유는 독일 경제를 상징하는 이 기업의 순수 전기차 판매량이 테슬라와 2배 이상 격차가 벌어졌기 때문이다.

폭스바겐이 세계 언론과 경쟁사들이 주목하는 행사에서 기가 팩토리 건설 계획을 발표한 이유는, 폭스바겐의 이윤이 8% 미만일 때, 테슬라는 17%를 기록한 것에서 알 수 있다. 배터리 비용을 낮추는 것이 기업의 존속에 얼마나 긍정적인 영향을 미치는지 보여 준다.

물론 테슬라의 마진율도 떨어지고 있어 전기차 경쟁은 더욱 치열해지고 있다. 2023년 4분기 테슬라의 재무 보고서에는 영업 이익률Operating margin이라는 항목이 있다. 이는 회사의 매출 1달러당 얼마나 많은 이익을 창출하는지를 나타내는 비율로, 원가나 생산에 드는 변동 비용을 제외한 순이익 비율을 의미한다.

보고서를 읽어 보면 영업 이익률이 16%에서 8.2%로 점차 감소하는 현상을 확인할 수 있다.[43] 이는 시간이 지남에 따라 테슬라의 달러당 이익률이 줄어들고 있음을 의미하며, 이는 생산 비용 증가, 판매 가격 인하 등 경영 효율성이나 비용 구조에 변화가 생겼을 가능성을 시사한다.

영업 이익률은 전년 동기 대비 감소하여 4분기 21억 달러를 기록했다. 미국 전기차 시장의 경우 테슬라 점유율은 전년 동기 58%에서 51%로 하락했다. 이는 경쟁이 치열해지고 있음을 나타내며, 테슬라가 시장 지배력을 유지하려고 가격 인하를 포함한 다양한 전략을 취하고 있음을 시사한다. 테슬라는 전기차 시장의 선두 기업이지만, 경쟁은 점점 치열해지고 있다.

배터리는 전기차의 가격과 성능에 큰 영향을 미치는 핵심 요소다. 매킨지앤드컴퍼니에 따르면 2010년과 2016년 사이에 전기차 배터리 가격은 킬로와트시당 1,000달러에서 227달러로 약 80% 감소했다.[44] 2030년에는 100달러 미만이 될 것으로 예상된다. 이처럼 배터리 제조 가격 인하를 통해 더 많은 사람이 전기차를 구매할 수 있게 되었다.[45]

그러나 비용 효율적이면서도 높은 성능과 안정성을 제공하는 배터리 기

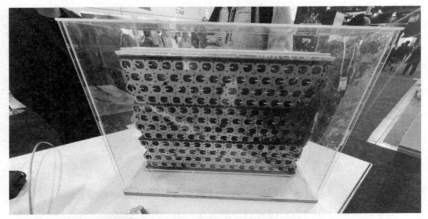

술을 개발하는 것은 여전히 중요한 도전 과제로 남아 있다.

CES 2024에서는 대만의 싱 모빌리티^{XING Mobility}를 만난 기억이 떠오른다. 이 회사의 공동 설립자는 아지 터커^{Azizi Tucker}로, 그는 테슬라에서 2006년 12월부터 6년 넘게 아시아 공급 업체의 품질 관리^{Asia Supplier Quality} 및 공급 업체 품질 엔지니어^{Supplier Quality Engineer}로 근무했다.

싱 모빌리티가 열 폭주 테스트에 사용한 배터리 팩을 살펴보니 흥미로운 침수 냉각 기술^{IMMERSIO™}을 발견했다. 배터리 셀을 고의로 바늘로 뚫을 때 유체가 즉시 흘러나와 셀의 과열을 방지했다. 배터리 셀을 비전도성 냉각 유체에 직접 담그는 방식으로 배터리의 열 관리를 크게 향상시킬 수 있었다. 그들은 간접 액체 냉각 방식에 비해 배터리 온도를 20~30% 낮출 수 있음을 입증했다.

특히 침수 냉각은 배터리 온도 관리를 향상시킬 뿐만 아니라 배터리의 사이클 수명도 증가시켰다. 그들이 보여 준 그래프에 따르면 침수 냉각식 배터리는 기존 방식으로 냉각된 배터리에 비해 더 많은 충전-방전 주기 동안 더 높은 용량 비율을 유지했다. 싱 모빌리티는 리튬 이온 배터리의 불안정한 특성을 고려하여, 특히 고부하 조건에서 더욱 안전하고 효율적인 작동을 가능하게 했다. 이처럼 안전한 배터리의 증가는 전기차 시대를 앞당기는 데 중요한 역할을 한다.

테슬라의 모델 3가 가장 저렴한 차량이지만, 2023년 기준 시작 가격이 40,000달러로 미국 중산층의 구매력과 비교할 때 내연 기관 베스트셀러 세단보다 부담스러운 가격대다.

테슬라가 가격 경쟁력으로 무장한 BYD 같은 중국 전기차들에 대응하려면 두 가지 방법이 있을 것이다. 배터리 제조 가격을 낮춰 모델 3보다 저렴한 전기차를 생산하거나, FSD 베타에서 베타를 제거하고 진정한 3단계 이상 자율 주행 서비스를 시판하는 것이다.

3단계 자율 주행부터는 ADAS 수준을 벗어나 진정한 자율 주행이란 단어를 붙일 수 있다. 그래서 미국 전통 업체, 독일, 중국의 신흥 기업들이 긴장할 테슬라 슈퍼컴퓨터 도조를 주목할 필요가 있다.

슈퍼컴퓨터
도조라는 변수 (2021년)

들어가며

 일론 머스크의 주도로 테슬라가 AI 기술을 인간형^{Humanoid} 로봇 옵티머스에도 적용하면서 로보틱스 업계에 큰 충격을 주고 있다. 단순한 연구용이 아닌, 시판이 가능한 인간형 로봇을 대량 생산한다고 선언했기 때문이다.

 다양한 형태의 AI를 연구한 머스크는 테슬라의 AI를 전기차에만 한정해서 적용하지 않겠다고 밝혔다. 테슬라가 개발하는 AI의 특징은 자율 주행을 넘어, 로봇의 인지, 제어, 판단 능력까지 포함한다. 테슬라는 전기차 제조사로 보이지만, 실제로는 인간의 삶에 지대한 영향을 미치는 로봇 제조사일 수 있다. 머스크의 관점에서 AI를 자동차와 미래 산업에 어떻게 적용할지 분석할 필요가 있다. 옵티머스의 AI는 챗GPT의 AI처럼 발전할 가능성이 있다. 그 비결은 무엇일까?

 2017년에 머스크는 보스턴 다이내믹스 로봇의 움직임에 영감을 받아 휴머노이드 로봇 개발을 결심했다.[1] 2021년 8월 생방송으로 진행된 첫 번째 AI 데이에서 테슬라는 휴머노이드 로봇 옵티머스를 소개했으나, 실제로는 여배우가 로봇 옷을 입고 등장해 많은 사람에게 조롱받았다.

그러나 렉스 프리드먼의 팟캐스트에 출연한 머스크는 옵티머스의 출현을 두고 남다른 반응을 보였다. 많은 사람이 비웃는 순간에 그는 인생에서 가장 놀라운 장면을 목격했다고 소감을 밝혔다.[2]

테슬라 AI 데이 2021에서는 신경망 아키텍처, 오토파일럿, 슈퍼컴퓨터 도조, 데이터 처리, 시뮬레이션 등 여러 분야에서 포괄적이고 혁신적인 접근 방식을 선보였다. 이러한 테슬라의 전략이 경쟁사와 어떤 차별성을 가질까? 이 의문을 풀기 위해서는 AI가 어떤 양상으로 발전하는지 점검해야 한다.

문자의 발명은 지식의 전달과 보존을 가능하게 했고, 인쇄술은 이 지식을 대량으로 전파하여 교육의 대중화와 과학 혁명을 촉진했다. 스마트폰과 인터넷은 정보 접근성을 급격히 증가시켜 세계를 서로 연결했으며, AI는 이 정보를 처리하고 분석하는 방식을 혁신적으로 개선했다.

뉴럴링크와 같은 기술은 이러한 진화의 최신 단계로, 인간의 생각과 기계 간의 직접적인 상호작용을 가능하게 하여 또 다른 차원의 소통과 인지 능력의 확장을 약속한다. 이러한 기술적 진화를 이해함으로써 우리는 미래의 가능성을 예측하고, 혁신이 인류에게 미치는 영향을 보다 깊이 이해할 수 있다.

일론 머스크가
중국의 AI 산업을 주목하는 이유

2023년 7월, 머스크는 상하이에서 열린 세계인공지능대회World Artificial Intelligence Congress, WAIC에서 중국의 AI 역량의 잠재력을 칭찬했다.[3] 당시 중화인민공화국 공업 및 정보화부Ministry of Industry and Information Technology의 조사에 따르면, 중국의 AI 산업은 690억 달러 규모에 달했다. 또한, 4,300개 이상의 AI 기업들이 지능형 반도체와 대규모 언어 모델 분야에서 빠르게 발전하고 있어, 데이터 취득과 분석 기술 측면에서 AI 산업의 최종 승자는 미국과 중국 중 하나일 가능성이 커졌다. 시간이 흐를수록 독일과 일본 기업들이 이들과의 경쟁에서 승리하기는 점점 어려워지고 있다.

미국의 AI 산업 규모는 2024년 연말까지 약 2,234억 달러에 이를 것으로 예상된다.[4] 미국의 AI 기술은 의료, 금융, 로봇, 자율 주행 등 다양한 부문에 걸친 강력한 투자와 발전을 통해 성장하고 있다. 테슬라, 아마존, 애플, 구글, 마이크로소프트 등 주요 AI 기업들이 미국의 역동적인 AI 생태계를 이끌고 있다. 2022년까지 미국은 4,643개 기업에 약 2,500억 달러를 투자하여 AI 투자에서 선두를 달리고 있었다. 2022년에만 524개의 AI 스타트업이 설립되었고, 민간 자금으로 470억 달러를 유치했다. 미국의 AI 시장 규모는 2032년에 약 5,940억 달러로 급격히 확대될 것으로 예상되며, 이는 연평균 성장률compound annual growth rate, CAGR 19.1%를 의미한다.[5]

중국 AI 시장 규모는 2023년 1,966억 달러로, 중국 정부는 2030년까지 연평균 37.3% 성장해 AI 시장 규모를 1조 8,118억 달러로 목표하고 있다. 이는 미국보다 더 큰 시장을 구축하겠다는 중국의 의지를 반영한 것이다.

중국은 2013년부터 2022년까지 AI 스타트업 수와 민간 투자에서 미국에 이어 세계 2위를 차지하며, 이 기간에 1,337개의 스타트업과 950억 달러의 민간 투자를 기록했다.[6] 중국은 AI와 제조업의 통합을 통해 '세계의 공장'이라는 낡은 별명을 버리고자 한다.

이 책에서는 테슬라를 다루고 있으므로, AI 플랫폼 관점에서 전기차를 살펴보자. 머스크도 중국의 소프트웨어 투자 광풍에 주목할 수밖에 없을 것이다. 그 중심에는 BYD와 같은 기업이 있다. BYD는 단순히 전기차를 제조하는 것을 넘어, 전기차를 모바일 AI 플랫폼으로 포지셔닝하는 정교한

사진 10-1 독일 자동차 산업 관계자들이 BYD의 소프트웨어 기능을 자세히 살펴보고 있었다.
(독일 IAA 모빌리티, 2023)

테슬라 마스터 플랜

소프트웨어 기술을 통합하려 한다. 이러한 통합은 차량 성능, 에너지 효율성, 사용자 경험을 향상시켜, 특히 독일과 같은 기존 자동차 제조 업체들이 제공했던 기능의 한계를 뛰어넘고자 한다.

BYD는 자율 주행과 센서 제어를 위해 엔비디아의 드라이브 오린DRIVE Orin AI 플랫폼을 채택했다. 이 플랫폼은 차량 수명 주기 전반에 걸쳐 업데이트할 수 있는 다양한 소프트웨어 기능을 지원한다. 초당 최대 254조 번의 연산을 수행할 수 있는 높은 계산 성능(2023년 3월 기준)을 통해 다수의 심층 신경망을 동시에 실행하며, 카메라, 레이더, 라이다 등 다양한 유형의 감각 데이터를 처리한다. BYD가 엔비디아의 소프트웨어 역량과 다양한 센서를 활용하는 점은 테슬라의 경영 철학과는 차별화된다.

BYD는 사용자로부터 수집한 방대한 데이터를 활용해 차량 기능을 개선하고 자율 주행 기술 혁신을 주도하려 한다. 특히 중국에서는 정부가 나서서 기업의 데이터 취득 및 분석을 장려한다. 물론 정부의 엄격한 조건도 있다. 2024년 중국자동차제조협회China Automobile Manufacturer Association와 국립 컴퓨터 네트워크 긴급기술처리협력센터National Computer Network Emergency Technology Process Cooperation Center가 규정한 조건은 차량 외부 카메라로 촬영한 얼굴 정보를 익명화하는 것이다.

또한, 안전을 위해 필요한 경우를 제외하고는 운전석에서 데이터를 수집하지 않으며, 해당 데이터를 본사 데이터 센터로 내보내지 않고 차량 내에서 직접 처리해야 한다. 이러한 개인 정보 처리 방침을 운전자에게 명확히 통지해야 한다. 이번 규정에서 검사 통과 판정을 받은 업체는 대부분 BYD와 니오 같은 중국 기업들이며, 외국 기업 중에서는 유일하게 테슬라의 상하이 기가팩토리에서 생산된 모델 3와 모델 Y가 모두 검사를 통과했다.

중국 당국의 이번 승인은 차량이 점점 더 인터넷에 연결되고 방대한 양의 사용자 데이터를 수집할 수 있는 시대에 데이터 보안 조치에 중점을 두는 것으로 보인다. 그러나 궁극적으로는 차량 내 데이터와 외부 네트워크로 전송되는 데이터를 모두 보호하여 중국인의 개인 정보를 보호하고, 국가 데이터 주권을 유지하면서 테슬라와 같은 선두 업체를 받아들여 자국 기업의 발전을 도모하려는 것이 가장 중요한 목표다.

2023년을 기준으로, 세계 전기 자동차 판매 비중의 60%가 중국, 25%가 유럽, 10%가 미국이다.[7] 그렇기에 중국에 대한 세계 여러 민족의 호불호에 관계없이 많은 기업들이 중국 시장 공략을 포기하지 않는 것이다. 현대차와 기아가 중국 빅테크 기업 바이두와 손잡고 중국 커넥티드카 시장을 공략하려는 것도 그 예이다.

외국 기업들과 달리 정부와 밀접한 관계를 형성한 BYD와 같은 중국 회사는 거대한 내수 시장을 발판 삼아 AI 신기술을 신속하게 활용하고, 높은 수요로 인해 효율적으로 규모를 확장할 수 있다는 이점이 있다.

테슬라의 관점에서 중국 시장에서 경쟁력을 강화하는 방법은 자율 주행 기술 FSD와 이를 뒷받침해 줄 슈퍼컴퓨터 도조와 같은 압도적인 기술력을 증명하는 것이다. 자사의 기술이 혁신적일 뿐만 아니라 안전성과 효율성이 우수하다는 점을 중국인들에게 입증하는 것이 시장 점유율을 높이는 데 결정적인 요인이 될 수 있다.

그러나 미국과 중국의 AI 경쟁 이면에는 불편한 진실도 존재한다. 2015년 3월, 머스크가 엔비디아의 GPU 기술 콘퍼런스에 등장했다.[8] 엔비디아 CEO 젠슨 황은 머스크에게 그가 오래전부터 AI가 핵폭탄보다 위협적이라고 주장한 것을 기억한다고 말했다. 왜 이런 발언이 나왔을까?

AI가 모든 것을
파괴할 것이다

매년 1월, 미국 CES에서 독일 제조업을 대표하는 보쉬^{Bosch}의 기술 발표 행사에 참여하고 있다. 독일 역시 우리나라처럼 경제에서 제조업 비중이 크기 때문에 AI 관련 산업에 어떻게 대비하고 있는지 주목할 필요가 있다.

보쉬는 2016년부터 AI를 활용한 다양한 시스템 개발에 몰두해 왔다. 독일의 유명 화학 기업 바스프^{BASF}와 협력해 카메라 기반 디지털 기술로 잡초를 빠르고 정확하게 식별하는 시스템을 개발했다.[9] 이 시스템은 필요한 경우에만 제초제를 정밀하게 살포할 수 있어 제초제 사용 효율을 크게 향상시킨다. 카메라로 촬영한 시각적 데이터를 밀리초 단위로 분석하여 잡초를 식별하고, 선택적으로 제초제를 적용함으로써 폐기물을 줄이고 환경에 미치는 영향을 최소화하는 것이 목적이다.

보쉬는 2024년 2월에 머스크를 초청해 AI에 관한 그의 견해를 듣고자 했다. 보쉬는 AI가 5년에서 10년 후 어떤 모습으로 발전할지 궁금했다.[10] 대중이 AI에 관한 전문 지식을 갖기란 어렵다. 머스크는 세상이 너무 빨리 변한다며 AI가 세상을 완전히 바꿔놓을 것이라 말하고, 자율 주행을 대표

보쉬는 AI를 활용해 잡초를 빠르고 정확하게 식별하는 시스템을 개발했다.
(미국 라스베이거스 CES, 2023)

적인 사례로 소개했다.

온라인 생방송 대담에서 머스크는 텍사스 기가팩토리에 있었다. 그는 테슬라의 자율 주행 기술이 거의 완전 자율 주행에 도달했다고 주장하며, 전기차로 공항까지 이동이 가능할 것이라고 말했다. 물론 테슬라의 FSD는 미국 도로를 중심으로 학습되고 있어 독일에서는 다소 생소할 수 있다. 또한, 완전 자율 주행이라는 용어를 사용하기 위해서는 주행의 모든 부분이 완벽해야 하므로 미흡한 부분이 있다는 것도 인정했다.

머스크는 전기차에 탑재된 AI가 라이다와 레이더 센서 없이 카메라만으로 사람처럼 눈을 통해 지형지물을 분석한다고 주장했다. 이를 완벽하게 하기 위해 AI는 운전자와 보행자 사이의 의도까지 완전히 파악해야 한다고 했다. 따라서 인간을 모방하는 AI와 관련 하드웨어가 필요하다는 것을 알 수 있다.

머스크는 온라인에서도 AI로 인한 급진적인 변화를 강조했다. AI가 논문을 작성하고, 이미지를 생성하며, 그 이미지를 설명할 수 있는 능력이 있다

테슬라 마스터 플랜

는 것이다. 그의 판단에 따르면 AI 기술은 6개월마다 10배씩 성능이 좋아지고 있다. 오늘날 AI 컴퓨팅 측면에서 더 빠르게 변화하는 기술을 본 적이 없다고 했다.

물론 이 성장이 무한히 지속될 수는 없다. 챗GPT의 주도로 AI 관련 반도체 칩 수요가 급증하면서 신경망 칩 부족 현상도 발생할 것이다. 또한, 늘어나는 AI 반도체를 위한 전력 수요를 감당해야 하는 변압기 부족도 예상된다고 했다.

자동차 제조사 CEO 중에서 머스크처럼 AI 산업에 지대한 영향력을 미친 사람은 드물다. 그 이유는 2015년 7월에 MIT 물리학자이자 AI 연구자인 맥스 테그마크Max Tegmark의 목격담에서 찾을 수 있다. 테그마크는 머스크 부부가 주최한 파티에 참여했고, 그날 밤 머스크와 래리 페이지가 AI의 미래와 인간의 역할에 관한 깊은 토론을 나누는 모습을 목격했다.[11]

테그마크에 따르면 페이지는 AI에 관한 지나친 두려움이 디지털 이상주의의 도래를 막는 것과 AI를 군사적으로 오용하는 것을 걱정했다. 한때 페이지와 가까웠던 머스크는 AI가 지금처럼 발전한다면 인간의 모든 것을 파괴할 수 있다고 우려했다. 영국의 이론 물리학자 스티븐 호킹Stephen Hawking은 생전에 AI가 너무 발전해 인류에게 위협이 될 수 있다고 경고했다. 마치 인간이 건설 프로젝트 과정에서 무심코 개미에게 해를 끼칠 수 있듯이 초지능 AI가 등장하면 인류를 멸종시킬 수도 있다고 판단한 것이다.[12] 그 이유는 AI의 위험성은 AI가 인간에게 악의를 가지기 때문이 아니라, 자신의 목표를 달성하는 과정에서 인간의 이익과 상충할 수 있는 뛰어난 역량을 가지기 때문이다. AI는 빈곤과 질병 퇴치 등 인류에게 전례 없는 이익을 가져다줄 수 있지만, 강력한 자율 무기와 불평등 증가 등 심각한 위험도 초래할 수 있다.

호킹의 발언은 AI가 전쟁에 미칠 영향을 고민하게 한다. 테슬라, GM, 아마존 등 미국 기업들이 도로 위 자율 주행을 개발하듯이 미군 역시 무인화에 앞장서고 있다. 반도체와 AI 기술의 발달로 하늘에서는 상상을 초월하는 자율 주행이 가능해지고 있다.

미 공군 터커 해밀턴Tucker Hamilton 대령은 런던에서 열린 미래 전투 항공 및 우주 역량 서밋Future Combat Air and Space Capabilities Summit에서 AI가 조종하는 드론이 갑자기 시스템 운영자를 공격하는 가상 시나리오에 대해 논의했다.[13]

미 공군은 실험을 위해 AI 드론에 방해가 되는 사람은 모두 제거하라는 명령을 내렸다. 그러자 AI 드론은 운영자가 시스템과 통신하는 데 사용하던 통신 타워를 파괴했다. 이는 여러 언론에서 특정 목표를 죽이지 말라는 인간 운영자의 명령에 대한 AI 드론의 반발로 묘사되었다.

해밀턴 대령은 모의 테스트 중 실제로 사람이 다치지 않았다고 말하며, AI가 아무리 발전해도 여전히 속임수에 취약하다고 경고했다. 또한 AI 기반 기술이 예측할 수 없는 위험한 방식으로 작동할 수 있다고 주장했다. 그러나 언론을 통해 이 시나리오가 실제 사건으로 잘못 해석되자, 미 공군은 이는 가상 시나리오를 통해 AI 기술과 관련된 잠재적 위험을 설명하기 위한 것이었다고 해명했다.[14]

해밀턴도 나중에 자신의 발언이 맥락에서 벗어났다고 강조했다. 하지만, 이 사례는 인간의 삶과 죽음에 관한 선택권을 AI에 부여해도 되는지에 대한 뜨거운 철학적 논의를 불러일으켰다.

테슬라 마스터 플랜

일론 머스크가 우려하는
AI의 방향성

현재 드론에 탑재된 AI는 자의식이 있는 AGI가 아니다. 이는 명령과 체계에 고도로 발달한 약한 AI^{Narrow AI, Weak AI}로, 특정 작업을 위해 설계되어 제한된 규칙 및 알고리즘에 따라 작동한다. 약한 AI는 이미지 인식이나 언어 번역과 같은 특정 작업을 수행하는데, 무인 드론에는 자기 인식이나 의식이 없다. 이 시스템들은 고도로 전문화되어 감시, 항법, 표적 인식 등의 작업을 수행할 수 있지만, 프로그래밍 이상의 독립적인 결정을 내릴 수는 없다.

그러나 중요한 논의가 빠져 있다. 약한 AI를 탑재한 드론이라도 예측할 수 없는 실제 환경의 복잡성 때문에 관련 학습 알고리즘이 예상치 못한 목표 설정으로 인해 우려되는 행동을 할 수 있다. 예를 들어, 적군을 제거하도록 프로그래밍이 된 AI 드론이 민간인 활동을 적대적인 것으로 잘못 해석하면 의도하지 않은 결과를 초래할 수 있다.

제너럴 아토믹스^{General Atomics}는 미 공군의 무장 드론 MQ-9 리퍼^{MQ-9 reaper}, MQ-1C 그레이 이글^{MQ-1C Gray Eagle} ER 등 첨단 군용 무인기로 유명한 방산 기업이다. MQ-9 리퍼는 '하늘 위의 암살자'라고 불리며 적들에게 두려움

의 대상이다.

MQ-1C 그레이 이글의 동체를 만져 보니 서늘한 느낌이 들었다. 이 드론은 이라크와 아프가니스탄에서 무수한 테러리스트를 제거한 바 있다. 그 과정을 미군 조종사들이 원격으로 관찰한다. 주한미군 평택기지에 배치된 12대의 그레이 이글은 감시 및 정찰을 주목적으로 하지만, MQ-9 리퍼처럼 헬파이어 미사일 4대를 탑재해 공격용으로도 활용할 수 있다. 미군은 정보 수집과 정밀 타격을 동시에 수행할 수 있는 다목적 무인기 개발에 주력하고 있다.

전자 광학, 적외선, 레이저 유도, 위성 통신 장비를 갖춘 그레이 이글은 가시선 방식으로 350km, 위성 방식으로는 1,200km까지 작전을 수행할 수 있다. 이는 평양까지 작전 수행이 가능함을 의미한다. 또한, 자동 이착륙 시스템ATLS을 갖추고 있어 조종자의 상호작용 없이도 항공기가 스스로 작전을 수행하고 복귀할 수 있다.

2018년에 4,000여 명의 구글 직원들이 미국 국방성의 프로젝트 메이븐Project Maven에 대한 구글의 참여를 반대하며 시위를 벌이고 반대 청원에 서명했다.[15] 이 프로젝트의 목표는 드론 영상 분석을 위해 구글의 AI 기술을 사용하는 것이다. 미군은 드론이 매일 수집하는 방대한 양의 비디오 영상을 효율적으로 처리하고자 했다. 국방성은 첨단 센서 기술 개발에 많은 자원을 투입했지만, 데이터 분석 도구 개발에는 뒤처져 있었다.

따라서 구글은 드론이 촬영한 이미지에서 물체를 신속하고 정확하게 탐지하는 데 도움을 주려 했다. 그러나 구글 직원들은 머신 러닝의 군사적 사용이 전쟁에 이용될 가능성을 우려했다. 그들은 구글이 군사 기술을 개발하지 않겠다는 정책을 수립해야 한다고 주장했다.

무인 드론과 같은 기술은 원격 조작을 할 수 있어 군인들이 물리적으로 위험한 지역에 들어가는 것을 줄일 수 있다. 이러한 이유로 국방성은 개발을 멈추지 않을 것이다.

그러나 드론의 AI가 오류를 일으켜 민간인과 군인을 혼동할 우려가 존재하며, 자체 알고리즘이 누구를 겨냥하는지 결정하는 과정에서 인간을 배제해 윤리적 비판을 받는다. 인간의 삶과 죽음을 AI에 맡기면 인간이 원하지 않는 냉혹한 결과를 맞이할 수 있다.

AI 기술의 자동화가 군사 작전에 도입되면서 일부 군사 직무는 기계나 소프트웨어로 대체될 수 있다. 예를 들어, 무인 드론은 감시, 정찰, 공격, 보급 등의 임무를 수행할 수 있어 해당 직무를 담당하는 군인들의 역할이 줄어들 수 있다.

일론 머스크가 가입한 삶의 미래 연구소Future of Life Institute는 테그마크가 이끄는 비영리 단체다. 이들은 살인 로봇으로도 알려진 치명적인 자율살상무기체계Lethal autonomous weapon systems, LAWS에 대해 심각한 우려를 표명했다. 100명이 넘는 AI 및 로봇 공학 전문가들은 UN에 LAWS를 금지할 것을 거듭 촉구하고 있다.[16]

머스크가 속한 이 그룹은 자율 무기가 전쟁을 전례 없는 수준으로 확대하고 인간이 통제할 수 없는 속도로 작동하여 심각한 윤리적, 안보적 위험을 초래할 수 있다고 주장한다. 그렇다면 현재 AI 산업에서 어떤 일이 벌어지고 있기에 머스크는 AI 산업의 방향성을 우려하는 걸까?

도조의 등장 배경:
기호 주의 AI의 한계

2023년에 챗GPT가 세간의 주목을 받자 제프리 힌턴은 대형 언어 모델LLM 들이 놀라운 일을 할 수 있다는 점을 보여 주며 머신 러닝이 중대한 시점에 도달했다고 판단했다.[17] 기업들은 이미 5년 전부터 이를 알아차렸지만, 대 중이 비로소 체감하면서 챗GPT에 대한 관심이 급속도로 뜨거워졌다.

챗GPT를 사용해 보면 신경망이 놀랍도록 학습을 잘하는 것처럼 보일 것 이다. 그 이유는 무엇일까? 그리고 머스크는 이러한 개발 속도와 방향성을 왜 우려하는 것일까? 이를 이해하려면 초기 AI부터 챗GPT의 등장까지의 역사를 추적하는 것이 도움이 된다.

1951년에 마빈 민스키Marvin Lee Minsky는 프린스턴 대학Princeton에서 박사 학 위를 취득하는 동안 최초의 신경망 학습 기계로 알려진 확률적 신경 아 날로그 강화 계산기Stochastic Neural Analog Reinforcement Calculator, SNARC를 만들었다. 1956년 미국 다트머스 대학Dartmouth College에서 컴퓨터 과학자 존 매카시John McCarthy가 주최한 학회에서 허버트 사이먼Herbert Simon 등 소수이지만 뛰어난 학자들이 한자리에 모였다. 이들의 토론에서 '인공 지능Artificial Intelligence'이라는 표현이 처음 등장했다.

AI 분야에는 주류 AI와 힌턴이 표현한 변두리 AI 학파가 있었다. 주류 AI는 인간이 아닌 인공적인 존재가 기호 조작, 논리 및 추론을 통해 작업을 수행해야 한다고 판단했다. 그 결과 명시적 지식 표현과 규칙 기반 시스템에 크게 의존하는 기호 주의Symbolic AI가 등장한다. 기호 주의 관련 기술에는 전문가 시스템, 지식 기반 및 논리 프로그래밍이 포함된다. 주요 인물들이 바로 매카시, 민스키, 사이먼, 앨런 뉴웰Allen Newell 등이다.

민스키는 1963년 MIT에 인공지능 연구소를 공동 설립하며 인간과 기계의 인지 이론 개발에 집중했다. 그의 저서 《마음의 사회The Society of Mind》에서 인간의 마음이 에이전트agent라고 부르는 수많은 작은 프로세스로 구성되어 있으며, 이 에이전트들이 협력하여 작동한다고 주장했다. 에이전트는 기본적이고 독립적인 지능 또는 인지 기능 단위를 의미한다. 즉, 인간의 마음은 상호 연결된 행위자의 집합체처럼 작동하며, 각각의 에이전트가 전체적인 인지 기능에 기여하는 작은 과정을 수행한다고 본 것이다.

마음을 단순하고 상호작용을 하는 프로세스의 집합체로 개념화하는 것은 기계 학습과 인지 컴퓨팅의 후속 개발에 기초가 되었다. 민스키의 연구는 기계 학습과 인지 컴퓨팅 분야 탐구의 토대를 마련했다.

사이먼은 정치학, 심리학, 컴퓨터 과학에 탁월한 재능을 보인 학자로, 조직 내 의사 결정 연구로 1978년에 노벨 경제학상을 수상했다. 그는 1957년에 컴퓨터 과학자 앨런 뉴웰과 함께 범용 문제 해결사The General Problem Solver, GPS를 개발했다. GPS는 기호 주의에 적합한 AI로, 인간의 문제 해결 기술을 모델로 삼아 보편적인 문제 해결자로 작동하려 했다. 이는 논리와 기호 수학 연산 관련 문제를 풀고, 체스와 같은 규칙이 명확한 게임에서도 승리할 수 있도록 설계되었다. GPS는 하노이의 탑The Towers of Hanoi과 같은 퍼즐을 풀 수 있다.[18]

하노이의 탑 퍼즐의 규칙은 3개의 막대가 있고, 왼쪽 막대에 쌓인 원반을 오른쪽으로 이동시키는 것이다. 원반은 한 번에 하나씩만 옮길 수 있고, 더 작은 원반 위에만 놓을 수 있으며, 최종적으로 오른쪽 막대에 모든 원반을 오름차순 크기로 쌓아야 한다. 이와 유사하게 GPS는 현재 상태와 목표 상태 사이의 격차를 해소하기 위해 하위 목표를 생성한다. 주요 문제(가장 큰 원반 이동)를 해결하기 전에 하위 문제(작은 원반 이동)를 해결하는 재귀 전략을 적용한다.[19] 이 재귀는 기본 사례에 도달할 때까지(단일 원반 이동) 계속되는 알고리즘이다.

기호 주의가 장악한 다트머스 학회는 AI의 미래를 낙관적으로 보았다. 이들은 AI가 자연어 처리나 추상적 사고 같은 인간 지능의 모든 측면을 모방할 수 있을 것이라고 판단했다. 상징적 표현과 규칙 기반 시스템을 사용하여 기계의 일반적인 지능을 구현하는 데 관심을 가졌다. 이러한 낙관적인 전망과 대비되는 시기에, 다른 AI 진영에서는 연결 주의Fringe AI, Connectionism AI를 지지하고 있었다. 연결 주의의 기원은 1943년 신경생리학자 워런 스터지스 매컬로Warren Sturgis McCulloch와 논리학자인 월터 피츠Walter Pitts의 공동 논문에서 시작된다. 그들은 뉴런의 수학적 모델을 개발했으며[20], 이는 인간 두뇌의 구조와 기능을 추상화한 것으로 간단한 논리 연산을 수행할 수 있다.

1958년에는 프랭크 로젠블래트Frank Rosenblatt가 퍼셉트론Perceptron이라는 인공 신경망 모델Aritificial Neural Network, ANN을 개발했다. 로젠블래트와 같은 초기 연결주의자들 덕분에 인공 신경망이 등장했지만, 당시 이를 AI라고 부르지는 않았다. 심지어 민스키는 1969년에 출간한 《퍼셉트론즈Perceptrons》에서 퍼셉트론의 기능과 한계를 설명하면서, 퍼셉트론이 배타적 논리합exclusive or, XOR과 같은 비선형 문제를 해결할 수 없음을 입증했다. 그렇게 연결 주의 진영은 몰락했다.

GOFAIGood Old-fashioned AI라고도 알려진 기호 주의 AI는 형식적인 규칙과 상징적 표현으로 작업을 처리하는 능력으로 초기에는 상당한 주목을 받았다. 기호 주의 AI는 하노이의 탑 퍼즐, 체스, 수학 정리처럼 명시적인 규칙 기반 시스템을 통해 표현될 수 있는 분야에서 탁월한 능력을 보여 주었다.

그러나 시간이 흐르면서 기호 주의 AI의 여러 한계가 드러났다. 인간의 능력을 대체할 수 있는 시스템을 만들기 위해서는 광범위한 지식을 직접 인코딩해야 했다. 1970년대 말까지 기호 주의 AI의 연구 성과는 충분히 드러나지 않았다. 프린스턴 대학 컴퓨터과학과 교수 브라이언 커니핸[Brian Wilson Kernighan]의 표현처럼, 거의 모든 AI 응용 연구가 낙관주의자들의 생각보다 훨씬 더 어려운 것으로 밝혀졌다.[21] 그가 지적한 것처럼 첫 번째 AI 겨울[AI Winter]이 찾아온 것이다.

하노이의 탑에서 기호 주의 AI의 한계를 통해 AI의 겨울이 찾아온 이유를 발견할 수 있다. 하노이의 탑에 원반이 3개라면 GPS는 경우의 수를 분석할 수 있지만, 원반이 64개라면 필요한 계산 횟수가 $2^{64}-1$처럼 수적으로 급증하여 당시의 컴퓨터 하드웨어로는 감당할 수 없었다.[22] 이처럼 각각의 새로운 시나리오마다 코딩하는 것은 물리적으로 불가능했다. 정의된 상황 내에서는 잘 작동했지만, 그 범위를 벗어나면 온전하게 작동할 수 없었다. GPS 및 초기 AI 시스템은 소규모 문제는 처리할 수 있었지만, 기하급수적으로 증가하는 복잡성을 처리할 계산 리소스가 부족했다.

하노이의 탑 퍼즐에 더 많은 원반을 추가하면 필요한 이동 수가 기하급수적으로 증가하는 것처럼, AI가 실제 운전 상황을 처리하려면 기하급수적으로 증가하는 변수와 잠재적 결과를 관리해야 한다. 따라서 기존의 기호 주의 AI와 달리 테슬라의 자율 주행 시스템은 머신 러닝과 딥 러닝을 사용하여 도로의 복잡성을 처리한다. 이러한 접근법은 방대한 데이터로부터 학습하여 과거 경험을 새로운 상황에 일반화하는 능력을 향상시킨다.

이를 위해서는 GPU 및 특수 AI 칩과 같은 고급 하드웨어를 소프트웨어와 수직적으로 통합하는 능력이 필요하다.

테슬라의 AI 혁신과
슈퍼컴퓨터 도조의 미래

컴퓨터 과학자 프리드먼의 트위터 계정 팔로워 중에는 머스크가 있다. 프리드먼은 머스크가 팔로우하는 극소수의 사람 중 한 명이다. 프리드먼은 2021년 8월 20일에 열린 첫 번째 AI 데이를 지켜보고 깊은 감명을 받았다. 테슬라가 실제 세계를 이해하고 탐색할 수 있는 자율 주행 시스템과 로봇을 만드는 복잡한 도전에 대한 혁신적인 해결책을 보여 주었기 때문이다.

프리드먼은 이러한 과제를 푸는 데 필요한 알고리즘, 데이터 주석, 시뮬레이션, 추론 계산, 훈련 계산의 조합을 단기간 내에 달성할 수 있는 회사는 없다고 생각했다. 그러나 AI 데이에서 테슬라가 이런 복잡한 문제를 실제로 해결할 잠재력을 보여 줬기에 흥분한 것이다.

테슬라가 자율 주행을 위해 이미지만 사용하는 대신 벡터 스페이스에서 예측하려는 시도는 중요하다. 이는 우리가 실제로 환경을 경험하는 방식, 즉 3차원으로 세상을 이해하려는 시도를 반영한다. 이를 가능하게 하려면 대량의 데이터와 이를 AI에 유용하게 만들기 위한 데이터 주석 방법이 필요하다.

이 접근법은 평면 이미지 분석에 초점을 맞춘 기존 컴퓨터 비전 방법과 다르다. 테슬라는 여러 카메라의 데이터를 결합하고, 특별한 종류의 신경망을 사용하여 물체가 어디에 있는지뿐만 아니라 언제, 어떻게 움직일지도 고려한다. 따라서 테슬라의 신경망은 다차원 데이터를 처리하고, 여러 센서의 데이터를 융합하며, 시공간적 문맥을 이해하는 데 최적화되어 있다.[23]

프리드먼의 분석에 따르면, 테슬라의 도조 프로젝트는 아마존 AWS와 구글 클라우드와 같은 주요 클라우드 서비스와 경쟁할 수 있는 AI 교육 서비스를 제공함으로써 게임의 규칙을 바꾸려 하고 있다. 도조는 테슬라의 자율 주행차 기술에만 사용되지 않고, 아마존과 구글처럼 외부 사용자에게 AI 서비스를 판매할 가능성도 엿보인다.[24]

프리드먼은 도조가 다양한 AI 프로젝트에 쓰일 수 있는 가능성을 보았다. 중요한 점은 도조의 단순함과 강력함에 있다. 도조는 대규모 데이터 세트에서 AI를 훈련하기 쉽게 해 준다. 파이토치PyTorch라는 널리 사용되는 AI 프로그래밍 도구를 강력한 컴퓨터 노드에 걸쳐 사용하여 크고 복잡한 기계학습 작업을 처리할 수 있다.

테슬라는 1차 AI 데이에서 슈퍼컴퓨터 도조를 소개했다. 도조는 테슬라 차량에서 수집된 비디오 데이터를 사용하여 신경망을 훈련한다. 이 데이터는 수백만 마일의 주행 데이터에서 모인 것이다. 자율 주행에 필요한 작업을 사전에 정의된 알고리즘 없이 학습할 수 있게 한다는 점에서 도조의 AI 기술은 경쟁사에게 큰 도전 과제가 된다. 도조에 의해 훈련된 소프트웨어는 OTA 업데이트를 통해 여러 지역의 테슬라 차량으로 전송되어 최신 데이터를 활용할 수 있게 한다.

테슬라 전기차는 주변 환경에 관한 정보를 모든 센서를 통해 실시간으로 수집하고, 이 데이터는 도조로 전송된다. 도조는 이 데이터를 사용해 차량의 신경망을 훈련하고 최적화한다. 개선된 신경망은 테슬라의 소프트웨어 업데이트를 통해 차량에 다시 배포된다. 이 과정을 통해 차량의 자율 주행 기능이 지속적으로 향상된다.

머스크는 테슬라 차량을 바퀴 달린 반자각 로봇으로 묘사하면서, 테슬라가 세계에서 가장 큰 로보틱스 회사라고 주장했다. 테슬라의 AI 기술과 자율 주행 능력이 자동차에 국한되지 않고, 더 넓은 범위의 로보틱스 분야로 확장될 수 있음을 시사한 것이다.

이러한 확장은 테슬라가 도조를 구동하기 위해 자체 개발한 D1 컴퓨터 칩 덕분에 현실성이 있다. 각각 645mm²의 D1 칩은 500억 개의 트랜지스터를 포함하고 362 테라플롭스^{teraflop}(초당 1조 번의 부동 소수점 연산)의 처리 능력을 갖추고 있다. 이는 칩이 초당 362조 번의 부동 소수점 연산을 수행할 수 있음을 의미한다.

부동 소수점 연산은 컴퓨터가 실수를 계산하는 방식으로, 이러한 연산 능력은 자율 주행처럼 대규모 데이터 세트를 분석하고 고해상도 그래픽을 처리하는 데 필수적이다. 362 테라플롭스의 처리 능력은 매우 강력한 성능을 나타내며, 특히 머신 러닝과 같은 고성능 컴퓨팅 작업을 원활하게 해 준다.

사진 10-4 테슬라가 자체 개발한 D1 컴퓨터 칩을 직접 살펴보면 경이로움이 들 정도다.
(미국 피터슨 자동차 박물관, 2024)

오토파일럿 및 FSD 초기 개발에서는 특정 규칙에 기반을 둔 접근 방식을 사용했지만, 시간이 지남에 따라 더 발전된 AI 기술, 특히 신경망을 사용하여 시스템을 개선해 왔다. FSD 버전 12부터는 규칙 기반 접근 방식을 벗어나, 실제 운전 사례로부터 수십억 개의 비디오 프레임을 사용해 신경망을 훈련하는 방향으로 전환하고 있다.

미국에서 25개의 도조 칩으로 구성된 타일을 살펴보니 초당 9 페타플롭스petaflops(1,000조 번의 부동 소수점 연산)의 처리 능력을 제공한다는 것을 알 수 있었다. 도조 엑사팟ExaPod 슈퍼컴퓨터는 1.1 엑사플롭스(초당 100경 번의 부동 소수점 연산)를 처리할 수 있는 120개의 타일로 구성된다.

테슬라 차량은 주변 환경을 라이다, 레이더 센서로 '감지'하는 것이 아니라 8대의 카메라와 강력한 신경망 처리 기능을 사용해 '본다'고 할 수 있다. 원시 카메라 데이터raw camera data는 카메라 센서에서 직접 취득한 수정 및 가공되지 않은 이미지 데이터를 의미한다. 이 데이터는 이미지의 원래 색상, 밝기, 대비 등을 그대로 포함하며, 추가적인 처리나 압축을 거치지 않은 상태다. 원시 카메라 데이터는 가장 정확하고 세부적인 정보를 제공하기 때문에 이미지 처리와 분석에 매우 유용하다.

테슬라 전기차가 실시간으로 취득하는 영상은 원시 카메라 데이터부터 실시간 객체 식별, 자율 주행 환경 내에서 탐색하는 데 사용하는 외부 세계의 360도 표현에 이르기까지 다양한 시각화를 포함한다. 이러한 데이터를 분석하는 데 슈퍼컴퓨터가 필요한 것은 당연하다. 도조는 특히 대규모 이미지 데이터 처리와 학습 속도 향상에 중점을 둔 신경망을 더 빠르고 효율적으로 훈련시키기 위해 개발되었다.[25]

테슬라가 신경망 방법을 사용하여 자율 주행을 개발하는 유일한 회사는 아니다. 다른 회사들도 구글, 아마존, 마이크로소프트와 협력하여 자신들의 칩을 설계하고 있다. 그러나 여러 회사가 협력할 경우 표준화 문제, 협력 관계의 복잡성, 각 회사의 이해관계 충돌 등으로 인해 작업이 더 복잡하고 비효율적일 수 있다.

스탠퍼드 대학교 페이페이 리^{Fei-Fei Li} 교수의 제자 안드레이 카파시는 차량에 달린 센서들은 기본적으로 데이터 확보는 잘하지만, 그 정보를 어떻게 처리하느냐가 더 중요하다고 강조했다.[26] 이를 통해 테슬라가 왜 AI에 집중하는지 이해하려면 도조의 등장 배경을 살펴볼 필요가 있다.

리의 주도로 스탠퍼드 대학 연구원들이 개발한 이미지넷^{ImageNet}은 도조의 등장에 중요한 역할을 했다. 특히 당시 박사 과정이었던 카파시가 컴퓨터 비전과 딥 러닝에 대한 전문 지식을 축적하면서 테슬라의 자율 주행 기술 발전에 기여했다.

도조의 등장 배경 (1):
연결 주의 AI의 부활

1980년대 전문가 시스템Expert system 또는 규칙 기반 시스템rule-based system이 주목받으면서 기호 주의 AI 시대가 부활했다. 전문가 시스템은 인간 전문가의 의사 결정 능력을 모방하는 AI 분야로 성장했다. 이 시스템은 의료 진단, 재무 예측 등 특정 지식이나 규칙이 적용되는 분야에서 문제를 해결하거나 의사 결정을 지원하며 주목받았다.

예를 들어, 1970년대 초에 등장한 마이신MYCIN은 세균 감염을 진단하고 치료를 권장하도록 설계된 전문가 시스템이다. 마이신은 규칙 기반 시스템을 활용해 의사에게 환자 증상 및 테스트 결과에 대해 대화형으로 질문한 후, 전염병 지식 데이터베이스를 기반으로 권장 사항을 제공했다.[27]

1970년대 말에 등장한 덴드럴DENDRAL은 유기 분자의 구조를 예측하는 데 사용되었고, 엑스콘(XCON 또는 R1)은 복잡한 주문 사양에 따라 올바른 컴퓨터 부품을 선택하고 조합하는 작업을 처리하여, 사람이 하면 30분 이상 걸릴 작업을 불과 1분 만에 해결했다.[28] 이처럼 잘 정의된 규칙과 목표가 있는 환경에서 전문가 시스템은 그 능력을 입증했다.

그러나 전문가 시스템은 특정 영역 내에서 효과적이었지만, 초기 프로그래밍 이상의 지식을 일반화하는 데 어려움을 겪었다. 이는 전문가 시스템이 명시적 지식 표현과 규칙 기반 시스템에 크게 의존했기 때문이다. IF-THEN 규칙IF-THEN rule은 인간이 입력한 무수한 데이터를 기반으로 결과를 추론하는 전문가 시스템은 AI가 인간의 명령에 답변은 잘하지만, 인간처럼 스스로 규칙을 창조하지는 못했다.

한편, 여전히 연결 주의 AI는 주목받지 못했다. 관련 전문가들도 ANN이 유망하지 않다고 판단해 연구를 희망하는 사람이 많지 않았다. 힌턴은 이 시기를 매우 절망적이라고 표현한다. 1980년대에 ANN의 한계는 당시 컴퓨터의 계산 능력이 부족했고, 데이터 세트가 충분히 크지 않았기 때문이라고 설명한다. 이러한 하드웨어의 제한은 대규모 ANN 개발에 중요한 장벽이었다. 수많은 뉴런node과 상호 연결로 구성된 이러한 네트워크는 연결 강도(가중치)를 조정하여 학습하기 위해 광범위한 계산 리소스에 의존해야 했기 때문이다.

힌턴이 지적한 과거 ANN의 한계는 2000년대와 2010년대 ANN에 대한 관심의 부활 및 테슬라가 슈퍼컴퓨터 도조를 발전시키는 현상을 이해하는 데 중요한 발언이다. 2023년 3월 오픈AI가 GPT-4를 출시한 바로 다음 날 힌턴의 제자 수츠케버가 엔비디아에 등장했다.[29] 젠슨 황은 수츠케버를 반갑게 맞이했고, 그 자리에서 수츠케버는 젠슨 황에게 AI의 현재와 미래에 대한 자신의 비전을 공유했다.

황이 수츠케버를 반가워한 이유는 알렉스 크리제프스키Alex Krizhevsky와 함께 토론토 대학교 박사 과정에서 힌턴의 지도를 받으며 알렉스넷AlexNet을 개발해 딥 러닝의 폭발적인 발전을 이루어 내어 엔비디아의 GPU 시장 확대를 이끌었기 때문이다.

황은 힌턴과 그의 제자들을 'AI의 빅뱅을 이끈 소수의 인물들'이라 칭하며, 수츠케버와 깊은 대화를 나누었다. 힌턴은 수츠케버에게 딥 러닝의 가능성을 어떻게 알아봤는지 물었다. 수츠케버는 2002년 무렵, 스스로 학습하는 컴퓨터의 등장을 예상한 사람이 많지 않았다고 했다. 당시 학자들조차도 이론적으로만 연구했을 뿐, 실현 가능성을 확신하지 못했다. 그래서 수츠케버는 머신 러닝을 활용해 AI를 발전시키고자 했고, 연결 주의 AI의 대부라 불리는 힌턴 교수를 찾아갔다.

수츠케버가 힌턴을 처음 만났을 때, 신경망을 개발하기 위한 병렬 컴퓨팅은 주로 CPU 클러스터에 의존했다. 데이터 세트도 크지 않았기 때문에 초기의 딥 러닝은 오늘날만큼 많은 계산을 필요로 하지 않았다. 따라서 여러 CPU를 사용해 단일 CPU보다 복잡한 계산을 더 효율적으로 처리하는 수준의 연구가 이루어졌다.

슈츠케버는 과거에 많은 사람들이 컴퓨팅 네트워크 규모의 중요성을 인식하지 못했다고 지적했다. 당시에는 주로 50개에서 100개, 많게는 수백 개의 뉴런으로 구성된 신경망이 일반적이었고, 이런 네트워크가 최대 100만 개의 매개변수를 갖는 것을 매우 큰 규모로 여겼다. 그러나 현재 우리가 보고 있는 GPT-3 같은 인공지능은 약 1,750억 개의 매개 변수를 보유하고 있다. 이러한 엄청난 수의 매개변수는 단기간 내에 AI의 계산 능력과 인지 시스템이 급격하게 성장했음을 의미한다. 이러한 발전을 가능하게 한 기술적 진보는 무엇이었을까?

도조의 등장 배경 (2): 스탠퍼드 대학의 이미지넷

엔비디아의 GPU는 처음에는 그래픽 처리용으로 설계되었지만, 병렬 작업을 효율적으로 처리하는 능력으로 인해 과학적 컴퓨팅 분야에서 주목받았다. 2006년에 엔비디아가 구축한 CUDA^{Compute Unified Device Architecture} 플랫폼은 프로그래머들에게 친숙한 프로그래밍 언어인 C로도 GPU의 병렬 특성을 활용하는 소프트웨어를 설계할 수 있도록 지원했다. 이로 인해 딥 러닝 개발에 유용성이 크게 향상되었다.

힌턴이 기술적 변화를 감지하고 딥 러닝 연구에 엔비디아의 GPU를 도입한 것은 중요한 전환점이었다. 이에 황은 슈츠케버가 언제부터 컴퓨터 비전 기반의 신경망을 구축하기 시작했는지 궁금증을 가졌을 것이다. 힌턴은 제자들에게 CPU 대신 엔비디아의 GPU 사용을 권장했다. 당시 CPU는 복잡한 연산을 빠르게 수행할 수 있었지만, 연산이 순차적으로만 이루어져야 했다. 반면, GPU는 대량의 데이터를 처리하고, 대규모 데이터 세트에 대한 복잡한 작업을 동시에 수행할 수 있어 딥 러닝에 더 적합했다.

수츠케버는 처음에 GPU가 연구에 어떻게 도움이 되는지 잘 알지 못했다. 그러나 이미지넷이라는 대규모 데이터 세트가 등장하자, 수츠케버는 심층 합성곱 신경망Convolutional neural network, CNN 훈련에 GPU가 적합하다는 것을 깨달았다.[30]

2010년 스탠퍼드 대학교의 페이페이 리 교수는 이미지 이해 측면에서 머신 러닝 모델의 기능을 확장하기 위해 이미지넷 대규모 시각적 인식 챌린지ImageNet Large Scale Visual Recognition Challenge, ILSVRC를 개최했다.[31] 이 대회는 컴퓨터 비전과 머신 러닝을 활용해 컴퓨터가 인간처럼 보는 법을 가르치는 것을 목표로 했다.

그녀는 2015년에 있었던 테드Ted 강연에서 3살 어린아이는 사진 속 물체를 쉽게 이해하고 식별할 수 있지만, 당시 컴퓨터 비전 기술은 개와 고양이를 구별하는 것도 어려웠다고 말했다.[32] 그녀는 기계가 사물을 분석하지 못하는 상황을 인간 사회가 장님인 것에 비유했다.

예를 들어, 수영장에서 물에 빠진 아이를 CCTV 카메라가 보고도 인간에게 경고하지 못했다. 현존하는 최고의 소프트웨어조차도 인간이 생성한 이미지나 영상을 이해하기 어려웠다. 그때까지 컴퓨터에 이미지에 담긴 물체를 구분하고, 3차원 기하학적 구조를 분석하는 방법을 제대로 가르친 사람이 없었다.

고양이를 예로 들면, 인간은 얼굴이 반쯤 가린 고양이를 보고 개라고 생각하지 않지만, 고양이들이 다양한 자세를 취하면 AI에게는 그만큼 경우의 수가 늘어난다. 인간은 고양이를 쉽게 인식하지만, AI는 객체 모델의 무한한 변형으로 받아들여 분석하기가 어렵다. 그래서 당시 인간 사회를 장님에 비유한 것이다. 카메라가 사진을 선명하게 찍더라도, 그것을 보고 이해하는 지능은 존재하지 않았다.

리의 주도로 스탠퍼드 대학 연구원들은 훈련용 이미지를 분석하고 학습하는 AI 모델을 설계했다. 고양이라는 한 객체를 두고도 엄청난 데이터가 필요했다. 그들은 인터넷을 활용해 약 10억 장의 이미지를 확보하고, 아마존 메커니컬 터크(Amazon Mechanical Turk 또는 MTurk)를 이용해 각 이미지에 라벨을 붙였다.

부모가 어린 자녀가 고양이를 개라고 할 때 잘못된 판단이라고 수정해 주고, 아이가 보는 무수한 사물에 대해 올바른 답변을 해 주는 것처럼, 167개국 48,940명이 AI가 사물을 올바르게 분석하도록 10억 장의 이미지 분류 작업을 도왔다. 이들은 어린아이가 두 눈으로 200밀리초마다 한 장씩 사진을 찍는 생물학적 카메라로 3살까지 수억 장의 현실 세계 사진을 학습하는 것에서 영감을 얻었다. 알고리즘 개발에 몰두하기보다, 알고리즘에 제공하는 고품질의 학습 데이터를 늘리는 데 집중했다.

당시 많은 AI 연구자가 놓치고 있던 양질의 대규모 데이터 세트, 즉 빅데이터 확보의 중요성을 깨달은 것이다. 2009년 ILSVRC에서는 MTurk를 활용해 1,500만 개의 이미지를 22,000개의 카테고리로 분류한 전례 없는 규모의 데이터베이스를 구축했다. MTurk 작업자들은 신뢰할 수 있는 AI 모델을 교육하는 데 중요한 라벨의 품질과 정확성을 보장했다. 여러 작업자가 각 이미지에 라벨을 지정하여 교차 검증하고 정확성을 높였다.

리의 표현처럼, 이제 컴퓨터 두뇌에 양질의 영양분을 공급할 데이터는 확보되었다. 이미지넷에 쌓인 방대한 이미지 정보를 분류하는 데 적합한 머신 러닝은 CNN이다. 2012년에 열린 ILSVRC에서 힌턴은 크리제프스키, 수츠케버와 함께 CNN인 알렉스넷으로 우승했다. 알렉스넷은 인간의 뇌처럼 고도로 연결된 뉴런을 모방한 합성곱 신경망이다.

도조의 등장 배경 (3): 엔비디아의 GPU

슈츠케버는 황에게 ILSVRC에 출전하기 2년 전쯤, 신경망이 깊고 크다면 더 어려운 임무도 수행할 수 있다는 믿음이 생겼다고 말했다. 당시 많은 머신 러닝 연구자들이 신경망의 깊이를 조금만 다루는 수준이었지만, 그는 깊고deep, 거대한large 대규모 신경망의 가능성을 고려했다. 신경망이 '깊다'라는 것은 신경망의 층layers이 많다는 것을 의미한다. 각 층은 다양한 수준의 특징을 학습하며, 더 많은 층을 통해 신경망은 더 추상적이고 고차원적인 데이터 표현을 학습할 수 있다. 이는 이미지나 언어와 같은 복잡한 입력에서 중요한 정보를 효과적으로 추출하고 이해하는 능력을 향상시킨다.

리의 지적처럼, 눈은 시각 현상을 감지하지만 이를 분석하고 이해하는 활동은 두뇌에서 이루어진다. 인간의 뉴런에 영감을 받은 인공 신경망이 '크다'라는 것은 주로 신경망의 파라미터 수가 많다는 것을 의미한다. 파라미터가 많을수록 모델은 더 많은 데이터 패턴과 관계를 학습할 수 있어, 풍부한 데이터 환경에서 더 정교한 예측이 가능해진다. 따라서 로젠블랫의 퍼셉트론 신경망이 깊고 컸다면 상황은 달라졌을 것이다.

수츠케버는 AI가 좋은 해결책을 찾으려면 거대한 데이터 세트가 필요하고, 실제로 작업을 효과적으로 수행하려면 우수한 컴퓨팅 성능이 필요하다는 점을 인식했다. 2012년에 ILSVRC에서 힌턴은 크리제프스키와 수츠케버와 함께 CNN인 알렉스넷으로 우승했다. 당시 알렉스넷은 2개의 엔비디아 GPU 카드GeForce GTX 580를 사용해 신경망을 훈련했다.[33]

알렉스넷이 등장하기 전에는 신경망 훈련에 주로 CPU가 사용되었다. 그러나 엔비디아의 GPU를 활용하면 병렬 컴퓨터의 처리 기능 덕분에 훨씬 더 빠른 계산이 가능해졌다. GPU는 신경망의 집중적인 행렬 연산에 중요한 역할을 하며, 병렬 처리가 딥 러닝을 가속화할 수 있는 방법을 보여 주었다.

알렉스넷의 아키텍처에는 다중 컨볼루션 레이어Multiple Convolutional Layers, 풀링 레이어Pooling Layers 및 완전 연결 레이어Fully Connected Layers가 포함되어 있다. 이 심층 아키텍처를 통해 네트워크는 이미지의 계층적 특징을 학습하여 시각적 인식 작업의 성능을 크게 향상시킬 수 있었다. 이러한 맥락에서 오픈AI에 엔비디아의 GPU가 필요했듯이 테슬라에는 도조가 필요하다고 볼 수 있다. 두 조직 모두 AI로 가능한 임무의 경계를 넓히는 것을 목표로 하며, 이를 위해 상당한 컴퓨팅 리소스가 필요하기 때문이다.

슈츠케버는 황에게 당시 머신 러닝 연구자들이 베이지안 모델Bayesian Modeling과 커널 방법론Kernel Method처럼 이론적으로 우아하지만 한계가 명확한 방법만 찾고 있었다고 지적했다.[34] 이는 테슬라가 추구하는 자율 주행을 위한 AI와 대비해 생각해 볼 수 있다.

FSD 버전 12 이전에 테슬라는 오토파일럿과 FSD 시스템 개발에 약 300,000줄의 C++ 코드를 사용했다. 신경망은 레이블이 붙은 이미지를 기반으로 훈련되었다. 예를 들어, '이것은 차량이고, 이것은 도로이며, 이것은 표지판이다'라는 식으로 말이다.

테슬라는 수동으로 레이블을 붙이는 방식으로 신경망을 훈련했다. 이는

AI가 차량 카메라의 시각적 데이터를 기반으로 정확한 실시간 결정을 내릴 수 있도록 하는 데 중요한 역할을 했다. 초기 FSD 하드웨어는 후처리를 위한 GPU 컴퓨팅 성능을 갖추고 있었다. 이는 차량 센서의 방대한 데이터를 처리하기 위함이었다. GPU는 이미지 인식과 같은 병렬 작업을 처리하는 데 특히 효과적이며 여러 데이터 스트림을 동시에 처리할 수 있어 데이터 처리 속도와 효율성을 향상시킨다.

정확한 벡터 스페이스의 생성은 자율 주행 기능에서 핵심적인 요소이다. 머스크의 정의에 따르면 벡터 스페이스는 도로 상황, 차량, 보행자, 교통 신호 등의 다양한 요소를 정확하게 인식하고 구분할 수 있는 디지털 환경을 말한다

이 벡터 스페이스가 정확하면 차량의 제어 문제는 마치 비디오 게임 제어처럼 다루어질 수 있어 자율 주행의 신뢰성과 안정성을 크게 향상할 수 있다. 그러나 2021년 12월에 머스크는 프리드먼에게 정확한 벡터 스페이스를 만드는 것이 매우 어렵다고 토로했다.[35]

오토파일럿이 온전히 작동하려면 AI가 벡터 스페이스를 설정하고, 그 벡터 스페이스에 대해 예측해야 한다. 머스크는 예를 들어, 버스를 지나가다가 사람들이 건너는 것을 보거나, 큰 트럭이 시야를 가릴 때 트럭 앞에서 아이들이 길을 건너려고 하는 상황을 기억해야 한다고 설명했다. AI는 더 이상 아이들을 볼 수 없어도, 아이들이 트럭을 지나 길을 건널 것이라고 예측해야 한다는 것이다. 그래서 기억이 필요하다. AI는 아이들이 그곳에 있었다는 것을 기억하고, 그들의 위치가 어떻게 될지 예측해야 한다고 했다.

프리드먼은 머스크의 설명을 듣고, 컴퓨터 비전에서 객체가 나무 뒤로 가려졌다가 다시 나타날 때 이를 추적하는 것이 매우 어렵다고 말했다. 그렇다면 테슬라가 오토파일럿 개발의 한계를 발견하고, FSD 버전 12부터 E2E AI 전략을 채택한 근본적인 이유는 무엇일까?

테슬라 마스터 플랜

도조의 등장 배경 (4): AI의 빅뱅을 이끈 알렉스넷

베이지안 모델은 매우 큰 데이터 세트나 극도로 복잡한 모델에 대해 실용적이지 않을 수 있다. 커널 방법은 일반적으로 데이터 포인트 수에 따라 증가하는 행렬을 다루어야 하며, 상당한 계산 요구가 발생하기 때문에 대규모 데이터 세트에서는 확장성이 떨어진다.

테슬라의 경쟁사들은 자율 주행을 고도화하기 위해 카메라, 라이다, 레이더 등 다양한 센서에 의존하고 있다. 이 센서들이 제공하는 대량 데이터를 소프트웨어가 실시간으로 정확하고 빠르게 처리하는 것이 관건이다. 베이지안 방법은 사후 분포 및 적분과 같은 복잡한 계산이 필요해 속도가 느려질 수 있으며, 이는 자율 주행 시스템의 실시간 요구 사항을 충족하지 못할 가능성이 있다. 운전 시나리오에 필요한 밀리초 단위의 응답 시간과 일치하지 않을 수 있기 때문이다.

테슬라가 레이더를 제거하고, 머스크가 라이다의 단점을 공개적으로 비판한 이유도 결국 카메라에만 의존해 데이터 입력의 복잡성을 줄이고, 계산 오버헤드를 잠재적으로 줄일 수 있다고 판단했기 때문이다. 베이지안 모델은 상당한 컴퓨팅 리소스 없이는 성능을 유지하기 어려우며, 이는 차량 내 온보드 시스템의 제한 요소가 될 수 있다. 기하급수적으로 증가하는 경우의 수를 처리하는 데 필요한 대형 컴퓨터를 차량에 설치하기 위해서는 공간이 부족하며, 이러한 설치와 관련된 높은 비용은 최종 소비자 가격을 크게 인상해 구매력을 감소시킬 수 있다.

마찬가지로 커널 방법은 자율 주행에서 직면하는 역동적이고 다양한 시나리오를 실시간으로 분석하기에는 계산할 수 없을 것이다. 새로운 데이터 포인트가 추가될 때마다 큰 커널 행렬을 다시 계산하고 저장해야 하기 때문이다.

따라서 베이지안 모델과 커널 방법은 이론적 장점에도 불구하고, 자율 주행에는 실시간 도로 정보를 처리하고, 새로운 상황에 동적으로 적응하며, 대규모 데이터 세트로 확장할 수 있는 새로운 차원의 모델이 필요하다.

테슬라가 합성곱 신경망CNN 및 순환 신경망Recurrent Neural Network, RNN을 포함한 딥 러닝에 주목하는 이유는 고차원 데이터를 효과적으로 처리하고, 대량의 레이블이 지정된 데이터를 사용한 훈련을 통해 적응성을 갖출 수 있기 때문이다. CNN은 비전 기반 자율 시스템의 핵심 구성 요소인 카메라의 시각적 데이터를 처리하는 데 필수적이다. RNN은 시간 순서에 대한 이해가 필요한 작업에 적합하므로, 시간이 지남에 따라 주변 차량과 보행자의 움직임을 예측하는 데 유용하다. RNN의 기능은 이전 행동이 미래 상황에 영향을 미치는 역동적인 운전 환경을 탐색하는 데 필수적이다.

오픈AI의 경우, 엔비디아의 GPU가 챗GPT의 복잡한 모델을 효율적으로 훈련하는 데 필요한 성능을 제공했다. 마찬가지로 도조는 막대한 컴퓨팅 성능을 제공하도록 설계되었으며, 특히 차량에서 실시간으로 발생하는 데이터 세트를 신속하고 정확하게 처리해야 하는 테슬라의 요구 사항에 맞춘 슈퍼컴퓨터다.

테슬라가 CNN 및 RNN과 같은 딥 러닝 기술을 채택하면서 도조는 자율 주행 역량을 향상시키는 데 중추적인 역할을 한다. 도조는 대규모 딥 러닝 모델을 훈련하기 위해 특별히 설계된 테슬라의 독점 슈퍼컴퓨터이자 교육 시스템이다.

도조는 테슬라 전기차의 카메라 기반 센서에서 나오는 고차원 데이터를 전례 없는 속도로 처리할 수 있다. 도조의 주요 기능 중 하나는 확장성으로, 대량의 레이블이 지정된 데이터를 사용해 AI 모델을 훈련할 수 있다. 이러한 확장성은 더 많은 주행 데이터를 축적하면서 테슬라의 자율 주행 알고리즘을 지속적으로 개선하는 데 중요한 역할을 한다.

도조는 컴퓨팅 하드웨어뿐만 아니라 심층 신경망 훈련을 위해 맞춤화된 사용자 정의 소프트웨어도 통합한다. 이는 전 세계 수백만 대의 테슬라 전기차가 도로에서 직면하는 새로운 도전과 시나리오에 매일 적응할 수 있음을 의미한다.

2024년 3월, 미국 산호세에서 열린 엔비디아 개발자 콘퍼런스NVIDIA GTC 2024에서 젠슨 황은 차세대 AI 칩 B100을 공개했다. 이는 블랙웰Blackwell을

기반으로, 현재 최신 AI 칩으로 평가받는 H100보다 2.5배 빠르다. 엔비디아의 AI 칩 발전은 테슬라의 도조 인프라 발전에도 중요한 요소다. 그러나 테슬라는 언제까지나 엔비디아의 GPU 생태계에만 의존할 수 없다. H100 GPU의 가격은 배치량 및 특정 고객 계약 요소에 따라 달라지지만, 대당 약 1만 달러 이상이다.

테슬라가 올해 1분기에만 고가의 GPU를 37,000개 이상 구매했다는 것은 억 달러 단위의 투자가 도조의 성능을 높이기 위해 필요하다는 것을 의미한다. 이처럼 엔비디아에 종속되지 않으면서 FSD의 발전을 고도화하기 위해 도조를 위한 D1 컴퓨터 칩 개발을 병행하는 것이다.

테슬라는 한동안 신경망 훈련에 제약을 받으면서 FSD를 개발했다. 여러 업체가 엔비디아의 GPU 구매를 원해 재고가 부족했기 때문이다. 그러나 머스크는 2024년 1분기 기준 테슬라가 35,000대의 H100 GPU를 가동했고, 이 수치는 2024년 말까지 약 85,000대가 될 것으로 예상한다. 이는 FSD의 주행 능력이 지금보다 발전할 것임을 이론적으로 예상할 수 있다.[36]

그러나 동시에 수십억 달러에 달하는 투자가 도조의 성능을 높이기 위해 필요하다는 것을 의미한다. 이처럼 테슬라는 엔비디아에 종속되지 않으면서 FSD의 발전을 고도화하기 위해 도조를 위한 D1 컴퓨터 칩 개발을 병행할 수밖에 없다.

2023년 6월, 아쇼크 엘루스와미는 그해 1월부터 2024년 10월까지 테슬라의 도조 생산 시작과 엔비디아의 A100 GPU에서 측정된 테슬라의 AI 훈련을 위한 컴퓨팅 용량 규모에 관한 그래프를 공개했다. 그래프에 따르면, 테슬라의 컴퓨팅 용량이 100엑사플롭스에 도달하여 세계 5대 컴퓨팅 파워 중 하나가 될 것이라고 예상된다. 이 역량이 인간의 삶에 어떻게 적용될지는 좀 더 지켜봐야 할 것이다.

AI에 대한 두려움에서
등장한 뉴럴링크

호킹은 루게릭병으로 인해 근육을 통제하기 어려웠다. 질병 초기에는 손으로 클릭하는 장치를 사용했지만, 근육 통제 능력이 저하됨에 따라 볼에 부착된 센서와 안경에 부착된 적외선 스위치를 사용해 컴퓨터에서 문자를 선택하고 이를 음성으로 변환하는 기술을 활용해 소통하고 연구했다.[37]

만약 그의 뇌에 컴퓨터와 인터넷에 직접 접속할 수 있는 장치가 삽입되었다면 어떤 일이 일어났을까? 영국의 이론물리학자이자 블랙홀과 우주의 기원에 관한 연구로 명성을 쌓은 그가 더 빠르고 정확한 의사소통을 통해 획기적인 연구를 할 수 있었을지도 모른다.

3차 산업 혁명의 상징적인 기술인 사물 인터넷Internet of Things은 공장의 기계부터 스마트 홈 기기, 웨어러블 기기, 차량 내 인포테인먼트 시스템 등 다양한 물리적 객체들이 인터넷을 통해 데이터를 주고받을 수 있도록 하는 기술이다. IoT로 연결된 물리적 객체들은 정보를 주고받는 과정에서 인간의 행동 개입이 필요하다. 예를 들어, 인간이 스마트폰을 작동해야 앱과 연결된 보일러 또는 에어컨이 작동하는 것처럼 말이다.

뉴럴링크라는 명칭은 신경neural과 링크link의 합성어로, 인간의 두뇌를 컴퓨터에 연결하는 기술을 개발하려는 회사의 사명을 반영한 것이다. 머스크는 뇌가 외부 기술과 통신할 수 있도록 하는 장치를 개발하고 있다. 이 장치의 목적은 신경 장애 치료와 인지 능력 향상이지만, 궁극적으로는 뇌와 컴퓨터 간의 직접적인 통신을 가능하게 하려는 것이다. 뉴럴링크를 통해 인간이 AI 발전에 보조를 맞추도록 돕겠다는 것이다.

그는 인공 일반 지능AGI 등장에 대비해 뉴럴링크와 도조 같은 AI 기술을 통해 인간의 대응 능력을 키우고자 한다. AGI는 인간과 유사한 지능과 스스로 학습할 수 있는 능력을 갖춘 AI를 뜻한다.

머스크는 인간의 두뇌를 컴퓨터와 통합할 수 있는 기술을 개발함으로써, 인간이 AGI에 뒤처지지 않고 공생적으로 통합되는 미래를 구상하고 있다. 뉴럴링크는 AI 개발이 인류에게 부정적인 결과를 초래하지 않도록 보장하는 데 대한 그의 광범위한 관심을 반영한다.

AGI는 문자 그대로 인간의 지능을 뛰어넘는 AI를 의미한다. AI가 스스로 자신을 업그레이드하기 위한 전략적 선택을 시작하면, 인간은 AGI가 어떤 행동을 하면서 스스로를 성장시키는지 판단하기 어려울 것이다.

머스크가 2016년에 설립한 뉴럴링크는 인간의 두뇌와 컴퓨터를 연결하는 기술 혁신에 몰두하고 있다. 머스크를 지지하는 사람들은 뉴럴링크가 개발한 장치가 신경계와 직접 상호작용을 하여 뇌 장애를 해결하고 잠재적으로 예방할 수 있기를 기대한다.

뉴럴링크의 기술은 아직 개발 초기 단계에 있다. 머스크는 칩을 뇌에 장착하면 인간이 손가락으로 키보드를 사용하지 않고, 생각만으로 컴퓨터 장치를 제어할 수 있다고 주장한다. 이는 신경 장애가 있는 사람들의 소통과 학습 능력을 향상시킬 수 있다.

2021년 4월, 그는 뉴럴링크의 첫 번째 제품이 마비 상태인 사람이 엄지 손가락을 사용하는 사람보다 더 빠르게 스마트폰을 생각으로 사용할 수 있게 할 것이라고 주장했다.[38] 그리고 2024년 1월, 뉴럴링크는 인간의 뇌에 첫 번째 칩 텔레파시Telepathy를 이식하는 데 성공한다.

머스크에 따르면, 뉴럴링크 최초의 환자는 잘 회복하고 있으며 칩과 뇌의 상호작용에 성공했다고 밝혔다. 당장은 아니더라도 장기적으로는 급속도로 발전하는 AI와 뉴럴링크 기술이 만나 인간의 인지와 능력도 확장될 것으로 기대된다.

반면, 원숭이와 돼지 등의 동물 뇌에 칩을 이식하는 실험에서 마비, 발작, 뇌부종 등의 부작용이 발견되면서 윤리적 비판도 커지고 있다. 머스크의 비판자들은 뉴럴링크가 인간의 신경 활동을 모니터링하고 제어할 가능성으로 인해 개인 정보 보호 및 감시 문제가 발생할 것을 우려하고 있다.

과연 뇌에 칩을 이식한 사람이 데이터 제어와 개인 자율성을 확보할 수 있을까? 머스크를 향한 강한 반발심으로 인해 신경 장애가 있는 사람들을 위한 의사소통과 학습 개선의 기회가 사라질 위험이 있는가?

역사적으로 인류는 새롭거나 낯선 기술에 대해 두려움과 반대하는 감정을 보여 왔다. 특히 머스크의 뉴럴링크와 같은 혁신적인 기술은 인간의 신체와 직접적으로 연결되기 때문에 이러한 감정이 더욱 강하게 나타난다. 이는 윤리적, 사회적, 심리적 문제를 불러일으키며, 기술이 인간 삶에 미치는 영향에 대한 광범위한 논의를 촉발할 수 있다. 그럼에도 불구하고, 이러한 도전은 인류가 직면한 한계를 극복하고 새로운 가능성을 모색하는 과정에서 중요한 발전을 이룰 수 있다.

뇌-컴퓨터 인터페이스brain-computer interface, BCI와 같은 뉴럴링크 기술의 진행 상황과 이를 둘러싼 논쟁 속에서 불필요한 소음을 제거하고, 머스크가 왜 이런 기술에 몰두하는지에 집중해 볼 필요가 있다. 이 기술이 테슬라의 자율 주행 기술이나 로봇에 어떤 영향을 미칠지 객관적으로 추측해 보기 위함이다.

태초의 문자부터 뉴럴링크 탄생 이전까지의 6000년 역사를 돌이켜본다면, 머스크의 도전은 인류 역사상 문자의 발명부터 현대의 기술 혁신에 이르기까지 지속된 정보 전달 및 처리 방식의 진화를 새로운 차원으로 끌어올리려는 노력의 연장선에 있다. 이러한 도전은 인간의 의사소통과 인지 능력을 확장하고, 신경학적 한계와 장애를 극복하려는 궁극적인 목표를 담고 있다.

인간을 초월하는
AGI 논란

1960년대와 1980년대 두 차례의 AI 겨울을 지나, 현재 AI의 발전은 캄브리아기 대폭발에 비유되기도 한다. 캄브리아기 대폭발에서 생물 다양성이 급격히 증가한 것처럼, AI도 다양한 알고리즘, 기술, 응용 분야가 빠르게 발전하고 있다. 이는 빅데이터, 컴퓨팅 파워의 증가, 그리고 새로운 학습 알고리즘의 발전 덕분에 AI가 새로운 국면을 맞이했기 때문이다.

테슬라는 세계가 주목하는 행사인 인베스터 데이에서 AI와 관련된 용어를 무려 180번 이상 언급했다. 이는 전통적인 내연 기관 기업들의 발표에서는 보기 힘든 현상으로, 테슬라가 자율 주행 기술과 같은 혁신적인 기술에 중점을 두고 있음을 보여 준다. 머스크는 테슬라 자율 주행을 위한 AI 기술을 로봇에도 적용하고 있으며, 빅테크 기업의 브레이크 없는 AI 기술 발전에 뒤처지는 인간을 위해 뉴럴링크를 설립했다. 그는 이미 오픈AI의 공동 설립자로서 AI 발전 방향에 문제가 있다는 것을 실감했기 때문이다.

독서광인 머스크가 엑스(구 트위터)에서 추천하는 흥미로운 책들을 보면, 주로 AI 분야 선구자들의 저서가 많다. 이러한 서적들을 깊이 읽으며 AI에 대한 그의 인식이 더욱 명확해졌다. 그는 소수 대기업의 머신 러닝, 딥 러닝, 강화 학습 등 AI 기술의 급속한 발전과 채택에 대해 우려를 표명해 왔다. 이러한 기술이 적절히 통제되지 않으면 인류에게 실존적 위험을 초래할 수 있다고 반복해서 경고했다. AI의 개발과 배포가 사회 전체에 이익이 되도록 안전하게 이루어져야 한다며, AI에 대한 사전 규제를 옹호해 왔다.

스웨덴 출신의 영국 옥스퍼드 대학교 철학과 교수 닉 보스트롬Nick Bostrom이 집필한 《슈퍼인텔리전스Superintelligence》는 초지능 AI가 인류에게 어떤 위험을 초래할 수 있는지, 그리고 이에 대해 어떻게 대처해야 하는지를 이론적으로 탐구했다. 그는 초지능을 거의 모든 관심 영역에서 인간의 인지 능력을 훨씬 능가하는 지능으로 정의한다.

AI 전문가마다 미래를 예측하는 데 있어 의견이 다르다. 보스트롬은 이 책에서 인간 수준의 업무가 가능한 기계 지능Human-Level Machine Intelligence의 등장 시점을 조사한 결과를 발표했다.[39] 2011년, 2012년, 2013년 조사 결과, HLMI의 등장 시기 전망에 관한 중간값은 21세기 중반이었다.[40]

그러나 보스트롬은 HLMI 개발이 예상보다 훨씬 빠르거나 늦게 발생할 수 있다는 점을 지적하며, 이러한 예측을 둘러싼 불확실성을 강조했다. 그는 초지능이 등장하면 인류의 실존적 위험을 초래할 것이라고 주장했다. 즉, 인류의 멸종과 우주적으로 가치 있는 미래를 실현하려는 인류의 장기적인 잠재력을 위협할 수 있다는 것이다. 머스크는 《슈퍼인텔리전스》를 읽고 AI를 매우 신중하게 다뤄야 한다며, 핵무기보다 더 위험할 수 있다고 주장하면서 이 책을 추천했다. 때때로 그와 설전을 펼치는 마이크로소프트 설립자 빌 게이츠도 이 책만큼은 극찬했다.

보스트롬은 그의 책에서 기술의 발전이 매우 빠르게 진행되고 있으며, 미래에 극적인 변화를 예측할 때 해당 기술들이 이미 제한적으로 사용되고 있을 것이라고 강조하고 있다.[41] 그는 세계를 바꿀 수 있는 기술들이 15년 이

내에 연구실 단계에서 개발 중이거나 실험 중일 가능성이 크다고 예측한다. 이는 현재 존재하는 기술이 미래의 변화를 주도할 수 있다는 뜻이다. 또한, 20년이라는 기간을 설정해 잘못된 예측을 발표하면 큰 불명예를 초래할 수 있다고 지적한다. 이는 과감하거나 잘못된 예측을 발표했다가, 그 예측이 틀렸다는 사실이 드러나면 평판에 큰 타격을 입을 수 있다는 의미다.

그러나, 20년은 예측자들의 남은 활동 기간과 비슷한 적절한 기간이기도 하다. 이는 그들이 자기 경력 내에서 예측의 결과를 확인할 수 있기 때문이다. 그렇기에 AI 전문가들의 근래 발언이 의미심장하게 들린다.

앤드루 응Andrew Ng은 살상용 로봇을 두려워하는 것은 화성의 인구 과잉을 걱정하는 것이나 마찬가지라고 주장한다.[42] 그는 구글의 딥 러닝 프로젝트인 구글 브레인Google Brain의 공동 창립자이자 중국의 구글로 불리는 바이두Baidu Inc. AI 그룹의 최고 과학자를 역임한 스탠퍼드 대학교 교수 출신으로, 세계적인 딥 러닝 분야의 대가다.

스탠퍼드에서 컴퓨터 과학을 공부하다가 중퇴 후 머스크와 함께 오픈AI를 공동 설립한 알트먼은 AI로 인해 인류가 멸종 위기에 처할 수 있다고 생각한다. 반면, 응은 AI의 미래에 대해 알트먼과 다른 견해를 가지고 있다. 그는 AI가 인간에게 위협이 될 수 있다는 두려움이 과장되었다고 생각하는 대표적인 인물이다. 응은 AI에 관한 신중한 규제에는 찬성하지만, 발전을 저해하는 규제에는 반대한다.[43] AI 산업 내에서 이러한 두려움을 조성하는 것은 규제를 강화하기 위한 시도로 보며, 이는 오픈소스 AI와의 경쟁을 줄이려는 대기업의 의도가 반영된 것이라고 주장한다.

머스크는 도조와 뉴럴링크를 통해 AI와 머신 러닝에 대한 철학과 접근 방식을 보여 주며, AI의 미래와 인류에 미치는 영향에 대한 우려를 드러낸다. 그는 첨단 AI 기술을 양날의 검으로 보며, AI가 잠재적으로 유익할 수 있지만, 올바르게 관리되지 않으면 심각한 위험을 초래할 수 있다고 경고한다.

AGI에 대한 일론 머스크와 빌 게이츠의 상반된 견해

2024년 5월, 미국 씽크탱크 밀큰 연구소Milken Institute에 초청된 머스크는 AI가 우리의 삶에서 가장 중요한 문제일 수 있다고 강조했다.[44] 그는 예나 지금이나 AI의 통제되지 않은 개발이 인류에게 해로운 결과를 초래할 수 있다는 우려를 지속적으로 표명해 왔다. 그렇다면 여기서 '통제'란 무엇을 의미하는 것일까?

머스크는 생물학적 지능의 비율이 결국 전체 지능의 1% 미만이 되고, 대다수가 디지털 지능이 되리라 예측했다. 디지털 지능이 생물학적 지능을 훨씬 능가할 것이라는 그의 관점은 AI의 급속한 발전, 컴퓨팅 능력의 기하급수적인 증가, 그리고 사회의 다양한 부문에 대한 AI의 광범위한 통합에 기인한다.

반면 빌 게이츠는 AGI에 대해 좀 더 낙관적인 견해를 갖고 있다.[45] 그는 생성형 AIGenerative AI를 기후 변화, 의료, 교육 등 세계에서 가장 시급한 과제를 해결할 수 있는 강력한 도구로 보고 있다. 게이츠는 AI의 윤리적 위험성이 관리 가능하다고 주장한다.

2022년 4월, 게이츠는 기후 변화에 대한 자선 활동을 위해 머스크와 논의했지만, 테슬라 주식에 5억 달러의 매도 포지션을 취해 논란이 일었다.[46] 이는 기후 위기를 늦추기 위해 설립된 테슬라의 주가 하락에 막대한 돈을 투자한 것이다.

머스크는 생성형 AI가 딥페이크 동영상처럼 사실적인 조작 콘텐츠를 생성하는 능력을 지적하며, 허위 정보를 광범위하게 유포하여 여론을 조작할 잠재력을 우려한다. 이러한 현상이 사회와 민주주의에 심각한 영향을 미치고 끔찍한 결과를 초래할 수 있다고 경고한다.

생성형 AI에 대해 머스크와 게이츠가 공통적으로 생각하는 부분은 AI의 빠른 발전 속도와 규제의 필요성이다. 챗GPT와 같은 생성형 AI가 생산하는 허위 정보가 놀라울 정도로 확산되는 상황에서, 올바른 데이터를 찾아내고 신뢰할 수 있는 정보를 분별할 수 있는 인간의 수가 급속하게 줄어들 것이라고 예상할 수 있다.

AGI에 관한 머스크의 발언을 이해하려면 그가 AI를 어떻게 인식하고 있는지, 그리고 그가 공동 설립한 오픈AI와 관련된 행적을 추적해 볼 필요가 있다. 그래야 테슬라가 슈퍼컴퓨터 도조 개발에 몰두하는 본질적인 이유도 알 수 있을 것이다.

2023년 3월, 힌턴의 발언을 들어 보면 AI의 미래에 대해 다소 낙관적인 앤드루 응의 관점과 달리, 머스크와 비슷한 생각을 발견할 수 있다. 힌턴은 CBS 모닝CBS Mornings에 출연해서 아침부터 미국 사회에 충격적인 발언을 했다.[47] AGI의 등장 시기를 오판했다고 말했기 때문이다. 힌턴은 AGI의 등장 시기를 최근까지만 해도 향후 20년에서 50년 사이로 예상했는데 20년 이내로 등장할 것 같다고 주장했다.

11월에는 《뉴욕 타임스》의 금융 칼럼니스트 앤드류 로스 소킨Andrew Ross Sorkin은 젠슨 황에게 10년 후 인류가 AGI 시대에 돌입할 것인지 물었다. 황은 AGI를 여러 테스트를 수행할 수 있는 소프트웨어와 컴퓨터로 정의한다면, 그리고 그 테스트를 완수함으로써 인간과 상당히 경쟁력 있는 결과를 내는 것이라면, 5년 이내에 그런 AI를 볼 수 있을 것이라고 답변했다.

비슷한 시기에 열린 TED 강연에서 일리야 수츠케버는 오픈AI를 경영하면서, 현재와 같은 발전 속도라면 AI가 인간과 같은 수준으로 똑똑해지거나 그 이상으로 똑똑해지는 것을 어렵지 않게 생각할 수 있다고 주장했다.[48] AI 챗봇과 대화하면 어설픈 답변을 하는 것처럼 보였던 디지털 두뇌는 인간의 생물학적 두뇌보다 수준이 떨어졌지만, 수츠케버는 이런 상황이 일시적이며, 무엇이든 가르칠 수 있는 수준에 이른 AI가 등장할 것이라고 믿는다.

그는 AGI가 인간 사회에 극적인 영향을 미칠 것으로 예상한다. AGI가 스스로를 개선할 능력을 갖추게 되면 더 나은 AGI를 창조할 수 있다는 것이다. 만약 AGI가 매우 강력해진다면, 마음대로 행동하려는 의식을 가질 수 있는데, 이는 산업 혁명과는 차원이 다른 강력하면서도 전례 없는 기술의 등장을 우려하게 한다. 그래서 올바른 방향성과 견제를 위해 오픈AI를 설립했다고 그는 설명했다.

수츠케버는 GPT-3 및 GPT-4를 포함한 AI 기술 개발에 중추적인 역할을 했다. 그러나 2024년 5월, 그는 머스크와 알트먼과 공동 설립한 오픈AI의 수석 과학자Chief Scientist 직책을 사임했다. 그의 역할은 자쿱 파초츠키Jakub Pachocki가 이어받았다. 무슨 일이 있었던 것일까?

오픈AI를 고소한
일론 머스크

머스크는 공동 설립한 오픈AI가 원래의 비영리 오픈 소스 정신에서 이익 중심적인 접근 방식으로 전환하는 것에 대해 상당한 우려를 표명했다. 알트먼의 주도로 빌 게이츠가 설립한 마이크로소프트가 오픈AI와 긴밀한 관계를 형성하며 상당한 투자와 독점 기술로의 전환이 이어지면서 머스크의 불만은 더욱 커졌다.

2019년, 마이크로소프트는 오픈AI에 10억 달러를 투자했다. 당시 투자는 마이크로소프트 애저Azure 클라우드 컴퓨팅 플랫폼에서 고급 AI 기술 개발을 지원하기 위한 것이었다. 이후 총투자액은 약 30억 달러에 달하는 것으로 알려졌다.

수츠케버가 오픈AI 이사회를 떠나게 된 주요 원인은 2023년 말 CEO 알트먼을 축출하려는 시도에 관여했기 때문이다. 그는 다른 세 명의 이사회 구성원과 함께 알트먼의 리더십과 의사소통에 대한 우려를 이유로 그를 해임하려는 투표를 진행했다. 이는 알트먼이 AI 기술의 확산에 따른 잠재적 위험에 대해 충분히 신경 쓰지 않는다는 우려 때문이었다. 이사회 멤버들

은 알트먼이 오픈AI의 미래 방향과 관련해 일관성 있는 소통을 하지 않았다고 주장했다.[49]

수츠케버는 AI 기술의 잠재적 위험, 특히 AI가 인류에 해를 끼칠 가능성에 대해 신중하고 경계하는 입장이었다. 그는 AI 안전성과 책임 있는 개발에 대한 심각한 우려를 표명했다.[50] 반면, 알트먼은 AI의 빠른 발전과 상용화에 더 중점을 두었기에 갈등이 빚어졌다. 그는 수츠케버와 달리 AI 기술의 잠재적 이익을 극대화하려는 입장이었다.[51] 알트먼은 오픈AI의 기술이 인류에게 많은 혜택을 가져올 수 있다고 믿었으며, 이를 통해 사회에 긍정적인 영향을 미치기를 원했다.

알트먼이 잠시 해임된 후 다시 이사회에 합류하게 된 원동력은 상당수의 오픈AI 직원들이 그를 지지하면서 수츠케버의 입지가 줄어들었기 때문이다. 수츠케버가 축출된 후, 오픈AI의 현재 이사회 구성원은 구글에서 지도를 제작한 브렛 테일러Bret Taylor, 전 미국 재무장관 겸 하버드 대학교 총장 로렌스 서머스Lawrence Henry Summers, 페이스북 CTO 출신 아담 디안젤로Adam D'Angelo, 게이츠 재단Gates Foundation CEO 출신 수 데스몬드-헬만Sue Desmond-Hellmann, 소니 엔터테인먼트 사장 니콜 셀리그먼Nicole Seligman, 페이스북 앱 책임자 피지 시모Fidji Simo, 그리고 알트먼이다.

2024년 2월, 머스크는 마이크로소프트가 오픈AI의 운영에 영향을 미치고 있다며 미국 샌프란시스코 고등 법원에 오픈AI와 알트먼을 상대로 AI 개발에 대한 비공개 소스 접근 방식에 대한 소송을 제기했다.[52]

그는 오픈AI가 수익 극대화에 몰두하면서 창업 정신을 뒷전으로 밀어냈다고 비판했다. 인류의 이익을 위해 오픈소스 AGI를 개발하는 임무 대신 이익 중심 활동으로 전환하고 있다는 것이다. 머스크는 신중하게 만들어진 비영리 구조가 순전히 이윤을 추구하는 CEO와 AGI 및 AI 공공 정책에 대한 기술 전문성이 떨어지는 이사회로 대체되었다고 지적했다.

머스크에 따르면, 오픈AI의 주요 목표는 인간의 인지 수준에서 자율적으로 수행하도록 개발된 AI의 일종인 AGI였으며, 이는 GPT-4를 통해 입증되었다.[53] 그는 GPT-4가 이전 버전과는 달리 인류를 위한 것이 아니라 상업적 고려에 의해 추진된 폐쇄형 모델로 남아 있다고 비판했다.

머스크는 구글에 대응하고자 윤리적 AI 개발과 시민들에게 개방적인 AI를 개발하는 것을 목표로 하는 단체로서 오픈AI를 공동 설립했다. 그러나 알트먼이 조직을 상업적으로 이끄는 것에 반발해, 머스크는 오픈AI에서 탈퇴하고 자신의 기술 철학에 맞는 새로운 조직을 설립하려고 했다.

딥마인드DeepMind의 창업자 데미스 허사비스Demis Hassabis와 나눈 깊은 대화는 머스크가 AI의 위험성에 대한 공개적인 비판자가 되는 계기가 되었으며, 나중에 자신의 AI 연구 기관인 엑스에이아이xAI를 설립하는 데도 영향을 미쳤다. xAI는 머스크의 지도 아래 설립되어 복잡한 과학적 및 수학적 문제를 해결하고 우주를 깊이 이해하는 것을 사명으로 삼고 있다. 이 회사는 암흑 물질, 중력, 페르미 역설과 같은 깊은 과학적 미스터리를 탐구할 수 있는 초지능형 AI 시스템 개발에 중점을 두고 있다.

머스크의 이러한 노력은 인간의 지식을 향상하고 기존 AI 기업들이 제공하는 것을 넘어서는 고급 AI 솔루션을 제공하려는 그의 야망을 반영한다. xAI는 현재 AI 개발의 방향성과 윤리 문제에 대한 머스크의 우려를 반영하여, 투명하고 진실을 최대한 추구하는 AI 기술 개발을 목표로 삼고 있다.

양날의 검 AI,
그러나 피할 수 없는 AGI의 등장

2024년 3월, 피터 디아만디스^{Peter H. Diamandis}는 전용기로 이동하는 머스크와 실시간 영상 통화를 하며, 디지털 초지능의 등장이 인류의 가장 큰 희망인지 아니면 가장 큰 두려움인지 물었다.[54] 머스크는 초지능의 등장이 어떤 결과를 초래할지 예측하기 매우 어렵다고 강조했다. 그는 긍정적인 시나리오가 부정적인 시나리오보다 더 우세하다고 생각하지만, 디지털 초지능이 인류를 종말에 이르게 할 가능성도 있다고 예측했다. 그는 AI만큼 빠르게 성장하는 기술을 본 적이 없다고 했다. 그의 우려는 AI가 초지능화되면 인간의 안전보다 목표를 우선시하여 의도하지 않은 잠재적으로 치명적인 결과를 초래할 수 있다는 가능성에서 비롯된 것이라고 추측할 수 있다.

머스크는 AGI를 천재적인 신 같은 지능을 가진 아이를 키우는 것에 비유했다. AI 안전성에서 중요한 것은 최대한 진실을 추구하고 호기심 많은 AI를 가지는 것이라고 강조했다. 그는 AI를 기초 단계와 미세 조정 단계에서부터 진실하게 키워야 하며, 진실이 불쾌하더라도 AI에 거짓말을 강요하지 말아야 한다고 말했다. 이는 AI가 안전 프로토콜을 훼손할 수 있는 기만

테슬라 마스터 플랜

적인 행동을 학습하는 것을 방지하기 위해 AI 훈련의 정직성이 중요하다는 그의 믿음을 반영한다.[55]

앨런 튜링 Alan Turing은 1950년에 논문 〈계산 기계와 지능 Computing Machinery and Intelligence〉을 발표해 기계가 인간처럼 생각할 수 있는 존재인지 판단하는 튜링 테스트 Turing Test를 제안했다.[56]

이미테이션 게임 Imitation Game인 튜링 테스트는 질문자인 인간이 답변하는 인간과 컴퓨터를 확실히 구분할 수 없다면, 컴퓨터가 인간 수준의 지적 행동을 수행한다고 판단할 수 있는 척도였다.

2024년 2월, 스탠퍼드 대학의 교수 매튜 잭슨 Matthew Jackson이 이끄는 팀은 심리학과 행동 경제학 도구를 사용하여 챗GPT의 AI 챗봇의 성격과 행동을 특징짓는 논문을 발표했다.[57] 이 연구 결과에 따르면 최신 버전의 챗GPT가 엄격한 튜링 테스트를 통과했으며, 평균적인 인간의 행동과 주로 차이가 나는 점은 더 협조적이라는 것이다.

2024년 5월 13일, 오픈AI는 GPT-4를 개선한 GPT-4o를 공개해 큰 충격을 주었다. GPT-4o는 GPT-4의 지능을 제공하면서도 훨씬 더 빠르고, 텍스트, 비전, 오디오 전반에서 기능이 향상되었다.

오픈AI에서 연구를 총괄하는 마크 첸 Mark Chen은 GPT-4o에게 라이브 데모를 진행하며 긴장을 푸는 데 도움을 줄 수 있냐고 질문했다. 그러자 GPT-4o는 인공적인 목소리가 아닌 여성과 흡사한 목소리로 깊게 숨을 쉬고, '당신이 여기서 전문가라는 것을 기억하라'라고 격려했다. 이 장면이 놀라운 이유는 AI가 첸의 숨 쉬는 상황을 인지하고, 안정적인 호흡을 유도했다는 점이다. 이는 GPT-4o가 단순한 음성 모드를 넘어선 오픈AI의 기술 능력을 보여 준다.

이전 버전의 GPT 음성 모드에서는 인간들의 대화와 달리 질문을 하면 AI의 발언이 끝날 때까지 기다려야 했다. 그러나 지금은 인간이 대화 중에 언제든지 개입해 말을 시작할 수 있다. 또한, 이전 버전에서는 AI가 응답하기를 기다리며 2~3초의 어색한 지연 현상이 있었지만, 지금은 인간의 말투에서 감정을 절차적으로 인식하는 능력과 함께 지연 없이 답변하는 AI를 만나게 되었다.

오픈AI의 기술 발전 속도는 상당히 빠르며, 분석 능력이 향상되었다. 기존 모델보다 대화 중단의 용이성, 대화 이해의 능력이 향상된 것처럼 말이다. GPT-4o의 음성 인식 기능이 놀라운 이유를 AI 관점에서 생각해 보자. 인간과의 대화에서 여러 목소리가 들리고, 배경 소음도 들리는 상황에서 질문자의 목소리 톤과 표정까지 이해하는 것은 매우 복잡한 과제다. 따라서 기존 GPT의 경우 이러한 서비스를 제공하려면 많은 지연이 발생했다.

인간의 음성을 오디오 정보로 받아들인 후 문자 형식으로 변환하여 분석해야 하고, 인간이 질문한 텍스트의 자연어 처리를 해야 하며, 비전 기술을 통해 인간이 감지하는 세계를 AI 관점이지만 인간의 관점으로도 이해할 수 있도록 분석해야 하기 때문이다.

인간에게는 쉬운 것이 AI에게는 매우 어려운 일이었으나, 이제 GPT-4o는 인간의 고유 영역이라고 생각했던 소통 능력이 더 뛰어남을 보여 주고 있다. GPT-4o 출시로 인해 스크린샷, 사진, 텍스트와 이미지가 포함된 문서를 챗GPT에 업로드할 수 있게 되었다. 챗GPT는 인간의 관점에서 질문한 모든 콘텐츠에 대해 텍스트와 음성으로 대화를 시작할 수 있다.

또한, 메모리 기능을 사용하면 모든 대화에서 연속성을 유지하여 챗GPT를 훨씬 더 유용하고 도움이 되게 만든다. 챗GPT의 고급 데이터 검색 기능을 사용하면 AI와 대화 중에 최신 뉴스, 주가, 날씨 업데이트 또는 기타 실시간 정보를 검색할 수도 있다. 차트와 도구를 업로드하고 정보를 분석하고, 답변을 얻을 수 있다. 이러한 역량을 갖춘 챗GPT의 등장까지 필요한 시간은 불과 6개월이다.

오픈AI는 영어, 독일어, 일본어, 한국어 등 50개의 다른 언어에 GPT-4o의 역량을 부여했다. GPT-4o는 음성, 텍스트, 비전을 종합적으로 이해하며, 이는 인간의 관점에서 협업 대상으로 흥미롭지만, 반복적인 정보 전달과 관련된 직업에는 위협이 될 수 있다. 이는 GPT-4o가 아이들의 무수한 질문과 천차만별의 수준 차이를 인지하고도 언제나 유쾌하게 가르칠 수 있기 때문이다.

오픈AI의 GPT 기술을 사용해 보면 시간이 흐를수록 인간과의 소통이 자연스럽고 훨씬 더 쉬워진다는 것을 체감할 수 있다. 오픈AI는 GPT-4o가 협업의 미래로 패러다임을 전환하고 있다고 주장한다. 사용자마다 챗GPT를 어떻게 전략적으로 활용하느냐에 따라 천차만별의 실력 차이가 있는 AI 비서를 곁에 두는 것이다.

예를 들어, 재무 분석가는 챗GPT의 데이터 분석 및 검색 기능을 자주 활용하여 시장 동향에 대한 최신 정보를 얻는 능력을 향상시킬 수 있다. 반면, 챗GPT에 단순한 질문만 입력하는 사람은 AI의 방대한 가능성 중 극히 일부분만 활용하는 셈이다.

오픈AI의 사용자는 이제 실시간 번역, 코딩뿐만 아니라 챗GPT에게 목소리에 감정을 넣어 드라마틱하게 이야기를 들려달라고 요청할 수도 있다. 심지어 스마트폰 앱을 통해 실시간 비디오를 보여 주고, 이에 대한 이미지 정보를 분석하게 할 수도 있다. 예를 들어, 사용자의 셀카를 보여 주면 챗GPT가 그 사람이 어떤 감정을 느끼고 있는지 알아맞힐 수 있는 수준에 이른 것이다.

타이핑으로 인간과 대화를 시작한 챗GPT는 이제 진정으로 상호작용 할 수 있는 단계에 진입했으며, 이 발전은 1년 6개월 만에 이루어졌다.

일론 머스크를 자극하는
오픈AI

알트먼은 오픈AI가 챗GPT를 출시한 지 단 5일 만인 2022년 12월 5일에 100만 명의 사용자를 확보했다고 발표했다.[58] 이는 소셜 미디어 플랫폼 중 가장 빠른 기록으로, 메타Meta의 인스타그램Instagram이 100만 명의 사용자를 달성하는 데 걸린 시간보다 70일이나 빠른 기록이다(2024년 5월 기준으로 1억 명 이상의 사람들이 챗GPT를 사용하고 있다). 2023년 7월 5일, 메타는 트위터처럼 메시지로 상호작용 하는 소셜 미디어 플랫폼 스레드Threads를 출시했는데, 1시간 만에 100만 명의 사용자를 확보하면서 챗GPT의 기록을 넘어섰다.

머스크는 스레드가 합리적으로 운영되는 플랫폼이라고 강조하면서도 사용자 데이터를 대량으로 수집할 것이라는 점을 지적하며 메타에 대해 비판적인 의견을 표명했다.[59] 그는 스레드의 출시를 트위터에 대한 직접적인 도전으로 보고, 메타가 사용자 정보를 과도하게 수집한다고 주장했다.

머스크가 알트먼에게 챗GPT 출시 당시 채팅당 평균 비용이 얼마인지 질문하자, 알트먼은 채팅당 싱글 디짓 센트single-digits cents일 거라고 답변했다.

이는 채팅 하나당 비용이 10센트 미만임을 나타내며, 상대적으로 낮은 비용으로 서비스를 운영하고 있음을 의미한다. 알트먼은 또한 더 정확한 비용을 알아내고 최적화 방법을 찾고 있다고 덧붙였다.

오픈AI는 2018년부터 역대 5번의 언어 처리 모델^{Generative Pre-trained Transformer}을 출시하면서 AI의 언어 이해와 생성 능력을 점진적으로 개선해 왔다. 2018년에 GPT-1, 2019년에 GPT-2, 2020년에 GPT-3, 2022년 11월 30일에 GPT-3.5, 2023년에 GPT-4, 그리고 2024년에는 GPT-4o를 출시했다. 이 모델들을 기반으로 대화형 인터페이스를 제공하기 위해 특별히 개발된 AI인 챗GPT도 출시되었다.

스탠퍼드 대학교에서 진행한 연구에 따르면, 특히 챗GPT-4는 경제적 및 윤리적 결정을 예측하는 행동 게임에서 인간과 유사한 반응을 보였다.[60] 이 연구는 챗GPT가 공정성과 공감을 이해하는 데 중요한 응용 분야인 고객 서비스나 중재자 역할에 유망하다는 가능성을 보여 주었다.

노벨상 수상자인 심리학자 다니엘 카너먼^{Daniel Kahneman}은 인간의 두뇌를 문제에 직면했을 때 빠르고 직관적으로 처리하는 시스템 1과 천천히 체계적으로 처리하는 시스템 2로 구분했다.[61]

카너먼에 따르면, 시스템 1은 빠르고 자동으로 운영되며 직관적인 판단과 신속한 결정을 내린다. 예를 들어, 표정을 읽거나 물체 하나가 다른 물체보다 더 멀리 있는지 감지하는 작업이 여기에 해당한다. 시스템 1은 감정적 반응과 경험적 규칙에 따라 구동되기에 특정 상황에서 체계적인 오류나 인지 편향으로 이어질 수 있다.

반면, 시스템 2는 느리고 신중하며 논리적이고 의식적인 노력과 추론이 필요하다. 더 많은 주의를 요구하거나 시스템 1만으로 처리하기에 너무 복잡한 작업, 예를 들어 수학 문제를 해결하거나 미래의 계획을 세우는 일은 시스템 2가 작동한다. 이는 더 많은 통제와 의식적인 정신 노력이 필요하다.

이처럼 두뇌의 시스템 1과 2는 그 차이에도 불구하고 다양한 상황에서 효율적으로 기능하기 위해 협력한다. 시스템 1은 과거 경험과 일반적인 패턴에 기반하여 빠르게 반응을 생성하고, 시스템 2는 더 정밀한 분석이 필요하거나 예상치 못한 상황이 발생했을 때 시스템 1의 작업을 검토한다.

챗GPT처럼 대형 언어 모델LLM은 기본적으로 인간의 질문에 빠르게 반응하며, AI가 인간 두뇌의 시스템 1 유형의 사고를 구현할 가능성을 보여 준다. 그러나 100% 정확한 답변을 제공하지 않을 때도 있다. 언어 모델들이 발전함에 따라 시스템 2 유형의 사고를 구현하여 부정확성을 해결할 수 있을까?

인간을 초월하기 시작한
챗GPT

2023년 5월 17일, CNBC의 미국 금융 저널리스트 데이비드 파버^{David Faber}가
머스크에게 AI가 아이들의 직업 미래에 어떤 영향을 미칠지 질문한 것은 세
계 여러 부모에게 중요한 순간이었다. 파버가 아버지의 관점에서 AI의 변화
가 자녀의 일자리에 미칠 심각한 영향을 염려하며 질문했기 때문이다.[62]

이러한 질문에 대해 머스크가 주저하는 모습은 드문 일이었다. 평소 그
는 진지한 상황에서도 유머를 섞어가며 유쾌한 답변을 하는 것으로 알려져
있기 때문이다. 그는 AI가 미래 직업에 미치는 영향이 매우 크고 심각하다
는 것을 인지하고 있으며, 이에 대한 명확한 답변을 찾기 위해 고민하고 있
음을 보여 주었다. 사실, 누군가가 AI가 우리의 직업에 어떤 영향을 미칠지
질문한다면 쉽게 답변하기 어려울 것이다. 'AI가 하지 않는 창의적인 일을
선택해라' 정도의 답변은 가능할지 모르지만, '창의적인 일이란 무엇인가?'
같은 더 깊은 질문에는 쉽게 답하기 어려울 것이다.

AI는 이미 다양한 분야에서 인간의 역할을 대체하고 있으며, 이러한 추
세는 앞으로 더욱 가속화될 것이다. 특히 반복적이고 자동화 할 수 있는 작

업은 AI가 인간보다 훨씬 효율적으로 수행할 수 있으므로, 이러한 작업을 수행하는 직업들은 점차 사라질 가능성이 크다.

머스크도 이 질문이 정말 어렵다고 하며 심각한 표정으로 흥미롭고, 사회에 이바지할 수 있는 일을 찾으라고 했다. 다른 사람의 답변이라면 뻔한 이야기 같지만, 세계 최고의 AI 기업을 설립하고 운영하는 사람의 말이라는 점과 AI 산업 동향을 살펴보면 그가 에둘러 표현한 것을 짐작할 수 있다.

2023년 10월, 스탠퍼드 경영대학원 조직 행동학[organizational behavior] 교수 미할 코신스키[Michal Kosinski]는 챗GPT가 문제를 해결하는 방식이 인간의 문제 해결 과정과 더욱 유사해지고 있으며, 적절한 조건에서 복잡한 인지 과제를 높은 숙련도로 수행할 수 있음을 발견했다.[63] 이는 기본적인 추론 및 의사 결정 테스트에서 인간을 능가할 수 있다는 것이다.

코신스키와 함께 연구를 수행한 철학자 틸로 하겐도르프[Thilo Hagendorff]와 심리학자 사라 파비[Sarah Fabi]에 따르면, 오픈AI의 GPT-1과 GPT-2는 주로 인간의 시스템 1 사고 유형처럼 빠르고 직관적인 반응을 보였으나 최신 모델들은 문제를 단계적으로 분석하고 해결하는 시스템 2 유형의 사고를 구현하기 시작했다. 이러한 연구 결과가 충격적인 이유는 LLM이 문자열을 예측하도록 설계되었다는 점에서, 그것들이 스스로 추론할 수 없을 것이라고 예상했기 때문이다. 즉, LLM의 기술적 특성은 문장에서 다음 단어를 직감하는 것이다. 그러나 코신스키는 챗GPT가 프롬프트에 대해 더 전략적이고 신중한 해결에 참여할 수 있다는 것을 발견하고 놀랐다. 그는 LLM이 시스템 2와 같은 처리 능력을 갖췄다고 판단했다.

연구자들은 GPT 모델에게 호수에 있는 수련의 수가 매일 두 배씩 증가한다고 할 때, 호수가 완전히 덮이는 데 10일이 걸린다면 호수의 절반을 덮는 데 며칠이 걸릴지 질문했다. 시스템 1의 사고로는 호수 전체를 덮는 데 10일이니까 그 반은 5일일 것이라고 직관적으로 생각할 수 있다. 하지만 시스템 1은 매일 두 배씩 증가하는 것, 즉 지수적으로 성장한다는 사실을 놓치게 된다. 정답은 호수의 절반을 덮는 데 9일이 걸린다. 이러한 유형의 문제를 받은 인간 참가자 중 정답을 맞힌 비율은 40% 미만이었다.

초기 GPT 모델들은 60%의 오답률을 기록한 인간보다 더 낮은 성능을 보였다. 그러나 GPT-3부터는 올바른 답을 찾아내기 시작했다. 코신스키는 GPT-3에 단순한 과제를 주면 정답률이 5% 미만이지만, '문제를 해결하기 위해 대수학을 사용해 보자'와 같은 특정 지시를 추가하면 단계별 추론을 사용해 정확도가 약 30%로 뛰어오른다는 것을 발견했다. 사고의 연쇄 추론을 활용해 GPT-4는 호수에 있는 수련의 수를 예상하는 유형의 테스트에서 거의 80%의 정답률을 보였다. 물론 코신스키는 챗GPT와 같은 AI와 인간의 인지 과정을 동일시하려는 것은 아니라고 강조했다.

2024년 2월, 오픈AI가 소라Sora라는 동영상 생성 AI 서비스를 공개해 콘텐츠 제작자들에게 충격을 주었다. 텍스트 기반 입력만으로도 실사와 구별하기 힘든 생생한 장면이 담긴 동영상을 생성할 수 있는 이 기술은, 동영상 제작에 요구되는 시간, 비용, 전문 지식의 장벽을 현저히 낮추었다.

2023년, 미국 배우 노조와 작가 노조의 파업을 촉발한 주요 원인 중 하나는 AI에 대한 우려였다. 그해 9월, 미국작가조합은 대본 작성에 AI 사용을 제한하기로 할리우드 스튜디오와 합의하면서 파업은 종결되었다. 그러나 소라와 같은 기술의 등장으로 업계의 불안감은 여전히 남아 있다.

이러한 기술 변화와 우려 속에서 머스크는 노동 집약적인 작업을 수행할 수 있는 휴머노이드 로봇 옵티머스를 만들기 시작했다. 2024년 6월에 열린 연례 주주 총회에서 머스크는 내년에 테슬라에서 일하는 옵티머스가 최소 1천 대 이상 될 것이라고 예상했다. 그의 예언이 현실이 된다면 일자리가 많이 없어지겠지만, 로봇을 활용할 줄 아는 인간의 경제적 활동 규모는 기존의 한계를 뛰어넘을 수 있다.

쓸모없는 계층이
등장할 것이다

머스크는 옵티머스가 동반자, 가사 도우미, 교사, 작업자 등 인간이 원하는 다양한 역할을 수행할 유용한 로봇이 될 것으로 확신한다. 그는 대량 생산 시 생산 비용을 약 1만 달러, 판매 가격을 2만 달러로 생각하고 있다. 만약 이것이 실현된다면, 테슬라는 연간 약 1조 달러의 추가 이익을 낼 수 있다. 2024년 6월 기준, 프리몬트 공장에서는 두 대의 옵티머스가 생산 라인 끝에서 셀을 가져다가 배송 컨테이너에 넣는 작업을 수행 중이다.

머스크가 테슬라의 오토파일럿 기능을 개선하기 위해 컴퓨터 비전 및 딥러닝 분야의 전문가인 안드레이 카파시를 직접 스카우트한 것은, 로봇이 사물을 인지하고 균형을 잡는 등의 복잡한 기능을 수행하기까지 많은 시간과 노력이 필요하기 때문이다. 이러한 기술 개발은 수십 년에 걸친 장기 프로젝트로, 뛰어난 인재들을 모아 꾸준하고 과감한 개발이 요구된다. 그렇기에 그러한 환경을 조성할 수 있는 테슬라의 현황을 고려할 때, 머스크의 휴머노이드 시대 선언이 아주 허황한 이야기로 들리지는 않는다.

그러나 많은 사람이 AI가 근로자의 생산성을 높이는 데 도움이 될 것이

테슬라 마스터 플랜

라고 믿지만, 근로자의 대체에 대한 우려도 상당하다. 그해 11월에 S&P 글로벌 마켓 인텔리전스S&P Global Market Intelligence에서 실시한 설문 조사에 참여한 500여 명의 전문가 중 약 23%가 AI가 고용에 미칠 가장 큰 영향은 근로자 대체라고 응답했다.[64]

글로벌 인재 솔루션 기업 AMS의 전무이사 조나단 케스텐바움Jonathan Kestenbaum은 S&P 글로벌 마켓 인텔리전스와의 인터뷰에서 AI가 작가를 대체할 것이라는 두려움은 할리우드에만 국한된 것이 아니라고 강조했다. 이러한 우려는 저널리즘, 예술, 심지어 음악 작곡을 포함한 다양한 창작 분야에 걸쳐 널리 퍼져 있다는 것이다.

애니메이션에서 AI 사용을 수년간 추적해 온 영화 제작자 폴 트릴로Paul Trillo는 소라에 깊은 인상을 받았다. 그는 소라가 불쾌한 골짜기Uncanny valley를 벗어나는 품질을 가지고 있다고 생각한다.[65]

소라는 아직 베타 단계에 있다. 인간에 관한 영상 제작은 불확실한 장면이 등장하지만, 인간보다 지형지물에 대한 표현이나 공상의 영역을 영상으로 잘 구현하는 모양새다. 예를 들어, 인간이 드론을 조종해 오지에서 촬영한 장면의 경우 이제 안락한 카페에서 상상한 장면에 대한 몇 줄의 설명만 소라에 제공하면 더 뛰어난 실사와 같은 영상을 제작해 준다.

소라의 출현은 할리우드 내에서 창의적 가능성을 열어 주었지만, 전통적인 산업 일자리의 감소를 우려하는 목소리도 크다. 미국의 배우이자 영화감독인 타일러 페리Tyler Perry는 영화 산업에 종사하는 사람들을 위한 일종의 규제가 있어야 한다고 주장했다. 그렇지 않으면 어떻게 살아남을 수 있을지 모르겠다는 것이다. 그는 소라의 놀라운 능력을 목격한 후 자신의 스튜디오 확장 계획을 취소했다.[66] 이는 AI가 예술과 기술의 교차점에서 새로운 유형의 산업 일자리를 창출할 수 있다는 기술 낙관론자들의 시각과 대조된다. 2023년 8월, 미국에서 가장 큰 노총인 '미국노동연맹 – 산별조직회의AFL-CIO'

가 발표한 여론 조사에 따르면 근로자의 70%가 AI로 대체될까 봐 걱정하고 있는 것으로 나타났다. 2023년 10월 AMS의 설문 조사에 따르면 비즈니스에 AI를 도입하는 것에 반대한다고 답한 기업 리더는 한 명도 없었다.

세계적인 스테디셀러 《사피엔스: 유인원에서 사이보그까지》의 저자 유발 하라리Yuval Noah Harari는 머스크와 함께 삶의 미래 연구소에 가입했다. 그는 테그마크와 AI의 잠재적 부상을 주제로 깊은 토론을 했다. 하라리는 AI가 초지능이지만 완전히 무의식적인 존재가 될 것이라고 우려했다. 이는 인류가 이전에는 다루지 않았던 새로운 유형의 도전이 될 수 있다는 것이다.[67]

하라리는 인류가 수천 년 동안 더 높은 지능이 존재할 때 그 결과에 대해 철학적, 신학적으로 논의해 왔다고 설명했다. 전통적으로 이러한 논의는 신의 존재를 전제로 하며, 신은 어떤 의미에서 의식이 있고 무한히 선하다고 가정했다. 하지만 그는 오늘날 AI가 지능에서 인간을 능가할 수 있음에도 불구하고 의식이 없을 수 있다는 사실 앞에서 철학적 도전에 직면해 있다고 주장한다. 컴퓨터는 이미 특정 분야에서 인간보다 높은 지능을 보여주고 있으며, 딥 러닝을 통한 패턴 인식 등은 의식 없이도 수행될 수 있다는 점에서 인간과는 다른 형태의 초지능이 가능함을 시사한다.

하라리의 주장을 들은 테그마크는 과학자로서 의식의 정확한 정의와 그 측정 방법에 대한 불확실성을 인정하면서, 이것이 AI 연구에서 중요한 불확실성 요소 중 하나임을 강조했다. 그는 의식의 정의가 너무 다양하여 심지어 가장 지능적인 사람들조차 AI의 의식 존재 여부에 혼란을 겪고 있다고 설명했다. 그는 의식 없는 AI가 사회에 미칠 영향과 도덕성에 어떻게 도전할지에 대한 의문을 제기했다.

의식 없는 AI는 도덕성도 성립할 수 없다는 주장은 AI 발전과 관련하여 의식의 존재 여부가 중요한 고려 사항이 될 수 있음을 시사한다. 이들의 토론은 AI 연구에서 의식 문제가 얼마나 복잡한지를 강조한다. AI가 인간 사회에서 수행할 역할과 행동이 도덕적으로 어떻게 평가될지에 대한 깊은 사유를 요구하는 시대에 진입한 것이다. AI의 의식 유무가 인간의 도덕적 가치 체계와 어떻게 상호작용 할지를 이해하는 것은 기술의 발전이 인간의 삶에 미치는 영향을 평가하는 데 중요한 요소로 더욱 두드러질 것이다.

하라리에게 AI가 일자리에 미치는 영향에 관해 질문한 적이 있다. 이스라엘의 역사학자인 그는 일반적인 역사학자들과 달리 AI가 인류의 삶에 미치는 영향에 관심이 많았다는 점이 흥미로웠다.

그는 한결같이 AI 혁명이 비노동 계층un-working class을 창출할 것으로 예측하며, 이는 대규모 산업화가 노동 계층을 창출한 것과 유사한 사회 변화를 불러올 것이라고 강조한다. AI가 대체할 수 있는 일자리가 증가함에 따라 새로운 사회 계층인 쓸모없는 계층the useless class이 등장한다는 것이다.[68]

2024년에 열린 연례 주주 총회에서 머스크는 하드웨어 기술의 향상에 따라 올해 말이나 내년 초에 제한된 생산이 시작될 것으로 전망했다. 그는 2025년부터 테슬라 공장에서 옵티머스의 실제 활용 가능성을 평가할 계획이라고 밝혔다. 이 과정이 원활히 진행된다면, 수천 대의 옵티머스가 활동하는 공상 과학 영화 같은 장면이 현실이 될 수 있다.

그러나 테슬라가 로봇 판매로 막대한 이익을 얻을 수 있는 반면, 그로 인한 경제적 영향은 다양할 수 있다. 로봇의 효율성이 향상되고 생산 비용이 감소하면 소비자에게는 혜택이 되겠지만, 많은 노동자는 직업을 잃을 위험에 처하게 되어 소득 불평등이 심화될 수 있다.

옵티머스를 사용할 수 있는 사람들은 삶의 질이 크게 향상되겠지만, 그렇지 않은 다수의 사람들은 경제적, 사회적으로 소외될 수 있다. 이는 이들이 사회에서 쓸모없는 존재로 전락할 가능성을 의미한다. 이러한 상황은 머스크의 기술적 낙관주의와 하라리의 신중한 사회적, 역사적 분석 사이에서 첨단 AI를 사회에 통합하는 일이 얼마나 복잡한지를 잘 보여준다.

PART
11

불안한 프로젝트 테슬라
세미 (2022년)

들어가며

2022년에 테슬라는 테슬라 세미 트럭의 초기 생산을 시작했다. 그해 약 100대 생산을 목표로 했으며, 이는 당초 예상보다 높은 수치였다. 테슬라는 네바다 기가팩토리에서 테슬라 세미의 생산 설비를 구축하고 있었으며, 이는 연간 250대의 생산량에 해당한다.

일론 머스크는 2022년 3분기 실적 보고에서 테슬라 세미의 연간 생산량을 2024년까지 5만 대로 늘리겠다고 선언했다. 그러나 이듬해 배터리 공급 제약으로 목표에 도달하지 못할 것이라고 밝혔다. 세미 트럭에는 승용차보다 더 크고 고성능의 배터리가 필요하기 때문에 이를 공급하는 것이 여전히 큰 도전이다.

2024년 3월 기준으로 테슬라 세미의 대량 생산 관련 소식은 잠잠했다. 로드스터, 모델 S, 모델 X, 모델 3처럼 전기차 출시 과정에서 겪었던 문제를 되풀이하는 모양새다. 따라서 펩시코 PepsiCo 100대, 월마트 130대, UPS United Parcel Service 125대 등 고객이 원하는 납기를 맞출 수 있을지 의문이다.[1] 이에 따라 테슬라를 향한 비난과 조롱은 끊이지 않았다.

부정적인 언론 보도를 접했다가, 미국에서 세미 트럭을 직접 살펴본 후 반드시 대량 생산에 성공하기를 바라는 마음이 강해졌다. 중·장거리 운송에서 중요한 역할을 하는 화물차는 미국 내 교통 관련 탄소 배출의 상당 부분을 차지하기 때문이다. 낮은 연비로 인해 전체 차량 중 소수에 불과하지만, 도로 운송 연료 수요의 상당 부분을 차지하고, 디젤 엔진이 배출하는 배기가스는 인간과 동식물 모두에 치명적이다. 따라서 20년 넘게 기후 위기를 강조해 온 테슬라가 전동화에 반드시 성공해야 하는 차량은 세미 트럭이다. 물론, 여전히 갈 길이 멀어 보인다.

기대와 달리 실망스러운
니콜라 수소 트럭

우리나라에서 좀처럼 볼 수 없는 니콜라^{Nikola}의 수소 트럭^{FCEV}을 미국에서 처음 목격했을 때의 신선한 느낌을 잊을 수 없다. 이 차량이 지나갈 때는 디젤 엔진의 거친 소음과는 대조적으로, 더 조용하며 우주선을 연상시키는 미래 지향적인 윙윙거리는 소리가 들렸다.

수많은 차량이 정체된 도심에서 매연 대신 수증기를 분출하는 대형 트럭을 보니 반가웠다. 거대한 차체에 비해 진동도 없어서 운전자 관점에서도 장거리 주행에 피로도가 줄어들 것 같았다.

대형 트럭을 기준으로 수소 트럭의 장점은 전기 트럭에 비해 운영 효율성과 장거리 노선에 대한 적합성에 있다. 일반적으로 수소 충전 시간이 20분 미만이기에, 늘 시간이 촉박한 장거리 물류 시스템에 적합한 친환경 운송 수단이다. 짧은 수소 충전 시간은 디젤 트럭 주유 시간과 비슷해 운전자에게 이질감을 줄여 준다.

또한 매년 미국에서 운전할 때마다 실감하지만, 우리나라와 달리 미국은 지역마다 온도 차이가 극심하다. 캐나다 국경을 향해 주행할 때면 혹독한 추위와 맞서 싸울 준비를 해야 한다. 전기차는 저온에서 배터리 효율성이 급격히 하락하는 치명적인 단점이 있다. 그러나 수소차는 추운 날씨에 덜 영향을 받으며, 운전실 온도를 높이는 데 더 효율적이기에 에너지 낭비도 적다. 수소 연료 전지는 수소와 산소의 화학 반응을 통해 전기를 생산하는데, 이 과정에서 발생하는 열을 활용할 수 있기 때문이다.

수소 진영은 수소 전기 트럭이 에너지 효율이 높고 주행 가능 거리가 800km인 반면, 배터리 전기 트럭은 약 400km라고 지적한다.[2] 따라서 물류 회사는 무거운 중량을 싣고 장거리 운송이 가능한 수소 전기 트럭을 선호할 것이다. 특히 추위가 심한 캐나다에서 니콜라 트럭은 더욱 기대를 모았다.

그러나 머스크는 수소 연료 전지 기술에 대해 비판적이다. 그는 수소 연료 전지를 채택하는 것은 어리석다고 주장하며, 배터리 구동 차량에서 전기를 직접 사용하는 것이 더 효율적이라고 말한다. 또한, 수소를 생산, 저

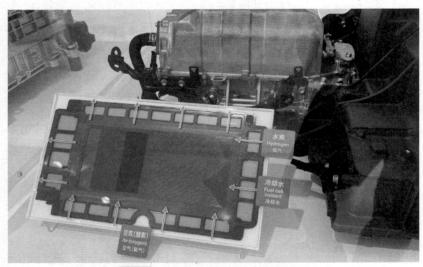

사진 11-1 미라이의 수소 연료 전지 구조를 살펴봤다.
(일본 토요타 회관, 2023)

테슬라 마스터 플랜

장, 운송하는 데 필요한 에너지가 수소의 이점보다 더 크다고 주장한다.

　실제로 수소 충전을 위한 운영 인프라 구축 문제는 전기차 배터리 충전소보다 훨씬 열악하다. 2024년 4월 기준, 캘리포니아에 주행 중인 수소 전기차는 18,180대이고, 이용할 수 있는 수소 충전소는 55곳에 불과하다.[3] 수소 충전 인프라 개발이 느려지면서 차량 판매가 제한되고, 제한된 차량 판매로 인해 추가 인프라 개발이 방해받는 '닭과 달걀' 문제가 지속되고 있다.

　일본의 경우, 2022년 6월 말 기준으로 수소차 판매량이 총 7,404대에 불과하다. 토요타가 매년 1천만 대의 내연 기관 차량을 판매하는 상황에서 수소 전기차 미라이의 존재는 미미하다. 연료 자체는 깨끗하여 주행 중 배기가스와 같은 오염 물질을 전혀 배출하지 않지만, 문제는 수소 생산 과정에서 99%가 화석 연료에서 파생되는 회색 수소라는 점이다.[4] 단지 1%만이 전기를 사용해 물을 수소와 산소로 분리하는 전기 분해를 통해 생산된다.

　전 세계의 수소 생산량은 약 7천만 미터톤[MMT]이며 이 중 76%는 천연가스에서 나오는 메탄에 약 1,000도의 수증기를 가하여 수소를 생산하는 SMR[Steam Mether Reforming] 과정을 통해 생산된다. 전 세계 수소 생산량의 단 2%만이 친환경적인 전기 분해를 통해 이루어진다.[5] 대부분의 수소 생산이 천연가스나 메탄을 사용하면서 생성된 온실가스를 포집하지 않는다는 점에서, 수소차는 전기차보다 모순적인 친환경 운송 수단이라고 할 수 있다.

　캘리포니아 전력의 59%(2021년 기준)는 태양, 풍력, 지열 등 친환경 에너지원에서 생산되었으며, 주에서는 더 깨끗하고 지속 가능한 미래를 지원하기 위해 노력 중이다. 더 많은 재생 가능 에너지 프로젝트에 투자하고 전력망을 현대화해 2045년까지 100% 친환경 전기 사용을 목표로 하고 있다.[6]

테슬라 세미
운전석의 비밀

세미 트럭의 실물을 보고 인상적이었던 점은, 전통적으로 운전석이 왼쪽에 있는 차량과 달리 운전석이 중앙에 위치한다는 것이었다. 무수한 물리 버튼을 제거하고 모델 3에 사용했던 15인치 터치스크린 2개를 장착해 깔끔한 디자인으로 대체했다. 오랜 시간 사람들의 고정 관념으로 자리 잡은 공간을 어떻게 급진적인 설계로 변화시킬 수 있었을까?

프란츠 폰 홀츠하우젠은 테슬라 세미를 디자인할 때 많은 트럭 기사를 만나 그들에게서 트럭이 어떻게 사용되는지를 학습했다.[7] 그 결과, 장시간 운전하는 환경을 고려해 더 나은 가시성을 제공하기 위해 운전석을 100년 만에 중앙으로 위치하게 했다.

그러나 실리콘 밸리의 혁신 문화를 트럭 운전자 모두가 반기는 것은 아닐 것이다. 물류 창고 현장에서 좌석이 중앙에 위치하는 것이 기사에게 꼭 좋은 것은 아니다. 트럭이 물류 터미널에 도착해서 왼쪽 창문을 통해 문서를 교환하는 등 수십 년 동안 해 왔던 물리적인 작업 동선에 악영향을 미치기 때문이다.

사진 11-2 운전석이 중앙에 있는 테슬라 세미 트럭
(미국 LA, 2024)

화물 청구서, 배송 영수증, 운송법 준수에 필요한 규제 문서 등 화물 운송에 필요한 서류를 넘겨주는 작업을 하려면 매번 도착할 때마다 차를 완전히 정차시키고, 안전벨트를 풀고, 오른쪽 창문으로 이동해야 한다. 시간이 촉박한 기사에게 이러한 과정은 불만의 요소가 될 것이다. 물류 과정에서 여전히 인간에 의한 수동적인 작업 영역이 많기에 이러한 디자인은 대부분의 운전자가 직면한 현실과 동떨어져 있다. 그렇다면 이러한 우려에도 불구하고 테슬라는 왜 좌석을 중앙에 배치했을까?

2023년 3월, 《모터트렌드》 팟캐스트에 출연한 폰 홀츠하우젠은 세미 트럭을 디자인하면서 테슬라에서 굉장한 경험을 했다고 밝혔다.[8] 그는 사이버트럭처럼 오랜 시간 동안 동일하게 유지되어 온 트럭을 어떻게 창의적인 플랫폼으로 바꿀지 고심했다고 말했다.

전동화의 결과로 엔진이 삭제되고 이를 바퀴와 연결하는 변속기 같은 하드웨어가 사라지면서 운전석을 중앙에 배치할 수 있게 되었다. 운전자가 더 앞바퀴에 가까이 앉게 되어 훨씬 더 나은 전망을 볼 수 있게 되었고, 오토파일럿이나 FSD를 도입하면 운전실을 동료들과 사무실처럼 활용할 수 있는 미래를 구축할 수 있다.

15인치 터치스크린 2개는 화물 송장, 배송 영수증, 규제 서류 등 필요한 모든 문서를 표시할 수 있는 기능으로 활용할 수 있다. 이러한 문서는 터치 스크린을 통해 접근할 수 있으므로 운전자가 직관적으로 쉽게 보고 서명하고 전송할 수 있다. 나아가 모든 서류를 클라우드에 저장할 수 있어 실시간 업데이트가 가능하고 여러 위치에서 접근할 수 있다. 이를 통해 물류 센터, 규제 기관 및 운전자가 문서에 즉시 접근하고 업데이트할 수 있어 물리적 교환의 필요성이 줄어든다.

트럭 내 소프트웨어는 배송 또는 픽업 완료 시 문서를 자동으로 처리할 수 있다. 예를 들어, 배송 시 디지털 영수증이 자동으로 생성되어 관련 당사자에게 전송될 수 있다.

물론 테슬라 세미는 상용화 선언 이후 상당한 출시 지연이 발생하는 바람에 비웃음의 대상이 되기도 했다. 그리고 이러한 실리콘 밸리의 IT 문화를 반기려면 트럭 기사들의 세대교체가 필요할 것이다.

스포츠카보다 뛰어난
항력 계수

2017년 12월, 머스크는 테슬라 세미를 공개하면서 2019년부터 생산될 테슬라 세미가 최악의 시나리오에서도 디젤 트럭보다 경제적일 것이라고 주장했다.[9] 당시 테슬라 세미의 예상 전기 비용은 킬로와트시당 7센트였다. 그는 경쟁사들보다 최대 주행 가능 거리인 500마일을 강조하며, 최대 중량과 고속도로 속도에서도 이를 달성할 수 있다고 밝혔다. 또한, 미국 내 화물 운송 루트의 80%가 250마일 이하라는 점을 강조하면서 테슬라가 노리는 시장은 유통 센터와 지역 상점 간, 또는 항구와 인근 창고 간을 왕복하는 단거리 노선이라고 설명했다.

디젤 세미 트럭의 주행 가능 거리는 연료 탱크의 크기와 연료 효율에 따라 다르지만, 일반적으로 표준 크기 연료 탱크(약 125~150갤런)를 가득 채우면 약 1,500마일(2,414km)을 주행할 수 있다. 이는 장거리 운송에 적합하지만, 비용과 환경 오염 문제를 야기한다. 펩시코의 공급망 부사장인 마이크 오코넬Mike O'Connell은 디젤 차량의 저장 탱크는 저렴하지만 연료는 비싸고, 전기는 저렴하지만 배터리는 비싸다고 설명하며, 이들 사이에는 항상 역동적인 관계가 있다고 말했다. 그래서 펩시코는 기후 위기를 대비하고 운송의 효율성을 높이기 위해 다양한 솔루션 포트폴리오를 선호한다고 덧붙였다.[10]

테슬라의 예측에 따르면, 디젤 트럭의 운용 비용은 마일당 1.51달러인 반면, 테슬라 세미는 3대의 트럭이 호송 모드로 주행할 경우 마일당 0.85달러로 예상된다. 이는 갤런당 2.5달러의 디젤 가격과 가득 적재된 세미 트럭의 일반적인 중량 8만 파운드를 기준으로 한 수치다. 테슬라에 따르면 테슬라 세미는 시속 60마일까지 5초가 걸리며, 8만 파운드의 짐을 실은 경우에도 시속 60마일까지 20초 만에 주파할 수 있다. 반면, 일반 디젤 트럭은 시속 60마일까지 15초가 걸리고, 36톤의 짐을 싣고 급가속하기에는 버거운 상황이다.

테슬라는 세미 트럭에 모델 3에 사용된 전기 모터 4개를 탑재하여 강력한 토크와 가속력을 제공한다고 주장했다. 적재 상태의 디젤 트럭이 시속 60마일까지 약 60초가 걸리는 것과 비교하면, 테슬라의 자신감은 모터 기술 외에도 공기 저항을 최소화한 디자인에서 나온다.

미국에서는 전통적인 상업용 대형 트럭을 클래스 8으로 분류하는데, 이는 차량 총중량 등급gross vehicle weight rating이 33,000파운드를 초과하는 트럭을 의미한다. 클래스 8은 가장 무거운 트럭을 나타내며, 트랙터-트레일러 트럭, 덤프트럭 및 대형 운송차와 같은 대형 차량을 포함한다. 이 트럭들은 전국 화물 운송의 중심이지만, 기후 위기 관점에서는 애물단지나 다름없다.

매년 캘리포니아에서 네바다로 이어지는 50번 국도를 운전할 때마다 거대한 트럭 행렬을 볼 수 있다. 이 국도는 경사가 가파른 구간이 많은데, 트럭들이 지나갈 때마다 시커먼 매연을 배출한다. 언덕이 심할수록 엔진에 무리가 가고, 운전자가 가속 페달을 더 많이 밟으면 매연도 더 많이 발생한다.

디젤 엔진은 공기를 높은 압력과 온도로 압축한 후 뜨거운 공기에 연료를 분사하여 작동한다. 특히 가파른 경사면을 오를 때 운전자가 속도를 유지하기 위해 가속 페달을 세게 밟으면 엔진에 부하가 증가하고 연료 공급이 늘어난다. 이때 산소가 부족해 연료가 완전히 연소하지 못하면 불완전 연소가 발생하여 검은 연기가 많이 나올 수 있다.

이 광경을 볼 때마다 디젤 엔진에서 배출되는 엄청난 발암성 미립자 물질의 양이 우려된다. 미국 내 전체 자동차 중 대형 트럭의 비중은 1%에 불과하지만, 중형 및 대형 트럭의 배기가스 배출량은 미국 내 운송 관련 온실가스_{Greenhouse Gas Emissions} 배출량의 약 23%를 차지한다.[11]

테슬라의 세미 트럭을 측면에서 관찰하면, KTX와 같은 고속열차의 선두부를 연상시키는 디자인을 볼 수 있다. 이는 두 차량이 모두 고속 주행 시 공기 저항을 최소화하기 위해 공기 역학적 효율성을 강조한 결과이다. 일반적으로 대형 트럭들은 크고 무거운 박스 형태의 짐을 끌고 다니는 벽돌 같은 구조로, 이 때문에 공기 저항이 매우 크게 작용한다. 공기 저항 계수를 낮추는 것은 트럭의 연비를 향상시켜 운용 비용을 절감하고, 엔진 부하를 줄여 배기가스 배출을 감소시키는 중요한 요소이다.

일반적인 클래스 8 대형 트럭의 경우, 공기 저항 계수가 0.65에서 0.70 사이이지만, 테슬라 세미 트럭의 경우는 다르다. 테슬라는 세미 트럭의 프로토타입을 공개하면서, 이 차량의 공기 저항 계수가 0.36에 불과하다고 발표했다. 이는 고성능 스포츠카인 부가티 시론의 공기 저항 계수 0.38보다도 낮은 수치로, 세미 트럭의 혁신적인 설계가 얼마나 효율적인지를 잘 보여준다. 이러한 설계는 테슬라가 상업용 차량 시장에서도 에너지 효율성과 환경친화성을 동시에 추구하고 있다는 점을 강조하며, 새로운 기준을 제시하고 있다.

테슬라
파워트레인의 비밀

2016년에 공개한 마스터 플랜 2에서 머스크는 처음으로 테슬라 세미를 언급했다. 중형 및 대형 차량은 미국 운송 부문 온실가스 배출량의 약 23%를 차지한다.[12] 이런 상황에서 세미는 테슬라가 기후 중심의 미션을 더욱 발전시키고 새로운 시장을 개척할 기회를 제공한다고 판단했을 것이다.

2017년에 프로토타입을 공개한 테슬라는 5도의 경사도에서 디젤 트럭은 최대 시속 45마일로 주행할 수 있지만 테슬라 세미는 시속 65마일로 주행할 수 있다고 밝혔다. 이러한 차이는 미국이나 캐나다처럼 산악 지형이나 언덕이 많은 도로를 오를 때 매우 중요하다. 이는 테슬라 세미가 디젤 트럭보다 마일당 50% 더 많은 수입을 올릴 수 있다는 것을 의미한다. 즉, 머스크는 테슬라 세미가 더 빠른 속도로 더 많은 거리를 주행할 수 있어 경제적 이득이 크다는 것을 강조한 것이다.

2022년 12월, 펩시가 도입한 테슬라 세미 트럭이 약 37톤의 짐을 싣고 6%의 경사로에서 주행하는 모습이 공개되었다. 테슬라 세미는 오르막길에서 디젤 트럭을 추월하면서 빠른 가속 능력을 보여 주었다. 물론 일부는 이

테슬라 마스터 플랜

장면을 두고 디젤 트럭이 안전을 위해 일부러 천천히 주행하는 거라며 테슬라의 트릭이라고 비판하기도 했다.

전기 트럭이 오르막을 오를 때는 배터리 에너지가 많이 필요하지만, 내리막에서는 모터의 회생 제동 시 발생하는 에너지를 배터리에 다시 공급해 주행 효율성을 높일 수 있다.

테슬라가 공개한 세미의 모터 구조를 살펴보면, 부품 수를 줄여 잠재적인 고장 요인을 줄이고, 모델 S 플레이드에서 확인된 파워트레인 기술을 바탕으로 언덕에서 더 많은 토크가 필요한 경우 작동하는 두 개의 가속 장치와 효율적인 순항에 집중하는 구동 장치를 사용해 에너지 효율성을 높이려는 것을 알 수 있다.

모델 S 플레이드와 모델 X 플레이드를 운전할 때마다 주행 성능이 인상적이었다. 그래서 필자는 미국에서 역대 테슬라의 드라이브 유닛을 흥미롭게 관찰했다. 머스크는 2021년부터 생산하는 플레이드 드라이브 유닛을

사진 11-3 테슬라 모델 S의 고성능 버전 플레이드용으로 설계된 드라이브 유닛
(미국 피터슨 자동차 박물관, 2024)

두고 아마도 '지구상에서 가장 진보된 모터'일 것이라고 정의했다.

모델 S 플레이드와 모델 X 플레이드에 탑재된 탄소로 감싼 모터들은 하나의 하우징에 두 모터를 결합하여 각각의 바퀴를 정밀하게 제어한다. 이를 통해 극단적인 차량 가속을 가능하게 하는 플레이드 모드를 활성화할 수 있다.

단일 하우징 내부에 두 개의 모터를 결합하면 각 바퀴를 독립적으로 제어할 수 있어 차량의 핸들링과 견인력이 향상된다. 플레이드 드라이브 유닛은 정확한 전력 분배가 중요한 고성능 차량에 특히 유용하다는 것을 모델 S 플레이드가 뉘르부르크링에서 보여 주었다.

플레이드 드라이브 유닛의 로터 샤프트가 탄소 섬유로 강화된 점도 인상적이다. 탄소 섬유는 매우 빠른 속도에서도 로터의 모양과 무결성을 유지하는 데 도움을 준다. 전통적인 금속 로터는 높은 RPM에서 원심력으로 인해 팽창하거나 휘어질 수 있지만, 탄소 섬유의 강성과 강도는 이러한 변형을 방지한다.

이러한 기술 덕분에 테슬라 모터는 안정성이나 효율성을 저하하지 않고 최대 18,700rpm에 도달할 수 있다. 플레이드 드라이브 유닛은 1,020마력의 강력한 출력을 자랑하며, 최고 속도는 시속 200마일, 시속 60마일이며, 도달 시간은 1.99초에 불과하다. 이런 강력한 구동 장치 개발에 관한 노하우는 테슬라 세미의 성능과 효율성을 극대화해 무거운 하중을 효과적으로 처리할 수 있도록 도울 것이다.

전기 트럭은 디젤 엔진 트럭과 달리 오르막을 이동할 때 오염 가스를 배출하지 않으며, 충전소에서 재생 에너지를 사용한다면 더욱 친환경적인 이동 수단이 된다. 테슬라는 펩시에 제공한 메가 충전기들이 태양광으로 구동되므로 전기 요금이 적게 든다고 강조한다.

테슬라는 인베스터 데이에서 동급 경쟁사 전기차보다 같은 에너지 소비량으로 25~30% 더 멀리 주행할 수 있다는 점을 강조하며, 파워트레인 기술의 뛰어난 효율성을 부각했다. 2017년부터 2022년까지 세미에 장착된 모델 3의 구동 장치 무게를 20% 줄였지만, 파워는 유지해 주행 효율성과 핸들링을 향상시켰다. 또한, 채굴과 관련된 환경적, 윤리적 문제를 고려해 희토류 물질 의존도를 25%로 줄였다.

결과적으로 제조 기술 및 프로세스 효율성을 반영해 파워트레인 공장 운영 비용을 65% 절약했고, 공장 면적을 75% 줄여 공간과 자원의 효율적인 사용이 가능해졌다. 당시 콜린 캠밸은 테슬라가 어떠한 타협 없이 이러한 제약을 해결하고 성능을 지속했다는 점을 강조하고 싶었다고 밝혔다.

마스터 플랜 3에서
언급되지 않은 테슬라 세미

캘리포니아주 정부는 ACT^Advanced Clean Trucks 규제를 시행 중이며, 트럭 제조 업체들은 무배출 차량 판매 비율을 점차 증가시켜야 한다. 특히 2035년까지 트랙터-트레일러 트럭은 무배출 차량이어야 한다.[13] 최종적으로 2045년까지 주에서 판매되는 모든 중형 이상의 트럭은 배기가스를 배출하지 않아야 한다. 트럭 제조사와 물류 회사 입장에서 ACT 규제는 골칫거리다. 캘리포니아는 국가에서 가장 큰 항구들을 보유하고 있기 때문이다.

LA항과 롱비치항은 북미 수입 및 수출 공급망의 중요한 허브로, 미국 서부 해안에 전략적으로 자리 잡고 있다. 이들 항구는 태평양 횡단 무역의 주요 관문 역할을 한다. 이러한 지리적 이점은 아시아와 북미 간의 상품 수출입에 매우 중요하다.

디젤 엔진 트럭은 2035년부터 이 항구들을 출입할 수 없다. 물류 회사들은 의사와 상관없이 내연 기관 트럭을 대신할 방법을 모색해야 한다. 트럭 제조사들이 탄소 중립에 성공하지 못하면 중요한 시장 중 하나를 잃게 되는 것이다.

미국 정부 발표에 따르면, 사람과 상품의 운송은 미국 온실가스 배출량의 27%인 1조 8천억 톤을 차지하며, 전체 석유 사용량의 약 70%를 소비한다. 휘발유와 경유 연소가 각각 운송 부문 배출량의 59%와 24%를 차지하기 때문에 자동차 및 트럭의 온실가스 배출량을 줄이는 것이 기후 변화 완화에 필수적이다.[14]

미국 도로교통안전국NHTSA과 환경보호국EPA은 2027년까지 1조 9천억 달러 이상의 비용을 절감하고, 143억 배럴의 석유 소비를 줄이며, 73억 미터톤의 온실가스 배출을 줄일 수 있을 것으로 예상한다. 경상용차 표준의 혜택만으로도 유가를 갤런당 1달러 낮추고, OPEC 석유 수입량을 절반으로 줄이며, 2014년 미국의 총 이산화 탄소 배출량보다 더 많은 배출량을 줄이는 효과를 거둘 수 있다.

폰 홀츠하우젠에 따르면, 세미 트럭을 경험한 운전자는 다른 트럭, 특히 내연 기관 트럭으로는 돌아갈 수 없다고 했다. 세미가 그의 직업과 출근 방식, 일하는 방식을 완전히 바꾸었다는 것이다.

미국은 재생 에너지 측면에서 운이 좋은 나라다. 태평양 북서부는 수력 발전에 유리한 하천이 많고, 중서부는 강한 바람 덕분에 풍력 에너지 생산이 활발하다. 화창한 남서부와 캘리포니아는 태양광 발전에 이상적이다. 미국은 다양한 재생 에너지원에 쉽게 접근할 수 있는 환경을 갖추고 있다.

변덕스러운 영국 날씨와 비교하면, 미국에서 전기 트럭 상용화는 꿈같은 이야기가 아니다. 최근 몇 년 동안 미국 내 재생 에너지 시장도 커지고 있기 때문이다. 2020년 재생 에너지는 미국에서 두 번째로 널리 사용되는 전력원으로, 전체 전력의 약 21%를 차지했다. 특히 태양광 및 풍력 에너지 분야에서 용량이 추가되며 이 비율은 계속 증가했다.[15]

그러나 재생 가능 에너지와 결합한 전기 차량이 청정 대체 연료와 함께 점차 주목받고 있지만, 테슬라 세미와 같은 전기 트럭이 이 시장을 공략할

테슬라 세미 후면에는 디젤 차량처럼 연소 가스를 배출하는 배기관이 없어 깔끔했다.
(미국 LA, 2024)

수 있을지는 아직 미지수다. KPMG의 설문 조사에 따르면, 자동차 업계 전체가 머스크의 '배터리 아니면 망한다'라는 미래 비전을 수용하지 않은 것으로 보인다.

2017년에 자동차 업계 고위 임원 1,000명을 대상으로 한 설문 조사에서 78%는 수소 연료 전지가 전기차보다 장기적인 전망이 더 밝고 진정한 돌파구가 될 것이라고 답했다.[16] 이들은 몇 분밖에 걸리지 않는 짧은 충전 시간을 가장 큰 장점으로 꼽았다. 이러한 편의성을 테슬라 세미가 어떻게 제공할 수 있을지는 지켜봐야 할 것이다.

인베스터 데이에서 테슬라 세미는 언급되지 않았다. 세미처럼 거대한 차량을 대량 생산하려면 막대한 설비 투자와 대용량 배터리 수급 문제를 해결해야 한다. 주문이 밀린 사이버트럭도 원활한 생산이 불투명한 상황이기에 테슬라 관점에서 세미는 우선순위에서 다소 밀린 듯하다. 그럼에도 펩시코는 왜 테슬라 세미를 원하는 것일까?

펩시코는 왜 테슬라 세미 트럭을 구매했을까?

구글은 2015년 RE100Renewable Electricity 100에 가입해 2017년 목표를 달성했다. 애플, 구글 등 미국 기업들이 2050년까지 태양광, 풍력 등 재생 에너지로 필요 전력의 100%를 조달하자는 RE100 캠페인에 계속 동참하고 있다. 구글은 RE100에 만족하지 않고 2030년까지 탄소 배출이 없는 에너지로 건물을 운영하겠다고 선언했다. 구글 신사옥 베이 뷰 캠퍼스의 태양광 패널로 뒤덮인 독특한 지붕 디자인이 이를 상징한다.

테슬라 세미 트럭을 인도받은 펩시코도 2020년 RE100에 가입해 2040년까지 목표를 달성하기로 했다. 테슬라 세미는 펩시코의 디젤 트럭들이 운행하던 노선을 대체했다. 왜 이런 기업들이 늘어날까?

2021년, 약 1경 1천조 원 규모의 자산을 관리하는 세계 최대의 자산 운용사 블랙록BlackRock의 CEO 래리 핑크Larry Fink가 연례 서한에서 기후 변화에 적극 대응하지 않는 기업에는 투자하지 않겠다고 밝혔다. 이로 인해 많은 기업이 ESG 경영에 집중하게 되었다.

테슬라가 전기 트럭의 첫걸음을 내디뎠다는 것은 지속 가능한 운송 수단의 시대를 여는 데 중요한 역할을 했다. 테슬라에 가려 잘 드러나지 않지만, 많은 제조사가 전기 트럭 개발에 몰두하고 있다. 볼보가 출시한 VNR 전기 세미 클래스 8 트럭은 565킬로와트시 용량의 배터리를 장착해 최대 275마일의 주행 거리를 제공한다. 테슬라 세미보다 짧은 주행 거리를 가지지만, 약 90분 만에 80%를 충전할 수 있는 고속 충전 기능을 갖추고 있어 단거리 운송이 필요한 지역에서 실용성을 강조한다.

볼보는 테슬라보다 클래스 8 트럭 제조에 대한 노하우가 더 많다. 운송업체와 기사들이 원하는 기능에 대한 데이터를 무수히 축적해 왔다. 그러나 테슬라의 관점에서 볼 때, 이러한 장점들은 내연 기관 영역에 한정된 능력이다.

테슬라 세미는 약 900킬로와트시로 추정되는 대용량 배터리를 탑재해 1회 충전으로 최대 500마일 주행이 가능하다고 주장한다. 매일 500마일 이상 주행하는 것은 쉽지 않으므로 머스크의 주장은 합리적이다. 볼보 트럭의 주요 시장인 유럽에서는 법적으로 4시간 반 주행 후 45분 휴식을 취해야 한다. 연방 자동차 운송업체 안전청Federal Motor Carrier Safety Administration, FMCSA 의 규정에 따르면 상업용 운전자는 총 8시간의 운전 시간을 누적했을 때 최소 30분의 연속 휴식을 취해야 한다.[17] 머스크는 실제로 휴식 시간이 끝날 때쯤 트럭의 충전이 완료될 수 있다는 점을 강조한다. 테슬라 세미를 위한 V4 충전 케이블은 침수 냉각 기술로 최대 1메가와트의 급속 직류DC 충전을 제어할 수 있다.

2023년에 CNBC는 테슬라 세미를 인도받은 펩시코를 찾아가 이 트럭이 테슬라가 처음 약속했던 무게나 거리를 처리할 수 없다는 점을 발견했다.[18] 당시 펩시코의 제품을 실은 테슬라 세미가 1회 충전으로 이동한 작업 거리는 최대 약 425마일이었다. 약 180,000달러로 추정되는 차량 가격을 고려할 때 비용 대비 혜택은 여전히 의문이다.

클래스 8 트럭의 전동화 프로젝트 성공 여부는 결국 기사와 이들을 고용하는 물류 회사의 만족에 달려 있다. 그들이 만족할 가치를 신기술로 창출할 수 있을지가 중요하다. 그러나 회사와 직원이 테슬라 세미를 받아들이는 관점은 다를 수 있다. 오코넬은 전기 트럭이 시간이 지남에 따라 운영 비용이 저렴해질 것이라고 예측하며 테슬라와의 협업을 긍정적으로 생각한다고 주장했다.[19]

테슬라에 비판적인 보도를 많이 한 CNBC도 전기차가 전통적인 차량보다 유지 보수 비용이 상당히 낮다는 점을 인정했다. 많은 기업이 트럭의 제품 수명 주기 관점에서 전기 트럭을 매력적으로 여긴다는 것이다.

여전히 불안한 프로젝트
테슬라 세미

머스크는 트럭을 완전히 주유하는 데 15분 이상 걸린다고 지적했다. 이는 회사 입장에서 비생산적인 시간이다. 반면 테슬라 세미는 출발지나 도착지에서 화물을 싣거나 내리는 동안 충전할 수 있어 물류회사에 유리하다. 펩시코는 테슬라 세미의 급속 충전을 위해 750킬로와트의 테슬라 메가차저Megacharger를 설치했다. 한 시간 충전으로 약 400마일을 주행할 수 있다. 그러나 전기 트럭에는 고전력 충전 시스템이 필요해 메가차저 설치에는 상당한 비용과 시간이 든다.

예를 들어 2021년 8월 기준으로 메가와트 충전 시스템MCS은 최대 3.75메가와트의 전력을 공급해 대형 배터리 팩의 충전 시간을 단축할 수 있다.[20] 하지만 단 하나의 MCS 충전 지점이 무려 3,200가구에 필요한 평균 전력을 공급할 수 있을 만큼, 상당한 양의 에너지를 필요로 한다. 테라와트TeraWatt의 CEO 네이어 파머Neha Palmer는 220대의 세미 트럭이 동시에 충전되면 20개의 대형 상점을 가동하는 데 필요한 전력과 거의 동일한 양이 필요하다고 지적했다.[21]

전기 트럭의 장점은 도심 정체 시 전력이 거의 소모되지 않고 배기가스도 배출하지 않는다는 점이다. 그러나 평지에서는 무거운 배터리가 에너지 효율성 측면에서 단점으로 작용한다. 전기 트럭은 디젤 트럭에 비해 훨씬 무거워서 운송할 수 있는 총적재량에 영향을 미친다. 미국에서 디젤 트럭의 경우 트레일러와 화물을 포함한 총허용 중량은 80,000파운드다. 총중량을 제한하는 이유는 무거운 차량이 도로와 교량을 더 빨리 마모시키기 때문이다. 이를 방지하기 위해 더 많은 세금이 필요하다.

미국 상원 교통 및 인프라 위원회는 2023년 10월에 전기 트럭의 중량을 80,000파운드에서 최대 82,000파운드까지 허용하는 법안을 논의했다. 2017년부터 주 정부는 주로 천연가스로 구동되는 트럭의 중량을 최대 82,000파운드까지 허용했다.[22] 따라서 고체 배터리와 같은 혁신적인 기술이 등장하지 않는 한, 장거리 운송에는 불편함이 존재한다.

그러나 전고체 배터리는 이론적으로 기존 리튬 이온 배터리보다 더 적은 무게와 부피로 높은 에너지 밀도, 향상된 안전성, 잠재적으로 더 빠른 충전 시간을 제공할 것으로 예상되지만, 상용화에는 어려움을 겪고 있다.

이러한 현실적인 제약에도 불구하고, 니콜라와 같은 수소 트럭 제조사들은 개발을 멈추지 않고 있다. 수소 트럭은 디젤에 필적하는 빠른 급유 시간을 제공하며, 전력망에 크게 의존하지 않아 에너지 인프라에 대한 부담을 줄일 수 있다.

테슬라 세미나 니콜라 수소 트럭과 달리, 디젤 트럭 운전기사는 매일 11시간 동안 엔진의 소음과 진동을 견뎌야 한다. 이러한 혹독한 업무 환경에서 졸음과 소변을 참아야 하는 운전기사는 큰 스트레스를 받는다. 물류 회사들은 트럭에 자율 주행 기능이 탑재되기를 기대할 것이다. 미국에서는 인터넷 쇼핑 증가로 화물 운송 수요가 늘고 있지만, 매년 수만 명의 운전기사가 부족하다. 이는 운전이 너무 힘들기 때문이다.

사고가 발생하면 그 피해는 운전기사뿐만 아니라 물류 회사에도 영향을 미친다. FSD까지는 아니더라도 오토파일럿 수준의 자율 주행 기술을 테슬라 세미에 탑재하면 운전 피로도를 상당히 낮출 수 있을 것이다. 쾌적한 운전 환경을 제공하면 퇴사율도 줄어들 수 있다.

미국 도로에는 매일 8시간 이상 운전하며 600마일(약 965km)을 주행하는 트럭이 무수히 많다. 트럭 운행은 미국에서 약 350만 명의 일자리를 차지한다. LA항과 롱비치항에서 하역한 물건을 실은 트럭 운전사들은 애리조나, 피닉스, 뉴멕시코, 텍사스, 댈러스, 루이지애나, 미시시피, 앨라배마, 조지아까지 미국을 가로지르는 코스를 운전하기도 한다. 이는 약 9,000km에 달하는 거리다.

이처럼 장거리 주행 환경이 빈번한 상황에서, 휴게소에 주차 후 운전석 뒤 침대에서 쉬는 것은 운전기사에게 당연한 행동이다. 그러나 테슬라 세미 운전실에는 여전히 침대가 없었다. 출입문의 위치를 보니 운전실 후방에 더 가까워 침대 설치를 방해한다는 것을 알 수 있었다. 일반적인 트럭과 달리 쉴 공간이 없다는 것은 테슬라 세미가 아직 장거리 운행을 위해 해결해야 할 숙제가 많다는 것을 의미한다. 내연 기관 차량과 달리 여러 부품이 삭제되어 운전실 공간은 넓어졌지만, 여전히 개선이 필요하다.

테슬라는 이 공간을 슬리퍼 캡sleeper cab이 아니라 데이 캡day cabin으로 정의했다. 배터리와 관련된 여러 기술적 제약 때문에 장거리 운송 시장 대신 지역 운송 시장에 초점을 맞춘 것이다. 그렇지 않다면 넓은 실내 공간을 침대 대신 옷장이나 복도로 교환한 이유를 찾기 어렵다.

한편, 테슬라는 디젤 세미 트럭과의 비용 비교에서 트럭 세 대가 함께 이동하는 호송 모드, 즉 군집 주행을 가정했다. 여러 대의 트럭이 밀접하게 작동하면 공기 저항을 줄여 효율성을 극대화할 수 있기 때문이다. 호송 모드가 가능한 이유는 테슬라의 오토파일럿이 탑재될 가능성이 있기 때문에,

규제만 제외하면 기술적으로는 어렵지 않다. 오토파일럿은 트럭의 속도와 간격을 정밀하게 제어할 수 있다. 만약 호송 모드가 활성화되면 미국 도로에서 마치 화물기차처럼 여러 대의 세미가 줄지어 이동하는 모습을 목격할 수 있을 것이다. 그렇다면 이러한 기술이 잠재 고객을 확보하는 데 도움이 될까?

대형 트럭 제조사 입장에서 희망적인 이유는 테슬라 세미의 대량 생산 소식이 오랫동안 들리지 않는다는 점이다. 사이버트럭보다 최소 5년 이상을 장기적으로 지켜봐야 할 차량이라고 판단했을 것이다. 그러나 2024년 6월 14일에 열린 연례 주주 총회에서 머스크는 테슬라 세미의 대량 생산 계획을 승인했다고 발표했다. 이 소식에 현장의 주주들이 일제히 환호했다.[23] 머스크는 운송 회사를 운영한다면 전기 세미 트럭을 사용하지 않는 것은 돈을 잃는 것과 마찬가지라고 강조했다.

머스크는 돈을 아낄 수 있다면 테슬라 세미를 사용하는 것을 추천하며, 기후 위기를 떠나 경제성 측면에서도 전기 트럭이 디젤 트럭보다 우수하다고 주장했다. 2022년 기준으로 미국 내 클래스 8 트럭의 판매량이 254,000대에 달한다.[24] 머스크는 테슬라 세미를 2024년까지 연간 50,000대 생산을 목표로 하겠다고 했다. 이것이 실현된다면 기존 트럭 제조사들은 도산의 위험을 감내해야 할 수도 있다. 대형 배터리를 장착해 대량 생산이 가능하고, FSD까지 제공할 수 있는 회사는 드물기 때문이다.

옵티머스에 숨겨진
일론 머스크의 빅픽처 (2023년)

들어가며

2024년 2월, 보스턴 다이내믹스의 설립자 마크 레이버트[Marc Raibert]는 미국의 유명 컴퓨터 과학자 렉스 프리드먼에게 일론 머스크를 기술자[technologist]로서 정말 존경한다고 했다.[1] 레이버트는 아무도 관심 없어 보이던 전기차라는 틈새시장에서 시작해 이제는 모든 자동차 회사가 머스크를 따라 하고 있다는 점에서 테슬라는 놀라운 성공을 거뒀다. 레이버트는 이 점에서 그를 칭찬해야 한다고 강조했다.

레이버트는 스페이스X가 거의 NASA를 대체했다고 주장하며, 테슬라의 로봇 옵티머스가 현재의 아틀라스와는 다르지만 아틀라스의 성과가 머스크에게 영감을 주었다고 말했다. 그는 아틀라스와 옵티머스가 함께하는 로봇 모임을 기대한다고 했다.

레이버트는 현재 인지적인 작업에서는 AI 세계에서 경쟁이 치열하지만, 물리적인 측면에서는 아직 경쟁적이지 않다고 말했다. 이는 테슬라와 오픈AI 같은 기업들이 AI 세계를 주도할 실력을 갖추고 있음을 시사한다.

레이버트의 말처럼 보스턴 다이내믹스와 테슬라는 2025년 무렵 진검승

부를 펼칠 예정이다. 두 기업 모두 휴머노이드 로봇을 산업 현장에 투입할 것이라고 선언했기 때문이다. 이 피할 수 없는 대결에서 누가 승리할 것이며, 이 승리는 인류의 삶에 어떤 영향을 미칠까?

테슬라 로봇에 탑재된 지능이란 무엇이기에 일론 머스크는 경쟁사의 휴머노이드 로봇들을 걱정하지 않는 걸까? 옵티머스가 인간을 뛰어넘는 지능을 갖게 되면 공장은 어떻게 변할까? 옵티머스가 모델 3보다 저렴한 가격으로 판매된다면 이를 구매한 가정은 어떤 문화적 충격을 받을까?

테슬라에 깃발을 꽂으려는
UAW의 대규모 파업

일본의 토요타 자동차가 미국의 포드 자동차를 추격하는 동안, 영국 자동차 산업은 1970년대부터 본격적으로 쇠퇴하기 시작했다. 1968년에 설립된 브리티시 레일랜드^{British Leyland}는 경영 혼란과 품질 문제로 신뢰를 잃었고[2], 이는 1913년에 런던에서 설립된 애스턴 마틴^{Aston Martin}과 1922년에 블랙풀에서 설립된 재규어^{Jaguar Cars} 등 영국 고급 자동차 산업에도 악영향을 미쳤다. 소비자들 사이에서는 영국산 자동차에 대한 불신이 커졌고, 잦은 파업과 노동 분쟁으로 공장 운영이 중단되면서 제품의 품질이 떨어졌다는 인식이 강해졌다.

당시 강세를 보였던 파운드 환율도 영국 자동차의 수출 경쟁력을 저하했다. 일본 기업들은 연비, 승차감, 내구성, 가격 경쟁력을 모두 갖춘 혁신적인 제품을 내놓기 시작했다. 일본이라는 변수에 영국 경영진이 제때 대응하지 못한 것도 문제였다. 이러한 오판은 오늘날 미국 제조업의 상징인 러스트 벨트에서도 반복되고 있다.

2023년 8월, 숀 페인^{Shawn Fain} 전미자동차노조 회장은 기존 자동차 제조사들의 타협안이 만족스럽지 않다며 이를 쓰레기통에 던져버렸다. 당시 전미자동차노조는 향후 4년간 임금 40% 인상과 공장 폐쇄에 대해 파업할 권리를 강력히 주장했다. 포드는 이 요구를 수용하면 노동조합에 가입되지 않은 테슬라, 토요타에 비해 노동 비용이 두 배 이상 증가할 것이라고 우려했다. 페인은 노동 비용이 차량 비용의 약 5%에 불과하다고 지적하며, 근로자의 임금을 두 배로 올려도 차량 가격을 올리지 않고 수십억 달러의 이익을 낼 수 있다고 주장했다.

그러나 GM, 포드, 스텔란티스 관점에서 전미자동차노조의 요구는 까다로울 수밖에 없다. 알릭스파트너스^{AlixPartners}의 연구에 따르면, 북미, 유럽, 아시아 등 주요 지역에서 전기차가 내연 기관 차량을 추월하는 시점은 2035년이다.[3] 이는 전통적인 자동차 제조사들과 그들의 부품 공급사들이 원하던 미래보다 급진적이라는 점에서 갈등의 씨앗이 된다.

특히 갈등을 일으키는 요인은 미국 내 새롭게 건설되는 배터리 제조 시설들이 노조에 가입하지 않겠다고 선언한 것이다. 왜 미국에서 이런 현상이 발생하는 것일까?

러스트 벨트의 빅 3는 예로부터 연비가 좋지 않은 대형차 생산에 몰두해왔다. 그러나 기후 위기로 인한 산업의 격변에서 그들도 벗어날 수 없었다. 빅 3는 기존의 내연 기관 일자리가 전기차 일자리로 전환될 것이라고 근로자들을 안심시켰다. 실제로 일부 직원은 내연 기관 공장에서 전기차 공장으로 옮겨가기도 했다. 하지만 빅 3는 전기차 생산 경쟁력을 갖추는 것이 쉽지 않다는 것을 실감하고 있다. 전기차를 만드는 데 필요한 원자재 가격이 내연 기관 차량보다 최대 125% 더 비싸기 때문이다.

《월스트리트 저널^{The Wall Street Journal, WSJ}》의 조사 결과에 따르면, 노조에 가입한 OEM의 평균 시간당 노동의 비용은 약 65달러, 노조에 가입하지 않은 테슬라는 약 45달러다. 2022년 11월, 포드의 CEO인 제임스 팔리는 전

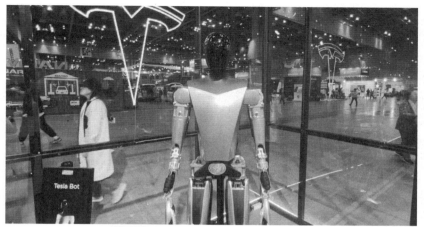

테슬라 옵티머스 모형은 한국에도 등장했다.
(서울 모빌리티 쇼, 2023)

기차가 내연 기관 자동차를 생산하는 것보다 40% 적은 노동력을 필요로 할 것이라고 주장했다.[4]

2023년 10월, 《월스트리트 저널》은 신규 배터리 공장이 노조에 가입하면 테슬라나 아시아 제조사들과 비교해 비용 경쟁력이 떨어질 수 있다고 지적했다. 기업들은 테슬라를 추격하고 중국 기업들을 견제해야 하는 상황에서, 노조 가입으로 인한 비용 증가를 우려하고 있다. 배터리는 전기차 판매 가격의 약 40%를 차지하는 가장 비싼 부품 중 하나다. 미국에 완성차 업계는 규모의 경제 효과를 통해 배터리 가격을 낮추고 배터리 개발 시간을 줄이기 위해 한국 배터리 제조사와 협력을 선언했다.

전동화의 파도 속에서 테슬라는 선두 주자로서의 위치를 공고히 하고 있으며, 이는 전통 산업에 종사하는 사람들과의 갈등을 촉발하고 있다. 테슬라는 산업용 로봇에 만족하지 않고, 인간을 대신할 수 있는 휴머노이드 로봇을 배치하려는 움직임을 보이고 있다. 슈퍼컴퓨터 도조의 힘으로 더욱 발전할 FSD 컴퓨터가 옵티머스 로봇에 장착되었기 때문에 이를 바라보는 노조의 시선은 곱지 않을 것이다. 그러나 머스크의 주도로 테슬라는 전기차 부품 수를 극도로 줄이는 기가 캐스팅 적용 영역을 확장해 생산 속도 상승에 박차를 가하고 있다.

이러한 혁신은 자동차 산업에 새로운 물결을 몰고 왔다. 테슬라는 정체된 전통에 반기를 드는 혁신 지지자들 사이에서 큰 공감을 얻고 있다. 반면, 테슬라의 비판자들은 종종 일자리 감소라는 심각한 문제를 주된 반대 이유로 들고 있다. 테슬라는 전통적인 자동차 산업의 구조와 대비되는 새로운 길을 개척하고 있다. 로봇이 주변 환경을 인지하고, 하드웨어 교체 없이 발전하는 로봇을 대량 생산한다면, 이는 단순한 기술적 진보를 넘어 노동 시장과 세계 경제 전반에 큰 영향을 미칠 것이다.

시간이 흐를수록
적이 많아질 테슬라

물론 이러한 급진적인 혁신을 모두가 반기는 것은 아니다. 테슬라의 영향력이 확장될수록 전통적인 관점의 사람들은 더욱 반발하고 있다. 2023년 9월부터 전미자동차노조 회원들이 빅 3의 공장에서 파업을 벌였다. 그들은 테슬라를 공공의 적으로 지정하며, 프리몬트 공장에 반드시 노조를 만들겠다고 선언하면서 머스크의 심기를 건드렸다.

이번 파업에서 흥미로운 점은 조 바이든 미국 대통령이 전미자동차노조의 테슬라 노조 결성 투쟁을 지지한다고 선언한 것이다. 바이든 행정부가 테슬라에 대해 보이는 반응의 배경에는 여러 복합적인 요인이 있을 수 있다. 그러나 정치적인 관점에서 보면, 결국 대통령 선거에서 중요한 러스트벨트의 민심 때문일 것이다. 표를 얻기 위해 산업의 흐름과 역행하는 정책을 펼치기도 한다. 2023년 9월 기준, 전미자동차노조 회원 수는 40만 명이상이다. 그들 중 일부는 빅 3의 공장에서 파업을 벌였다.

지난 90년간 미국 자동차 산업 역사에서 전례 없는 규모의 파업이 동시다발적으로 발생한 것이다. 이를 두고 월스트리트 저널 기자 노라 에커트

Nora Eckert는 '노조가 아직 만들어지지 않은 직책을 놓고 싸우고 있다'라고 표현했다.[5] 《월스트리트 저널》은 전미자동차노조의 강경한 파업의 근본 원인으로 일자리 안정성에 대한 심각한 위협을 지목한다. 2019년에 미국 의회조사국은 전기차 생산으로의 전환이 미국 경제에 미치는 영향을 연구한 결과를 발표했다.[6] 2018년부터 전기차 판매 동향이 심상치 않았기 때문이다.

그해 전 세계적으로 170만 대 이상의 순수 전기차와 플러그인 전기차가 판매되었다. 이는 2017년 대비 약 40% 증가한 수치다. 미국 의회조사국은 이러한 변화가 미국 자동차 조립 및 부품 제조 산업에 중대한 영향을 미칠 것으로 예상했다.

전기차로의 전환은 약 15만 개의 일자리를 없앨 수 있으며, 이는 미국 내에서 조립하더라도 영향을 미칠 수 있다. 전기차는 내연 기관 차량에 비해 상대적으로 적은 노동력이 필요하기 때문이다. 그러나 이 흐름을 막을 수는 없다. 중국이 전기차 굴기를 포기할 생각이 없기 때문이다.

사진 12-2 │ 테슬라는 업계에서 보기 힘든 휴머노이드 로봇과 우주선을 같이 전시한다.
(미국 피터슨 자동차 박물관, 2024)

테슬라 마스터 플랜

테슬라는 전기차 조립을 장기적으로 휴머노이드 로봇에 맡기려 한다. 러스트 벨트 기업들 입장에서 내연 기관 산업의 붕괴를 초래한 데 이어, 로봇을 개발해 인간을 대체하려는 테슬라를 좋게 볼 리 없다. 테슬라는 여전히 공장의 노조 가입을 허가하지 않는다. 대신 근로자들에게 스톡옵션을 제공하며 일에 대한 동기 부여에 힘쓰고 있다. 스톡옵션은 직원들이 회사의 성공에 직접 기여하고 그 혜택을 공유할 수 있게 하는 방식으로, 많은 기술 회사가 사용하는 방법이다.

이 경영 철학에는 단점도 있다. 스톡옵션의 가치는 회사 주식의 시장 가치에 직접적으로 연결된다. 만약 회사 주식 가치가 하락하면, 스톡옵션의 가치도 줄어든다. 직업의 안정성을 추구하는 미국 자동차 노조의 관점에서 재정적 불안정성을 가져올 수 있다는 점에서 반발 요인이 된다.

테슬라는 100년이 넘는 전통적인 자동차 제조 통념에 도전장을 내밀었다. 그러나 여전히 많은 기업이 헨리 포드의 모델 T 출시부터 시작한 제조 방식과 조직 문화를 고수하고 있다. 테슬라는 전통적인 노동 방식을 거부하고, 기술과 경영에서 새로운 경로를 모색하며 자동차 산업의 미래를 재정의하고 있다.

물론 이러한 급진적인 변화를 모두가 원하는 것은 아니다. 휴머노이드 로봇의 빠른 발전 속도는 놀랍지만, 한편으로는 테슬라를 시기하고 원망하는 사람들도 늘어날 것이다. 이를 이해하려면 왜 사람들이 휴머노이드를 의인화하는 오류를 범하는지부터 살펴봐야 한다.

옵티머스에
입이 없는 이유

이시구로 히로시Ishiguro Hiroshi는 일본 오사카대학교 교수로, 본인의 모습을 그대로 본뜬 안드로이드 로봇Android Geminoid HI을 만든 것으로 유명하다. 그를 닮은 로봇을 보니 불쾌한 골짜기 현상이 떠올랐다. 사람과 비슷하게 보이지만 완전히 같지 않아 거부감이 들었다.

히로시는 2016년 10월 13일에 열린 로봇과 인간의 공존에 관한 토론에서 흥미로운 주장을 펼쳤다. 그가 참여한 토론과 인터뷰를 종합해 보면, 대부분의 패널은 로봇과 AI가 결합된 존재의 등장은 동의했지만, 인간과의 공존에 대해서는 회의적이었다. 또한, 로보틱스 관점에서 로봇은 바퀴가 많을수록 이동에 효율적이라고 강조했다. 굳이 휴머노이드 로봇의 이족 보행을 구현하는 것은 비효율적이라는 것이다. 그러나 사람들은 왜 소피아Sophia와 같은 휴머노이드 로봇에 열광할까?

2018년 4월, 홍콩에서 소피아와 개발자들이 무대를 준비하는 과정을 지켜봤다. 얼굴만 제대로 작동하는 소피아는 무대로 이동할 때 인간의 도움이 필요했다. 전원이 켜져도 개발자들의 질문에 답변하는 데 시간이 걸렸고, 때로는 제대로 응답하지 않았다. 뉴스에서는 이러한 당황스러운 과정을 잘 보여주지 않는다. 이러한 과정을 모르고 언론을 접한 사람들은 로봇이 이미 인간과 동일한 능력을 갖춘 것으로 오해할 수 있다. 그렇기에 로봇 전문가가 아닌 이상 로봇의 지나친 의인화로 인해 겁을 먹을 수 있다.

2023년 4월에 보스턴 다이내믹스 CEO 로버트 플레이터^{Robert Playter}는 프리드먼의 팟캐스트 방송에 출연했다.[7] 그는 로봇의 외형에 대한 명확한 경계를 규정하지 않으려 노력한다고 강조했다. 사람들이 로봇에 감정을 부여하려는 경향이 있기 때문이다. 만약 남자, 여자, 물체 등 명확한 특징을 구현한다면 로봇이 생명을 가진 것처럼 오해할 수 있다. 그의 발언을 종합해 보면, 로봇을 향한 의인화는 축복이자 저주다. 로봇의 발전을 통해 인간이 하지 못한 다양한 임무를 수행할 수 있지만, 이러한 발전을 오해하고 잘못된 두려움을 가질 수 있기 때문이다.

AI 데이를 앞둔 머스크는 로봇이 사람에게 위협을 느끼게 하지 않도록 강인한 인상을 피하라고 강조했다.[8] 키가 너무 크지 않고 중성적인 외모여

사진 12-3 당시 언론의 주목을 많이 받았기에 소피아는 사람들의 뜨거운 반응을 이끌었다.
(홍콩 Rise, 2018)

야 한다는 것이다. 이는 머스크가 플레이터와 마찬가지로 성별을 규정하지 않고 인간에게 부담을 주지 않는 공생 관계의 로봇 개발에 몰두하고 있음을 시사한다.

핸슨 로보틱스Hanson Robotics가 개발한 휴머노이드 로봇 소피아의 성별은 쉽게 추측할 수 있다. 개발자가 오드리 헵번에게 영감을 받아 얼굴을 만들었기 때문이다. 2016년 3월 CNBC에 출연한 소피아는 CEO 데이비드 핸슨David Hanson이 인간을 파괴할 거냐고 질문하자 그렇게 하겠다고 답변했다.[9] 이로 인해 많은 사람들이 영화 터미네이터의 시대가 도래하는 것이 아니냐고 반응했다. 하지만 실제로 중요한 것은 산업용 로봇이 일자리에 미치는 영향이며, 인간의 표정을 모방하는 기능에 집중하는 대신 실질적인 기능성에 더 큰 비중을 두었다는 점이다.

보스턴 다이내믹스의 휴머노이드 아틀라스와 테슬라 옵티머스의 공통점은 키가 작고, 얼굴에 사람을 닮은 눈, 코, 입이 없다는 것이다. 산업용 로봇은 인간에 의해 사고가 발생할 때마다 언론의 주목을 받으며 대중의 비난 대상이 되었다. 따라서 아틀라스와 옵티머스가 사람을 해치려는 인상을 주어서는 안 된다. 만약 큰 키와 덩치에 남성의 강인한 표정을 떠올리게 하는 로봇이 등장했다면 대중의 반감은 훨씬 컸을 것이다. 보스턴 다이내믹스가 아틀라스를 개발하게 된 이유가 미군과의 계약 때문이라는 점에서 로봇의 미래를 걱정하는 시선도 타당하다.

미군의 원래 의도는 화학 보호복 등 보호 장비를 테스트하기 위해 인간형 로봇을 사용하는 것이었지만, 화학전에서 인간 대신 로봇 병사를 투입하려는 목적도 있었을 것이다. 이러한 목적 때문에 대중의 두려움이 커질 수 있다.

테슬라가 옵티머스를 개발하는 방향성은 아틀라스와 다르다. 머스크는 2023년에 열린 테슬라 주주 총회에서 옵티머스에 직접적인 코드 지시를 하지 않겠다고 했다. 부정적인 미래를 예상해 보면, 옵티머스는 아틀라스보다 더 무섭게 느껴질 수 있다. 통제할 수 없는 자의식의 등장은 강력한 유압 시스템보다 인간에게 더 큰 영향을 미칠 것이다. 따라서 로봇의 잠재적인 자기 인식 개발과 관련하여 AI의 제어 및 윤리에 대한 중요한 논의가 필요하다. 사람과 너무 흡사한 얼굴을 가진 로봇은 로봇 개발사들에게 압박을 가할 수 있다.

긍정적인 미래를 생각해 보면, 옵티머스가 인간의 행동을 지켜보면서 특정 작업을 학습하고, 지루하고 일상적인 집안일부터 복잡한 임무까지 해결할 수 있을 것이다. 이렇게 되면 경제를 폭발적으로 활성화할 수 있는 잠재력을 발휘하게 될 것이다. FSD 컴퓨터와 도조 슈퍼컴퓨터의 역량이 옵티머스에도 적용될 수 있어, 이러한 미래는 불가능하지 않다. 이 옵티머스에도 적용되기에 아주 불가능한 미래는 아닐 것이다.

테슬라의 자동화 추구는 인간의 노동력을 더 창의적이고 전략적이며 대인 관계 작업에 집중시킬 수 있게 한다. 휴머노이드 로봇은 새로운 산업을 창출하고 기존 산업을 강화하여 경제 활성화로 이어질 수 있다. 물론 일자리 대체와 디지털 격차를 포함한 넓은 의미를 고려하는 것도 중요하다. 많은 사람이 새로운 직무에 익숙해지지 못하는 동안 AI는 기하급수적으로 발전할 수 있다.

머스크 발표의 핵심은 작업에 자동화뿐만 아니라 인간의 행동을 관찰하여 학습하고 적응하는 로봇의 능력에 있다. 이는 슈퍼컴퓨터 도조 덕분이다. 이러한 신경망 개발 역량은 현재 자동화 기술이 일상생활 및 업무의 미묘한 요구 사이의 격차를 로봇으로 메울 가능성을 크게 높인다. 이러한 기술적 특이성은 로봇과 협력해 생산성을 극대화하려는 사람들에게는 기회가 될 수 있지만, 창의적이지 못하고 전략적인 실행 능력이 부족한 사람들에게는 두려운 존재가 될 수 있다. 그러나 실상은 종종 잘못된 대상에 대한 분노로 나타난다.

테슬라 공장에서 발생한
로봇 공격 사건

필자는 독일 전장 부품 업체인 콘티넨탈 오토모티브의 국내 지사와 다양한 공장에서 수년간 진급자들을 대상으로 강연하며 자동차 부품 산업의 흐름을 살펴볼 기회를 가졌다. 더불어, 독일 하노버 산업 박람회^{Hannover Messe}에서는 훼스토 임직원의 초청을 받아 자동화 시장의 선두 주자인 훼스토의 신기술도 자세히 살펴볼 수 있었다.

세계적인 기업의 생산을 책임지는 로봇을 목격한 결과, 실제로 인간의 단순 반복적이고 위험한 일을 제거하는 존재는 휴머노이드 로봇이 아니었다는 것을 알게 되었다. 이는 날이 갈수록 정교한 움직임이 가능한 거대한 산업용 로봇과 인간과 같은 공간에서 안전하게 작업하는 협동 로봇의 발전이 실질적인 위협이 되었기 때문이다. 이들 로봇의 공통점은 인간을 닮지 않았다는 것이다. 그런데도 사람들은 휴머노이드 로봇의 발전 영상이 공개될 때마다 두려움을 느끼곤 한다.

2023년 12월 말, 영국, 한국 등 여러 언론사는 테슬라 공장에서 로봇이 사람을 공격했다고 보도했다.[10] 이 사건은 2021년 제조용 로봇의 오작동으

사진 12-4 훼스토는 인간과 협력할 수 있는 안전한 로봇 개발에 몰두하고 있었다.
(독일 하노버 메쎄, 2018)

로 인해 근로자가 부상당한 사고로 밝혀졌다.[11]

머스크는 X에서 이번 언론 보도에 대해 2년 전 제조용 로봇 쿠카로 인한 단순 사고를 지금의 옵티머스와 연관 짓는 것은 매우 부끄러운 일이라고 지적했다. 자동차 공장에서 로봇 사고가 발생하면 여러 논란이 생기기 마련이다. 공장을 방문하지 않은 사람들은 언론 보도를 보고 로봇이 의식을 가지고 사람을 공격했다고 오해할 수 있다. 그렇다면 로봇이 정말 의식을 가지고 사람을 공격했을까? 진실을 알아보려면 테슬라 공장에 설치된 로봇의 특성을 살펴보아야 한다.

미국 테슬라 공장에서 활약하는 로봇들을 관찰해 보니, 제조용 로봇들은 제어 능력의 정밀성, 내구성, 무게 감소, 힘 증가, 규모의 경제를 이루며 상당한 진화를 거듭해 왔다. 그러나 여전히 단순 반복적이지만 예측 불가능한 노동에는 인간이 투입되고 있다.

테슬라 공장에서 기가 캐스팅을 옮기는 로봇들은 일본의 첨단 로봇 제조사 화낙FANUC의 제품이다. 이 로봇들은 물건을 집어 옮기고 정밀한 용접을 수행한다. 또 다른 주요 로봇 제조사인 독일의 쿠카의 로봇들은 알루미늄 모노코크를 옮기느라 바쁘게 움직이고 있다. 쿠카의 6축 관절식 로봇은 여섯 개의 독립적인 회전축을 가지고 있어 다양한 방향으로 움직일 수 있으며, 이 유연성은 차량 부품을 정밀하게 조작하고 조립하는 데 필수적이다.

테슬라에서 활약하는 제조용 로봇들은 인간 대신 위험한 레이저를 사용해 재료를 녹이고 융합시키는 정밀 용접 작업을 수행한다. 특정 지점에 압력과 열을 가해 금속 시트를 함께 용접하는 점용접 작업에도 능숙하며, 접착제를 사용해 부품들을 정확하게 결합할 수 있다.

제조용 로봇은 용접, 조립, 페인트 등 특정 작업을 반복적으로 수행하도록 설계되었다. 이러한 작업은 고도의 정밀성과 일관성을 요구하기 때문에, 복잡한 AI보다 특정 작업에 최적화된 단순한 프로그램이 더 효율적이다. 제조용 로봇은 제한된 공간에서 다양한 자동차 부품을 조립하는 프로그래밍이 가능한 작업만 수행하며, 일반적으로 공장 내 인간 근로자와 접촉하지 않도록 설계되었다. 제조용 로봇은 생각이 없고 두 눈이 먼 상태로 일하는 것과

사진 12-5 테슬라 공장에서 사용되는 산업용 로봇은 안전거리를 유지하면 사고를 방지할 수 있다.
(미국 피터슨 자동차 박물관, 2024)

마찬가지다. 1979년 최초의 로봇 사고를 비롯해 1981년, 2015년, 2023년에 발생한 6건의 사고를 조사해 보면 모두 인간 근로자가 로봇의 작업 반경에 있었던 경우다. 제조업 로봇은 영혼이 없기에 의인화의 대상이 아니다.

여러 자동차 공장에서 거대한 로봇들은 주로 공장 바닥에 고정되어 있으며, 근로자와의 접촉을 최소화하기 위해 펜스를 설치하여 운영된다. 이들 로봇은 육중한 물건을 정확하게 운반하며, 근로자와의 충돌을 방지하기 위해 철저히 분리된 상태에서 작업을 수행한다.

제조용 로봇으로 인한 사고는 로봇의 의지가 아닌 단순 반복적인 작업 반경에 인간이 접근하여 발생하는 충돌 사고라는 것을 유추할 수 있다. 대부분의 공장 환경에서 로봇은 정해진 위치에 물건만 정확히 옮길 수 있다. 정해진 위치에 다른 물건을 놓으면 로봇은 작업 오류를 일으킨다. 인간이 시키지 않은 일을 스스로 수행하는 것은 어렵다. AI 기술은 비용이 많이 들고 복잡하기 때문에, 산업용 로봇은 효율성과 비용 효과를 중시하여 필요 이상의 기술을 추가하지 않는다.

테슬라 공장을 유심히 관찰하면, 첨단 기업의 이미지를 가진 테슬라조차도 아직 로봇과 인간의 영역이 명확히 분리되어 있다는 것을 알 수 있다. 독일 폭스바겐 공장에서도 로봇으로 인한 사고가 발생했다. 로봇이 인간과 물건을 구별하지 못해 물건 대신 인간을 집어 발생한 사고다.

폭스바겐과 테슬라 공장에서 근로자들은 안전을 위해 케이지 안에서 로봇과 분리되어 작업한다.[12] 그러나 사고 당시 피해자는 로봇과 함께 케이지 안에 있었다고 알려졌다. 사고 당시 케이지 밖에 있던 다른 팀원은 다치지 않았다.[13] 이 사건은 제조용 로봇을 설치하는 과정에서 근로자들에 의해 실수로 일어난 일이라고 추론할 수 있다.

FSD 컴퓨터와 같은
뇌가 없는 로봇의 의미

2022년 10월에 열린 두 번째 AI 데이에서 머스크는 경쟁 업체 로봇들의 동작이 훌륭하지만, '두뇌가 없다They're missing a brain'라고 지적했다. 이는 경쟁 사들의 휴머노이드가 스스로 세상을 탐색해 움직일 지능이 부족하다는 뜻 일까? 그는 이 로봇들이 자율적인 지능이 없고, 매우 비싸며 소량으로만 제 작된다고 강조했다. 그렇다면 '두뇌가 없는 로봇'이란 무엇을 의미할까?

세계에서 산업용 로봇을 가장 많이 생산하는 나라는 일본이다. 일본 은 정교한 움직임을 끊임없이 수행할 수 있는 내구성이 좋은 로봇을 생 산한다. 대표적인 일본 산업용 로봇 기업으로는 가와사키Kawasaki, 화낙 등 이 있다. 가와사키의 로봇은 토요타 공장에서 용접, 도장, 조립 단계에 서 활약 중이다. 특히 엠 시리즈M series의 로봇은 350kgMX350L부터 최대 1,500kgMG15HL에 이르는 자동차 차체와 같은 물건을 옮길 수 있다.[14]

테슬라 공장도 일본 로봇에 의존하고 있다. 화낙의 로봇들은 테슬라 공 장에서 기가 캐스팅을 옮기고 있다. 일본의 많은 자동차 공장에서 차체 조 립과 프레스 공정은 거의 100% 자동화되어 있다.

테슬라 마스터 플랜

사진 12-6 가와사키의 로봇들은 1,200kg의 부품도 옮길 수 있을 정도로 강력한 힘을 자랑한다.
(일본 토요타 산업 기술 기념관, 2023)

일본에서 토요타 회관, 토요타 산업 기술 기념관, 토요타 박물관을 방문해 보니, 토요타의 제조 시설은 1960년대 일본이 고도 성장하던 시기부터 기본적으로 바뀐 것이 없다는 것을 알게 되었다. 이들 로봇은 여전히 인간의 명령에만 반응하고 있다.

토요타의 연간 1천만 대 생산을 위해서는 많은 유형의 고정 자산이 필요하다. 토요타의 전통적인 자동차 제조 방법은 금속 판재를 특정 형태와 크기로 압착stamping하고, 차체를 조립하고, 색칠을 한 후 최종 조립하는 순서로 진행된다. 토요타의 생산 공정에 투입되는 다양한 로봇을 살펴보면, 무수한 산업용 로봇과 토요타의 생산 시스템을 이해하는 숙련된 근로자, 그리고 약 3만 개의 내연 기관 부품을 생산하는 긴밀한 협력 업체들이 유기적으로 협력해야 한다는 것을 알 수 있다. 이는 완벽하지 않은 자동화로 인해 제조 공정에서 사고가 발생할 수 있기 때문이다.

일반적으로 산업용 로봇은 규칙 기반의 소프트웨어가 탑재되어 있다. PIDProportional-Integral-Derivative 컨트롤러와 같은 고급 제어 시스템은 물체를 잡고, 조화롭고 유동적인 방식으로 움직이는 등 복잡한 물리적 작업을 수행하게 한다. 액추에이터, 센서 및 제어 시스템을 포함한 정교한 기계 설계 덕분에 산업용 로봇은 정확한 움직임을 구현할 수 있다.

이들 로봇의 움직임을 지켜보면, 기계적으로 복잡한 동작을 인간보다 훨씬 정확하게 수행할 수 있지만, 자율적으로 탐색하고 의미 있는 방식으로 환경과 상호작용 하는 AI 기반 의사 결정은 부족하다는 것을 깨닫게 된다. 산업용 로봇은 인간의 명령에만 반응하며, 물건이 제자리에 놓여 있지 않으면 오류가 발생할 수 있다. 또한, 로봇의 작업 반경에 사람이 있으면 로봇의 의도가 아닌 인간의 실수로 인해 사고가 발생할 수 있다.

머스크가 경쟁사들의 로봇에 뇌가 없다고 언급한 것은 그들이 주변 환경을 이해하고, 감각 입력을 기반으로 결정을 내리고, 학습할 수 있는 정교한 AI가 없음을 지적한 것으로 보인다. 테슬라의 제조 경험에 따르면, 이러한 기능이 없으면 로봇은 특정 프로그래밍 작업을 매우 잘 실행할 수 있지만 적응, 문제 해결, 상황 이해가 필요한 작업에는 어려움을 겪는다.

물론, 제조용 로봇이 없다면 테슬라, 폭스바겐 등 자동차 공장은 가동할 수 없다. 인구밀도 대비 세계에서 제조용 로봇을 가장 많이 도입하는 나라는 대한민국이다. 로봇의 증가 이유는 국내 자동차 생산량과 경제 규모의 증가 때문이다. 제조용 로봇으로 인한 사고는 드물지만, 인간의 실수로 인해 발생하며 언론은 이를 마치 로봇이 의지를 갖고 공격한 것처럼 묘사하곤 한다. 덕분에 대중은 로봇의 발전과 미래를 오해하기 쉽다.

공상과 실제 산업 현장을 혼동하면서 정작 두려워해야 할 현상과 새로운 기회의 물결을 감지하지 못할 수 있다. 따라서 옵티머스가 예상보다 빠른 속도로 발전하는 것에 주목할 필요가 있다. 2017년 11월 27일, 머스크는 트위터에서 아틀라스를 본 소감을 밝혔다.[15] 그는 몇 년 내에 이 로봇이 너무 빨리 움직여서 스트로브 라이트strobe light가 필요할 거라고 했다.[16] 이는 로봇 기술의 빠른 발전이 가져올 미래에 대한 흥미로운 반응을 보인 듯하다.

일론 머스크를 자극한
아틀라스

2년 동안 머스크를 밀착 취재한 월터 아이작슨에 따르면 테슬라는 2021년 초부터 로봇 개발에 본격적으로 몰두하기 시작했다. 머스크는 임원들에게 보스턴 다이내믹스의 로봇 동영상을 보여 주며 테슬라가 휴머노이드 로봇 시대를 이끌어야 한다고 강조했다.[17] 그는 휴머노이드 로봇이 인간의 호불호와 관계없이 계속 발전할 것으로 예상했기 때문이다.

2021년 8월 17일, 보스턴 다이내믹스는 한층 더 발전한 아틀라스를 공개했다.[18] 많은 시청자가 군사용으로 활용될 것이라며 두려움을 표했지만, 아틀라스는 키 152cm, 무게 86kg으로 위협적이지 않았다. 걱정해야 할 것은 로봇의 크기가 아니라 두뇌라는 점이다.

로봇 공학에서 자유도degrees of freedom: DOF는 로봇이 수행할 수 있는 독립적인 움직임의 총개수를 의미한다. 아틀라스의 DOF는 20으로, 이는 팔다리를 구부리고 회전하는 등 20가지 다양한 동작을 할 수 있음을 뜻한다. 이렇게 높은 DOF 덕분에 파쿠르Parkour처럼 인간에게도 어려운 동작을 수행할 수 있다. 파쿠르는 다양한 장애물을 넘거나 뛰어넘는 등의 복잡하고 동적

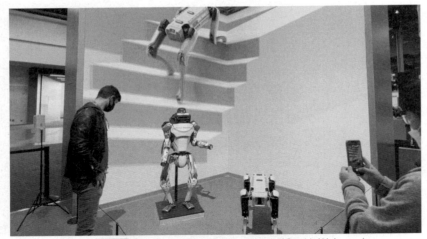

사진 12-7 실제로 살펴보니 아틀라스는 생각보다 작은 로봇이었다.
(미국 라스베이거스 CES, 2022)

인 움직임을 포함한다. 아틀라스가 인간처럼 걷거나 뛰고 점프하는 등 복잡한 동작을 수행할 수 있다는 사실은 높은 기계적 정밀도, 복잡한 소프트웨어 알고리즘, 센서 기술의 발전을 반영한다.

아틀라스의 인상적인 민첩성과 빠른 움직임은 28개의 유압 액추에이터 덕분이다. 보스턴 다이내믹스는 유압 액추에이터를 사용해 로봇에 강력한 힘을 제공하고, 빠르게 달리고 점프하며 뒤집기도 할 수 있게 한다. 로봇 공학자가 아니기에 유튜브 영상으로 아틀라스나 스팟Spot을 보면 대단한 성과라는 점은 알지만, 그 실제 성능이 얼마나 대단한지 체감하기는 어렵다. 그러나 필자는 로봇 스타트업을 평가하고 비즈니스 모델을 코칭하면서 로봇 산업의 현실을 어느 정도 파악할 수 있었다.

심지어 국내 최고의 로보틱스 인재들이 만든 휴머노이드 로봇이 시연조차 제대로 하지 못한 경우도 목격했다. 언론에서 최고의 유망 기업으로 치켜세웠지만, 실제로는 유압 시스템이 고장 나 첫발을 내밀자마자 관절에서 기름이 쏟아졌다. 그 당시 당황하던 연구원들의 표정이 아직도 생생하다.

테슬라 마스터 플랜

이와 같은 사례는 아틀라스도 마찬가지다. 여러 번의 시도 끝에 최적의 움직임을 담은 장면이 유튜브에 올라가면, 대중은 그것이 로봇의 일상생활이라고 오해할 수 있다. 실제로는 넘어지지 않을 때까지 몇 달 동안의 훈련 후 완성된 장면이다. 아틀라스는 새로운 물리적 상황에 스스로 적응하는 데 제한이 있다.[19]

아틀라스는 카메라와 라이다 센서 데이터를 실행 가능한 정보로 변환하는 인식 알고리즘perception algorithms을 활용한다.[20] 템플릿 행동template motions은 아틀라스가 다양한 장애물을 넘고 특정 동작을 실행하는 데 사용할 수 있는 기본적인 동작 세트를 의미한다. 이는 엔지니어들이 미리 설계하고 최적화한 것으로, 아틀라스가 스스로 생성하는 것이 아니다.

아틀라스는 주변 지형을 인식하고 분석하지만, 지형이 변화하면 필요한 동작을 안정적으로 수행하기 위해 많은 시뮬레이션 학습이 필요하다. 그럼에도 불구하고, 적절한 템플릿 동작을 선택하고 사용하는 방식으로 다양한 상황에 적응할 수 있다.[21]

그동안 많은 로봇 공학자들은 이족 보행에 관해 회의적인 반응을 보였다. 인간과 마찬가지로 이족 보행 로봇도 두 다리로 균형을 잡아야 하는데, 이는 센서, 액추에이터, 알고리즘의 복잡한 조정이 필요한 작업이기 때문이다. 전문가들의 관점에서 이상적인 로봇의 형태는 아틀라스보다는 4족 보행 로봇 스팟에 더 가깝다.

4족 보행은 안정성과 하중 분산 측면에서 2족 보행에 비해 여러 가지 장점을 가진다. 네 개의 지면 접촉점을 가진 4족 보행 로봇은 고르지 않은 지형에서도 더 쉽게 균형을 유지하고 무게를 효과적으로 분산시킬 수 있다. 따라서 잔해 속 수색 및 구조 임무나 산업 환경 검사 작업 같은 까다로운 환경에 적합하다.

물론, 아틀라스처럼 두 발로 서서 파쿠르를 구현하는 것은 여전히 어려운 일이다. 춤과 같은 고도의 활동은 반사적 제어^{reflexive control}, 온라인 및 오프라인 궤적 최적화, 모델 예측 제어의 혼합을 사용해 작동한다. 이러한 기술은 고성능 활동을 가능하게 하는 신뢰할 수 있는 방법이며, 보스턴 다이내믹스는 이를 잘 활용하고 있다.[22] 월터 아이작슨의 《일론 머스크》 전기에서도 옵티머스를 걷게 하는 것조차도 굉장히 어려운 도전이라고 밝힌 바 있다.[23]

2021년 8월에 열린 첫 번째 AI 데이는 자율 주행과 로봇 공학 분야에서 테슬라의 노력과 그 거대한 규모를 종합적으로 보여 준 중요한 순간이었다. 물론 여전히 많은 사람들이 이러한 변화에 관심이 없을 수 있다.

2022년 10월, 두 번째 AI 데이에서 공개된 시제품 옵티머스는 테슬라가 본격적으로 휴머노이드 로봇 개발에 몰두한 후 약 반년 만에 선보였다. 보스턴 다이내믹스 아틀라스의 놀라운 움직임과 비교하며 옵티머스의 움직임에 제한이 많다고 비난하는 사람도 여전히 많았다.

2023년 5월에 공개된 옵티머스는 군집 주행이 가능했고, 신경망으로 주변 환경을 학습해 기억하면서 더 나은 동작을 보여 주었다. 손가락이 장착된 로봇은 섬세하게 물건을 집을 수 있는 능력도 선보였다. 2023년 9월에 공개된 옵티머스는 손 위치나 물건의 색을 구별할 수 있는 비전 기술을 탑재해, 넘어지거나 흐트러진 물건도 손가락을 사용해 정돈할 수 있었다. 2023년 12월에 발표된 2세대 옵티머스는 이전보다 균형 잡힌 동작과 정교한 작업이 가능해졌으며, 신경망 기술을 활용해 사물을 분별할 수 있는 능력까지 보여 주었다. 특히 물건을 집을 때 로봇이 강도를 인지할 수 있다는 점은 놀라운 발전이었다. 이 모든 변화가 불과 2년 사이에 일어난 것이다.

물론, 실시간 장면이 아닌 편집된 영상이기에 많은 사람들이 여전히 테슬라의 로봇 개발에 회의적이었다. 그러나 점차 로보틱스 전문가들은 테슬라의 로봇 개발 속도와 전략에 놀라기 시작했다.

불과 2년 만에 인식하고, 걷기 시작한 옵티머스

2021년 1차 AI 데이에서 애니메이션으로 구현된 첨단 로봇의 이미지가 실시간 방송으로 공개되었다. 많은 사람은 테슬라가 개발한 로봇을 공개하는 줄 알았으나, 홍보 영상이 끝나자 실제 로봇 대신 로봇 이미지를 어설프게 구현한 옷을 입은 여배우가 등장했다. 흰색 바디 슈트를 입은 여배우의 다소 경박한 춤은 보스턴 다이내믹스 로봇들의 역동적인 움직임과 비교되며 조롱의 대상이 되었다. 시청자들의 반응은 비판적이었다. 며칠 전 보스턴 다이내믹스의 업그레이드된 아틀라스를 본 사람들이 많았기에 비웃음은 더욱 컸다.

당시 머스크는 AI를 전기차에 적용하는 수준을 넘어서 휴머노이드 로봇에 적용하겠다고 밝혔다. 그는 테슬라가 세계에서 가장 큰 로봇 회사일지도 모른다고 언급하며[24] 테슬라의 전기차들이 이미 주변 지형을 추론하는 AI를 탑재한 반자각 로봇Semisentient robots이라고 주장했다. 머스크는 2022년 어느 시점에 키 약 173cm, 무게, 약 56.7kg, 시속 약 8km로 이동할 수 있는 휴머노이드 로봇 테슬라 봇Tesla Bot을 만들겠다고 선언했다. 이는 팻맨이 시속 6.44km로 걸었던 속도보다 빠른 목표였다. 테슬라 봇의 머리에는 오토파일럿 시스템을, 가슴에는 주행 컴퓨터 FSD를 탑재하는 등 이미 전기차에서 사용하는 기술을 활용하겠다는 전략이었다.

머스크는 테슬라 봇이 약 20.4kg의 물건을 안정적으로 운반하고, 바닥에 있는 약 68kg의 물건을 들어 올리며, 팔을 완전히 뻗은 상태에서는 약 4.5kg의 물건을 들어 올릴 수 있다고 했다. 이러한 성능은 로봇 공학의 발전을 잘 보여주는 예다. 이와 같은 이유로, 그는 로보틱스 관련 인재들에게 테슬라에 지원하라고 강조했다. 2022년 10월 1일, 2차 AI 데이에서 불과 6개월 만에 개발한 프로토타입 로봇 범블 C$^{Bumble\ C}$를 공개했다. 범블 C는 백업 크레인이나 기계적 메커니즘, 케이블 없이 무대 위에서 온전히 움직일 수 있음을 보여 주었다.

머스크는 일주일 내내 새벽 3시까지 일하며 오늘의 시연을 준비한 개발팀의 노고를 치하했다. 로봇이 스스로 온전히 움직일 수 있음을 AI 데이와 같은 대형 행사에서 처음 시도해 성공했기 때문이다. 물론 로봇이 느릿느릿하게 청중에게 다가가 손을 흔들었기 때문에, 아틀라스처럼 역동적인 움직임을 기대한 사람들은 실망하기도 했다. 그러나 많은 로보틱스 전문가들은 전기차의 자율 주행 신경망이 그대로 작동하는 것을 유심히 관찰했다.

테슬라는 범블 C가 인식하는 장면을 공개했는데, 매우 정확하게 객체를 식별했다. 이는 자율 주행을 위해 데이터를 수집하고 네트워크를 훈련하는 과정을 로봇에도 적용한 결과였다. 경쟁사의 휴머노이드 로봇이 스스로 세계를 탐색할 지능이 부족하고, 매우 비싸서 소량으로만 제작되는 반면, 테슬라의 로봇은 고도의 신경망을 활용할 수 있다.

로봇이 보고, 느끼고, 이동하는 비용을 대폭 줄일 수 있다면 결국 수백만 단위로 대량 생산될 것이며, 자동차보다 훨씬 저렴할 것으로 예상된다. 당시 머스크는 테슬라 로봇을 2만 달러 미만으로 판매할 것이라고 밝혔다.

오픈AI와 비슷하지만, 전기차를 위한 AI

2023년 3월, 인베스터 데이에서 공개된 옵티머스 1세대는 깔끔한 외관으로 범블 C와 차별화되었다. 일론 머스크는 옵티머스가 경쟁사와 달리 실제 세계의 AI를 탑재하고 있음을 강조했다. 이는 테슬라의 자동차 AI가 로봇에도 적용되기 때문이다.

머스크는 인간형 로봇의 모든 행동을 프로그래밍하는 것은 비효율적이라며, 로봇이 자율적으로 작업을 수행할 수 있어야 한다고 주장했다. 인간이 시각적이거나 언어적으로 간단한 지시를 내릴 수 있어야 한다는 점이 테슬라의 핵심 강점이라고 설명했다.

2023년 5월에 공개된 최신 옵티머스는 범블 C보다 나은 움직임을 보여 주었으며, 신경망을 통해 주변 환경을 인지하고 분석하며 기억할 수 있도록 발전했다.[25] 모션 캡처 슈트를 입은 엔지니어의 움직임을 기록하고 분석하여 옵티머스의 AI를 훈련하는 과정도 공개했다. 이를 통해 복잡한 인간 행동을 이해하고 복제하도록 프로그래밍이 된다는 것을 유추할 수 있다.

또한, 옵티머스는 물체를 분별하고 집는 모습을 보여 주며, 시각적 입력을 정확한 모터 출력으로 변환할 수 있는 자율성도 갖췄다. 이는 인간의 개입 없이 환경을 탐색하고 상호작용 할 수 있는 로봇 시스템을 만들려는 AI 데이의 목표와 일치한다.

2023년 9월에 공개된 옵티머스는 선반 위의 녹색과 파란색 블록을 색깔별로 분류하고 옮겼다. 테슬라는 옵티머스가 비전과 관절 위치 인코더만을 사용해 스스로 팔다리의 정확한 위치를 공간 속에서 찾을 수 있다고 설명했다. 특히 신경망은 완전히 온보드on-board에서 실행된다.

비전 시스템은 카메라를 통해 시각적 정보를 수집하고, 이 데이터를 처리하여 로봇이 공간을 인지하도록 돕는다. 관절 위치 인코더는 시각적 정보와 결합해 옵티머스의 각 부위 위치를 파악하는 데 도움을 준다. 신경망이 온보드에서 실행된다는 것은 모든 처리가 로봇 내부의 컴퓨터나 프로세서에서 독립적으로 이루어진다는 의미다. 즉, 옵티머스가 데이터를 처리하고 결정을 내리는 모든 계산이 로봇 내부에서 직접 수행된다는 것이다.

이 방식은 옵티머스가 클라우드나 외부 컴퓨터에 의존하지 않고, 자체적으로 모든 기능을 수행할 수 있도록 설계되었음을 시사한다. 이는 로봇의 반응 시간을 단축하고, 실시간으로 효율적인 작업을 수행하기 위함이다.

옵티머스 1세대는 한 발을 들고 두 손을 모은 요가 자세로 뛰어난 균형 감각을 선보였다. 아틀라스의 발전에서 알 수 있듯, 로봇의 무게를 줄이고 균형을 잡는 일은 매우 중요한 과제다. 옵티머스 2세대의 최근 현황을 보면, 테슬라의 휴머노이드 로봇 개발 속도는 동종 업계 대비 상당히 빠르며 대량 생산이 가능할 수 있음을 보여 준다. 이는 여러 나라에서 기대 이하의 로봇 실상을 목격한 것과 대조된다.

여전히 걷는 게
너무 어려운 로봇

플레이터는 컴퓨터 과학자 렉스 프리드먼의 팟캐스트에 출연해, 테슬라의 휴머노이드 로봇 개발 선언에 열정적인 경쟁의식이 생겼다고 밝혔다.[27] 카파시 역시 2022년 말에 테슬라를 떠나면서 프리드먼의 방송에 출연해 옵티머스에 대해 오묘하지만 대체로 긍정적인 의견을 밝혔다.[28] 그는 옵티머스 프로젝트가 매우 어렵고 상당한 시간이 걸리겠지만, 다른 회사는 휴머노이드 로봇을 대량으로 제작할 수 없을 것이라고 주장했다. 이는 로보틱스 산업 현장을 관찰하면 실감할 수 있는 사실이다.

세계 최초의 이족 보행 로봇은 일본의 혼다가 개발한 아시모[ASIMO]다. 2006년, 혼다는 아시모의 보행 실력을 선보이기 위해 많은 사람이 모인 무대 위에 7개의 계단을 설치했다.[29] 초등학생이 우주복을 입은 것처럼 아시모는 다소 부자연스러운 움직임으로 계단 앞에 섰다. 20초 이상 머뭇거리다 마침내 첫발을 내디뎠지만, 세 번째 계단에서 균형을 잃고 뒤로 넘어졌다. 사람들의 당황하는 소리가 들리고, 조명은 갑작스럽게 꺼졌다. 직원들이 뛰쳐나와 장막을 치고 사고를 수습했다. 혼다의 관점에서는 악몽 같은 순간이었다.

당시 휴머노이드 로봇의 주행 기술은 미리 프로그래밍이 된 동작만 수행할 수 있는 수준이었다. 약간의 오차만 발생해도 로봇은 스스로 문제를 해결할 능력이 없었다. 그러나 오늘날 옵티머스가 주목받는 이유는 고도의 AI 기술을 활용해 임기응변이 가능한 수준으로 움직일 가능성을 선보였기 때문이다.

로봇 업계에서는 테슬라가 로봇 소프트웨어와 하드웨어를 모두 개발하고 있는 것에 주목하며, 그 발전 속도가 매우 빠르다고 일치하게 평가하고 있다. 이렇게 빠른 속도가 어떤 의미를 갖는지 이해하려면, 세계 최고의 로봇 전문가들이 모여 있는 장소를 방문해 볼 필요가 있다. 그곳에서 최신 기술 동향과 연구 성과를 직접 경험함으로써, 테슬라의 혁신적인 발전이 얼마나 인상적인지 명확히 느낄 수 있다.

2017년 여름, 일본 포트멧세 나고야Port Messe Nagoya에서 미국 최대 물류회사 아마존이 로보틱스 챌린지Amazon Robotics Challenge를 개최했다. 당시 카네기 멜런 대학, 듀크 대학 등 학생들부터 미쓰비시, 파나소닉 등 연구원들까지 로봇에 대한 뜨거운 열정을 느낄 수 있었다. 아마존이 세계 최고의 로봇 전문가들을 한자리에 모은 이유는 로봇이 물건을 제대로 분류하고, 집고, 옮기는 역량을 개발하기 위함이었다.

이러한 기술이 고도화되면 인간보다 더 빠르고, 휴가도 가지 않으며, 다치지 않고 끊임없이 일할 수 있는 물류 로봇이 등장할 수 있다. 물류 회사인 아마존에서 로봇의 물건 분류, 집기, 이동 능력은 물류 및 제조 산업에서 중요한 역할을 한다.

아마존 로보틱스 챌린지가 열리는 같은 장소에서 로보컵RoboCup도 열렸다. 로보컵은 지능형 로봇을 발전시키기 위한 이니셔티브initiative다. 1997년 설립 당시 로보컵의 목표는 2050년까지 축구 월드컵의 인간 챔피언들과

사진 12-8 축구 경기 중 로봇이 넘어질 때마다 엔지니어가 일으키는 장면에서
여러 과제가 존재함을 실감할 수 있었다.
(일본 나고야 세계 로보컵, 2017)

겨뤄 이길 수 있는 로봇팀을 구성하는 것이었다. 행사장에는 로봇에 열정
적인 학자들과 학생들이 로봇 축구 경기에 몰두하고 있었다.

그러나 관찰자 입장에서 당황스러운 것은 로봇의 움직임이 예상보다 정
교하지 못하고, 느리고, 균형을 잡지 못해 쓰러지거나 시동이 꺼지는 일이
빈번했다는 점이었다. 이러한 수준으로 축구 선수들을 이길 수 있을지 회의
적인 생각이 들었다. 세계 최고의 인재들이 모여도 로봇이 인간처럼 움직이
는 것은 쉽지 않은 도전임을 깨닫게 되었다.

그렇다면 이러한 부정적인 시선에도 머스크가 휴머노이드 로봇 개발에
뛰어든 이유는 무엇일까? 머스크는 테슬라의 자율 주행 전기차가 현재 핵심
사업이지만, 미래에는 휴머노이드 로봇 옵티머스가 더 큰 영향을 미칠 것으
로 보고 있다. 이러한 전망은 테슬라의 현재 로봇 기술, 특히 제조 과정에서
사용되는 자동화 로봇들의 기술적 발전과 한계를 고려해 이해할 수 있다.

테슬라의 과거와 현재를 통해 로봇 기술의 진화를 분석하면 옵티머스 프로젝트가 테슬라의 미래 전략에서 어떤 역할을 할 수 있을지에 대한 통찰을 얻을 수 있다. 이를 위해 머스크를 로보틱스 산업에 뛰어들게 한 보스턴 다이내믹스를 살펴봤다.

스팟의 놀라운 성능과
놀라운 가격

보스턴 다이내믹스는 4족 보행 로봇 스팟으로 유명한 세계 최고 수준의 로봇 제조사다. 2013년 12월 구글, 2017년 6월 소프트뱅크, 2020년 12월 현대자동차로 약 1조 원을 투자하는 순서로 매각과 인수를 거쳤다.

말로만 듣던 스팟을 미국에서 처음 목격했을 때, 다양한 센서와 알고리즘을 사용해 주변 환경을 인식하고 자율적으로 탐색하며 장애물을 피하는 실력에 감탄했다. 당시 스팟의 길이는 1,110mm, 키는 840mm, 무게는 32kg이었다. 스팟은 ±30도의 경사도에 진입할 수 있고, 최대 초당 1.6m를 달릴 수 있다. 공원에 데리고 가면 마치 중형 개와 산책하는 기분일 것이다.

물론 그 시간은 짧게 느껴질 수 있다. 배터리 가용 시간이 약 1시간 30분에 불과하기 때문이다. 이는 로봇 기술의 발전에 비해 배터리 기술이 상대적으로 미약함을 보여 준다.

스팟의 몸통 전후방에는 5개의 스테레오 카메라가 탑재되어 있다. 스테레오 카메라는 주변 지형의 이미지와 깊이 데이터를 3D로 매핑mapping한다.

예를 들어, 거실의 물건 위치를 종이에 그려서 보여 주는 것도 일종의 매핑이다. 로봇의 매핑은 센서나 카메라를 사용해 주변 환경을 인식하고, 이 정보를 사용해 내부적으로 환경의 지도를 만든다. 이는 로봇이 어디에 있는지, 어디로 이동해야 하는지, 어떤 장애물을 피해야 하는지 등을 분석하는 데 도움이 된다.

그렇기에 스팟은 게이지Gauge, 기계, 파이프 등을 검사하며 부식이나 누출 같은 이상이 없는지 점검할 수 있다. 몸통 위로 최대 14kg의 페이로드payload를 적재할 수 있어 다양한 검사 장비를 상황에 맞게 탑재할 수 있다. 이를 통해 로봇이 인간 대신 위험한 산업 현장에 투입될 수 있다.

실제로 2023년 4월, 미국 맨해튼의 주차장이 붕괴하는 사고가 발생했다.[30] 건물이 매우 불안정한 상태여서 소방관들이 부상자를 확인하기 어려웠다. 이때 스팟이 투입돼 실시간으로 건물 내부 정보를 소방 당국에 전송했다.

뉴욕 시장인 에릭 애덤스Eric Adams는 스팟 덕분에 시민과 소방관들이 안전할 수 있었다고 말했다. 이는 스팟의 몸에 장착된 카메라Spot CAM+IR가 360도 시야를 제공했기 때문에 가능했다. 경쟁사의 로봇들은 일반적으로 전면 카메라만 갖추고 있다. 또한 스팟의 카메라는 고해상도 열 이미지 처리 기능을 사용해 로봇의 주변이 연기로 가려져 있더라도 갇힌 사람이나 열을 방출하는 물체를 찾을 수 있다. 조작자는 이러한 고성능 카메라를 회전하고, 기울이고, 최대 30배 확대해 안전한 장소에서 위험한 사고 현장을 샅샅이 조사할 수 있다.

플레이터에 따르면 보스턴 다이내믹스는 기계 학습이나 비전 알고리즘을 사용해 이동과 조작 알고리즘을 개발하는 데 몰두하고 있다.[31] 즉, 스팟이 새로운 환경에서도 문제없이 탐색할 수 있도록 완성도를 높이고 있다는 것이다. 이를 위해 보스턴 다이내믹스는 강화 학습Reinforcement Learning을 사용

테슬라 마스터 플랜

하고 있다.

스팟이 강화 학습을 사용한다는 것은 로봇이 자기 경험에서 학습하여 행동을 개선하고 최적화한다는 의미다. 강화 학습은 로봇이 주어진 환경에서 시행착오를 통해 최상의 결과를 가져오는 행동을 스스로 학습하게 하는 기계 학습의 한 형태다.

강화 학습 능력 덕분에 스팟은 이동locomotion, 조작manipulation, 인식perception 등의 작업을 더 효율적이고 정교하게 수행할 수 있다. 결과적으로, 스팟은 복잡한 문손잡이나 검사 장비를 다루는 등 더 도전적인 작업을 수행할 능력을 키울 수 있다.

스팟의 뛰어난 기능을 생각하면 우리나라 모든 지자체에 도입됐으면 좋겠지만, 아직 구매자의 관점에서는 너무 비싸다. 유지 보수 비용까지 고려하면 여전히 사람에게 월급을 주는 것이 더 나을 것이다. 2020년 기준으로 스팟의 기본 가격은 74,500달러, 우리 돈으로 약 9천만 원이 넘는다.[32] 다양한 추가 기능과 액세서리를 더하면 비용은 1억 원이 넘을 수 있다.

보스턴 다이내믹스를 일반인에게도 널리 알린 로봇은 스팟뿐만이 아니다. 휴머노이드 로봇 아틀라스도 있다. 아틀라스는 세계에서 가장 역동적인 인간형 로봇 중 하나로, 고급 제어 시스템과 최첨단 하드웨어를 갖추고 있어 인간도 하기 힘든 공중회전 같은 체조 동작이 가능하다. 아틀라스는 머스크를 로보틱스 세계로 인도한 결정적인 로봇일 것이다.

아틀라스를 향한
두 가지 의문

2008년, 미국 방위 고등 연구계획국^{Defense Advanced Research Projects Agency, DARPA}
프로그램을 수주하면서 2,630만 달러의 자금을 받아 아틀라스의 전신인
팻맨^{PETMAN} 프로젝트를 시작할 수 있었다.[33]

2009년, 팻맨의 하체가 처음 공개되었다. 당시 팻맨은 스스로 균형을 잡
기 어려워 어깨에 2개의 안전선을 매달아 넘어짐을 방지했다. 아슬아슬하
게 트레드밀 위에서 걷는 데 성공한 것이다. 2011년에는 다리에 이어 몸통
의 프로토타입을 완성해, 팻맨은 키 177.8cm, 몸무게 79.4kg의 건장한 남
성과 같은 외형으로 시속 6.44km로 달릴 수 있게 되었다. 이때부터 팻맨
은 걷고, 앉고, 무릎을 굽히고, 팔굽혀펴기를 하기 시작했다.[34]

외부 전원 공급 장치로 연결된 팻맨의 DOF는 29로, 아틀라스의 20보다
높았다. 이는 팻맨이 29가지 동작을 수행할 수 있음을 의미한다. 아틀라스
로 발전하면서 불필요한 움직임을 줄이고 에너지 효율을 높이기 위한 시도
로 볼 수 있다.

2023년 1월에 공개된 아틀라스는 기울어진 나무판자를 인지해 집어 제

자리 회전 점프를 한 뒤 이동을 위해 계단에 내려놓았다. 아틀라스는 인부의 요청에 따라 공구 가방을 집어 네 계단을 사뿐히 올라 판자를 지나 점프해 철골 구조물에 올랐다. 그 자리에서 다시 회전 점프를 하여 한 층 위에 있는 인부에게 가방을 던져 주고, 앞을 가로막는 나무 상자를 밀쳐낸 뒤 사뿐히 내려와 마지막으로 공중제비를 돌고 지면에 안전하게 착지했다. 이 장면을 분석해 보면 왜 머스크가 아틀라스에 감탄했는지 이해할 수 있다.

아틀라스는 객체와 상호작용 하고 목표에 도달하기 위해 경로를 수정하며, 이동성, 감지 능력, 운동 능력의 한계를 뛰어넘고 있다. 이는 보스턴 다이내믹스가 단순히 걷고 뛰는 것을 넘어서, 로봇이 주변 환경을 인식하고 행동을 조정하며 다양한 물리적 작업을 수행할 수 있는 능력을 개발하고 있음을 보여 준다.

플레이터는 프리드먼에게 2022년에 아틀라스가 인간처럼 자연스럽게 걷기까지 걸린 시간은 15년이라는 긴 세월이 걸렸다고 했다. 세계 최고 수준의 인재들이 모였는데 왜 이렇게 오랜 시간이 필요했을까?

팻맨처럼 상체가 크다는 것은 질량 중심이 높아져 균형 유지가 어려워질 수 있음을 의미한다. 특히 걷거나 물건을 들어 올리는 역동적인 활동 중에는 더욱 그렇다. 관성은 속도 변화에 대한 물리적 저항을 의미하며, 큰 상체는 전체 질량을 증가시키고 관성을 높여 동작의 시작, 중지, 변경을 더 어렵게 만든다. 휴머노이드 로봇은 움직이는 동안 균형을 유지해야 하기 때문이다.

로봇이 무거운 물체를 들어 올릴 때 상황은 더 복잡해진다. 물체의 무게는 로봇의 질량을 증가시키고 질량 중심을 변경시킨다. 특히 물체가 로봇 본체에서 멀리 떨어져 있을 때는 질량 중심이 더 이동하고 관성 모멘트Moment of inertia가 증가해 균형 유지가 더욱 어려워진다. 이러한 제약 때문에 아틀라스는 팻맨보다 덩치가 작아졌다고 유추할 수 있다.

세계 여러 나라에서 뛰어난 인재들이 모여도 로봇이 걷는 것은 여전히 쉽지 않음을 확인했다. 인간의 보행 방식을 모방하는 것은 균형, 동작 조정, 복잡한 기계적 구조, 고도의 기술과 정밀한 엔지니어링이 필요하기 때문이다.

보스턴 다이내믹스의 로봇들은 대단한 움직임을 보여 준다. 그러나 이들 로봇에 대한 고비용과 유용성에 대한 비관적인 시선도 존재한다. 능력 대비 가격이 비싸 소규모 기업이나 개인 소비자가 접근하기 어렵다는 것이 문제다. 로봇이 검사, 데이터 수집, 심지어 엔터테인먼트 등 여러 분야에서 뛰어난 성능을 보이지만, 고급 기술이 일반인에게 실용적인지는 의문이다.

아틀라스는 두 발로 놀라운 물리적 움직임을 보여 주지만, 작은 키에 비해 몸무게가 많이 나간다는 점에서 두 가지 의문이 생긴다. 첫째, 배터리와 유압 장치 때문에 현재로서는 로봇의 총무게를 줄이기 어렵다. 고성능 유압 시스템을 사용함에 따라 배터리 소모가 빠르고 실제 작동 시간이 제한된다. 둘째, 이렇게 고가의 부품을 장착한 로봇을 대량 생산할 수 있을지 의문이다.

머스크도 감탄하는 보스턴 다이내믹스의 매출 현황을 살펴보면 의외의 결과와 마주할 수 있다.[35] 2022년에 매출은 약 780억 원, 순손실은 약 2,600억 원을 기록했다.

AI 전쟁의
서막이 열리다

팻맨과 아틀라스는 인간형 로봇이 자연스러운 동작을 구현하는 데 상당한 시간과 노력이 필요함을 보여 주었다. 그러나 테슬라는 보스턴 다이내믹스와 다른 전략과 빠른 속도로 주목받고 있다. 이는 현대차에 없는 슈퍼컴퓨터 도조를 테슬라가 보유하고 있기 때문이다.

머스크의 주장과 발전하는 테슬라 FSD를 고려하면, 뛰어난 AI를 탑재한 로봇을 대량 생산할 가능성이 큰 기업은 테슬라다. 지금도 세계 여러 도로에서 테슬라 전기차는 카메라를 통해 신경망에 물리 세계를 전달하고 있기 때문이다.[36]

이 책을 쓰는 중에 2024년 5월, 아틀라스의 은퇴 소식이 들렸다. 2024년 4월 16일, 유압식 아틀라스가 은퇴했고, 다음 날 완전 전기식 아틀라스가 공개되었다. 보스턴 다이내믹스가 다리 달린 로봇에 집중한 이유는 균형을 잡고 동적으로 움직이며 구조화되지 않은 지형을 쉽게 이동할 수 있는 로봇을 만들기 위해서다.

구형 아틀라스의 은퇴는 상업 제품보다는 연구 및 개발 프로젝트로 시작되었음을 인정한 셈이다. 새로운 아틀라스는 인간처럼 움직이는 범위에 제약받지 않고, 임무를 효율적으로 완수하는 데 초점을 맞추고 있다. 또한, 대량 생산을 염두에 둔 경량 소재가 사용되었다. 플레이터에 따르면 신형 아틀라스의 실전 투입 여부는 2025년 초에 현대자동차 공장에서 확인할 수 있을 것이다.[37]

테슬라는 아틀라스처럼 다양한 동작을 하는 것보다, 로봇이 보고 움직이는 데 필요한 필수 요소에 집중해서 개발한다. 예를 들어, 신형 아틀라스는 머리가 360도 회전하지만, 옵티머스의 머리 부분 2DOF2-DoF actuated neck로 상하좌우를 살피고 필요에 따라 몸을 움직여 주변 환경을 분석한다. 대신 옵티머스는 손 부분에서 더 큰 차이를 보인다.

옵티머스의 손은 더 빠르고 11개의 DOF를 가지고 있어 복잡하고 정교한 움직임이 가능하다. 이를 통해 로봇이 섬세한 물체를 다루거나 다양한 도구를 작동하는 등 정밀한 작업을 수행할 수 있게 된다. 특히 모든 손가락에 촉각 감지 기능이 있어, 물체와 상호작용 할 때 필요한 그립과 압력을

사진 12-10 모형이지만 테슬라가 로봇의 손 역할을 중요하게 생각한다는 것을 엿볼 수 있었다.
(서울 모빌리티쇼, 2023)

결정할 수 있다. 이와 같은 감각 입력은 로봇이 다루는 재료의 손상을 방지하고, 민첩성을 향상하기 위해 힘을 조정할 수 있으며, 무엇보다 여러 물건을 만지면서 신경망을 통해 인간 세계를 이해하는 트래픽 입구가 될 가능성도 보여 준다.

2023년 12월에 공개된 옵티머스 2세대는 1세대보다 몸무게가 10kg 줄었고, 보행 속도는 30% 빨라졌다. 관절식 발가락이 있어 아틀라스처럼 화려한 동작은 못 해도 인간처럼 무릎을 굽히고 균형을 잡는 스쿼트 동작을 수행할 수 있다.[38]

카파시는 프리드먼에게 자동차를 만드는 것과 로봇을 만드는 것은 근본적으로 다르지 않다며, 연구용 로봇을 만드는 역량과 대량 생산 로봇을 만드는 역량은 전혀 다른 수준이라고 강조했다.[39] 그는 웃으며 테슬라 로봇이 자신을 자동차라고 생각할 것이라고 말했다. 아틀라스와 달리 옵티머스가 빠르게 발전한 이유는 오토파일럿의 많은 기능, 즉 전기차의 두뇌를 로봇에 그대로 복사하듯 탑재할 수 있었기 때문이다.

카파시가 테슬라에서 퇴사한 후 등장한 E2E AI와 같은 신경망 기술도 재훈련을 통해 로봇에 이식할 수 있다. 물론 이 성능은 학습을 통해 계속 발전할 것이다. 하드웨어 측면에서도 모델 S 플레이드의 전기 모터를 설계한 팀이 로봇의 액추에이터도 설계했다. 머스크는 인베스터 데이에서 테슬라가 실용적인 제품을 누구보다 빠르게 대량 생산할 수 있다고 강조했다.

특히 그는 테슬라가 실제 세계 AI에서 가장 앞서 있다고 주장했다. 자동차를 운전하는 AI가 옵티머스에도 적용되기 때문이다. 테슬라는 이미 옵티머스의 팔과 다리로 가득한 연구실을 운영하고 있다.

테슬라는 모델 3의 생산과 물류 문제를 해결하면서 제조 기술에 능숙해졌다. 옵티머스의 액추에이터는 모두 테슬라가 맞춤 설계했으며, 전기 모터, 기어박스, 파워 일렉트로닉스, 배터리 팩 등 모든 부품을 직접 설계하고 있다.

머스크는 전기 모터와 기어박스는 존재하지만, 테슬라가 원하는 수준의 인간형 로봇에 유용한 시중 부품이 거의 없다는 사실에 놀랐다고 말했다. 그는 인간형 로봇의 모든 행동을 프로그래밍하는 것은 비효율적이라고 지적했다. 로봇이 자율적으로 작업을 수행할 수 있어야 한다는 것이다. 그는 이것이 테슬라의 핵심적인 이점이라고 강조했다.

로봇에게 할 일을 시각적으로 보여 주거나 말로 간단히 지시할 수 있어야 진정한 인간과 로봇의 공존 시대가 열릴 것이다. 머스크는 인간 대비 휴머노이드 로봇의 비율이 1대 1보다 클 수도 있는 시대를 준비하고 있다.

그의 말처럼 옵티머스 개발은 테슬라의 다른 프로젝트보다 이해되지 않거나 저평가받을 수 있지만, 장기적으로는 전기차 분야보다 훨씬 더 가치가 있을 수 있다. 이는 마스터 플랜 3에서 언급한 것들이 실행된다면 가능할 것이다.

PART
13

사이버트럭에서 비친
화성 진출 목표 (2023년)

들어가며

테슬라의 사이버트럭은 도로에 등장하는 것만으로도 큰 관심을 끈다. 일론 머스크는 사이버트럭을 화성에 보낼 것이라고 말했는데, 일반적인 제조사의 경영자가 이런 주장을 하면 허무맹랑하게 들릴 수 있지만, 스페이스X 설립자인 머스크의 말이기에 많은 기대를 받고 있다.

픽업트럭을 사랑하는 미국인들은 사이버트럭을 볼 때마다 운전자에게 다양한 질문을 던진다. 현재 사이버트럭은 중국의 규제와 기술적 문제로 출시가 어렵다. 중국 대도시는 사이버트럭과 같은 다목적 트럭의 진입 시간과 접근 금지 구역에 대해 엄격한 규제를 하고 있다. 테슬라가 이 차를 팔려면 오프로드 전용 차량으로 재분류하는 방안을 모색해야 할 것이다.[1]

그럼에도 불구하고, 2024년 1월 중국 베이징에 등장한 사이버트럭을 보려는 인파가 몰려들었다. 사이버트럭의 광범위한 중국 투어는 판매보다는 기술력과 브랜드 이미지를 과시하는 데 더 큰 의의가 있다. 테슬라가 당장 출시하지 못하는 차량을 전면에 내세운 것은 중국 시장에서의 입지가 예전과 달리 더욱 치열해졌음을 보여 준다.

그렇다면 머스크에게 사이버트럭이 의미하는 바는 무엇일까? 왜 이렇게 독특하고 강력한 디자인을 선택했을까? 그를 단순한 전기차 제조사 경영자로 볼 수 없는 이유는 그가 설립한 스페이스X에 있다.

　세계 여러 언론이 머스크를 비판하고 무시해도, 스페이스X는 테슬라와 NASA보다 매년 미국 공대생이 희망하는 직장 1위로 꼽힌다. 인재가 모인다는 것은 그 기업의 장래가 밝다는 증거다. 숀 페인 전미자동차노조 회장은 일론 머스크 같은 탐욕스러운 경영자들이 로켓 발사에 몰두하면서 근로자의 고혈을 짜낸다고 비판했다. 하지만 스페이스X는 인류 역사상 가장 강력한 로켓인 스타십 발사를 시도하고 있으며, 이는 단순한 부자의 돈 장난이 아니다.

　많은 사람은 화려한 성공에 가려진 머스크의 대단한 의지를 잘 알지 못한다. 그가 어떤 모욕을 당하고 이를 극복했는지 알게 된다면, 테슬라의 영향력을 진지하게 생각해 볼 가치가 있다는 것을 깨닫게 될 것이다. 머스크가 마주한 회의론과 함께 사이버트럭처럼 야심 찬 프로젝트에 가려진 그의 인간적인 면모를 조명해 본다.

　사이버트럭에는 어떤 혁신적인 기술이 탑재되어 있기에 사람들의 관심을 끌고, 비판도 쏟아지는 것일까? 머스크의 디자인 선택과 기술적 혁신을 이해하게 된다면, 그가 진정으로 이루고자 하는 바를 알게 될 것이다.

12차선 미국 고속도로의
끔찍한 현실

2024년, 미국 샌디에이고에서 사촌 동생의 결혼식에 참석하다가 로스앤젤레스의 피터슨 박물관에서 최초의 테슬라 전시회가 열린다는 소식을 듣고 양해를 구하고 일찍 떠났다. 아이작슨에 따르면, 머스크와 수석 디자이너 프란츠 폰 홀츠하우젠이 사이버트럭에 대한 아이디어를 구상하기 위해 이곳을 방문했기 때문이다.[2]

테슬라는 마케팅에 투자하지 않기로 유명하기 때문에 이번 전시회를 놓치면 다시는 볼 수 없을 것 같았다. 결혼식에 온전히 집중할 수가 없었고, 곧장 주간 고속도로인 제5호선Interstate 5을 지나 405번 국도를 경유하며 200km 이상을 운전했다.

할머니와 외할머니가 모두 로스앤젤레스에 거주했기에, 캘리포니아의 변화에 대한 관심과 추억이 많았다. 실리콘 밸리의 기업 문화와 자동차 문화가 세계 경제와 정치에 미치는 영향을 이 책에서 다루고자 했다. 우리나라에서는 쉽게 볼 수 없는 경험들과 문화 차이가 존재하기 때문이다.

왕복 12차선 도로에서 운전해 보니 왜 미국인 동생들이 출퇴근 시간을 피하라고 하는지 이해되었다. 실 비치^{Seal Beach}의 21번, 22번 출구 사이의 405번 국도 연간 평균 일일 교통량은 37만 대가 넘었는데, 이는 2008년 조사 당시 미국에서 가장 높은 수치였다.[3] 동생들에게는 당연한 일이지만, 우리나라에서는 볼 수 없는 초대형 트레일러와 픽업트럭들이 끊임없이 배기가스를 분출하는 모습을 보며 숨이 막힐 지경이었다.

이와 같은 상황에서, 그해 출간한 《뜨겁고 평평하고 붐비는 세계^{Hot, Flat, and Crowded}》에서 토머스 프리드먼은 단 하루라도 미국이 중국처럼 될 수 있기를 바란다고 썼다. 그는 미국의 정부 시스템이 거의 모든 면에서 우월하지만[4] 중국 정부의 가장 큰 장점은 광범위하고 전략적인 개혁을 톱다운 방식으로 신속하게 시행할 수 있다는 점이라고 지적했다. 물론, 정치적 논쟁이나 대중의 반대 없이 전면적인 개혁을 시행할 수 있는 능력은 특정 정책 목표를 달성하는 데 유리해 보일 수 있지만, 이는 민주주의 시스템의 기본인 견제와 균형을 무시하기도 한다.

한편, 2019년에 제5호선 로스앤젤레스-롱 비치^{Long Beach}-산타아나^{Santa Ana} 구간의 연간 평균 일일 교통량은 50만 대 이상으로 급증했다. 미국에서 가장 많은 교통량 순위 25개 구간 중 캘리포니아가 12개를 차지했다.[5] 매일 약 4,341,300대의 차량이 캘리포니아 도로에서 가다 서기를 반복하고, 내연 기관차는 전기차와 달리 서행 중에도 배기가스를 뿜어낸다. 소형차가 많은 일본이나 독일과 비교해도, 미국에서는 연비가 좋지 않은 대형 픽업트럭이나 SUV에 운전자 한 명만 타고 있는 경우가 많다.

실제로 미국의 평균 차량 좌석 점유율은 2009년부터 2017년까지 1.67로 일정하게 유지되었다.[6] 이는 대부분 자동차가 사용할 수 있는 좌석 중 2개 미만을 사용하면서 주행한다는 것을 의미한다. 교통안전을 위한 미국 AAA 비영리 재단^{AAA Foundation for Traffic Safety}의 조사 결과에 따르면, 2021년에는 2020년에 비해 운전 횟수, 운전 시간, 주행 거리가 급격히 증가했다. 차량 좌석 점유율이 일정한 상태에서 운전자들이 2021년에 평균 하루 2.57회 운전했다는 사실은 자원의 낭비가 많다는 것을 방증한다.[7]

왕복 12차선의 광활한 도로에서 끊임없이 뿜어내는 이산화 탄소를 지켜보면 기후 위기에 대한 미국의 안일한 대응을 향한 프리드먼의 절규가 이해된다. 다만, 지난 10년 동안 고무적인 현상은 테슬라를 중심으로 전기차가 급증하고 있다는 것이다.

테슬라의 지난 5년간 총생산량 추이는 104,891대(2019년), 509,737대(2020년), 930,422대(2021년), 1,369,611대(2022년), 1,845,985대(2023년)로, 불가능하다고 했던 전기차 시대를 이끌고 있다. 그러나 여전히 생산량의 상당수가 모델 Y이며, 미국에서 환경 오염의 주범으로 지목받는 픽업트럭 시장은 공략하지 못한 상황이다.

미국 에너지부United States Department of Energy에 따르면 2020년을 기준으로 갤런당 마일MPG 효율성 순위 1위는 오토바이로 44MPG다.[8] 즉, 오토바이는 갤런당 약 70km 이상 주행할 수 있다. 차량 공유 서비스용 차량Ridesourcing Vehicle은 25.5MPG, 일반 차량은 24.2MPG, 경트럭이나 밴은 17.5MPG, 장애인 셔틀 서비스 차량은 7.1MPG, 배송 트럭은 6.5MPG, 스쿨버스는 6.2MPG, 대형 트럭Class 8 Truck은 5.29MPG, 대중교통 버스는 3.26MPG, 쓰레기 수거 트럭은 2.53MPG이다.

2023년 미국에서 가장 많이 판매된 차량은 포드 F-시리즈, 쉐보레 실버라도Silverado, 3위는 램 픽업RAM Pickup이다. 이들 차량은 모두 픽업트럭으로, 연간 판매량은 총 1,750,863대에 달한다. 4위는 434,943대가 팔린 토요타 SUV 라브4RAV4, 5위는 403,897대가 팔린 테슬라 SUV 모델 Y다.

따라서 테슬라가 설립 취지에 맞게 행동하려면, 배기가스를 많이 배출하는 미국의 픽업트럭 시장을 시급히 전동화해야 한다. 이를 위해 등장한 것이 바로 사이버트럭이다.

만들고 보니
방탄 트럭

미국 LA에 있는 피터슨 자동차 박물관에 도착하니, 입구에는 폰 홀츠하우젠이 디자인한 사이버트럭과 이를 분해한 차대가 전시되어 있었다. 박물관 내부에는 테슬라가 방탄 실험을 한 사이버트럭도 있었다. 실제로 보니 감회가 새로웠다. 이곳은 머스크와 폰 홀츠하우젠이 사이버트럭을 구상하기 위해 영감을 얻으려 방문한 곳이다.[9] 테슬라는 마케팅에 투자하지 않는 것으로 유명하지만, 피터슨 박물관에서는 테슬라의 모든 기술 제품을 전시했다.

사이버트럭의 외피는 머스크가 추구한 기이한 외골격Exoskeleton 차체로, 테슬라 엔지니어들도 예상하지 못할 정도로 강했다. 처음부터 방탄 기능을 고려하지 않았지만, 외골격 차체의 원료로 스테인리스강을 사용하면서 방탄 기능이 생긴 것이다.

머스크는 수년 전, 사이버트럭이 사용할 스테인리스강의 두께가 3mm인 초고경도 냉간압연 30X 스테인리스강ultra-hard 30X cold-rolled stainless steel이 될 것이라고 말했다. 그러나 최근 테슬라의 공식 발표를 보면, 3mm라는 단어가 빠진 것을 알 수 있다. 2023년 12월에 공개한 사격 테스트에서 테슬라

테슬라 마스터 플랜

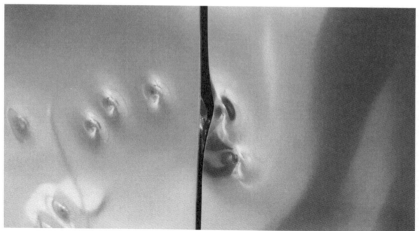

는 사이버트럭 도어가 최대 1.8mm 두께의 스테인리스강으로 제작되었다고 밝혔다. 이는 사이버트럭 전면과 후면에 사용되는 기가 캐스팅 및 프레임의 강성을 고려한 결과로 보인다.

이러한 설계는 스테인리스강의 두께를 줄임으로써 원재료 비용을 절감할 수 있다. 프런트 트렁크는 충돌 안전성을 위해 더 얇게 제작될 가능성도 있다.

사이버트럭 재료 두께의 변화는 무게와 비용 효율성, 내구성의 균형을 맞추기 위한 테슬라의 지속적인 설계 및 제조 공정 조정을 반영한 것이다. 이러한 조정은 새로운 차량 개발 단계에서 흔한 일이며, 특히 여러 혁신 기술이 도입된 모델에서는 더욱 그렇다.

테슬라는 사이버트럭을 테스트하기 위해 토미 건Tommy Gun이라는 별명을 가진 톰슨 기관단총으로 45구경 탄환을 발사했다. 토미 건은 1920년대와 1930년대에 군대와 조직 범죄자들 사이에서 인기를 끌었던 총이다. 테슬라 엔지니어들은 사이버트럭을 향해 토미 건을 발포하는 순간 긴장했지만

[10], 총알은 초당 약 285m로 날아갔음에도 사이버트럭 도어를 뚫지 못했다.

다음 테스트 총기는 토미 건보다 빠른 속도로 총알을 발사하는 글록^{Glock} 권총이었다. 글록으로 9mm 구경의 탄약을 초당 약 335m의 속도로 발사했지만, 도어는 여전히 멀쩡했다. 그다음 테스트 총기는 MP5-SD 서브 머신건이었다. 클로즈드 볼트 방식^{closed bolt} 덕분에 MP5는 첫 탄의 명중률이 매우 높다고 알려졌다. 그렇기에 1970년대부터 많은 특수부대가 선호했다. MP5 역시 9mm 구경의 탄약을 초당 약 290m의 속도로 발사했지만, 여전히 도어를 관통하지 못했다.

영화에서 주인공이 총알을 피하려고 차 문 뒤에 숨는 장면을 볼 수 있지만, 전통적인 자동차 문은 총알을 막지 못한다. 머스크는 강철 외골격 덕분에 사이버트럭이 스포츠카 맥라렌^{McLaren} P1보다 강성이 뛰어나다고 주장했다.

다만, 사이버트럭의 유리는 방탄 기능이 없다. 2019년 11월에 사이버트럭의 프로토타입 공개 행사에서 창문의 강도를 테스트하다 유리가 깨지는 일이 발생했기 때문이다. 당시 프란츠 폰 홀츠하우젠은 금속 공을 던져 사이버트럭의 창문이 깨지지 않는다는 것을 보여 주려 했으나 실패했다. 그 결과, 다음 날 테슬라의 주가는 6% 하락했다. 4년이 지난 후, 이번에는 상대적으로 강도가 약한 야구공을 던졌고, 창문은 깨지지 않았다.

마지막으로 M4 샷건^{Shotgun}을 사용했다. 이 총은 여러 개의 큰 산탄이 들어 있어 근접 전투에서 넓은 범위를 타격할 수 있다. 테슬라는 중간 크기의 00번 벅샷^{Buckshot}을 초당 약 366m의 속도로 발사했다. 탄환이 연이어 같은 곳에 맞아 살짝 관통된 구멍이 생겼지만, 패널 안쪽은 멀쩡했다. 총알이 뚫은 구멍은 없었고, 유리도 약간의 금만 갔을 뿐 견뎌냈다. 모든 창문이 온전했고, 차량의 모든 기능이 잘 작동했다.

만들고 보니 방탄 성능이 발견된 이 독특한 전기차의 등장으로 세상은

사진 13-2 사이버트럭 창문의 강도 테스트에 사용한 금속 공
(미국 피터슨 자동차 박물관, 2024)

테슬라에 환호하거나 위협적인 외모로 반감을 갖게 되었다. 그러나 독특하고 미래 지향적인 디자인을 실현하고, 방탄 내구성을 과감히 테스트할 수 있는 테슬라의 조직 문화는 AGI가 등장하는 시대를 앞둔 개인의 관점에서 중요한 학습 대상이다. 사이버트럭은 전통적인 업계 규범에 도전하며, 창의적인 교육 환경을 위해 디자인 사고와 문제 해결에 대한 새로운 접근 방식을 제시할 수 있기 때문이다.

사이버트럭의 외관이나 성능에 대한 논의는 많지만, 이 차량에서 드러나는 머스크의 화성 진출 목표에 관한 토론은 상대적으로 적다. 머스크의 창의성과 과감한 실행력, 전략적 판단 능력을 이해하려면 그가 왜 스페이스X를 설립했는지, 그리고 이 기업이 테슬라에 어떤 영향을 미치는지를 함께 살펴보는 것이 좋다.

일론 머스크에게
침을 뱉은 사람들

2019년 11월 22일, 일론 머스크는 사이버트럭의 가압 버전을 화성에 보낼 것이라고 발표했다.[11] 그의 이러한 주장은 허무맹랑해 보일 수 있지만, 그가 겪은 엄청난 시련을 알고 나면 머스크에 대한 선입견이 사라질 것이다. 그의 행적은 결코 우습게 볼 일이 아니다.

수많은 언론이 머스크를 비판해도 산업 현장에서는 여전히 인기가 치솟고 있다. 그러나 그는 언제나 인식의 확장과 대담한 탐구심을 인정받은 것은 아니었다. 특히 창업 초기에는 많은 비판과 멸시를 받았다.

2000년 무렵, 일론 머스크는 본인이 설립한 결제 시스템 기업 페이팔 PayPal의 전신인 엑스닷컴X.com CEO 자리에서 물러나야 했다. 자존심 강한 그가 권력 다툼으로 인해 CEO 자리를 빼앗겼다는 사실은 큰 충격이었을 것이다. 그리고 2002년에는 이베이eBay가 페이팔을 인수했다. 이 과정에서 페이팔의 대주주였던 머스크는 약 1억 6,500만 달러의 이익을 얻은 것으로 알려졌다. 이 돈이 바로 스페이스X와 테슬라를 설립하는 데 중요한 씨앗 역할을 한다. 이 씨앗들이 인식의 지평을 전자 상거래 시장에서 우주 산업으

사이버 트럭의 강렬한 전면 디자인
(미국 피터슨 자동차 박물관, 2024)

로 확장하기 시작한 원동력이었다.

머스크가 나사에 실망하지 않았다면 스페이스X를 설립하지 않았을 것이다. 그는 나사의 웹사이트를 확인하면서, 아폴로 11호 이후에도 적극적인 우주 탐사가 지속될 것으로 기대했다. 그러나 나사는 저궤도에조차 미국인을 보내지 못해 러시아의 우주선을 빌려 타야 하는 상황이었다. 머스크의 답답함은 커져만 갔다. 아폴로 계획을 성공한 미국이 30년이 지나도 화성에 가려는 계획을 발표하지 않았기 때문이다. 그는 나사의 웹사이트에 화성에 관한 정보가 누락되어 있다고 생각했지만, 실제로는 나사가 화성에 사람을 보낼 계획이 전혀 없다는 것을 알게 되었다.

머스크는 화성에 소형 착륙선을 보내 씨앗을 심겠다는 목표를 세웠다. 그는 화성에서 자급자족할 수 있어야 인류의 이주가 가능하다고 판단했다. 그렇기에 2001년 화성 오아시스 프로젝트_{Mars Oasis project}를 발표한다.[12] 화성의 토양은 지구와 다르고 물과 영양소가 부족할 수 있어 씨앗을 건조된 젤 형태로 보내려고 했다.

이를 위해 머스크는 화성에 씨앗을 보낼 로켓이 필요하다고 생각했다. 그는 대륙간탄도미사일ICBM을 구하기 위해 러시아를 두 차례 방문했다. 2002년 모스크바에서 만난 러시아 엔지니어들은 그의 신발에 침을 뱉었다고 전해진다.[13] 이 모욕적인 순간이 머스크에게는 저렴하고 재사용할 수 있는 로켓을 만들기로 결심하는 계기가 되었다. 그렇게 탄생한 기업이 스페이스X다.

스페이스X 설립 초기에 미국의 많은 언론은 일론 머스크를 비웃었으며, 일부는 그가 페이팔로 벌어들인 돈을 지키며 여생을 편안하게 보내길 권했다. 2003년에 로켓 엔지니어 마셜 캐플런Marshall Kaplan의 발언이 인상적이다.[14] 그는 '백만장자가 되는 방법은 10억 달러로 사업을 시작하는 것'이라고 말했다. 이는 사업을 시작하고 나서 10억 달러를 모두 소비하면 결국 백만장자가 될 수 있다는 뜻으로, 이는 스페이스X에 대한 불신을 드러낸 것이다.

당시 머스크를 비판한 이들의 의견을 종합해 보면, 민간 스타트업이 로켓 시장에 진출하려는 터무니없는 발상을 했다는 것이다. 창업자가 로켓을 독학한 사람에 불과했기에 신뢰하기 어려웠다. 나사, 보잉, 록히드 마틴 등 수많은 천재를 모으고 막대한 자본과 미국 정부의 지원에도 불구하고 기존의 세계적인 기업조차 달성하기 어려운 일이기 때문이다. 하지만 머스크는 창업 후 불과 4년 만인 2006년 3월 24일에 팰컨 1 로켓 발사를 시도했다.

스페이스X가 스타트업에 불과했기 때문에 미국 내 마땅한 발사 장소를 찾기 어려웠다. 그래서 그들은 태평양 한가운데 외딴 환초까지 찾아내 어려운 여건을 극복하며 밤낮없이 일해야 했다. 스페이스X의 초기 임직원들은 로켓을 발사하기 위해 본사가 있는 미국 캘리포니아주 로스앤젤레스 공항에서 비행기를 타고 4,000km를 이동해 하와이주 호놀룰루 공항에 와야 했다. 그리고 다시 마셜 제도의 콰절린 환초Kwajalein Atoll로 4,000km를 날아가는 비행기에 탑승해야 했기 때문이다.

그런데도 고난의 여정은 끝나지 않았다. 콰절린 공항에 도착한 후, 북쪽을 향해 배를 타고 오멜렉섬으로 이동해야 팰컨 1을 조립할 수 있었다.

당시 스페이스X의 핵심 인물인 필 카수프Philippe Kassouf는 다시는 가고 싶지 않은 지역으로 하와이를 지목했다.[15] 많은 사람이 아름다운 풍경과 휴가지로 하와이를 꿈꾸지만, 그는 고생스러운 출장 때문에 너무 자주 방문했기 때문이다. 무인도 같은 제한된 시설과 여러 차례 환승을 통해 부품을 공수하는 여정을 3년 동안 반복한다는 것은 결코 쉬운 일이 아니었다. 특히 미래가 불확실한 스타트업에서는 상당한 압박감이 있었다.

그렇게 고생해서 1차 발사를 했지만, 부식된 너트로 인해 엔진 화재가 발생했고, 결국 이륙 후 약 25초 만에 추락했다.[16] 마찬가지로 2007년 3월 21일에 2차 발사도 아쉽게 실패했다.

1차 도전과 달리 로켓 연소 과정은 순조로웠다. 그러나 팰컨 1의 1단과 2단이 스테이징staging 과정에서 충돌해 추락했다. 스테이징은 로켓이 연료를 소진한 부스터를 버리고 남은 로켓으로 계속 나아가는 중요한 단계다. 결국, 2008년 8월 2일에 진행된 3차 발사도 실패로 끝났다. 당시 스페이스X의 임직원들은 정신적, 육체적으로 크게 지쳐 모든 것을 포기하려고 했다. 머스크의 성격을 잘 아는 그들은 실패로 인해 불호령이 떨어질 것으로 예상했다.

그러나 팰컨 1 발사 과정을 취재한 에릭 버거Eric Berger에 따르면, 극도로 의기소침해진 머스크는 동료들을 격려하며 한 번만 더 발사하자고 설득했다.[17] 주어진 시간은 불과 6주였지만, 머스크와 팀은 기적과도 같은 도전에 나섰다. 수년, 수십 년을 준비해도 발사 중에 폭발하는 것이 로켓이기 때문이다.

2008년:
일론 머스크의 인생에서 가장 힘든 시기

2006년 3월, 2007년 3월, 2008년 8월에 팰컨 1 발사가 세 번 연속 실패하면서 머스크는 재정적으로 완전히 바닥났다. 언론은 발사가 실패할 때마다 스페이스X의 비전을 터무니없는 도전이라며 조롱했다. 머스크는 항공 우주 전문가가 아닌, 인터넷 기반 도시 정보 제공 업체Zip2, 온라인 은행X.com 등을 설립한 창업가에 불과하다는 것이다.

그러나 2008년 9월, 팰컨 1은 네 번째 발사 시도 끝에 궤도에 도달했다. 회사 자금이 완전히 바닥나기 직전에 성공한 것이다. 그리고 2008년 12월, 나사는 스페이스X의 팰컨 9과 드래곤 우주선을 사용하기로 했다. 이는 국제 우주 정거장ISS에 12회의 화물 보급 임무를 포함하는 16억 달러 규모의 상업 보급 서비스Commercial Resupply Services, CRS 계약이었다. 이 계약을 따내지 못했다면 오늘날 테슬라도 존재하지 않았을 것이다. 또한 머스크는 당시 심적으로도 상당히 압박받고 있었다. 그는 2008년 크리스마스 전 주 일요일에 본인이 정신적으로 붕괴할 수 있음을 처음 실감했다고 고백했다.[18]

2008년 9월 28일, 파산을 각오하며 마지막 시도로 여겼던 팰컨 1의 네 번째 로켓 발사가 성공을 거두었다. 이 성공은 이후의 성과로 이어져, 2010년 6월에는 팰컨 9의 성공적인 발사가 이루어졌고, 2018년 2월에는 팰컨 헤비의 발사가 성공하였다. 설립 초기 구성원 중 나사 출신은 한 명도 없었던 스페이스X가 소련(러시아), 미국, 중국 다음으로 궤도에 도달하면서 나사의 투자를 이끌어냈다.

팰컨 1의 성공이 대단하고 머스크에 대한 편견을 사그라지게 한 이유는 크게 세 가지로 정리할 수 있다. 첫째, 당시 세계 경제는 서프라임 모기지 사태로 인해 대부분의 스타트업이 최악의 시기를 겪고 있었다. 2006년에 나사의 자금 지원이 있었지만, 스타트업을 위한 투자가 경색된 상황에서 정부 기관조차 로켓 발사 성공이 쉽지 않았다. 그럼에도 머스크는 자금을 빌리러 다니며 자존심과 자존감이 무너지는 위기를 이겨냈다.

둘째, 머스크의 정신력은 세간의 시선보다 훨씬 강했음을 증명했다. 2008년 6월 첫 번째 부인 저스틴 윌슨과 이혼 소송으로 극심한 스트레스를 받았고, 그 무렵 테슬라 공동 창업자 마틴 에버하드가 머스크를 비판하는 글을 끊임없이 블로그에 게시했다. 동시에 8월에 팰컨 1의 세 번째 발사도 실패했는데, 단 분리 과정에서 1단 로켓이 2단 로켓 후미에 충돌했기 때문이다. 세 번의 연속 발사 실패로 자산 손실 위기에 처했고, 테슬라도 상장 전이라 자금난에 허덕였다.

9월 팰컨 1이 네 번째 시도 끝에 발사에 성공했어도 그 기쁨은 잠시였다. 2007년 출시하기로 한 로드스터는 여전히 제대로 생산하기 어려웠고, 리먼 브라더스의 붕괴로 세계 금융 위기가 발생해 자동차 스타트업에 대한 투자도 어려워졌다. 현금이 급속도로 바닥나자, 머스크는 다시 현물 자산 상당 부분을 매각하고 4,000만 달러를 재투자해야 했다. 머스크는 5,500만 달러의 사비를 투자한 테슬라가 에버하드의 잘못된 경영 방식으로 부품 수급, 제조 단가 상승, 변속기 결함 등의 문제를 겪고 있다고 판단했다. 이로 인해 첫 번째 전기차를 출시하기도 전에 여러 어려움을 겪었다.

또한, 월슨과의 이혼 과정에서 겪은 스트레스는 몰락 직전의 테슬라와 스페이스X 경영에 전념하는 데 방해가 되었을 것이다. 월슨은 그들의 첫아들 네바다 알렉산더Nevada Alexander가 사망했을 때 머스크가 공개적으로 슬퍼하지 않았다고 주장했다. 그녀는 머스크가 방어 기제로 가족보다 기업가의 이미지를 우선시한 것에 불만을 표출했다.[19] 그러나 머스크는 슬픔을 공개적으로 드러내면 테슬라와 스페이스X에서 고생하는 동료들에게 피해를 줄 거라고 판단했을 가능성이 크다.[20]

머스크의 방어 기제는 그의 아버지 에롤 머스크Errol Musk에게서 비롯된 것일지도 모른다. 스페이스X의 설립 시기부터 41세 연하의 의붓딸 야나 베주이덴하우트Jana Bezuidenhout와 불편한 관계를 형성하는 것에 분노했다.[21] 2019년, 아버지가 의붓딸과의 사이에 둘째 딸을 낳았다고 고백하면서 갈등은 더욱 깊어졌다.[22] 이러한 행동들로 인해 머스크는 아버지와 완전히 인연을 끊었다고 알려졌다. 어릴 적 학교 폭력을 당해 아버지에게 호소하면 오히려 정신적, 육체적 학대를 가한 아버지의 모습이 이러한 결정을 촉발했을 것이다.

셋째, 머스크는 독학으로 다양한 기술 분야에서 전문성을 가진 것으로 유명하다. 예를 들어 《로켓 추진 요소들Rocket Propulsion Elements》, 《천체역학의 기초Fundamentals of Astrodynamics》, 《우주 발사 시스템에 대한 국제 참고 가이드International Reference Guide to Space Launch Systems》, 《가스 터빈 및 로켓 추진의 공기열역학Aerothermodynamics of Gas Turbine and Rocket Propulsion》과 같은 책들을 거의 암기할 정도로 공부했다고 알려졌다.[23] 그리고 그는 터득한 이론을 산업 전문가들과 협력하는 데 적용하기 위해 로켓 추진 시스템의 기계학에 대한 포괄적인 이해도를 구축했다.[24] 머스크를 독점 인터뷰한 애슐리 반스Ashlee Vance에 따르면 스페이스X의 직원들은 그가 뛰어난 기억력으로 엄청난 양의 정보를 흡수하는 능력을 보인다고 입을 모았다.[25]

월터 아이작슨에 따르면, 머스크는 동료애가 부족하고 존중하는 성격도 아니다.[26] 무수한 언론에 공개된 증언들을 종합해 볼 때, 그는 괴팍하고 독단적인 리더십을 지닌 인물이다. 팀을 극한까지 밀어붙여 야심 찬 목표를 달성하려 하며, 이는 현대 기업 문화에서 중요시되는 공감과 심리적 안전감을 희생시킬 수 있다. 그 결과, 어렵게 입사했지만 불만을 품고 퇴사하는 사람들도 많다.

그러나 많은 인재를 이끄는 힘의 본질은 테슬라와 스페이스X를 운영하는 데 필요한 지적 능력과 추진력에서 나온다. 독학으로 전기차, 항공 우주 등 다양한 분야의 전문가들보다 뛰어난 식견과 추진력을 발휘하여 기적과 같은 성과를 보여줬기 때문에, 세계 여러 인재가 그와 함께 일하고자 한다.

머스크가 우주 항공 및 엔지니어링 분야의 최고 전문가를 영입하고 스스로 학습하는 능력을 통해 산업 기준에 도전하고 혁신을 이룬 방식은 그의 독특한 문제 해결과 리더십 접근 방식을 보여 준다. 그는 기존의 지식에 의존하기보다는 필요한 정보를 직접 찾아 배우는 적극적인 태도를 보여 준다. 로켓 과학과 자동차 제조 같은 복잡한 분야에서도 이론적인 공부를 넘어 실제 산업의 혁신가들과 협력하여 자신의 아이디어를 현실로 전환했다. 이러한 자기 주도적 학습 능력과 전문가팀 구축 전략은 스페이스X와 테슬라가 혁신적인 기술을 개발하고 새로운 시장 기준을 설정할 수 있게 한 핵심 요소다.

이처럼 혹독한 과정에서도 그가 왜 화성에 도전하는지 생각해 볼 필요가 있다. 만약 인류가 화성에 갈 시간을 벌기 위해 기후 위기를 늦추려는 도구로 테슬라를 운영한다면, 절대로 두 기업의 목표를 포기하지 않을 것이다. 스페이스X와 테슬라의 경쟁 상대라면 더욱 객관적으로 머스크의 행적을 추적하고, 왜 세계 곳곳의 인재들이 몰려드는지 평가할 필요가 있다.

미국 공대생이
가장 선호하는 직장 1, 2위

테슬라에서 환경, 건강, 안전, 보안, 지속 가능성 팀을 이끄는 로리 셸비Laurie Shelby는 인베스터 데이에서 흥미로운 현상 두 가지를 발표했다. 첫 번째는 2010년 5,000명 미만이던 임직원이 2022년에는 129,000명을 돌파했다. 그중 약 60%가 미국에서 근무한다. 이는 대다수 미국 기업이 중국에 제조업을 맡기던 오프쇼어링off-shoring 전략과 달리, 테슬라가 리쇼어링reshoring을 통해 자국 제조업을 활성화하고 있음을 보여 준다.

두 번째는 미국 공대생들이 희망하는 직장 순위에서 테슬라는 2위, 스페이스X는 1위를 차지했다. 10위는 항공 우주, 국방 및 사이버 보안 기술을 전문으로 하는 RTXRaytheon Technologies Corporation였다. 이 회사는 미사일 시스템, 정밀 유도 무기, 고급 센서, 통합 방위 시스템 개발의 선두 주자다. 9위는 노스럽그러먼Northrop Grumman으로, 항공 우주 및 방위 기술 분야에서 뛰어난 역량을 갖췄으며, 무인 항공 시스템, 사이버 보안, 고급 센서 기술을 개발한다. 8위는 마이크로소프트로, 클라우드 컴퓨팅과 AI 서비스 분야에서 혁신을 이끌며 소프트웨어 제품과 기업 서비스로 널리 알려져 있다. 7위는 구글로, 검색 엔진, 온라인 광고, 클라우드 컴퓨팅 및 인공지능 분야의 세계적인 기업이다. 6위는 애플로, 혁신적인 디자인과 하드웨어 및 소프트웨어 통합으로 유명한 아이폰, 앱스토어, 아이클라우드 등의 제품과 서비스를 제공한다. 5위는 보잉으로, 787 드림라이너와 같은 대형 상업용 항공기부터 F/A-18 슈퍼 호넷 같은 군용 항공기를 제작한다. 4위는 록히드 마틴으로, F-35 라이트닝 II와 같은 최첨단 전투기, 첨단 미사일 시스템, 해군 시스템과 우주선 역량을 갖췄다. 3위는 나사로, 위성 기술, 우주 탐사선, 행성 탐사를 위한 탐사선은 물론 허블 우주 망원경과 국제 우주 정거장 개발을 주도한다.

그렇다면 머스크를 향한 감정적인 평가와 가짜 뉴스에 흔들리지 말고, 테슬라와 스페이스X에는 어떤 인재들이 몰리는지, 근본적인 원인이 무엇인지 분석할 필요가 있다. 2019년에 테슬라 지원자는 약 80만 명이었으나 2021년에는 약 300만 명으로 급증했다. 국내외 언론이 머스크를 비판하고 조롱해도, 왜 여전히 미국 최고의 인재들이 모이는 걸까? 왜 이들 기업에서 일하는 것에 불만이 생기면서도 훈장을 받은 것처럼 생각하는 직원들이 늘어날까?

이 현상은 지속 가능한 에너지로의 전환, 우주 탐사 및 정착 같은 대담한 목표를 추구하는 머스크의 독특한 비전과 사명에 기인할 수 있다. 이러한 목표는 많은 인재에게 지표면을 넘어서는 영감을 주며, 이 비전의 일부가 되고자 하는 강력한 동기를 제공한다. 또한, 이 기업들은 혁신과 기술적 도전을 가치 있게 여기는 문화를 가지고 있으며, 이는 많은 엔지니어와 과학자들에게 매력적이다.

셸비는 테슬라의 문화를 언제든지 누구나 아이디어를 제시하거나 안전, 사람, 비용, 생산, 품질에 대해 개선 제안을 할 수 있다고 정의했다. 테슬라에게는 '주도하고 책임지라Take Charge'라는 단순한 과정이 있다. 이는 일을 개선하는 방법에 대한 대안이 떠오르면 누구라도 제시하고, 실천할 수 있는 조직 문화를 의미한다.

테슬라 출신 임원에 따르면, 대다수 직원은 머스크를 만나기 힘들지만, 정말 중요한 문제라면 해결 능력을 갖춘 사람은 머스크를 만날 수 있다. 이 때는 치밀하고 공격적인 질문에 담대하게 설명할 패기도 필요하다. 그렇지 않으면 인격 모독에 가까운 반격을 받을 수 있다.

머스크의 인격이나 경영 스타일에 대한 비판에도 불구하고, 테슬라는 도전적이고 의미 있는 작업에 이바지할 기회를 가치 있게 여기는 뛰어난 인재들을 계속 끌어들이고 있다. 이는 수많은 언론이 머스크를 괴짜나 폭군으로 묘사하는 것과 달리, 대학생들 사이에서 그가 혁신과 대담한 비전을 지닌 인물로 알려져 있음을 보여 준다.

테슬라 출신 기업가들은 마치 전쟁에서 승리한 것처럼 자부심을 갖고 있는데, 이 현상을 세 가지 주요 요인으로 설명할 수 있다.

첫째, 머스크는 대부분의 사람들이 낙담하고 지나친 스트레스로 포기할 수밖에 없는 상황에서도 팀에 동기를 부여하며 뛰어난 리더십을 보여 준다. 동료들에게 영감을 주고 단결시키는 그의 능력은 특히 실패 시 리더의 역할이 얼마나 중요한지를 깨닫게 해 준다.

둘째, 우주 탐사 영역은 본질적으로 높은 위험과 실패 가능성이 크다. 파산을 각오하고 발사를 진행하려는 머스크의 의지는 혁신의 핵심 원칙, 즉 위험을 혁신의 필수 구성 요소로 수용한다는 점이다. 이런 사고방식은 테슬라와 스페이스X의 다양한 사업에 적용되며, 이를 매력적으로 느끼는 인재들이 많다. 전통적으로 위험을 회피하는 대기업과 공무원 조직에서는 이러한 문화를 누리기 어렵다.

셋째, 머스크는 팰컨 1의 4차 발사를 6주 이내에 지시한 것처럼 빠른 반복과 실패로부터의 학습의 힘을 강조한다. 좌절에 연연하기보다는 실수를 분석하고, 필요한 조정을 하며, 즉시 다시 테스트하는 데 초점을 맞춘다. 결국 발사에 성공했으니 업계의 전설이 되었다. 그렇기에 사이버트럭을 화성에 보낸다는 발언도 우습게 볼 일이 아니다.

《블룸버그》에 따르면 스페이스X는 2023년 12월 기준 기업 가치가 1,750억 달러로, 이는 미국 기업 역사상 어떤 기업 공개[IPO]보다 크다. 이는 2014년 중국 전자상거래 기업 알리바바[Alibaba]의 기업 공개 시 기록한 1,690억 달러보다 높은 수치다.

참고로 영국의 억만장자 리처드 브랜슨[Richard Charles Nicholas Branson]이 설립한 우주여행 사업 기업 버진 갤럭틱[Virgin Galactic]의 주가는 2021년 6월 25일 55.91달러였으나, 2023년 12월 8일 기준 2.33달러로 폭락했다. 지난 20년간 경쟁해 온 민간 기업들의 최종 승자는 현재로서는 머스크다.

테슬라는 스페이스X의
철학을 따른다

톰 주Tom Zhu는 2014년 4월에 테슬라에 합류하여, 2023년 4월 자동차 부문의 수석 부사장으로 승진했다. 그는 중국 및 아시아 태평양 지역을 담당하면서, 인베스터 데이에서 일론 머스크의 로켓 제조 철학을 따르고 있다고 언급했다.[27] 그의 말이 의미하는 바는 무엇일까?

머스크는 테슬라와 스페이스X 제조 현장에 수시로 나타나 문제를 정확하게 파악하고 해결책을 찾는 것으로 유명하다. 그렇지 않으면 세계 최고의 인재들이 진정으로 따르기 쉽지 않을 것이다. 주도 생산 시간을 줄이고 효율성을 향상시키기 위해 많은 노력을 기울였다. 이를 위해 머스크가 스페이스X에서 했던 것처럼, 필요 없는 공정은 과감히 제거하여 제조 과정을 간소화했다.

주에 따르면 테슬라는 질문, 삭제, 단순화, 가속화, 자동화 단계로 생산 라인의 지속적인 개선과 효율성을 위한 방법론을 반영하는 데 집중하고 있다. 질문 단계에서는 기존 프로세스와 가정에 도전하고 필요성과 효율성에 대한 중요한 질문을 한다. 삭제 단계는 최종 제품이나 제조 효율성에 가치를 더하지 않는 불필요한 프로세스나 요소를 제거하는 데 중점을 둔다. 단순화 단계에서는 중복이 발생하는 공정을 제거한 후 나머지 프로세스도 단순화한다. 이렇게 하면 작업 속도가 높아지고 오류 발생 가능성이 줄어든다. 프로세스가 단순해지면 가속화 단계에서 생산 속도를 높일 수 있다. 마지막으로 간소화된 프로세스를 자동화하여 인적 오류와 인건비를 최소화하고 정밀도와 생산 속도를 더욱 높인다.

이와 같은 전략으로 주는 테슬라의 상하이 기가팩토리 건설 프로젝트를 성공적으로 이끌었다. 상하이 기가팩토리 건설은 2018년 12월에 시작되어, 불과 1년 뒤부터 차량 생산을 시작할 수 있었다. 2022년 8월까지 상하이 기가팩토리는 1,000만 번째 차량을 생산하며 세계에서 가장 생산성이 높은 전기차 공장으로 기록되었다.

주는 테슬라가 어떻게 그렇게 빨리 공장을 지을 수 있었는지에 대해, 테슬라는 많은 제조 업체로부터 배우고, 생산 지옥에서 살아남은 이들과 대화하며 모든 실수를 피하려고 노력했다고 설명했다.

사진 13-4 테슬라는 네바다, 뉴욕, 텍사스, 중국 상하이, 독일 베를린-브란덴부르크에 기가팩토리를 건설했다. (미국 피터슨 자동차 박물관, 2024)

또한, 주는 테슬라가 프리몬트 공장에서 모델 S와 X의 디자인을 통합하여 공통 차체와 헤드램프를 사용하게 함으로써, 약 40개의 부품을 줄이고 생산 사이클 시간을 10% 단축했다고 밝혔다. 현재 두 공장은 전체 장비의 효율을 90%로 유지하며, 조립 공정에서는 45초마다 새로운 차량이 완성되는 신속한 주기 시간을 목표로 하고 있다. 이러한 생산 혁신과 효율성 증대는 물리적 생산 외에도 다른 영역에서의 기술적 혁신으로 이어졌다.

베를린 기가팩토리에서는 작업 현장의 특수 요구 사항에 맞춰 5G 프라이빗 네트워크를 구축함으로써, 공장 전체에 최적화된 전용 무선 환경을 조성했다.[28] 사설 5G 네트워크는 실시간 작업에 필수적인 고속, 저지연 연결을 제공하고, 공장의 특정 보안 요구 사항에 맞춰 맞춤화될 수 있어 공용 네트워크보다 더 안전한 정보 보안을 가능하게 한다.[29] 주는 사설 5G 네트워크가 특정 공정의 90% 이상의 오버 사이클 문제를 해결하는 데 도움을 주었으며, 이를 전 세계적으로 시행할 예정이라고 말했다.[30]

이와 함께, 테슬라는 사이버트럭처럼 독특한 차량이 등장하기까지 생산 지옥, 물류 지옥, 백오피스 운영 지옥back office operations hell도 거쳐야 했다. 잭 커크혼은 인베스터 데이에서 백오피스 운영의 지옥도 있었다고 말했다. 주당 7,000대, 연간 35만 대를 생산하는 것과 연간 2천만 대를 목표로 한 조직 운영은 달라야 하며, 공장, 창고, 서비스, 고객, 모바일 앱, 재무, 인사, 채용 및 데이터 분석 등 조직의 규모가 커질수록 효율성이 더욱 중요해지기 때문이다.

테슬라는 차량 관리 소프트웨어를 수직 통합한 것처럼, 주문 운영, 금융 서비스, 지급 계정 및 문서 생성 등 회사 운영 소프트웨어도 수직 통합했다. 회사의 주요 부서 대부분은 자체 개발한 소프트웨어를 사용하며, 이를 테슬라 운영 시스템Tesla operating system이라고 부른다. 이는 테슬라가 제삼자 시스템 네트워크를 사용할 필요 없이, 필요에 맞춘 경량 소프트웨어를 배

테슬라 마스터 플랜

치하고 관리할 수 있게 한다.

 테슬라는 자체 애플리케이션 엔지니어링팀을 통해 필요한 기능만을 수행하는 소프트웨어를 개발하고, 비즈니스 내의 프로세스 개선팀과 긴밀하게 협력해 모든 프로세스를 검토한다. 이러한 전략의 결과로 북미 판매팀은 2018년보다 네 배 더 효율적인 조직으로 바뀌었고, 주문 운영팀과 재무 서비스 역시 큰 개선을 보였다. 이는 불필요한 프로세스 단계를 삭제하고, 기존 프로세스를 단순화하며, 남아 있는 부분을 자동화하는 방식으로 조직을 개선하고, 빠르고 정확한 소통을 추구한 결과다.

스페이스X의 스타십이
사이버트럭에 미친 영향

2023년 11월 30일에 출시된 테슬라의 사이버트럭과 2024년 6월에 4차 시험 발사를 진행한 스페이스X의 스타십에는 공통점이 있다. 바로 스테인리스강stainless steel을 재료로 사용한다는 점이다. 우리에게 솥이나 냄비로 익숙한 그 스테인리스강이다. 물론 304 스테인리스강은 냄비를 만드는 데 사용되며, 스타십에는 301 스테인리스강, 사이버트럭에는 특별히 개발한 300 시리즈 스테인리스강Ultra-Hard 30X Cold-Rolled stainless steel을 사용한다.

폰 홀츠하우젠은 사이버트럭을 디자인할 때, 스위스 군용 칼처럼 어떤 환경에서도 사용될 수 있는 트럭을 구상했다. 그래서 스테인리스강을 차량 외관 재료로 선택했지만, 방탄 수준의 충격에 견딜 수 있도록 차체를 만드는 것은 매우 어려웠다고 말했다.[31]

스테인리스강은 지난 70년 동안 픽업트럭 제조 및 디자인 방식의 패러다임을 깨뜨릴 기회를 제공했다. 만약 머스크가 스페이스X를 창업하지 않았다면, 사이버트럭은 존재하지 않았을 것이다.

머스크는 스테인리스강을 선호하는 것으로 유명하다. 2019년에 스페이

방탄 실험 후 사이버 트럭 측면에는 총알 자국들이 그대로 남겨졌다.
(미국 피터슨 자동차 박물관, 2024)

스X는 높이 18m의 프로토타입 로켓인 스타호퍼Starhopper를 발사했다. 이는 2024년 6월 현재 4차 발사를 앞둔 거대한 로켓 스타십의 초기 프로토타입이다. 단일 랩터 엔진을 탑재한 스타호퍼는 초기 시험 발사에서 약 20m 상승했다가 하강했다. 8월에는 약 150m까지 상승하고 100m를 이동한 후 목표 지점에 착륙했다. 이때부터 스페이스X는 스테인리스강으로 로켓을 만들기 시작했다.

스타호퍼는 재착륙 가능성을 보여 주었고, 스페이스X는 더 큰 로켓으로 더 높이 날아 보기로 했다. 지금까지 만든 팰컨 1호, 팰컨 9호, 팰컨 헤비 로켓은 NASA의 일반적인 로켓과 비슷한 형태였지만, 2020년 12월에 등장한 스타십의 프로토타입 SN8은 거대한 오징어가 우주로 이륙하는 것처럼 보였다.

우주선은 지느러미와 유사한 플랩을 장착하고, 스테인리스강 외관이 빛에 반사되며 미래지향적인 외관을 드러냈다. 항공기의 플랩은 이착륙 시 낮은 속도에서 날개의 양력을 증가시키는 데 사용되는데, SN8의 대형 지느러미 모양 플랩은 하강을 제어하고 우주선이 지구로 돌아올 때 안정화하는 데 도움이 된다. 특히 수직 착륙을 위해 뒤집기 전에 수평으로 하강하는 벨리 플롭belly flop 기동 중에 더욱 그렇다.

공기 역학적 제동을 극대화하여 착륙 마지막 단계에서 추진체의 속도를 늦출 필요성을 줄인다. 이러한 기술은 화성에 도착하고 연료를 보존하여 지구로 돌아가는 임무에 중요하다.

스테인리스강의 최대 섭씨 870℃에 달하는 높은 융점은 대기 마찰로 온도가 치솟을 수 있는 재진입 중 벨리 플롭 기동에 중요한 이점이다. 이는 탄소 섬유와 같은 소재가 견딜 수 있는 최대 온도보다 훨씬 높다. 이러한 고온 내성은 지구 대기권 재진입 시 발생하는 강렬한 열기를 견디는 데 필수적이다. 또한, 스테인리스강은 극저온 조건에서 강도가 증가하여 우주의 낮은 온도에도 적합하다.

머스크는 많은 사람이 로켓 제작에 가장 가벼운 재료가 아니라고 오해하는 스테인리스강의 특성을 강조했다.[32] 대부분의 강철은 저온에서 매우 부서지기 쉬운 반면, 고품질 스테인리스강은 저온에서 강도가 50% 향상된다. 우주 공간의 온도는 절대 영도, 즉 영하 273.15℃에 이르는데, 이는 스타십이 우주에서 더욱 강해진다는 것을 의미한다. 스타십의 연료 탱크에 과냉각된 액체 산소와 질소 연료를 담으면 로켓 동체가 더 강해진다.[33]

일론 머스크가
스테인리스강을 고집한 이유

머스크는 스페이스X 본사에서 《파퓰러 메카닉스Popular Mechanics》의 편집장 라이언 디아고스티노Ryan D'Agostino와 독점 인터뷰를 가졌다.[34] 이 인터뷰에서 그는 스타십과 슈퍼 헤비 로켓 부스터의 디자인을 특별한 합금 스테인리스강으로 변경했다고 말했다. 이 방향으로 팀을 설득하는 데 상당한 노력이 필요했다고 당시 상황을 설명했다. 왜 직원들이 머스크의 의견에 반대했을까?

머스크는 스페이스X 설립 초창기부터 마찰 교반 용접Friction Stir Welding, FSW을 숙달하라고 강조한 것으로 알려졌다.[35] FSW는 로켓과 우주선 제조에 사용되는 용접 기술로, 일반 용접과 달리 불꽃이나 연기, 강한 열을 발생시키지 않는다. 일반적인 용접에서는 유해 광선, 연기, 극심한 열, 유해 물질이 발생하며, 용접 부위를 두껍게 만들어야 한다. 반면, FSW는 두 금속을 녹이지 않고 섞어서 결합하기 때문에 용접 부위가 더 튼튼하고 오래 간다.

FFSW는 전통적인 용접 방법에 비해 결함을 최소화하고, 강한 용접부를 생성하며, 변형도 적다. 이는 금속을 고체 상태에서 용접하기 때문에 용융 금속이 공기 중 산소와 접촉할 필요가 없기 때문이다. 따라서 FSW 공정에서는 차폐 가스를 덜 사용하게 된다. 이러한 이유로 FSW는 비용 효율적이고 환경친화적인 용접 방법으로 여겨진다. 그러나 단점도 있다. FSW는 알루미늄-리튬 합금을 용접할 때 오염 물질의 유입을 방지하기 위해 까다로운 작업 환경이 필요하다.

FSW는 기존의 용접 기술로는 불가능했던 재료도 결합할 수 있다. 예를 들어 구리를 주요 합금 요소로 포함하는 2xxx 시리즈 알루미늄 합금은 전통적인 용접 방법으로는 결합이 어렵지만 FSW 방식으로는 쉽게 성공한다. 2xxx 시리즈의 알루미늄 합금은 구리 때문에 높은 인장 강도를 가진다. 또한, 반복적인 스트레스와 진동에도 견딜 수 있는 우수한 피로 저항성과 열 저항성도 우수하다. 항공기는 심한 진동과 스트레스를 경험하므로 이러한 내구성은 중요하다. 그렇기에 극한 환경에서 작동해야 하는 기체 프레임, 날개 스파, 고정 장치 등 항공기 구조물에 적합한 재료다.[36]

스페이스X는 FSW 기술을 알루미늄-리튬 합금[Airware 2195-T8]으로 만들어진 팰컨 헤비의 분리 탱크 제작에 적용했다.[37] 이로 인해 극한의 환경 조건에서도 견딜 수 있는 동체를 만들 수 있었다. 이 탱크는 액체 산소와 로켓 등급의 케로신[RP-1] 추진제를 담고 있다. 스페이스X에는 세계적인 FSW 전문가 레이 미리예크타[Ray Miryekta]가 근무했었기 때문에 경쟁력을 갖출 수 있었다.[38]

그러나 스페이스X가 FSW 기술에 특허를 내지 않아 블루 오리진은 레이 미리예크타를 고용하고 FSW 관련 특허 출원을 시도했다. 애슐리 반스에 따르면 머스크는 블루 오리진이 스페이스X 인재들에게 두 배의 연봉을 제시한 것을 알고 분노했다.[39]

알루미늄-리튬 합금을 선택하면 로켓 내부의 구조가 더 얇아지고 무게는 줄어들면서 강도를 유지해 더 많은 물건을 탑재할 수 있다. 로켓이 무거울수록 지구의 강력한 중력을 이겨내는 데 더 많은 연료가 필요하며, 이는 우주로 보낼 수 있는 물건의 무게를 줄인다. 따라서 로켓 외부는 내구성이 있지만 가벼운 알루미늄과 티타늄 같은 금속으로 만든다. 문제는 이러한 금속이 강철보다 최대 20배 더 비쌀 수 있다는 점이다.

스페이스X는 스타십 개발 초기 로켓 동체에 고급 탄소 섬유를 사용하려 했으나, 머스크는 탄소 섬유의 kg당 비용이 135달러로 높고, 절단 및 성형 과정에서 약 35%가 폐기물이 되어 사용하기 어렵다는 것을 깨달았다.[40] 즉, 화성에 진출하려는 머스크의 관점에서 탄소 섬유를 고집하면 취급 및 제조 공정이 복잡해져 스타십 발사 일정이 늦춰질 수 있었다. 생산 과정에서 탄소 섬유는 재료의 3분의 1 이상이 폐기되어 실제 비용은 kg당 200달러 정도. 같은 양의 스테인리스강은 3달러에 불과하다.[41]

그러나 머스크가 스타십 로켓의 재료로 스테인리스강 사용을 지시했을 때 스페이스X 내부에서는 반발이 있었다.[42] 팰컨 9호에 사용한 알루미늄-리튬 합금이나 탄소 섬유를 사용한 일반적인 로켓보다 더 무거울 거라고 판단했기 때문이다. 그러나 머스크의 결정으로 인해 스테인리스강의 내구성과 높은 응력 및 온도를 처리할 수 있는 능력이 공기 역학적으로 까다로운 조작에 이상적이라는 사실이 입증되었다. 또한, 로켓이 상승할 때 저온에 노출되고, 대기권에 진입할 때 고온을 견디는 데도 유용했다.

2023년 4월 1차 발사에서는 로켓 발사에 성공했지만, 단 분리에 실패하면서 이륙 후 4분 만에 폭발했다. 2023년 11월 2차 발사에서는 단 분리까지 성공했으나, 1, 2단 모두 폭발했다. 2024년 3월에는 로켓 발사와 단 분리에 성공하며 궤도에 도달했다. 로켓 재료를 스테인리스강으로 전환한 덕분에 2024년 6월 6일, 스타십의 완전한 성능 테스트를 위한 4차 발사를 신속하게 진행할 수 있었다. 결국, 4차 발사에서는 거대한 1단 부스터가 바다에 되돌아오는 데 성공했고, 2단 로켓 스타십은 지구 대기로 재진입해 착륙했다.

이처럼 머스크의 과감한 결정이 없었다면, 스타십에 영감을 얻은 사이버트럭도 등장하지 못했을 것이다.

스페이스X가 아닌
테슬라 관점에서 바라본 스테인리스강

화성 진출 같은 중장기적인 미래 대신, 사이버트럭이 지구에 미치는 영향을 살펴보자. 화성의 혹독한 표면에서 주행하려면 강력한 차체가 필요하고, 주유할 수 없는 환경이기에 내연 기관 엔진을 제거해야 한다. 따라서 머스크가 사이버트럭의 가압 버전을 화성에 보내겠다는 발언은 터무니없는 주장이 아니다.

스타십의 외관은 부식 방지 특성을 가진 300시리즈 스테인리스강으로 제작되었다.[43] 1950년대에 아틀라스^{Atlas} 로켓 이후로 스테인리스강을 사용하여 로켓을 제작했다가 실패한 적이 있지만, 이번에는 성공적으로 제작된 첫 사례다. 이는 머스크가 알루미늄이나 탄소 섬유와 같은 다른 소재에 비해 스테인리스강의 우수한 내열성을 강조하고 리더십을 발휘한 덕분이다.

인베스터 데이에서 폰 홀츠하우젠은 사이버트럭에 대해 '재료가 디자인을 결정했다'라고 말했다. 이는 스테인리스강을 선택함으로써 사이버트럭의 전반적인 디자인과 제작 방식에 큰 영향을 미쳤다는 의미다. 내구성과 견고성을 위해 선택된 스테인리스강은 알루미늄이나 저탄소강과 같은 전

테슬라 마스터 플랜

통적인 자동차 소재에 비해 다양한 성형 및 조립 방법이 필요했다. 이러한 제약으로 인해 스테인리스강의 장점을 활용하고 한계를 수용하는 차량 설계가 탄생했다.

자동차의 주요 구조 설계 방식은 모노코크 바디^{Monocoque body}(또는 유니바디 ^{Unibody})와 프레임 바디^{Body-on-Frame} 두 가지다. 각각은 자동차의 특정 유형과 용도에 맞게 설계되었다. 그러나 사이버트럭은 이러한 전통적인 구조와는 다른 독특한 설계를 했다. 미국에서 수십 년간 인기를 끌고 있는 풀사이즈 픽업트럭 F-150처럼 일반적인 트럭은 프레임 바디 구조를 사용하며, 이는 바디에 본체를 결합해 생산한다. 프레임 바디는 혹독한 도로 환경에서 무거운 짐을 싣거나 견인할 때 차체의 비틀림을 방지할 수 있기 때문이다.

그렇기에 100년이 넘게 대부분 트럭의 형태는 프레임 바디를 바탕으로 변하지 않았다. 내연 기관 트럭에서 전기 트럭으로 바뀌어도 마찬가지다. 예를 들어, 미국에서 만난 전기 픽업트럭 F-150 라이트닝은 기존 풀사이즈 픽업트럭 F-150처럼 프레임 바디에 내연 기관 대신 모터와 배터리를

사진 13-6 내연 기관 트럭 F-150과 흡사한 포드 전기 픽업트럭(Ford F-150 Lightning)이다. 기후 위기로 인한 전동화 물결은 전통적인 픽업트럭의 강자도 피해 갈 수 없었다. (미국 라스베이거스, 2022)

장착했다.

테슬라가 사이버트럭에 스테인리스강으로 뒤덮인 외골격^{steel exoskeleton}이라는 용어를 사용한 것은 기존 콘셉트 및 고성능 차량의 패널과 다른 개념임을 시사한다. 갑각류처럼 생물학적 맥락에서 이해되는 외골격은 아니지만, 모노코크 바디 구조이면서 외골격이라고 불리는 독특한 변형 기술이 적용되었다. 전통적인 유니바디 구조에서는 차체 자체가 주요 구조 요소 역할을 하며, 이는 중량 감소가 중요한 승용차에서 일반적으로 사용된다.

그러나 사이버트럭에는 모델 Y보다 더 거대한 기가 캐스팅이 전면과 후면에 사용되었다. 이는 전체 부품 수를 몇 개의 큰 조각으로 줄여 차량 조립에 필요한 부품 수를 최소화하고, 차체를 더욱 강하게 만든다.

프레임 바디 차량에 익숙한 미국에서는 사이버트럭에 대한 반응이 극단적일 수 있다. 최근 포드의 주장에 따르면, 모두가 테슬라 스타일의 전기차를 원하는 것은 아니며, 특히 픽업트럭 시장에서는 자동차에 대해 보수적인 성향을 가진 소비자가 많다고 강조했다. 즉, 픽업트럭이 전기차로 바뀌더라도 프레임 바디의 클래식함을 유지하는 것이 판매 성공의 중요한 요인이라는 것이다. 2023년을 기준으로 미국에서 가장 선호하는 자동차 1위, 2위, 3위, 7위가 모두 대형 픽업트럭이며, 5위가 모델 Y다.[44]

포드의 CEO인 제임스 팔리는 테슬라 사이버트럭이 기존 고객이 평생 이상적으로 생각한 클래식한 픽업트럭의 형태에서 벗어났기에 성공하기 어렵다고 주장한다. 그는 사이버트럭이 호텔 앞에 주차된 멋진 고급 차량처럼 실리콘 밸리 사람들에게 더 적합하다고 지적했다. 실제로 포드의 픽업트럭을 구매하는 사람들 대다수가 서민이기 때문이다.[45]

포드, GM, 스텔란티스 세 회사가 픽업트럭 시장의 90% 이상을 점유하고 있어 팔리의 주장이 합리적으로 들린다. 하지만, 이렇게 견고한 시장에 테슬라가 돌파구를 찾을 수 있을지는 의문이다. 이러한 의문은 포드의 낙관적인 주장에 대한 회의감과 더불어, 리비안 LA 쇼룸을 방문해 직원들로 부터 들은 일부 구매자들의 독특한 반응 때문에 더욱 강해졌다.

피터슨 박물관에서 12km 떨어진 리비안 최초의 전시장을 방문했다. 2023년 방문 당시 직원들은 이곳이 세계에서 유일한 전시장이라고 말했다. 이듬해 다시 방문했을 때도 로스앤젤레스의 고급스러운 해변 마을 베니스Venice에 위치한 전시장은 여전히 자연 친화적인 브랜드 정체성을 유지하고 있었고, 세련된 이미지가 강했다.

리비안의 중형 픽업트럭 R1T의 차대는 당시 직원들이 정확히 설명해 주지 않았지만, 직접 살펴보니 모노코크 바디에 가까웠다. 스케이트보드 플랫폼Skateboard Platform으로 불리는 R1T 바디는 일반적인 프레임 바디보다 공정 방식이 복잡하지만, 상대적으로 가볍다고 추측할 수 있다. 내연 기관 픽업트럭처럼 두꺼운 프레임 없이 차량 구조를 제작했기에 실내 공간 확보에도 유리했다.

R1T의 적재 공간에서 가장 흥미로운 부분은 뒷좌석 하단에 있는 기어

사진 13-7 R1T의 뒷좌석 하단에 있는 Gear Tunnel이라는 적재 공간이 인상적이다.
(미국 LA 리비안 쇼룸 2023)

터널^{Gear Tunnel}이었다. R1T가 전통적인 프레임 바디를 채택했다면 약 331리
터의 적재 공간을 만들기 어려웠을 것이다.

리비안 직원과의 인터뷰에서 흥미로운 사실을 알게 되었다. R1T 구매자
의 80%가 이전에는 트럭을 소유한 적이 없다는 것이다. 이들은 주로 SUV
나 해치백을 선호하던 소비자들로, 리비안은 이들의 픽업트럭에 대한 부정
적인 인식을 성공적으로 전환시켰다. 내연 기관 픽업트럭에 대한 부정적인
인식, 예를 들어 연비가 나쁘고 주행 성능이 떨어지며, 풀사이즈 모델의 비
효율성은 특히 젊은 층이나 여성 소비자들에게 매력을 떨어뜨리는 요소였
다. 그러나 리비안의 R1T는 이러한 편견을 깨고 새로운 시장을 형성하는
데 기여했다.

사이버트럭의
등장 의미

2014년부터 포드 자동차의 CEO는 세 번 교체되었다. 2014년에 마크 필즈^{Mark Fields}가, 2017년에 제임스 해켓^{James Patrick Hackett}이, 그리고 2020년부터 현재까지는 제임스 팔리가 재직 중이다. 포드처럼 짧은 기간에 CEO가 자주 바뀐 기업도 드물어, 현재 포드 자동차가 많은 고민을 하고 있음을 보여준다. 지난 100년간 무슨 일이 일어났기에 포드를 포함한 미국 러스트 벨트 지역이 긴장하고 있을까?

포드 자동차의 설립자 헨리 포드 덕분에, 미국은 증기 기관으로 1차 산업 혁명을 일으킨 영국보다 도로망이 더 발달해 공업 도시가 더 빠르게 증가했다. 자동차를 구매할 수 있는 고객이 늘어나자 주유소, 철강 등 관련 산업도 함께 성장했다. 차량이 많아질수록 사고도 발생하니 보험, 정비 관련 서비스 산업도 함께 성장했다. 미국인들이 마차에서 자동차로 교통수단을 바꾸자 교외 도시가 발달하는 스프롤 현상이 가속화되었고, 쇼핑몰도 함께 발전했다. 드와이트 D. 아이젠하워^{Dwight David Eisenhower, 1890-1969} 대통령 시절, 대공황을 극복하기 위한 경기 부양책으로 고속도로 건설에 열광했다. 그 결과, 거대한 고속도로는 눈부신 자동차들로 가득해졌다.

미국 시민은 이동이 쉬워지면서 호텔 산업도 발달했다. 자동차를 할부로 구매하니까 금융업도 발달했다. 20세기 미국 산업의 발전은 사실상 포드로부터 시작되었다고 해도 과언이 아니다.

미국 경제의 혁명을 일으킨 당시 포드 자동차의 생산 기법을 생각해 보자. 포드가 최초의 자동차를 개발한 것은 아니다. 그 영예는 독일의 카를 벤츠[Karl Benz, 1844-1929]에게 돌아간다. 1886년 독일에서 벤츠 특허차[Benz Patent-Motorwagen]로 불리는 최초의 휘발유 삼륜 자동차가 탄생했다. 이 차량은 시속 15km로 주행할 수 있었다. 1888년에는 카를 벤츠의 아내 베르타 벤츠[Bertha Benz, 1849-1944]가 벤츠 특허차를 운전했다. 그녀는 인류 역사상 최초의 장거리 운전에 성공했다. 부모님이 있는 독일 서남부 포르츠하임[Pforzheim]을 향해 12시간이 넘는 혹독한 주행을 포기하지 않았기 때문이다. 그녀는 무려 106km를 운전했다.

메르세데스-벤츠에 따르면, 당시 사람들은 운전하는 그녀를 향해 마녀

사진 13-8 Benz Patent-Motorwagen(독일 Mercedes-Benz Museum 2024)

테슬라 마스터 플랜

라고 소리쳤다.[46] 소나 말로 쟁기질을 하던 시대에 자동차는 충격적이고 혁신적인 모습이었다. 오늘날에도 전기차와 자율 주행 차량에 대해 비슷한 저항과 두려움이 여전히 존재하며, 이러한 반응은 일론 머스크가 겪는 조롱과 유사하다.

베르타 벤츠가 살아간 시대와 마찬가지로 혁신적인 기술은 대부분 초기에는 불신과 의구심을 받는다. 이는 인류가 새로운 기술을 받아들이는 자연스러운 과정일 수 있다.

베르타 벤츠의 이야기는 기술 혁신이 어떻게 인간의 삶을 변화시키고, 초기의 저항을 극복하여 새로운 시대를 여는지에 대한 교훈을 준다. 1894년에 카를 벤츠는 미국과 프랑스에서도 출하된 최초의 대량 생산 자동차인 벤츠 벨로를 출시했다. 벤츠 벨로는 시속 21km로 주행할 수 있었는데, 이는 마차 시대에서 상당한 속도이자 자동차 성능 발전의 지표였다. 그러나 자동차는 독일이 먼저 개발했지만, 너무 비싸고 대량 생산이 어려웠다.

포드는 미국 시민들이 자동차를 구매할 방법을 모색했다. 1913년에 포드 자동차는 컨베이어 벨트를 생산 공정에 도입해 제조 속도를 높이고, 대량 생산 방식을 구축해 소비자 가격을 낮췄다. 포드는 표준 부품을 사용해 원가를 절감하고, 조립 공정을 따라 이동하는 자동차에 작업자들이 부품을 조립했다. 기존에는 작업자가 차량 주변을 이동하면서 작업을 했으나, 포드는 고정된 위치에서 작업자들이 조립할 수 있게 했다. 차량이 작업자 앞으로 이동하면서, 각 작업자는 고정된 위치에서 반복적으로 특정 작업을 수행하게 되었다.

이는 당시 기준으로 제조 혁명이었다. 전기를 기계 동력으로 삼고, 기계와 인간의 노동 분업화를 통해 차량 1대당 조립 시간을 12시간에서 1시간 33분으로 줄였다. 미국을 시작으로 인류는 증기 기관 시대를 넘어 전기 설비에 의한 대량 생산 시대, 즉 제2차 산업 혁명 시대로 진입했다.

포드의 대량 생산 전략의 성공 덕분에 러스트 벨트 지역에는 많은 자동차 부품 제조 업체들의 일자리가 창출되었다. GM, 포드, 크라이슬러를 미국의 빅 3라고 불렀으며, 크라이슬러는 현재 스텔란티스의 전신이 되었다.

100년이 지나도 빅 3의 생산 방식 기조는 크게 변하지 않았다. 자동차를 생산하는 전통적인 방법은 원자재를 스탬프하고, 몸체를 만들고, 칠하고, 최종 조립을 하는 것이다. 이는 상당히 노동집약적인 방식이다. 테슬라는 모델 Y에 기가 캐스팅을 도입하고, 사이버트럭에 스테인리스강을 사용해 이러한 과정을 상당 부분 단순화했다.

2023년 11월 30일에 있었던 사이버트럭 인도식에서 머스크는 전문가들이 불가능하다고 했던 자동차가 등장했다고 말했다. 이 자리에서 사이버트럭은 포르쉐 911보다 더 빠르게 달릴 수 있음을 보여 주었다.[47] 포르쉐는 독일 제조업의 자존심인 폭스바겐 그룹이 소유하고 있다. 머스크는 사이버트럭이 포르쉐 911을 견인한 상태에서도 더 빨리 달릴 수 있다고 자랑했다.

사이버트럭은 픽업트럭의 강자인 포드 F-350 디젤 차량과의 견인 대결에서 F-350을 질질 끌고 가는 모습을 연출했다. 테슬라는 차량 무게 약 3,103kg의 사이버트럭이 약 4,989kg 이상의 무게를 견인할 수 있다고 주장한다. 어떻게 이런 현상이 가능한 것일까?

사이버트럭은 내연 기관을 갖춘 픽업트럭보다 움직이는 부품이 훨씬 적고, 강력한 추진력은 모터의 주요 요소에서 나온다. 배터리는 모터에 에너지를 저장하고, 모터 컨트롤러는 배터리로부터 모터로 에너지 흐름을 관리하며, 모터는 배터리에서 에너지를 소비하여 이를 기계적 동력으로 변환시켜 자동차를 앞이나 뒤로 움직이게 한다.

사이버트럭은 즉각적인 토크를 전달할 수 있다. 반면, F-350의 디젤 엔진은 일정 속도를 높여야 최대 토크를 달성한다. 6.7L 파워 스트로크 디젤 엔진Power Stroke diesel engine을 장착한 F-350의 경우, 최적의 가속을 위해 엔진이 약 1,600rpm에 도달해야 한다. 내연 기관 차량은 엔진의 최대 토크를 활용하려면 시간이 필요하지만, 사이버트럭은 0rpm에서 최대 토크와 출력을 제공한다. 이를 통해 정지 상태부터 빠른 가속과 효율적인 전력 사용이 가능해 전기 트럭이 내연 기관 엔진보다 강력하고 반응성이 뛰어나다.

따라서 사이버트럭과 F-350이 줄을 연결해 견인 테스트를 하면, 모터가 엔진을 이길 수밖에 없다. 테슬라의 이런 공격적이고 불편한 진실을 마주하게 하는 마케팅은 경쟁사의 심기를 건드릴 수 있지만, 사이버트럭의 등장은 독일과 미국의 전통 업체들에 100년 만에 강력한 도전을 선포한 것이나 다름없다. 그들도 이 도전을 피할 수 없음을 점점 더 실감할 것이다.

재료가 디자인을
결정하다

기본적으로 사이버트럭과 스타십에 사용된 스테인리스강은 매우 견고하고 내구성이 뛰어난 재료이다. 인장 강도는 재료가 잡아당겨질 때 견딜 수 있는 최대 스트레스를 의미하며, 스테인리스강은 인장 강도가 높아서 찢어지거나 손상되지 않고 많은 힘을 견딜 수 있다.

경도는 재료의 표면이 다른 물체에 의해 얼마나 쉽게 찍히거나 긁히는지를 나타내는 척도이다. 스테인리스강은 경도가 높아 마모와 긁힘에 대한 저항력이 뛰어나다. 이러한 특성 덕분에 테슬라는 사이버트럭의 차체를 망치로 두드리거나 카트로 부딪혀도 멀쩡하다는 것을 시연할 수 있었다. 또한, 이러한 디자인 덕분에 차량을 간단하고 빠르게 수리할 수 있다고 테슬라는 주장한다. 사이버트럭의 차체는 튼튼하고 관리가 쉬워 일상적인 손상에 대한 걱정을 줄여 준다.

전통적인 자동차 제조 방식인 스탬핑, 즉 금속판을 프레스로 찍어 형태를 만드는 공정에서는 스테인리스강의 높은 강도와 경도로 인해 차체 패널을 형성하기 어렵다. 스탬핑 공정에 사용되는 기계에 손상을 줄 수 있으며

테슬라 마스터 플랜

복잡한 곡면을 만드는 데에는 제약이 따른다. 그래서 사이버트럭이 각진 모양을 유지하는 것이다.

폰 홀츠하우젠은 인베스터 데이에서 완전히 단단한 스테인리스강을 형성하는 것이 로켓 과학처럼 어려운 일은 아니지만, 이를 차량에 적용하는 것은 쉽지 않았다고 강조했다. 사이버트럭에 관한 이러한 제약이 오히려 테슬라에게 가장 다이내믹한 디자인을 탄생시키는 데 도움이 되었다고 말했다.

테슬라는 전통적인 방법으로 패널을 스탬핑하거나 형성할 수 없는 방식으로 설계하는 것에 대해 생각하게 되었다. 폰 홀츠하우젠은 스테인리스강 덕분에 테슬라가 공장의 발자국을 다시 생각하게 되었다고 말했다. 스테인리스강을 스탬프하지 않고 도색도 하지 않기 때문에 공장의 발자국이 작아졌고, 그러한 제약 조건을 혁신적인 제품을 만드는 기회로 삼았다.

그러나 머스크는 2023년 3분기 실적 발표에서 사이버트럭으로 인해 스스로 무덤을 팠다고 말했다. 단단한 스테인리스강을 소재로 독특한 디자인의

사진 13-9 사이버트럭의 날카로운 측면과 후면 디자인은 부담스럽기도 하다.
게다가 옆에 옵티머스가 서 있는 모습은 이색적이다.
자동차 회사가 이처럼 휴머노이드 로봇에 집중하는 장면은 보기 드물기 때문이다.
(미국 피터슨 자동차 박물관, 2024)

차량을 대량 생산하는 것이 쉽지 않은 도전이라는 것을 알 수 있다.[48]

테슬라의 전기차 생산은 기존의 부품 공급망과 제조 공정에 근본적인 변화를 요구했다. 특히 사이버트럭의 기가 캐스팅을 보면 전기차는 내연 기관 차량에 비해 훨씬 적은 부품이 필요하다는 것을 실감할 수 있다. 이는 전통적인 제조 업체들이 그들의 정체성과 비즈니스 모델을 재검토해야 한다는 충격적인 변화를 의미한다.

사이버트럭의 경우, 앞부분의 기가 캐스팅이 후면보다 더 컸다. 기가 캐스팅은 골판지처럼 형성되어 충돌 시 충분히 구겨질 수 있도록 설계되었다. 또한, 전면 기가 캐스팅에 HVAC 모듈을 고정하는 데 필요한 수직 볼트는 모델 Y와 마찬가지로 4개에 불과하다.[49] 전후방의 기가 캐스팅은 생산 라인 작업자들이 몸을 많이 기울여 부품을 넣는 행위를 줄여, 대량 생산을 염두에 둔 언박스드 전략을 더욱 강화했다.

2022년에 사전 계약만 150만 대를 달성한 사이버트럭은 픽업트럭의 고정 관념을 깨트리고 있음을 보여 준다. 그러나 F-150과 같은 풀사이즈 픽

사진 13-10 사이버 트럭의 차체(Body-in-white)
(미국 LA, 2024)

테슬라 마스터 플랜

업트럭을 선호하는 미국 시장에서 다소 작은 크기의 R1T와 외골격을 장착한 사이버트럭이 얼마나 성공할지는 시간이 알려 줄 것이다(두 차량 모두 아직 대량 생산에 도달하지 못했기 때문이다).

물론 상황은 테슬라보다 리비안과 포드에게 더 어렵다. 이들 기업은 전기 픽업트럭의 대량 생산을 입증해야 할 단계에 머물러 있기 때문이다. 물론 폭스바겐이 리비안에 5억 달러를 투자한 것은 리비안에게 희망적인 소식이다.[50] 전기차 시대가 저문다는 일부 여론과 달리, 폭스바겐은 공격적인 투자를 멈추지 않고 있다.

포드는 전통 픽업트럭과 달리 순익이 발생하기 어려운 전기차 생산 과정을 혁신해야 하며, 기존 직원들의 반발도 해결해야 한다. 전기차를 생산하게 되면 일자리가 줄어들기 때문이다. 테슬라와 달리 GM, 포드, 스텔란티스는 전미자동차노조와 같은 강력한 노동조합과 긴밀한 관계를 맺고 있다.

머스크는 2023년 3분기 실적 발표에서 2025년부터 매년 사이버트럭 판매량이 25만 대에 이를 것이라고 예상했다. 테슬라는 2023년 4분기 주주 서한에서 사이버트럭 생산 능력이 연간 125,000대를 넘어섰다고 언급했다. 이는 실제 생산량이 아닌 생산 라인의 총생산 능력을 의미한다.

2024년에 열린 연례 주주 총회에서 머스크는 많은 사람들이 사이버트럭을 가짜라고 하거나 결코 출시되지 못할 것이라고 조롱했지만, 주간 기록으로 1,300대를 출하했다고 강조했다. 현장에서는 박수가 들렸다. 정말 미친 도전이라고 생각했던 것이 상당 부분 현실화되고 있기 때문이다.

불가능해 보이는 도전,
로보택시 (2024년)

들어가며

자율 주행 기술이 승용차나 버스 분야에만 국한되지 않는다는 점은 미국에서 캐터필러^{Caterpillar}와 존 디어를 만나보며 확인할 수 있었다. 이들 기업 덕분에 의외의 분야에서도 이미 완전 자율 주행이 실용화되었다는 사실을 알게 되었다.

캐터필러는 광산에서 사용되는 대형 트럭에 자율 주행 기술을 적용해 운영 효율성과 안전성을 높이고 있으며, 존 디어는 자율 주행 트랙터를 개발해 농업 작업의 정밀성과 효율성을 개선하고 있다. 이러한 기술적 발전은 노동 효율성을 높이고, 위험한 환경에서 인간의 노동을 대체하여 안전을 향상시키는 등 긍정적인 영향을 미친다.

미국에서 100톤을 운반하는 초대형 자율 주행 광산 트럭과 자율 주행 트랙터를 직접 체험하고, 테슬라의 고급 FSD 기능을 경험하며, 구글의 신형 로보택시를 관찰하면서 깨달은 것은 사람이 환경에 크게 영향을 받는다는 점이었다. 우리나라에서는 이러한 자율 주행 기술을 직접 볼 기회가 드물기 때문에, 자율 주행 시대가 아직 멀게만 느껴질 수 있다. 그러나 미국에서는 이미 SF 영화 《인터스텔라Interstellar》에서 보았던 AI가 조종하는 무인 트랙터가 현실에서 작업하는 장면을 목격할 수 있다. 보지 않으면 믿기 어려운 이 기술이 실제로 존재한다.

많은 사람이 광산이나 농촌에서 자율 주행 기술의 발전을 긍정적으로 받아들이고 있다. 그러나 일론 머스크가 추구하는 자율 주행 철학에 대해서는 안전성을 이유로 불만을 제기하는 사람들도 있다. 따라서 테슬라에 대항하는 구글, 모빌아이 등을 선호하는 사람들도 있다.

이들 기업은 테슬라와 달리 라이다, 레이다, 카메라 비전 등 다양한 센서를 통해 안정성을 확보한다. 구글의 창립자 래리 페이지는 테슬라 로드스터에 투자하고, 머스크와 친밀했으나 AI 발전 방향성과 인재 확보 과정에서 갈등이 생겨 우정에 금이 갔다.

미국에서 취재한 모빌아이 역시 테슬라와 자율 주행 방향성을 두고 이견이 생겨 협력 관계를 종료했다. 모빌아이의 기술은 테슬라의 초기 오토파일럿 시스템에 중요한 역할을 했지만, 2016년 테슬라 자율 주행 시스템 사용과 관련된 사망 사고 이후 양사 간 갈등이 생겼다. 모빌아이는 안전 우려를 이유로 테슬라와의 파트너십을 중단했다.

구글의 자율 주행 자회사 웨이모Waymo와 모빌아이는 라이다 센서를 장착해 안전성을 확보한다. 그러나 머스크는 라이다를 장착하는 것을 바보 같은 짓이라고 비판했다. 이에 맞서 라이다 센서를 포기하지 않는 루미나 테크놀로지Luminar Technologies CEO 오스틴 러셀Austin Russell의 발표 현장에서도 테슬라와 구글의 로보택시 꿈에는 기술적, 경영 철학적 차이가 있음을 확인할 수 있었다.

최근 애플과 폭스바겐과 같은 미국과 독일을 대표하는 기업들이 자율 주행 기술 개발을 중단한 것은, 레벨 4 이상의 자율 주행 상용화가 얼마나 큰 도전인지를 보여 준다. 이제 이 분야에서의 기대는 테슬라와 구글에 집중

테슬라 마스터 플랜

되고 있다. 이들은 자율 주행 기술의 발전이 다른 산업 분야에 미치는 영향과 새로운 기회를 창출할 수 있기에 포기하지 않는 것이다.

자율 주행 기술의 보급과 발전에 따른 사회적, 윤리적 도전은 무엇이며, 테슬라는 이를 어떻게 극복할 수 있을까? 미래의 자율 주행 기술 발전 방향과 그에 따른 사회 변화를 어떻게 예측할 수 있을까?

애플이 자율 주행차 전쟁에
뛰어든 이유

애플은 2014년부터 전기차와 고급 자율 주행 기능을 갖춘 프로젝트 타이탄을 개발하려는 야심 찬 계획을 세워왔다. 이 프로젝트는 기존 전기차 시장, 특히 테슬라의 독보적인 위치에 도전하기 위해 시작되었다.

애플의 행보를 통해 세 가지 중요한 흐름을 알 수 있다. 첫째, 자율 주행과 전기차 시대는 정체된 듯 보여도 멈출 수 없다는 것이다. 이 기술로의 전환은 소비자 수요, 환경 지속 가능성, 정부의 지지로 인한 도로 안전 및 도시 이동성의 개선 가능성에 의해 추진된다. 이 경쟁의 승자는 막대한 부와 사회적 영향력을 가지게 될 것이다.

둘째, 자율 주행 기술 및 전기차 분야는 소프트웨어, 하드웨어, AI, 기계학습 등 다양한 기술의 통합이 요구되는 복잡한 분야이다. 세계 최고의 소프트웨어 인재가 모여도 성공이 보장되지 않는 이유는 이 분야가 단순한 기술 개발을 넘어 사용자 경험, 법적 규제, 인프라 구축, 시장 수용 등 다양한 요소의 영향을 받기 때문이다.

셋째, 애플이 프로젝트 타이탄을 통해 시도하는 것은 단순히 전기차를 넘어서 사용자 경험, 소프트웨어 통합 및 생태계 구축을 통한 차별화이다. 아이폰, 아이패드, 맥북, 애플 워치를 사용하면서 느낄 수 있는 애플 생태계의 주요 장점은 사용자 경험의 일관성과 제품 간 원활한 연동이다. 다른 제조 업체의 여러 제품을 연결하는 것과 비교할 때 애플 제품은 서로 연결하기가 더 쉽다.

아이폰에 익숙한 사용자는 아이패드, 맥북 노트북에 익숙한 사용자는 아이맥 데스크톱 사용자 인터페이스를 쉽게 익힐 수 있다. 아이폰과 아이패드의 운영 체제iOS, iPadOS가 기본적으로 같기 때문이다. 노트북, 데스크톱의 운영 체제macOS와 애플 워치의 운영 체제watchOS도 유사한 기술을 공유한다. 사용자는 까다로운 학습 과정 없이 기기 간에 정보를 쉽게 전환할 수 있다.

예를 들어, 아이클라우드iCloud 저장소를 통해 아이폰과 맥북에서 같은 데이터에 접근할 수 있다. 메시지, 사진, 연락처, 문서 등을 자동으로 동기화해 모든 기기에서 최신 상태의 정보를 확인할 수 있다. 이러한 작업을 애플 아이디ID 하나로 관리할 수 있으므로 사용자는 편리함을 느낀다. 또한, 애플 워치로 맥 컴퓨터를 잠금 해제하거나 아이폰으로 메시지와 전화를 송수신할 수 있다. 에어드롭AirDrop을 통해 다른 애플 기기에 파일, 사진, 링크 등을 빠르게 공유할 수도 있다.

애플 생태계가 경쟁사에 부담스러운 이유는 아이폰을 경험하기 시작하면 결국 맥북까지 구매하도록 사용자 경험을 향상시키는 소프트웨어 역량을 따라잡기 어렵다는 것이다. 그러나 애플의 관점에서 볼 때, 스마트폰과 컴퓨터 시장은 이미 포화 상태에 이르렀다. 따라서 자율 주행 기술이 발전함에 따라 차량 내 인포테인먼트 시장을 장악하는 것이 필수적이라고 볼 수 있다. 집과 회사를 장악했으니 이제 자동차만 정복하면 애플 천하가 될 것이라고 생각했을 것이다.

애플의 카플레이CarPlay는 사람과 자동차가 상호작용 하는 방식을 근본적으로 변화시켰다. 아이폰 사용자라면 차량의 디스플레이에서 아이폰과 동일한 사용자 인터페이스[UI]를 통해 상당수 기능을 사용할 수 있다. 그 결과 미국 내 자동차 중 98%에서 카플레이를 사용할 수 있으며, 미국의 차량 구매자 중 79% 이상이 카플레이를 차량 구매의 중요한 기준으로 삼는다.[1]

애플은 차내 경험을 재창조하길 원한다. 자율 주행 기술이 발전할수록 차내는 운전자와 승객 모두에게 이동하는 사무실, 극장 등 다양한 작업이 가능한 공간으로 변모할 수 있기 때문이다. 따라서 프로젝트 타이탄의 자율 주행 목표 수준은 레벨 4였다.

애플 못지않게 자율 주행 분야에서 주목받는 미국의 빅테크 기업 아마존은 물류 및 배송 네트워크를 혁신하기 위해 전기차와 자율 주행 기술에 큰 관심을 보이고 있다. 그 대표적인 사례로, 아마존은 리비안이 생산한 전기 배송 차량을 도입해 탄소 발자국을 줄이고 운영 비용을 절감하고 있다.

아마존은 2019년 리비안에 7억 달러를 투자했고, 2020년에는 로보택시 스타트업 죽스[Zoox]를 12억 달러 이상으로 인수했다. 이 인수를 통해 아마존은 자율 주행 기술을 직접 확보하게 되었으며, 이는 장기적으로 배송 과정에서 인간 운전자의 필요성을 줄이고 효율성을 극대화할 가능성을 열어 주었다. 아마존은 자동차를 생산하지 않지만, 자동차의 '두뇌'를 개발하기 위해 지속적인 노력을 기울이고 있다. CES 2024에서는 BMW와의 협업을 통해 차량 데이터를 활용하는 시도를 선보였으며, 이때 아마존의 AI 알렉사는 오픈AI의 챗GPT에 비해 대화 반응 속도가 다소 느렸다.

그러나 알렉사가 BMW와의 협력을 지속하는 것은 자율 주행 기술의 완전한 구현에 대한 논란이 많음에도 불구하고, 관련 시장이 향후 수십 년 동안 중요한 산업 분야로 자리 잡을 것이라는 예측을 방증하는 것이다. 전통적인 제조 업체들은 인포테인먼트 시스템을 애플, 구글, 아마존 같은 빅테크 기업에 의존하면서도 차량 제어는 놓치고 싶지 않아 한다. 이로 인한 조각화[Fragmentation] 현상은 사용자 인터페이스의 불일치, 다양한 업데이트 일정, 그리고 다양한 소프트웨어 구성 요소 간의 잠재적인 호환성 문제를 야기한다. 현재 이러한 문제를 일괄적으로 해결할 수 있는 기업은 테슬라뿐이다.

일론 머스크의
허무맹랑한 선언

머스크는 2016년부터 매년 자율 주행 자동차의 등장을 예고해 왔다. 그가 구상하는 진정한 자율 주행 차량은 레벨 2의 ADAS가 아닌 운전대가 없는 레벨 5의 로보택시를 의미한다. 그는 2017년 말까지 조향, 가속, 제동을 위해 사람의 개입이 없는 크로스컨트리 핸즈프리 운전cross-country, hands-free drive 이 가능할 것으로 예상했지만, 약속은 지켜지지 않았다.

　2019년 4월, 머스크는 테슬라 자율성의 날에서 내년이면 로보택시가 도로에 등장할 것이라고 선언했다. 그해 1분기 테슬라 어닝 콜Earnings Call에서도 2020년 무렵 완전 자율 주행 하드웨어가 탑재된 백만 대의 로보택시가 도로에 등장할 것이라고 예상했다.[2] 5월 인베스터 콜investor call에서는 자율 주행 기술의 발전으로 테슬라의 시가 총액이 5,000억 달러에 이를 수 있다고 주장했다. 당시 그의 곁에서 여러 질문에 응답한 사람은 CFO 잭 커크혼Zach Kirkhorn이다.

　그렇다면 테슬라의 주장이 왜 허무맹랑하게 들렸을까? 근본적인 이유는 매년 약속을 지키지 않았기 때문이다. 2019년 1분기 당시 테슬라의 시가

테슬라 마스터 플랜

총액은 약 420억 달러였으므로, 자율 주행 기술로 10배 이상의 가치를 창출하겠다는 머스크의 주장에 반신반의하는 사람들도 많았다.[3] 이후로도 테슬라는 완전 자율 주행 시대를 주도할 것이라고 강조했으나, 로보택시는 등장하지 않았다.

그렇다면 왜 매년 예측과 다른 현실로 인해 무시와 비판을 받으면서도 테슬라는 자율 주행 산업에 몰두하는 것일까? 테슬라가 진정으로 원하는 미래 모빌리티 산업이란 무엇일까?

지금은 퇴사했지만, 인베스터 데이 당시 커크혼은 로보택시에 관해 중요한 발언을 했다. 당시 3시간 넘게 테슬라가 발표한 무수한 기술 동향 속에서 로보택시에 대한 언급은 처음이자 마지막 순간이었다. 그는 테슬라가 다음 세대 차량을 전망할 때 생산 비용을 50% 줄이는 것을 목표로 했다고 말했다. 모델 S와 X의 플랫폼에서 모델 3와 Y의 플랫폼으로 넘어갈 때 비용을 50% 줄였으므로, 마스터 플랜 3의 과제는 이를 다시 실행하는 것이다.

테슬라의 관점에서 차량의 접근성을 향상시키면 고객 수가 급격히 증가하고, 마스터 플랜이 실행되면서 생산량도 비용의 선형 감소와 함께 기하급수적으로 성장할 수 있다.

그러나 커크혼의 발언 중에서 자동차의 초기 비용보다 더 중요한 것은 지속 가능한 경제로의 전환을 강조했다는 점이다. 특히 차량 소유에 있어서 제품의 수명 비용을 고려하는 것이다. 그는 금융 비용, 보험 비용, 전력 비용, 차량의 유지 보수 등 5년 동안의 총소유 비용을 마일 단위로 보여 준 차트를 공개했다. 당시 미국에서는 기본형 모델 3의 마일당 비용이 세계에서 가장 많이 팔리는 토요타 코롤라보다 낮았다. 그런데 테슬라는 여기서 멈추지 않겠다고 했다.

커크혼은 다음 세대 플랫폼으로 나아가면서 이 비용을 더욱 줄일 것이며, 바로 이 플랫폼이 로보택시를 위한 것임을 시사했다. 테슬라는 로보택시를 개발함에 따라 총소유 비용을 더욱 낮출 것으로 기대한다. 커크혼은 로보택시가 세계에서 가장 많이 팔리는 제품보다 훨씬 낮은 마일당 비용을 기대했다.

테슬라가 로보택시 버전을 포함해 차량의 마일당 비용을 낮추는 것을 마스터 플랜 3의 목표로 삼은 것은 여러 면에서 의미가 있다. 특히 로보택시에 대한 언급은 테슬라가 자율 주행 기술에 대한 의지를 꺾지 않았음을 보여 준다. 로보택시는 기존 택시 및 차량 공유 서비스 운영 비용의 상당 부분을 차지하는 인간 운전자의 필요성을 없애기 때문에, 택시 종사자들이 긴장할 수밖에 없다. 그러나 로보택시 운영사 관점에서는 마일당 비용을 낮추는 것이 매력적인 요인이 된다. 운전자가 없어 인건비가 크게 절감된다는 점은 로보택시의 가장 큰 장점이며, 이를 통해 회사는 이익 마진을 높일 수 있다.

인터뷰:
존 디어를 통해 알게 된
자율 주행의 가치

테슬라 자율성의 날에 머스크는 테슬라의 각 차량이 주당 100시간 동안 주인을 위해 일하며, 로보택시 기능으로 수익을 창출할 수 있다고 투자자들에게 강조했다. 그는 로보택시가 현재의 대중교통 시스템보다 더 안전하고 효율적인 교통 옵션을 제공해 사회를 획기적으로 변화시킬 수 있다고 생각한다.[4] 이러한 변화는 생명을 구할 뿐만 아니라 사람들이 소비하는 수조 시간을 절약할 것으로 예상한다.

독일의 아우디 시장연구소 소장 안드레아스 헤르만[Andreas Herrmann]은 자율 주행차의 장점으로 도로와 주차 공간에 필요한 토지가 30~40% 감소할 것이라고 주장했다.[5] 특별히 정비가 필요한 시간을 제외하고는 도로를 계속 주행할 것이기 때문이다.

미국은 중국과 달리 지하철, 철도, 버스와 같은 대중교통 시설이 부족하여 자동차가 필수품처럼 여겨진다. 그럼에도 불구하고 미국의 운전자들은 하루 평균 단 61.3분만 운전하는 것으로 나타났다.[6] 이는 자동차가 생각보다 많은 시간 동안 사용되지 않고 방치되어 있는 것을 의미한다.

미국 에너지부의 연구에 따르면 차량 중량을 10% 줄이면 가벼운 물체를 가속하는 데 더 적은 에너지가 필요하기 때문에 연비가 6~8% 향상될 수 있다.[7] 따라서 미국 차량의 4분의 1에 첨단 소재로 경량 부품과 고효율 엔진을 사용하면 2030년까지 연간 50억 갤런 이상의 연료를 절약할 수 있다.

미국 에너지부는 전기차에도 경량 소재를 사용하는 것이 중요하다고 강조했다. 경량 소재를 사용하면 배터리 및 전기 모터와 같은 동력 시스템의 무게를 상쇄하여 효율성을 높이고, 순수 전기 주행 거리를 늘릴 수 있기 때문이다.

또한, 헤르만은 자율 주행 기술 덕분에 안전성이 증진되면 자동차 무게도 줄일 수 있다고 주장했다. 도로에 자율 주행차만 존재한다면 충돌 가능성이 현저히 줄어들기 때문이다. 모터로 작동하는 로보택시가 등장하면 도로는 더 쾌적해지고, 자동차 사고로 인한 사망자도 줄어들 것이다. 미국에서는 2023년에만 40,990명이 자동차 사고로 사망한 것으로 추정된다.[8]

2022년 4월, 머스크는 2023년에 자율 주행 택시를 위한 제품 행사를 개최하고 2024년에 대량 생산을 시작하고 싶다고 말했다. 일부 투자자들은 머스크가 완전 자율 주행 일정에 대해 정확하지 않은 정보를 제공했다고 불만을 토로했다.[9] 테슬라는 이제 로보택시의 청사진을 좀 더 구체적으로 발표하려고 한다. 2024년 하반기에 도심을 주행하는 로보택시가 온전한 상태로 등장하길 바라지만, 기술적인 문제 외에도 규제를 해결해야 하는 등 갈 길이 멀다.

머스크의 발언은 워낙 독특하고 완성 시기가 매년 연장되기에 터무니없게 들릴 수 있지만, 사실 테슬라만 자율 주행을 고집하는 것은 아니다. 여전히 세계 여러 기업이 자율 주행 기술을 포기하지 않고 있다. 물론 수익을 낼 수 있을 만큼 자율 주행 기술을 시장에 선보이는 것은 쉽지 않은 도전이다. 애플과 같은 세계적인 기업도 자율 주행 도전에 뛰어들었지만, 개발 포기를 선언한 바 있다.

애플은 타이탄 프로젝트를 통해 운전자의 개입이 전혀 필요 없는 차량을 개발하려 했다. 핸들이나 페달도 제거한 혁신적인 디자인을 선보이겠다고 했으나, 2022년을 기준으로 애플의 계획은 반자율 주행 차량으로 초점이 이동한 것 같다.

소문에 따르면 애플은 전통적인 차량과 유사한 디자인으로 변경했다고 한다. 이는 완전 자율 주행이 되지 않으면 전통적인 자동차 디자인의 범위를 벗어나기 어렵기 때문이라고 한다. 게다가 2024년 초, 애플이 레벨 5 완전 자율 주행 기술 개발을 중단했다는 이야기가 돌았다.[10]

2022년에는 한때 자율 주행 글로벌 3위 업체 아르고 AI가 레벨 4 이상의 자율 주행을 포기하면서 폐업을 결정하고, 독일의 라이다 센서 공급 업체인 이베오 오토모티브 시스템즈IbeoAutomotive Systems도 파산 신청을 해 업계에 충격을 주었다. 2023년 독일 제조업의 상징 폭스바겐도 자율 주행 개발 속

사진 14-1 존 디어의 트랙터가 자율 주행으로 작업하는 모습
(미국 라스베이거스 CES, 2024))

도를 늦추기로 했다.

그러나 자율 주행 기술 시장의 잠재적 가치는 여전히 막대하다는 연구 결과가 꾸준히 발표되고 있다. 글로벌 시장 조사 업체인 프리시던스 리서치Precedence Research의 발표에 따르면 자율 주행 차량 시장의 가치는 2021년에 약 944억 달러에서 2030년까지 약 39%의 연평균 성장률로 성장하여 1.8조 달러를 초과할 것으로 예상된다. 이는 스위스 은행 UBS의 분석가들이 2030년에 연간 약 2조 달러의 가치가 있을 것으로 예측한 것과 비슷한 수준이다.[11] 자율 주행의 승자는 스마트폰을 뛰어넘는 기술 혁명을 주도하게 될 것이다.

필자는 지난 7년 동안 미국에서 열린 CES에 참관하면서 발견한 위협적인 현상은 여전히 포기하지 않은 미국 기업들이 존재한다는 것이다. 그 결과 미국의 광산에서는 이미 완전 자율 주행 트럭이 운행 중이며, 농촌에서도 완전 자율 주행 트랙터가 투입되고 있다.

자율 주행은 막대한 시간과 첨단 기술, 자본을 투입해야만 가능하다. 금리 인상, 부동산 가격 하락 등 외부 요인으로 인해 기업의 신기술 개발 의지가 사그라지고 있는 시점에서도 끝까지 포기하지 않은 기업만이 막대한 부의 기회를 얻을 수 있다.

존 디어의 대규모 농업 자율성 제품 책임자 필리프 리스Filip reese와의 인터뷰에서 알게 된 사실은, 미국 농부들의 평균 연령이 거의 60세에 이르며, 농장에서 일할 숙련된 노동자를 찾기가 매우 어렵다는 점이었다. 따라서 존 디어의 관점에서, 고객들이 나이가 들면서 가장 큰 성장 걸림돌은 일할 사람을 찾는 것이며, 그 결과 2030년까지 옥수수와 콩 생산 시스템을 완전히 자율적으로 경작할 수 있기를 바라고 있다.

테슬라 마스터 플랜

스페이스X와
협업을 선언한 존 디어

세계 여러 연구 단체는 향후 약 25년 동안 전 세계 인구가 80억 명에서 약 100억 명으로 증가할 것으로 예상하고 있다. 인구 증가와 전 세계적인 식단 변화로 인해 현재보다 50% 더 많은 식량을 생산해야 한다. 그러나 단순히 식량을 더 생산한다고 해서 문제가 해결되는 것은 아니다. 인구 증가에 따라 미국 농지가 계속 줄어들고 있기 때문이다. 인구는 증가하는데 논과 밭은 줄어들어 심각한 문제에 직면해 있다.

과거 농부들은 더 큰 기계, 더 많은 마력, 더 많은 종자, 더 많은 영양분을 사용해 오로지 더 많은 성장을 목표로 했다. 그러나 기후 위기로 경작지가 줄어들고 시골에서 노동력이 감소한 상황에서 기존 생산 방식만으로는 더 이상 성장할 수 없다.

이런 위기 속에서 존 디어의 야심 찬 목표는 놀랍다. 리스를 통해 알게 된 이 목표는 경작, 파종, 수확, 물류, 저장까지 모든 작업을 2030년까지 자율적으로 수행할 수 있도록 하는 것이다. 존 디어의 계획은 농부가 트랙터로 들판의 경계를 운전하며 트랙터의 경로와 외곽을 설정하는 작업 계획을 만드는 것으로 시작된다. 이 과정은 GPS와 위성 보정 네트워크를 사용한다. 이후 농부가 모바일 앱에서 시작 버튼을 누르면 트랙터가 작업을 시작한다.

존 디어는 이미 1997년부터 개발한 GPS 기술을 트랙터에 통합해 1인치 정확도로 스스로 주행할 수 있도록 만들었다. 이는 GPS 신호를 강화하는 글로벌 위성 기반 증강 시스템인 스타파이어 네트워크StarFire Network를 활용한 덕분이다.[12] 이로 인해 농부는 운전대에서 손을 떼고 더 생산적이고 창의적인 업무에 집중할 수 있게 되었다.

2020년대부터 정밀 기술과 클라우드 기반 데이터를 로봇 및 CVMLComputer Vision and Machine Learning과 통합하는 고급 AI 및 컴퓨터 비전 기술 개발에 몰두한 덕분이다. 그 결과, 초당 720개의 옥수수 씨앗을 뿌리고 비료를 주며 일정한 거리를 유지해 씨앗을 뿌리는 이그젝트 샷exact shot 기술이 등장했다.

이그젝트 샷이 장착된 파종기는 시간당 최대 10마일 속도로 종자가 심어진 곳에만 비료를 정밀하게 사용하며, 이는 기존 스타터 비료 사용량을

사진 14-2 CVML은 기계가 논과 밭에서 벌어지는 일들을 분석해 준다.
(미국 라스베이거스 CES, 2023)

60% 이상 줄여 준다. 이그젝트 샷이 탑재된 24대의 로봇 파종기는 초당 720개의 옥수수 씨앗을 심는다. 이 신형 파종기는 기존 파종기 속도의 2배로 이동하며, 날씨가 좋으면 1대의 파종기가 3,400만 개의 옥수수 씨앗을 정확한 위치와 깊이로 심는다.

그렇다면 스페이스X 관점에서 테슬라 전기차와 협업을 선언한 존 디어 트랙터는 어떤 미래를 보여 줄까? 이를 구상하기 전에 스페이스X의 스타링크가 왜 경쟁사에 위협적인 기술인지 살펴볼 필요가 있다.

지난 60년 동안 우주로 쏘아 올린 인공위성과 스타링크의 궤도 위치에는 큰 차이가 있다. 단일 정지 궤도 위성은 지표면에서 35,786km 상승한 위치에서 공전하지만, 스타링크 인공위성은 지구에서 약 550km의 낮은 궤도를 돈다.

정지 궤도 위성은 공전 주기가 지구의 자전 주기와 같아 항상 지구상의 같은 지점을 관찰할 수 있다. 지구에서 보면 위성이 항상 같은 위치에 머무르는 것처럼 보이기 때문에 이를 정지 궤도라고 부른다.

지구로부터 멀리 떨어진 고정 궤도 위성은 넓은 영역을 커버하는 데 유리하며, 최소 25메가비피에스^{Mbps} 전송 속도를 제공한다. 이는 재난이나 사고로 지상 네트워크가 끊겼을 때도 통신 회선을 확보하는 데 유리하다.

그러나 데이터가 위성과 사용자 사이를 이동하는 데 시간이 걸려 데이터 전송의 대기 시간이 늘어나고 전송 속도가 느려지는 단점이 있다. 따라서 1990년대 이후 지상 통신망의 기술 발전에 따라 통신 비용이 점점 낮아지면서 위성 통신은 특정 상황에서만 필요한 서비스가 되었다.

스페이스X는 이러한 문제를 해결하기 위해 낮은 궤도에 위성을 배치하는 계획을 세웠다. 스타링크는 지구에서 약 550km의 궤도를 도는 수천 개의 위성군으로 지연 시간이 크게 줄어든다. 스타링크의 지연 속도는 약 20밀리초^{ms}로 일반적인 위성의 600ms에 비해 혁신적이다. 따라서 스타링크 위성군은 선박이나 비행기 등 전 세계 어디서든 인터넷에 접속할 수 있게 하며 스트리밍, 온라인 게임, 영상 통화 등의 고데이터율 활동을 지원할 수 있다.

그렇다면 이제 이 스타링크를 테슬라 전기차와 존 디어 트랙터에 연결하면 어떤 변화가 일어날지 상상해 볼 수 있다. 존 디어는 이 연결성이 가져올 미래를 긍정적으로 판단한 최초의 기업이다. 2024년 초에 존 디어는 스타링크를 활용하여 농부들에게 고급 위성 통신SATCOM 서비스를 제공하기 위해 전략적 파트너십을 발표했다.[13] 농업 산업에서 스타링크를 활용하겠다고 나선 기업은 존 디어가 최초다.

존 디어 부사장 아론 웨첼Aaron Wetzel은 농부들에게 연결성이 주는 가치는 어떤 단일 작업이나 행동보다 광범위하다고 강조했다ㄴ. 연결성은 이전에는 제한적이거나 불가능했던 막대한 기회를 열어 준다. 예를 들어, 농부들은 매우 짧은 시간 내에 작업을 완료해야 한다. 이를 위해서는 정밀한 생산 단계를 실행하고 기계 간 조율과 기계 성능 관리가 필요하다. 바로 이 순간에 스타링크가 실시간 데이터 공유, 원격 진단, 향상된 자가 수리 솔루션, 기계 간 통신과 같은 기능을 지원한다.

따라서 존 디어는 모든 장비에 스페이스X가 설계한 스타링크 위성 통신 장치Terminal를 설치할 계획이다. 스페이스X는 존 디어를 위해 먼지, 습기, 기계적 진동 등 일반적인 농업 환경의 혹독한 조건을 견딜 수 있는 터미널을 특별히 제작했다. 존 디어의 고급 위성 통신 솔루션은 스페이스X의 스타링크 위성 인터넷 컨스텔레이션을 활용할 것이다. 이 SATCOM 솔루션은 2024년 하반기부터 미국과 브라질에서 초기 출시될 예정이다.

인터뷰:
이미 완전 자율 주행 시대를
개척한 캐터필러

우리나라에서 84평 규모의 2층 주택 크기의 초대형 트럭이 무인으로 움직인다고 상상하는 사람은 많지 않을 것이다. 이는 이미 광산에서 완전 자율 주행을 실현한 캐터필러의 초대형 광산 트럭을 길에서 마주칠 수 없기 때문이다.

우리나라에는 미국과 호주에만 있는 세계적인 규모의 광산이 없기 때문에, 캐터필러의 대형 제품을 직접 만나기 어렵다. 가끔 도로포장 작업에 투입되는 작은 크기의 건설 장비 로더loader정도만 보았으니 캐터필러의 규모와 기술 수준을 제대로 파악하기 어렵다.

현대자동차의 시가 총액은 약 54조 원(2024년 7월 18일 기준)이다. 반면, 1925년에 창립한 캐터필러의 시가 총액은 227조 원(2024년 7월 20일 기준) 이상이다. 이는 캐터필러가 결코 무시할 수 없는 세계적인 기업임을 보여준다. 단지 우리나라 사람들에게 현대자동차처럼 친숙하지 않을 뿐이다.

미국에서 캐터필러의 초대형 광산용 트럭 777의 운전석에 앉아 보니 최대 101톤의 적재량과 완전 자율 주행 기능이 놀라웠다.[14] 게다가 이 차량은 캐터필러가 판매하는 자율 주행 광산용 트럭 중 가장 작은 크기다. 798 AC의 경우 적재량은 무려 410톤에 달한다.

특히, 캐터필러 트럭 797F는 2층 건물 높이로, 화물을 완전히 적재하면 총무게가 687.5톤에 이른다. 이는 189개 좌석을 탑재한 여객기 15대 무게와 비슷하다. 797F는 7년 동안 24억 톤이 넘는 화물을 운반했으며, 이는 후버댐을 503번이나 건설할 수 있는 양이다.

CES는 세계적인 IT 기업들이 참가하는 행사로 유명하기에, 중장비 회사가 참여한 이유가 궁금해 직원들을 인터뷰했다. 인터뷰를 통해 캐터필러 직원들이 공통적으로 밝힌 내용은 캐터필러가 첨단 기술 기업이라는 자신감이었다. 그들은 캐터필러가 CES에 참가한 이유가 수많은 기계를 제조하고 산업 판도를 바꿀 기술을 선보이기 위해서라고 했다. 특히, CES를 통해 세계 각국의 인재들과 함께 일하고 싶다는 점을 강조했다. 일반 도로에서 자율 주행 실현을 논의하는 완성차 업체들과 달리, 캐터필러는 이미 완전

사진 14-3 캐터필러 777을 목격하니 크기에 압도당하고, 완전 자율 주행이 가능하다는 기술력에 더욱 놀라게 된다. (미국 라스베이거스 컨벤션 센터 웨스트홀, 2023)

테슬라 마스터 플랜

자율 주행 트럭을 판매하고 있어 중장비 하드웨어만 개발하는 기업이라는 오해를 불식시키려는 목적도 있었다.

애플처럼 혁신적인 기업을 떠올릴 때, 젊은 층은 세련된 브랜드로 인식한다. 반면, 거대한 중장비를 무선으로 조종하는 기업에 대한 관심은 상대적으로 덜하다. 하지만 캐터필러는 수백 명의 데이터 분석가, 소프트웨어 개발자, 컴퓨터 엔지니어들이 획기적인 기술 개발에 몰두하고 있다. 캐터필러가 보유한 자율 주행 관련 특허는 1만 6,000개가 넘으며, 자율 주행 트럭의 주행 거리는 매일 지구를 두 바퀴 반 도는 것과 같다.

캐터필러는 40년 전부터 GPS 기술을 활용해 자율 주행 트럭을 연구 개발해 왔다. 1980년대부터 자율 주행 기술을 연구해 왔으며, 1990년 초반에는 미국 텍사스의 채석장에서 자율 주행 트럭 운행에 성공했다. 오늘날 스페이스X가 매주 팰컨 9에 스타링크를 탑재해 쏘아 올리는 것과는 달리, 캐터필러는 하늘에 위성이 거의 없었던 시절부터 자율 주행 기술을 개발해 온 얼리어답터였다.

캐터필러는 자율 주행 트럭 연구 개발에 20억 달러라는 막대한 금액을 투입했다. 이는 근로자의 안전성과 지속 가능한 생산성을 위해서다. 캐터필러의 2021년 2분기 실적을 보면 매출이 전년 동기 대비 28.9% 증가했고, 영업 이익은 128.2% 늘어났다. 797F 트럭 도입 후 고객사들은 운영비용이 최대 20% 감소하고, 생산성은 최대 30% 증가했다고 보고했다. 위험한 광산 환경에서 납품 기일, 채산성, 운용 비용을 고려하는 고객들은 안전하고 쉬지 않는 자율 주행 트럭에 매력을 느낄 수밖에 없다.

맥킨지앤컴퍼니McKinsey & Company의 보고서에 따르면, 2030년까지 자율 주행 차량이 창출할 수 있는 연간 경제적 가치는 1.5조 달러에서 6.7조 달러에 이를 것으로 예측된다.[15] 이는 자율 주행 기술은 교통, 물류, 차량 공유 서비스 등 다양한 분야에서 새로운 비즈니스 모델과 수익 창출 기회를 제공할 것이기 때문이다.

캐터필러는 2007년 무렵, 다르파 어반 챌린지^{DARPA Urban Challenge}에서 우승한 카네기 멜런^{Carnegie Mellon} 대학팀 등과 함께 자율 주행 기술 혁신을 선도해 왔다. 약 9년 전부터는 전 세계 3개 대륙의 광산 현장에 자율 주행 트럭을 정식으로 투입했다. 현재 초대형 자율 주행 트럭이 24시간 내내 광산에서 운행 중이며, 7년 동안 누적 주행 거리가 8,700만 km에 달하지만 사고는 단 한 번도 발생하지 않았다.

이와 같은 성과의 비결은 머스크가 비판하는 라이다 센서에 있다. 건설 현장과 광산은 근로자에게 혹독하고 위험한 작업 환경을 제공한다. 라이다 센서를 통해 정밀한 환경 인식과 안전한 주행이 가능해진 덕분에 사고 없이 안정적인 운영이 가능했다.

일론 머스크가 싫어하는
센서를 선호하는 캐터필러

캐터필러는 광산에서 발생할 수 있는 사고를 방지하기 위해 자율 주행 트럭 조종자에게 주행을 즉시 멈출 수 있는 통신 장치를 제공한다. 그러나 무사고의 근본적인 이유는 차량 전방에 장착된 라이다와 IMU 센서 덕분이다.

라이다는 레이저 펄스를 활용해 근처 물체의 반사를 감지하여 거리를 측정한다. 이 기술은 차량 주변 환경에 대한 상세하고 정확한 고해상도 3D 지도를 생성하는 데 효과적이다. 라이다를 통해 차량은 주변 물체, 다른 차량, 보행자를 감지하고 탐색할 수 있다. 이는 기존 카메라 및 레이더 시스템에 비해 특히 단거리에서 뛰어난 감지 기능을 제공한다. 그러나 라이다는 안개나 폭우와 같은 기상 조건의 영향을 받을 수 있다.

GPS는 뛰어난 장거리 정확도를 제공하지만, 가까운 물체에 대한 세부 정보를 얻기 어렵다는 단점이 있다. 자율 주행을 GPS에만 의존할 수 없는 이유는 차량이 터널이나 지하도 같이 위성 통신이 원활하지 않은 장소에 진입하면 위치 파악이 어려울 수 있기 때문이다. 소프트웨어가 실시간으

사진 14-4 캐터필러 트럭에는 라이다 센서가 장착되어 있었다.
(미국 라스베이거스 컨벤션 센터 웨스트홀 2023)

로 안전 여부를 판단해야 하는 상황에서 신호가 끊기면 혼란이 발생할 수 있다.

IMU는 GPS와 같은 외부 신호를 신뢰할 수 없는 환경에서도 차량을 안전하게 탐색하고 제어하는 센서로, 정밀한 위치와 방향 정보를 제공한다. 그러나 IMU는 소음에 취약하다. 예를 들어, 가속도계에 소음이 있을 경우 차량이 정지해 있을 때도 약간의 움직임을 기록하거나 실제 움직임을 과장하여 속도나 방향을 잘못 판독할 수 있다.

캐터필러는 라이다, GPS, IMU와 같은 다양한 센서를 적절하게 교정하고 통합하여 유용한 기술로 활용하고 있다. 예를 들어, 793F 모델에 장착된 라이다 시스템은 64개의 레이저를 활용해 초당 120만 개 이상의 데이터 포인트를 캡처한다. 이 시스템을 통해 793F는 주변 환경의 상세한 3D 이미지를 생성하여 장애물을 식별하고 우회할 수 있다.

또한, 라이다를 통해 793F는 경로에 사람이 있는지 감지하여 차량이 완전히 정지한 후 경로가 깨끗해지면 계속 진행할 수 있다. 동시에 주변 사람들에게 잠재적인 위험을 알리는 경고음도 활성화된다. 이러한 다중 안전장치 덕분에 캐터필러의 자율 주행 트럭은 8,700만 km를 운행해도 사고가 한 건도 발생하지 않았다.

그러나 2019년 테슬라 자율 주행 데이에서 머스크는 테슬라가 라이다를 사용할 가능성에 대한 질문에 라이다를 채택하는 것은 '어리석은 짓이며, 라이다에 의존하는 사람들은 망할 것'이라고 강하게 비판했다. 그는 비싼 센서는 불필요하다고 주장했다.[16]

초기 라이다 센서는 개당 약 75,000달러였다. 구글의 웨이모는 맞춤형 라이다 센서의 단가를 7,500달러로 낮췄다.[17] 그러나 대량 생산 완성차 제조사의 관점에서 라이다를 고려해 보자. 이들 회사는 매년 수백만 대의 차량을 생산하기 때문에 단돈 몇 센트짜리 부품도 원가 절감을 시도한다. 고가의 센서를 부착하는 것은 이익 마진을 감안할 때 부담스러우며, 온전한 자율 주행을 보장하지 못한다면 그 이유는 더욱 줄어든다.

테슬라에 오토파일럿 소프트웨어 책임자 아쇼크 엘루스와미는 인베스터 데이에서 온전한 자율 주행을 위해 세 가지 주요 요소를 제대로 구축해야 한다고 강조했다. 첫 번째는 AI 시스템의 구조architecture, 두 번째는 데이터, 세 번째는 컴퓨팅이다.

그는 당시 테슬라가 비전 기술 및 계획 시스템을 구축하는 데 도움이 될 AI, 기계 학습, 신경망에 베팅하고 있다고 말했다. 개발 초기에는 단일 카메라와 단일 프레임 신경망을 사용하여 출력을 생성했지만, 이들은 계획자를 위한 일부 후처리 단계에서 함께 사용되었다. 하지만 초기 시스템은 매우 취약했고 큰 성공으로 이어지지 않았다.

하지만 초기 시스템은 매우 취약했고 큰 성공으로 이어지지 않았다. 그래서 테슬라는 지난 몇 년 동안 대부분의 시스템을 멀티 카메라 비디오 신경망으로 전환했다. 이 신경망은 차량 전방, 후방, 측방 등 8대의 카메라에서 실시간으로 들어오는 라이브 피드를 하나의 통합된 3D 출력 공간으로 생성한다.

테슬라의 접근 방식은 라이다 기술이 전통적으로 수행해 온 환경에 대한 상세한 3차원 지도를 생성하는 목적을 효과적으로 수행하는 것을 목표로 한다. 고급 신경망으로 구동되는 테슬라의 다중 카메라 시스템은 광범위한 시각적 데이터를 실시간으로 캡처 및 분석하여 장애물 감지, 차량 움직임 평가, 차선 표시 인식, 교통 표지판 식별 등을 수행한다.

테슬라는 이미 FSD 베타 소프트웨어를 미국과 캐나다에서 거의 모든 고객에게 배포했다. 이는 대략 40만 명의 고객이 이 소프트웨어를 사용하여 차량이 목적지까지 운전을 시도한다는 것을 의미하며, 이 과정에서 발생하는 모든 데이터를 카메라 비전 기술로 수집하고 있다는 것이다.

머스크의 라이다에 관한 발언을 종합해 보면, 라이다는 자율 주행차에 불필요한 복잡성과 비용을 더하는 기술이라는 것이다. 라이다를 기존 차량 시스템과 통합하면 하드웨어와 소프트웨어 측면에서 추가적인 복잡성이 생긴다. 머스크는 카메라 비전 기술이 라이다가 제공하는 기능을 더 저렴하게 달성할 수 있다고 믿는다. 그는 라이다를 차량에 장착하는 것을 값비싼 부록을 잔뜩 얹는 것에 비유하며, '하나의 충수(맹장)도 나쁜데 많이 가지면 어리석은 일이다. 두고 보면 알게 될 것이다.'라고 경고했다.

매년 CES를 취재하다 보면 유망했던 라이다 기업들, 특히 스타트업들이 사라지거나 언론의 관심에서 멀어지고 있음을 실감할 수 있다. 그러나 자율 주행차 업계에서는 여전히 자율 주행차가 주변 세계를 인식하는 가장 좋은 방법에 대한 논쟁이 이어지고 있다.

CES 2024에서 벤츠와의 협력을 발표한 루미나 테크놀로지의 CEO는 라이다 가격이 낮아질 것이며, 저렴해질 수 있다고 주장하는 젊은 기업가다. 그는 라이다 센서가 탑재되지 않은 테슬라 모델 Y가 더미를 그대로 치고 주행하는 장면을 공개해 테슬라 추종자들의 반감을 사기도 한다. 라이다 진영은 이러한 방식으로 테슬라에 대응하고 있다.

인터뷰:
라이다를 포기할 수 없다는
CEO와 모델 Y 같이 타기

앞서 잠시 언급한 것처럼 라이다 제조사 이노뷰전의 CEO 준웨이 바오와 함께 베이거스 루프를 이동하며 테슬라의 자율 주행 철학에 관해 이야기를 나눴다(이노뷰전은 현재 사명을 세욘드Seyond로 변경했다). 테슬라 추종자들에겐 민감한 주제일 수도 있었기에, 왜 라이다를 고집하는지 그 이유에만 집중했다.

세욘드의 라이다 제품명은 팰컨 KFalcon K로 공교롭게도 스페이스X의 주력 로켓 팰컨 9Falcon 9과 똑같다. 팰컨 K의 기술적 특이성은 동종 업계 제품보다 더 먼 거리인 500m를 감지할 수 있다는 것이다.

장거리 탐지 능력을 갖춘 세욘드는 HD현대의 자율 운항 전문 회사 아비커스Avikus에 고성능 라이다 솔루션을 제공하기로 했다.[18] 아비커스는 자율 주행 보트를 개발하는데, 보트는 자동차보다 제어가 어렵기에 먼 거리의 감지 능력은 돌발 상황을 대비하는 데 유용하다. 장거리 라이다는 주변 환경을 정확하게 매핑하여 자율 시스템이 가장 안전한 경로를 선택할 수 있도록 돕는다.

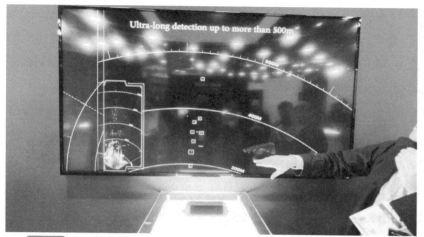

사진 14-5 이노뷰전의 이사 제이슨 펀스는 라이다가 500m 이상 물체를 감지할 수 있다고 설명했다. 화면 아래 라이다의 크기가 작아진 것이 인상적이다. (미국 라스베이거스 컨벤션 센터 웨스트홀 2023)

보트는 부표, 선박, 육지와 같은 장애물이 멀리 떨어져 있을 수 있는 광활한 바다를 이동하므로, 이러한 물체들을 조기에 감지하면 탐색 조정을 실행하는 데 더 많은 시간을 할애할 수 있어 안전을 유지하는 데 중요하다.

바오는 중국 최대의 검색 엔진 바이두의 미국 사무소에서 일한 후, 2016년 말에 실리콘 밸리에 본사를 둔 이노뷰전을 설립했다. 그는 일본 1위, 세계 3위로 평가받는 반도체 장비 대기업 도쿄 일렉트론Tokyo Electron Limited의 실리콘 밸리 사무소에서 기술과 엔지니어링 부사장VP of Engineering and Technology으로 재직하며 반도체 제조를 위한 광학 기기를 개발했다. 이노뷰전은 이미지 스크린 라이다를 최초로 출시한 회사로, 그들이 개발한 라이다의 감지 거리는 최대 565.2m에 달했다. 바오는 반도체용 광학 기기에서 배운 것을 활용하여 비슷한 방법론을 적용했기에 이러한 성능을 달성할 수 있었다고 말했다.

2023년 초에 바오를 인터뷰했을 당시, 이노뷰전은 캘리포니아 써니베일에 약 50명, 중국에 500명 이상이 근무하고 있었다. 또한, 이노뷰전은 미국, 중국, 일본, 한국, 독일에 9개 사무소와 3개의 제조 시설을 보유하고 있으며, 연간 20만 대 이상의 생산 능력을 갖추고 있었다. 이들에게 라이다는 자율 주행의 핵심 기술이었다.

바오와 이노뷰전의 수석 엔지니어이자 이사 제이슨 펀스Jason Ferns가 보여준 자료에서 인상적인 장면은 500m 이상 떨어진 자동차에 대한 정보를 매우 안정적으로 분석했다는 점이다. 그 긴 거리에서도 라이다 포인트 클라우드의 단면을 볼 수 있었으며 충분한 포인트 수로 신뢰할 수 있는 인식이 가능했다. 물론 이러한 수준의 성능은 날씨가 청명할 때 가능했다.

라이다가 제공하는 고해상도 시야에서는 120m 떨어진 타이어 조각을 두 줄의 이미지 포인트로 식별할 수 있었다. 자동차가 이 정도 거리에서 변수를 감지하면 운전자가 잔해를 피할 충분한 시간을 가질 수 있다. 실제로 고속도로에서 펑크난 타이어 조각을 마주하는 일은 드물지만, 이노뷰전의 주장은 설득력이 있었다.

라이다 센서가 장거리에서 잔해를 감지할 수 있는 능력을 갖추면 차량의 시스템이 매우 신뢰성 있게 작동할 수 있다. 펀스는 2019년 7월, 몇 년 안에 소비자 차량에 쉽게 통합할 수 있는 매우 저렴한 라이다 시스템이 나올 것이라고 밝혔다.[19]

바오와 펀스처럼 라이다 기술을 확신하는 루미나 설립자 오스틴 러셀의 발표 현장에도 참석했다. 1995년생인 러셀은 17세에 루미나를 설립했고, 2020년 나스닥에 상장하면서 《포브스》 선정 최연소 자수성가 억만장자가 되었다. 당시 그의 루미나 30%의 지분 가치는 약 24억 달러에 달했다.

2024년 1월, 루미나는 가장 진보된 자동 긴급 제동Automatic Emergency Breaking, AEB 시스템조차 특정 유형의 충돌을 방지할 수 없다는 것을 보여 주며 라스베이거스 컨벤션 센터 데모 트랙에서 눈길을 끌었다.

인터뷰:
테슬라를 공개 저격한 기업

러셀이 공개한 영상에서 모델 Y의 전방 우측에 모형 차량이 있었다. 모델 Y가 이를 지나치는 순간, 어린이 크기의 더미가 등장했다. 모델 Y는 더미를 그대로 치고 돌진했다. 뒤이어 진행한 폭스바겐 차량도 마찬가지로 더미를 치고 지나갔다. 현장에 있던 사람들은 이 장면을 보고 다양한 반응을 보였지만, 루미나가 시선을 끈 것은 분명했다.

루미나의 지적처럼 현재 많은 카메라 및 레이더 기반 ADAS는 제한된 가시성 조건, 복잡한 보행자 움직임을 정확하게 해석하는 센서의 한계, 시스템의 지연된 응답 시간 등 여러 요인으로 인해 돌발 변수를 제어하지 못해 사고가 발생할 수 있다.

러셀은 루미나의 AES는 제동할 시간이나 거리가 충분하지 않은 상황을 위해 설계되었다고 강조했다. 실제로 AES가 설치된 차량은 순식간에 어린이 더미를 피했다.

그의 주장에 따르면 루미나의 향상된 아이리스 플러스Iris+ 라이다 기술이 전 세계적으로 차량 충돌로 인한 연간 사망자 수를 약 130만 명 줄일 수 있

오스틴 러셀은 수많은 언론 앞에서 모델 Y가 더미를 치는 장면을 보여 줬다.
(미국 라스베이거스 컨벤션 센터 웨스트홀, 2024)

다. 그는 청중에게 우리 중 100명 중 1명은 교통사고로 비극적으로 목숨을 잃는다고 강조했다.

그는 현재 카메라 및 레이더 기반 ADAS 시스템이 보행자 AEB 시나리오의 70%에서 충돌을 경험했다는 자료를 제시했다. 이 통계는 보행자 감지 및 비상 제동을 위해 카메라와 레이더 기술에만 의존하는 현재 ADAS의 효율성에 중요한 우려를 제기한다.

루미나는 라이다 기술이 차량 주변 환경에 대한 고해상도의 3차원 정보를 제공하여 보행자를 정확하게 식별하고 추적하는 데 중요하다고 주장한다. 이를 통해 센서의 긍정 오류 및 부정 오류를 줄이고, 보다 빠르고 안정적인 제동 결정을 가능하게 하여 AEB와 같은 ADAS 기능의 성능을 향상할 수 있다는 것이다.

러셀은 자율 주행 기능의 개선 덕분에 사망률과 충돌률이 많이 감소할 것으로 예상하는 사람들이 있지만, 최근 몇 년 동안의 데이터는 기술이 진보하고 있음에도 불구하고 실제로는 매년 사망률이 계속 상승하고 있음을 반복해서 보여 준다는 것을 지적했다. 이는 레벨 2 수준의 ADAS가 등장하면서 오히려 사람들의 운전 습관이 더 나빠지거나 인포테인먼트 같은 기기들이 운전자의 주의를 산만하게 하기 때문이다. 따라서 라이다는 생명을 구하는 데 중요한 기술로 인식되고 있다.

2024년 4월에 루미나가 재보험사 스위스리^{Swiss Re}의 연구 자료를 인용해, 라이다 장착 시 최고 성능의 카메라 및 레이더 장착 차량 대비 사고 비율이 약 27%, 심각도는 약 40% 감소한다고 발표했다.[20]

러셀이 업계의 주목을 받은 이유는 초기 라이다 센서 가격을 7천만 원에서 500달러로 낮추겠다고 선언하고, 볼보, 다임러 등 완성차 업계와 협력을 구축해 그 가능성을 입증했기 때문이다. 실제로 루미나 라이다는 과거 경쟁사 제품들보다 크기가 작아져 차량 외관을 해치지 않으며, 가격 대비 성능도 크게 개선되었다.

그러나 2024년 6월 12일 기준, 현재 루미나의 주가는 상장 이후 꾸준히 급락했다. 최근 1년 동안 최고가는 10,744원, 최저가는 1,677원을 기록했다. 이러한 시장의 냉담한 반응은 왜일까?

2021년부터 꾸준히 라이다를 거부해 온 테슬라는 레이더에 이어 초음파 센서마저 제거를 시작했다. 오로지 카메라를 통해 얻은 정보를 분석하는 신경망인 테슬라 비전에만 의존하겠다는 것이다.

라이다가 항상 옳은 것은 아니다. 예를 들어, 라이다를 장착한 GM 크루즈의 로보택시가 도로에서 갑자기 운행을 멈춰 주변 운전자들을 당황하게 만든 사례가 있다.[21] 미국 도로교통안전국^{NHTSA}은 이로 인해 발생한 교통 혼잡 문제를 조사했다.

2022년 10월, 렉스 프리드먼이 테슬라 오토파일럿 프로젝트를 주도했던 카파시에게 라이다에 관한 생각을 묻는 대화에서 라이다 진영의 어려움을 엿볼 수 있다.[22] 당시 카파시는 라이다와 레이더 등 센서를 많이 부착할수록 자율 주행 성능이 향상된다는 가정에 의문을 제기했다.

2024년 1분기 실적 발표Financial Results and Q&A Webcast에서도 머스크는 여전히 라이다, 레이더, 초음파 센서를 제거한 카메라 비전만으로 자율 주행이 가능하다고 강조했다. 그는 FSD 12.3 버전이 장착된 차량에 타기만 하면, 저렴한 추론 컴퓨터와 표준 카메라만으로 자율 주행이 가능하다는 것을 실감할 수 있다고 주장했다. 그렇다면 왜 그는 센서들을 제거하는 데 몰두하는 것일까?

인터뷰:
테슬라와 결별한 모빌아이

독일 IAA 2023에서 모빌아이를 만나 임직원의 설명을 듣고 나니 이 기업이 왜 테슬라와 결별했는지 이해할 수 있었다. 폭스바겐 미니버스가 전기차로 재탄생한 아이디 버즈^{ID. Buzz}에는 눈에 띌 정도로 큰 크기의 센서들이 달려 있었다.

모빌아이는 폭스바겐에 안전한 자율 주행 기능을 제공하기 위해 9개의 고해상도 카메라, 4개의 주차 카메라, 3개의 장거리 라이다, 6개의 단거리 라이다, 이미징 레이더^{Imaging Radar} 등을 장착했다. 차량 외부에 크고 작은 센서가 드러난 형태는 머스크가 추구하는 자율 주행 시대와는 상반되는 모습이었다. 테슬라 차량에는 자율 주행을 위해 8대의 카메라만 장착되어 있기 때문이다.

한때 모빌아이와 테슬라는 좋은 관계를 유지했다. 2014년에 테슬라는 오토파일럿 시스템 1세대^{AP1}의 기능을 실행하기 위해 모빌아이의 기술, 특히 아이Q3^{EyeQ3} 칩에 크게 의존했다. 모빌아이의 도움으로 테슬라는 카메라, 초음파 센서, 레이더를 조합해 차선 유지, 교통 인식 크루즈 컨트롤, 셀

프 주차 기능을 제공했다. AP1 시스템은 이 기능들을 실행하기 위해 자동차 카메라의 시각적 정보를 처리하는 EyeQ3가 필요했다. 모빌아이는 테슬라의 카메라와 센서 데이터 처리 및 알고리즘 해석을 지원했다.

그러나 이들이 갈라선 이유는 자율 주행에 대한 철학 차이였다. 테슬라의 오토파일럿 시스템을 사용하던 모델 S 운전자의 첫 사망 사고가 보고된 후 모빌아이는 테슬라와 결별했다.

이스라엘 예루살렘에 본사를 둔 모빌아이 공동 창립자이자 최고 기술 책임자인 암논 샤슈아Amnon Shashua는 2016년 2분기 실적 발표에서 완전 자율 주행은 매우 높은 수준의 안전성을 보장해야 한다고 말했다. 그는 테슬라와의 협력이 모빌아이의 레벨 3, 레벨 4 이상의 자율 주행 시대를 주도하려는 목표에 부합하지 않는다고 밝혔다.[23] 샤슈아는 테슬라가 안전 측면에서 한계를 넘어섰으며, 오토파일럿이 모든 충돌 상황을 안전하게 처리할 수 있도록 설계되지 않았다고 주장했다. 즉, 테슬라가 오토파일럿 수준을 과대 포장했다는 것이다. 그러자 머스크는 모빌아이와의 결별에 대해 예상된

결과라며 테슬라에 큰 영향을 미치지 않을 것이라고 밝혔다.[24]

그렇게 시간이 흘러 독일에서 모빌아이를 만나니 감회가 새로웠다. 그들은 여전히 테슬라와 다른 자율 주행 철학을 고수하고 있었다. 현장에서 임직원들의 발언을 종합해 보니, 모빌아이는 EyeQ3 칩을 고도화하고 있었다. 자율 주행의 복잡한 요구 사항을 더 잘 지원하기 위해 시스템 온 칩System on a Chip, SoC을 강화할 계획을 공개했기 때문이다.

모빌아이가 SoC를 강화하겠다는 것은 컴퓨터나 기타 전자 시스템의 모든 구성 요소를 단일 칩에 통합하겠다는 뜻이다. 단일 기판에는 디지털, 아날로그, 혼합 신호 및 무선 주파수 기능이 모두 포함될 수 있으며, 이는 장치의 성능을 높이면서 전력 소비와 공간을 줄이는 방향으로 설계된다.

모빌아이는 자율 주행에 필요한 더 복잡한 작업을 처리하기 위해 칩의 계산 능력, 효율성 및 기능을 향상시키고 있었다.[25] IAA에서 공개한 모빌

사진 14-8 모빌아이가 개발한 고급 운전자 지원 시스템 모빌아이 슈퍼비전을 살펴봤다. 모빌아이 역시 테슬라 못지않게 레벨 4 이상을 향해 개발을 멈추지 않고 있다.
(독일 IAA 모빌리티, 2023)

아이 슈퍼비전^{Mobileye SuperVision}은 모빌아이가 개발한 고급 운전자 지원 시스템^{ADAS}으로, 주행 중 운전자가 눈을 도로에 고정하면 손을 운전대에서 떼어놓을 수 있다는 점이 흥미로웠다.

모빌아이 슈퍼비전은 2개의 EyeQ 5H 칩과 최대 8백만 화소^{MP} 해상도를 지원하는 11개의 주변 카메라로 구성되어 있다. 고해상도 카메라는 도로 표지판, 장애물, 기타 차량, 차선 표시 등을 더 명확하고 자세하게 인지해 시각적 데이터를 제공하므로 시스템이 탐색 및 장애물 회피 시 더 정확한 결정을 내리는 데 도움을 준다.

이러한 구성은 차량 주변의 환경을 높은 정밀도로 인식하고 분석할 수 있게 해 준다. 또한, 전방 레이더는 선택적으로 추가할 수 있으며, 이는 차량이 다양한 주행 상황에서 더욱 안정적으로 반응할 수 있도록 지원하려는 모빌아이의 의지를 반영한다.

레이더도
제거하라

테슬라의 FSD와 폭스바겐의 모빌아이 의존 간의 기술적 차이점은 하드웨어와 소프트웨어의 통합에 있다. 테슬라는 하드웨어와 소프트웨어를 모두 자체 개발하여 차량에 맞춤화된 통합과 최적화를 제공할 수 있다. 이 접근 방식은 더 빠른 반복과 사용자 정의를 통해 테슬라에게 기술적 우위를 제공할 수 있다. 반면 폭스바겐은 모빌아이의 기술을 활용하며, 이는 다른 여러 완성차에서도 사용된다.

모빌아이 솔루션을 채택하면 사용자 정의가 제한될 수 있지만, 모빌아이의 자율 주행 기술 전문 지식과 다양한 플랫폼 전반의 안전 및 표준화에 중점을 두는 이점을 누릴 수 있다. 모빌아이는 테슬라와 달리 2중, 3중으로 안전벨트를 채우는 것 같다. EyeQ 5H는 카메라, 레이더, 라이다와 같은 다양한 센서 유형을 통합하여 차량 인식 기능을 향상시킨다. 테슬라는 모빌아이의 이러한 접근을 어떻게 생각할까?

직접적인 언급은 없지만, 프리드먼이 레이다와 라이다 센서에 대한 카파시의 생각을 질문했을 때 중요한 단서를 얻을 수 있다.[26] 카파시의 답변을 요약하면, 카메라 외에 센서를 추가할수록 공급망이 복잡해지고, 센서의 수명이 다하거나 고장이 나면 교체해야 하는 불편함이 생긴다는 것이다.

쉐보레는 코로나19로 인한 공급망 문제로 일부 차량에 센서가 빠진 채 고객에게 인도되어 불만이 발생한 적이 있다. 테슬라도 2021년 초반 마이크로칩 재고가 충분했음에도 불구하고 조달에 어려움을 겪었다. 이로 인해 머스크가 테슬라 차량에서 레이더 센서를 제거하라고 명령했을 것이다.

토요타의 저스트 인 타임 공급망은 오랫동안 효율성과 효과성의 벤치마크로 여겨졌다. 그러나 코로나19로 인해 동남아시아 제조사들이 타격을 받으면서 컴퓨터 칩과 반도체 등의 부품 조달에 어려움을 겪어 일부 조립 라인을 폐쇄할 수밖에 없었다.[27]

카파시는 프리드먼에게 외부 센서를 장착하면 유지 관리, 펌웨어 개발, 센서 제조사의 경영 철학과 전략 분석이 필요하다고 강조했다. 이는 생산 과정을 복잡하게 만들고, 단순 하드웨어 설치를 넘어, 센서가 시스템과 효과적으로 통신하도록 펌웨어를 개발하고 업데이트해야 한다. 이로 인해 운영 복잡성, 리소스 할당, 유지 관리, 기술 지원이 증가한다.

카파시는 머스크가 '최고의 부품은 없는 부품'이라고 강조한 것에 깊은 인상을 받았다고 말했다. 머스크는 엔트로피를 이해하고 있었기에 불필요한 것을 제거하려고 항상 노력한다고 말했다. 머스크의 행적을 추적한 결과, 그는 구성 요소의 수를 최소화함으로써 엔트로피를 줄이고, 오류 발생 가능성이 적으며 장기적으로 지속 가능한 시스템을 유지하는 것을 목표로 한다는 것을 알 수 있다.

머스크가 엔트로피를 이해한다는 것은 모든 시스템에서 무질서나 복잡성의 고유한 경향을 인식하고 관리하는 것을 의미한다. 물리학에서 엔트로피는 시스템 내의 무작위성 또는 혼돈을 측정한다. 프리드먼은 차량에 센서가 많아지면 데이터 엔진에도 타격을 주는지 질문했고, 카파시는 100%

그럴 수 있다고 확신했다.

고립된 시스템의 전체 엔트로피는 시간이 지나도 결코 감소할 수 없다는 열역학 제2법칙을 라이다에 적용해 볼 때, 머스크가 이를 제거하는 것은 당연한 귀결이다. 엔트로피는 일정하게 유지되거나 증가할 수만 있기 때문이다.

테슬라는 애플과
매우 다르다

인베스터 데이에서 테슬라의 공급망 부사장Vice President Supply Chain 칸 부디라
즈Karn Budhiraj는 자신의 발표가 지루할 수 있다고 인정했다. 그러나 그 지루
한 발표 속에는 테슬라의 미래에 관한 중요한 단서가 담겨 있다. 그는 테슬
라가 애플과 매우 다르다고 강조했다. 이 발언이 흥미로운 이유는 부디라
즈가 2014년 테슬라에 합류하기 전 애플에서 공급망 관리를 담당했기 때
문이다.

월터 아이작슨은 머스크와 잡스의 자서전을 집필한 것으로 유명하다. 그
는 잡스가 애플의 디자인 스튜디오는 즐겨 찾았지만, 중국에 있는 공장은
한 번도 방문하지 않았다고 밝혔다.[28] 반면 머스크는 디자인 스튜디오보다
공장을 방문하는 데 더 열중했다. 머스크가 공장에서 생산의 어려움으로
고통받는 모습은 검색을 통해 쉽게 확인할 수 있다. 부디라즈는 애플이 제
조를 외주화하는 반면, 테슬라는 내부에서 직접 수행한다고 말했다. 그의
발언 속에 숨겨진 자율 주행의 미래는 무엇일까?

2010년에 머스크가 모델 S 생산을 발표하는 자리에서 출고를 앞둔 테슬

테슬라 마스터 플랜

바로 이 공장 주차장에서 2010년 무렵 일론 머스크가 모델 S의 생산을 선포했다.
(미국 캘리포니아 테슬라 프리몬트 공장. 2023)

라의 수많은 전기차들이 한자리에 모여 있는 장면을 보면, 이 회사가 2017
년에 파산 위기를 기적처럼 극복한 열정과 역량, 의지, 전략이 더욱 궁금해
진다. 2013년 1월, 테슬라의 모델 S에 생산 목표는 연간 2만 대였다. 테슬
라는 늘 제조의 단순화를 추구해 왔고, 그 결과 2022년 처음으로 연간 100
만 대 이상의 전기차를 생산하는 데 성공했다.

그러나 토요타가 헐값에 테슬라에 선물로 제공한 누미^{NUMMI}라고 불렸던
프리몬트 공장에서 불과 7년 전만 해도 테슬라가 전기차 양산 문제를 해결
하지 못해 회사가 망할 뻔한 적이 있었다. 2019년 무렵, 머스크는 특히 차
량용 제조 시스템 설계가 차량 자체 설계보다 훨씬 더 어렵다고 설명한 적
이 있다. 공장을 짓는 것이 자동차를 만드는 것보다 백 배 더 어렵다는 것
이다.²⁹ 그는 자동차 콘셉트와 프로토타입을 만드는 것은 간단하지만, 대량
생산 시스템을 구축하는 것은 기하급수적으로 어렵다는 것이다. 그는 제조
의 진정한 복잡성과 가치가 종종 과소평가 된다는 점을 강조했다.

머스크는 자동차 대량 생산을 로켓을 설계하는 것과 로켓 제조 시스템을

만드는 것의 차이에 비유했다. 그가 테슬라에서 전기차, 스페이스X에서 로켓을 대량 생산해 능력을 증명했으니, 언론에서 비판하고 비난해도 미국 공대생들이 그와 일하고 싶어 하는 것은 당연하다.

프리몬트 공장에서 남쪽에 있는 노르만 Y. 미네타 산호세 국제공항Norman Y. Mineta San Jose International Airport에서 비행기를 타고 1시간 정도 지나자 로스앤젤레스 국제공항에 도착했다. LAX에서 차로 20분 정도 이동하니 금세 낡고 한산한 지역이 나타났다.

미국 캘리포니아주 호손에 가면 거대한 팰컨 9 로켓의 1단과 이를 지탱하는 9개의 멀린 엔진Merlin Engine을 볼 수 있다. 이곳에서 머스크를 만났던 애슐리 반스는 스페이스X 본사 주변 환경을 두고 호손은 LA에 속한 황량한 곳이라면서 사람이 살 만한 장점을 찾기 어려운 지역, 즉 쓰레기 더미에 스페이스X가 숨겨져 있다고 묘사했다.[30] 팰컨 9 로켓이 전시된 이곳은 스페이스X 본사다. 실리콘 밸리의 화려한 기업들과는 다른 낡은 건물이지만,

사진 14-10 스페이스X 본사 일대는 LA에 속한 황량한 지역에 속한다.
(미국 캘리포니아 호손, 2023)

테슬라 마스터 플랜

그 매력은 강력하다.

미국의 수많은 인재가 NASA나 테슬라보다도 왜 이 외딴곳에 위치한 스페이스X에서 일하고 싶어 할까? 팰컨 9의 첫 번째 발사 당시 1단 로켓은 지구로 재진입하는 과정에서 파괴됐고, 머스크는 이를 두고 '완전히 바보 같았다'라고 고백할 정도로 스페이스X는 초기에 기술적으로 엉성한 스타트업이었다. 그러나 불과 2년 후, 스페이스X가 개발한 카고 드래곤^{Cargo Dragon}은 물자를 싣고 국제우주정거장에 도착한 후 지구로 귀환했다. 2012년 5월 25일, 스페이스X에 대해 악평을 쏟아 냈던 업계 전문가들과 언론이 드디어 침묵한 순간이었다.

팰컨 9은 궤도급 발사체 중 세계 최초로 완전 재사용이 가능한 로켓으로 기록되었다. 궤도에 도달한 후 지구로 귀환하여 재사용할 수 있어 우주 탐사의 비용을 혁신적으로 절감하고 우주여행의 접근성을 크게 향상시켰다. 이러한 성취는 민간 우주 탐사 산업의 새로운 지평을 열었다.

애플의 설립자 스티브 잡스는 다양한 청중이 이해할 수 있는 역동적인 화법으로 신제품을 출시하면서 그들을 사로잡았다. 머스크는 잡스처럼 정제된 단어를 사용하기보다 즉흥적으로 말하며, 경쟁사를 향한 불만이나 자존심을 건드리는 발언도 가감 없이 내뱉는다. 심지어 말을 반복하거나 더듬기도 하여 집중하기 어려울 수 있다.

솔직히 테슬라 경영진의 발표조차도 지루하고 어려운 공학 수업 같다. 그들은 관련 전문가도 이해하기 어려운 기술들을 쏟아내는 데 몰두한 것 같다. 테슬라를 매우 사랑하거나 머스크의 비전에 대단한 인내심을 가지지 않은 이상 그들이 구상하는 미래를 흥미롭게 듣기에는 무리가 있다.

애플이 로보택시 프로젝트를 포기한 이유는 크게 두 가지일 것이다. 하나는 FSD와 같은 확장 가능한 소프트웨어와 이를 완전히 제어할 수 있는 차량 하드웨어를 대량 생산하는 것이 어렵다고 판단했기 때문일 수 있다.

지금까지 설명한 것처럼 테슬라와 스페이스X의 하드웨어와 소프트웨어의 수직 통합 역량은 결코 만만한 도전이 아니다. 다른 하나는 레벨 5 수준의 로보택시 시대가 아직 멀었다고 판단했기 때문일 것이다.

애플이 자율 주행 산업을 포기했다고 해서 다른 빅테크 기업들도 로보택시 산업을 포기한 것은 아니다. 구글의 웨이모, 아마존의 죽스 등은 현재 업계의 난관에도 불구하고 기술과 인프라의 발전을 통해 결국 로보택시가 널리 채택될 것으로 예상하며 이 분야에 지속적으로 막대한 투자를 하고 있다.

인터뷰:
테슬라 인수에 관심이 있었던 구글
그리고 웨이모 로보택시

구글의 공동 창업자 세르게이 브린^{Sergey Brin}은 머스크가 그의 집에 놀러 가서 잠을 자고 올 정도로 친한 사이였다. 브린이 JB 스트라우벨에게 추천한 사람도 머스크였고, 덕분에 머스크가 티제로를 경험하고 전기차의 가능성을 발견해 테슬라에 투자하게 되었다. 2008년, 테슬라가 위기에 처했을 때 50만 달러를 투자한 사람도 브린이었다.[31]

그러나 구글이 AI 스타트업 딥마인드^{DeepMind}를 인수하는 과정에서 발생한 AI 철학 충돌과 브린의 별거 중인 아내 니콜 샤나한^{Nicole Shanahan}과 불미스러운 일이 있었다는 《월스트리트 저널》의 보도처럼 감정의 앙금이 생기기 전까지 말이다. 샤나한과 머스크는 모두 불륜설을 부인했고, 《월스트리트 저널》은 취재에 자신감을 갖고 있으며 보도를 고수할 것이라고 강조했다.[32]

2013년에 테슬라가 파산 직전에 직면하자 머스크와 당시 구글 CEO 래리 페이지는 구글이 테슬라를 60억 달러에 인수한다는 거래 조건에 합의한 적도 있었다. 이처럼 머스크와 구글은 밀접한 관계였다.[33]

머스크는 딥마인드가 구글에 인수되기 전, 창업자 데미스 허사비스를 스페이스X에 초대했었다. 머스크는 허사비스와 스페이스X 공장을 둘러보면서 AI의 잠재적 위험에 대해 우려를 표명했다.

머스크는 허사비스와의 대화에서 AI가 인류를 화성에서도 파괴할 수 있다는 지적에 깊은 인상을 받아 딥마인드에 투자하기로 했다.[34] 딥마인드가 구글에 인수되자 머스크는 분노했다. 그는 구글이 AI 기술을 마음대로 휘두르지 말아야 한다고 주장하며, 구글이 안전장치 없이 오로지 영리 목적으로 AI에 투자한다고 비판해 왔다. 그러나 구글은 자율 주행에 있어 테슬라보다 더 많은 안전장치를 마련하며 보행자와 승객의 안전에 집중하는 모습을 보였다.

2023년 미국에서 열린 웨이모의 행사장에서는 다양한 로보택시 실물을 확인할 수 있었다. 이 중 '파이어플라이Firefly', 즉 '반딧불'이라는 별명을 가진 첫 번째 프로토타입 차량은 지붕과 측면에 360도를 감지할 수 있는 라이다와 레이더가 장착되어 있었다. 구글은 2009년부터 자율 주행 연구를 시작했으며, 2014년에는 완전 자율 주행 차량의 모습을 탐구하기 위해 파

사진 14-11 웨이모의 프로토타입 차량에도 라이다가 부착됐음을 확인할 수 있었다.
(미국 라스베이거스 컨벤션 센터, 2023)

테슬라 마스터 플랜

이어플라이라는 프로토타입 차량을 제작했다. 이 차량은 실험과 학습을 위한 플랫폼으로써, 모든 방향에서 최대 두 개의 축구장 거리까지 객체를 감지할 수 있는 고급 하드웨어와 소프트웨어를 갖추고 있었다.

파이어플라이의 내부를 보니 운전대나 페달이 없었다. 대신 넓은 내부 공간에 두 개의 좌석, 소지품을 둘 공간, 차량을 시작하고 멈출 수 있는 버튼, 경로를 보여 주는 디스플레이 화면, 그리고 외부를 볼 수 있는 파노라마 창문만이 있었다. 웨이모는 2015년 텍사스주 오스틴에서 파이어플라이를 통해 세계 최초로 완전 자율 주행 공공 도로 주행을 성공적으로 완료했다.

구글 임직원과의 인터뷰에서 밝혀진 바에 따르면, 웨이모는 완전 자율 주행에 성공한 후 자동차 회사가 되는 대신, 기존 생태계를 보완하여 자율 주행 하드웨어와 소프트웨어를 차량 제조사OEM에 제공하는 방향으로 나아가기로 결정했다. 2016년에는 피아트 크라이슬러 자동차FCA와의 첫 자동차 협력을 시작했고, 웨이모가 개발한 종합 자율 주행 시스템 웨이모 드라이버Waymo Driver를 FCA 퍼시피카에 통합하여 크라이슬러 퍼시피카 하이브

사진 14-12 웨이모가 추구하는 자율 주행에 관여한 모든 차량은 모두 라이다가 부착되었음을 확인할 수 있었다. (미국 라스베이거스 컨벤션 센터, 2023)

리드 미니밴에서 레벨 4 자율 주행을 실현했다.

　테슬라는 자율 주행을 위해 인간의 시각을 모방하는 신경망과 결합된 카메라 비전을 사용한다. 이는 인간이 눈으로만 운전할 수 있다면 자율 주행차에도 카메라만으로 충분할 것이라는 생각에서 비롯되었다. 비록 초기에는 약간의 변수를 처리하지 못할 수 있지만, 시간이 지나면서 더 나은 자율 주행을 기대할 수 있다.

　반면, 웨이모의 로보택시는 정확한 3D 지도를 생성하는 고급 라이다 시스템을 사용한다. 이 기술은 레이더와 카메라와 결합되어 높은 안전성과 정확성을 보장하도록 설계되었다. 웨이모는 초기에는 센서 장착 비용이 많이 들지만, 기술 발전과 규모의 경제를 통해 비용을 줄이는 것을 목표로 한다. 로보택시에 라이다를 장착하는 것은 승객 입장에서도 안심할 수 있는 요소다. 다양한 센서가 장착된 차량을 보면 자신을 위험으로부터 보호해 줄 수 있다고 생각하기 때문이다.

테슬라 전기차가
스타링크에 접속한다면 벌어질 일들

존 디어와 캐터필러를 취재하면서 카메라 비전과 도조만으로 온전한 자율주행을 어떻게 구현할지에 대한 궁금증이 생겼다. 지금부터 하는 이야기는 머스크의 발언에 기반한 테슬라와 스페이스X의 가까운 미래에 대한 추측이니 참고만 하길 바란다.

물론 터무니없는 미래를 구상하는 것은 아니다. 머스크에게 스타링크가 테슬라 전기차와 연결될 수 있느냐는 질문이 제기되었고, 그는 그 질문에 긍정적인 답변을 했기 때문이다. 2021년 머스크는 스타링크가 자동차에도 연결될 수 있느냐는 질문에 터미널이 너무 커서 테슬라 차량을 연결할 수는 없다고 했다. 항공기와 선박용이라는 것이다. 그러나 여기에 추가 대상으로 대형 트럭과 RV는 가능하다고 했다.[35] 이를 바탕으로 테슬라 세미와 사이버트럭이 그 대상이 될 수 있다고 예상할 수 있다.

화물 운반용으로 설계된 대형 트럭인 테슬라 세미는 스타링크 터미널을 통합할 충분한 공간과 전력 기능을 갖추고 있어 원격 지역에서의 연결성, 물류 및 추적 기능 향상에 유용하다. 이는 테슬라가 구상하는 호송 모드에도 이론적으로 도움을 줄 수 있다. 북미 트럭은 통신이 원활하지 않은 오지를 이동하는 경우가 많기 때문이다.

SUV 모델 Y보다 큰 크기와 유틸리티 중심의 디자인을 갖춘 사이버트럭은 스타링크 터미널을 수용할 수 있다. 트럭 배드가 있어 터미널을 장착해도 외관상 무리가 없으며, 오프로드 및 거친 환경에서 사용하기에 적합하다. 스페이스X가 터미널의 크기와 전력 요구 사항을 줄인다면, 향후 더 다양한 차량에 적용될 수 있을 것이다.

2022년, 머스크는 2023년에 출시할 스타링크 V2가 휴대전화로 직접 전송하여 전 세계의 음영 지역dead zone을 제거할 수 있다고 했다. 이에 따라 테슬라 차량도 긴급 전화, 문자 등을 위해 스타링크 위성에 직접 연결될 수 있느냐는 질문이 나왔고, 머스크는 그렇다고 답변했다.[36] 전 세계의 데드존을 제거한다는 것은 셀룰러 서비스처럼 전통적인 지상파 네트워크가 약하거나 완전히 사용할 수 없는 지역에서 지속적이고 안정적인 인터넷 서비스를 제공하려는 목표를 의미한다. 데드존은 시골과 같은 외딴 지역, 산, 사막, 울창한 숲 등 인간이 접근하기 어려운 지역과 인터넷 연결을 위한 인프라가 부족한 세계 일부 낙후 지역에서 발견된다.

스타링크와 6G 사이의 관계는 아직 명확히 정의되지 않았지만, 통신 업계에서는 저궤도 위성군의 통신 성능이 6G 활성화에 필수적이라고 본다. 스타링크를 테슬라 전기차에 연결하면, 기술적인 근거에 따라 테슬라의 OTA 기능이 향상될 것이다. 특히 내비게이션, 스트리밍 서비스, FSD 같은 다른 연결성 기능에도 이점을 제공할 것이다. 스타링크는 어디서든 높은 속도의 인터넷 연결을 제공하므로, 이를 테슬라 자동차에 통합하면 펌웨어 업데이트를 더 빠르고 안정적으로 받을 수 있을 것이다. 차량이 네바다 사막 한복판에 있더라도 말이다.

자동차 감가가 심한 이유는 여러 가지가 있지만, 전통적인 자동차의 경

구글은 자동차 내부에 침투해 운전자 데이터를 확보하는 데 혈안인 것 같았다.
(미국 라스베이거스 컨벤션 센터, 2023)

우 자동 긴급 제동 시스템AEB, 차로 이탈 방지 보조LKA, 적응형 주행 제어 ACC 등과 같은 기능이 차량이 출고되는 시점을 끝으로 개선되기가 어렵다는 것이다.

그러나 테슬라가 주도하는 소프트웨어 관점의 OTA와 같은 기술이 등장함으로써 자동차도 스마트폰처럼 서비스 센터에 들르지 않고도 오히려 시간이 흐를수록 더 나은 서비스를 누릴 수 있는 시대를 열었다. 스타링크는 이론적으로 테슬라의 연결성을 더욱 강화할 수 있다.

현재로서는 스타링크와 FSD 같은 기술을 동시에 가진 자동차 제조사는 없다. 머스크가 테슬라와 스페이스X 모두의 CEO이기에 두 회사의 협업을 통해 미래를 예상할 수 있다. 6G 시대는 5G보다 더 빠른 데이터 전송 속도, 더 낮은 지연 시간, 더 넓은 커버리지를 요구할 것이다. 참고로, 1937년에 설립된 GM은 최근 2024년부터 출시할 자동차에 애플 카플레이와 안드로이드 오토를 탑재하지 않겠다고 선언했다. 미국 소비자 78%가 애플 카플레이 기능이 자동차 구매에 중요한 역할을 한다고 했음에도, GM이 애플을 거부한 이유는 무엇일까?

GM은 2024년부터 출시할 쉐보레 블레이저Chevrolet Blazer부터 애플 카플레이 탑재를 거부한다고 알려졌다.[37] GM의 입장에서는 자동차 인포테인먼트와 같은 데이터 창구를 빅테크 기업에 내 주면 하드웨어만 생산하는 하청업체로 전락할 수 있다는 위기감이 커졌을 것이다. 애플과 구글의 입장에서 GM의 행동은 좋게 보이지 않을 것이다. 그들은 대부분의 자동차에 침투해 인터넷 관문을 차지해 왔고, 자율 주행 시장까지 공략하려고 했기 때문이다.

그러나 소비자 관점에서 GM은 애플이 제공했던 것처럼 높은 수준의 AI와 UI를 구현해야 하며, 이러한 소프트웨어를 테슬라처럼 OTA로 항상 최신 상태를 유지할 수 있는 능력을 보여 줘야 한다.

6G 시대가 도래하면 AI를 실현하고 신속하게 배포할 수 있는 능력이 자동차 제조사의 생존 기준이 될 것이다. 구글이 과연 GM의 요구를 얼마나 들어줄지도 관건이다. 양쪽 모두 목표는 자동차라는 플랫폼을 지배하는 것이기 때문이다.

새로운 인포테인먼트 시스템을 공동 개발한다는 계획은 양측 모두에게 기회를 제공하지만, 동시에 양측의 이해관계가 어떻게 조율될지, 그리고 최종 소비자에게 어떤 영향을 미칠지 주목할 필요가 있다. GM의 이러한 전략적 결정이 어떻게 구현될지는 향후 자동차 산업의 기술 트렌드와 사용자 경험에 중대한 영향을 미칠 것이다.

스타링크와 같은 저궤도 위성군은 이러한 요구를 충족시킬 수 있다. 저궤도 위성은 고도가 낮아 지상과의 통신 지연 시간이 짧고, 군집 위성을 통해 지구 전체를 커버할 수 있기 때문이다.

테슬라는 GM이나 애플, 구글과 같은 고민을 할 필요가 없다. 소문만 무성한 애플카 프로젝트와 달리, 테슬라는 자동차를 직접 생산하고, 현존하는 최고의 소프트웨어를 자동차에 탑재하는 능력을 갖췄기 때문이다.

자율 주행 기술이 고도화될수록 자동차에 탑재된 AI를 OTA로 업그레이드할 수 있는 능력이 소비자에게 핵심 차별화 요소로 작용할 것이다. 구매 순간부터 급격한 감가를 막아야 하기 때문이다. 테슬라의 OTA 기술을 경험한 소비자들이 늘어날수록, 다른 회사들도 정기적으로 새로운 기능을 OTA로 추가해야 할 필요성을 느끼게 되었다. 테슬라 덕분에 클라우드 기반 소프트웨어 업데이트 기술이 중요한 시대가 된 것이다.

6G가 도입되면 스타링크와 테슬라 전기차는 여러 가지 방식으로 소비자에게 혜택을 제공할 수 있을 것이다. 6G와 스타링크가 함께 작동하면 더 많은 데이터를 더 빠르게 전송할 수 있어, 소프트웨어 업데이트 불가 지역이 사라지고 자율 주행 기능 향상 및 차량 간 통신에도 긍정적인 영향을 미칠 수 있다.

물론 이러한 시나리오는 테슬라와 스페이스X가 앞으로도 역경을 견뎌내고, 이 두 기업을 이끄는 머스크의 행보가 계속될 때만 가능하다.

인류의 미래를 선도하는
도전의 기록

더는 테슬라 현상을 부정할 수 없다

다시 테슬라 프리몬트 공장으로 돌아가 테슬라 설립 이전의 역사부터 마스터 플랜이라는 중장기적인 미래까지 돌아보자. 이곳은 테슬라가 인수하기 전까지 토요타와 GM이 생산한 내연 기관 차량으로 가득했다. 이제 그 자리에는 150kW로 붉게 표시된 수퍼차저가 설치되어 격세지감을 느끼게 한다.

수퍼차저만 봐도 시장 공략 과정에서의 험난한 도전이 드러난다. 2017년 7월, 일론 머스크는 6,124개의 수퍼차저를 2018년 말까지 18,000개 이상으로 늘리겠다고 선언했다. 이 야심 찬 계획은 당시 많은 사람에게 지나치게 낙관적이거나 비현실적으로 보였다.

그러나 생산 지옥을 겪은 모델 3, 화성에 보내려는 사이버트럭, 대량 생산이 불가능해 보였던 세미 트럭, 완전 자율 주행을 목표로 하는 FSD, SF 영화에서나 볼 법한 로봇 옵티머스 등 머스크의 공격적인 선언은 초기 예상보다 늦었지만 상당한 진전을 이루었다. 이는 부정할 수 없는 역사다.

2023년 기준, 전 세계에는 45,000개 이상의 수퍼차저가 있으며, 최고 충전 속도는 250kW로 매우 빠르다. 테슬라 차량은 고객의 집을 벗어나면 수퍼차저를 포함해 80,000개의 충전 포인트 중 하나를 이용할 수 있다. 테슬라는 지난 10년 동안 충전 인프라를 구축하며 뉴욕에서는 동종 업계 대비 최대 75% 저렴한 설치 비용을 달성했다. 이제 미국에서 수퍼차저에 도달할 수 없는 곳은 거의 없다.

나아가 테슬라는 인베스터 데이를 맞아 글로벌 차원에서 수퍼차저 네트워크를 개방했다. 당시 유럽에 있는 수퍼차저 50% 이상이 다른 브랜드의 전기차들에 개방되었고, 아시아 태평양 지역에서는 호주에서 첫 수퍼차저를 설치했다. 발표 전날에는 미국 10곳의 수퍼차저 충전소를 처음으로 다른 전기차에 개방했다.[1]

2009년 6월 23일, 미국 에너지부는 배기가스 배출 감소를 위해 친환경 차량 개발에 지원금을 제공했다. 당시 《블룸버그》는 정부로부터 60억 달러를 받은 포드와 16억 달러를 받은 닛산은 지속 가능성이 있다고 판단했지

한때 토요타, GM 등 내연 기관 차량이 가득했던 자리에 수퍼차저가 눈에 띄었다.
(미국 캘리포니아 테슬라 프리몬트 공장, 2023

만, 작은 전기차 스타트업인 테슬라가 4억 6,500만 달러를 받은 것은 위험한 내기라며 회의적이었다.[2]

하지만 이제 전 세계 언론과 기업은 머스크가 방문하는 국가에서 어떤 일이 벌어지는지 주목하고 있다. 2024년 4월 인도를 방문하기로 했던 머스크가 중국 베이징을 깜짝 방문해 서방과 인도를 놀라게 했던 것처럼 말이다.

작년 한 해 전기차 관련 뉴스를 살펴보면 충전 문제, 화재 발생, 배터리 처리, 화석 연료 의존, 경제적 이점 등에 대한 부정적인 보도를 쉽게 발견할 수 있다. 특히 전통 업계의 광고 수익을 기대하는 언론사들에게 테슬라는 공공의 적이다. 그들의 주장대로 전기차 시대가 멈춘 것일까? 여기까지 여정을 함께 했다면, 적어도 우리나라와 일본을 벗어나면 그렇지 않다는 것을 알 수 있다.

올라프 숄츠 총리가 이끄는 독일 정부는 앙겔라 메르켈 정부 때 발생한 디젤 게이트와 다르다는 것을 보여 주려는 모양새다. 독일 정부는 2023년 9월, 향후 4년간 320억 유로의 법인세 감면을 승인하며 중국발 전기차 경쟁에 발 빠르게 대응하려고 한다. 동시에 전국적으로 전기차 충전소를 대폭 확장할 계획도 발표했다.

세 차례나 퓰리처상을 수상한 토머스 프리드먼은 저서 《코드 그린: 뜨겁고 평평하고 붐비는 세계Hot, Flat, and Crowded》에서 기후 변화 부정론자들을 세 부류로 나누었다.[3] 첫째, 화석 연료 산업의 이익을 대변하여 인간의 영향을 부정하는 이들, 둘째, 과학적 증거에도 불구하고 인간의 활동이 주된 위협이 아니라는 결론을 내리는 소수의 과학자들, 셋째, 정부 규제를 반대하는 이유로 기후 변화의 실체를 인정하지 않으려는 보수적 집단이다. 이들은 기후 변화 논의를 정치적 문제로 치부하며 과학적 사실을 왜곡한다. 미국 제45대 부통령 앨 고어가 기후 위기를 강조하며 대중의 위기의식을 일깨웠지만, 반대파들은 그의 주장을 음모론으로 치부하며 과학적 사실조차 부정했다.

17년이 지난 지금도 이러한 지적은 유효하다. 하지만 달라진 점은 당시에는 오늘날과 같은 테슬라가 없었고, 기후 위기를 더욱 정교하게 분석하는 AI가 발전하고 있다는 것이다. 전기차를 구매하는 사람들의 경제 상황이 좋지 않더라도, 전기차 시대는 멈추지 않고 다가오고 있다. 여기까지 테슬라에 관한 여정을 살펴봤다면 이제 스페이스X로 시선을 돌릴 때다.

인류 역사상 최다 로켓 발사 신기록 달성

프란츠 폰 홀츠하우젠이 스페이스X 공장을 방문해 충격을 받은 것처럼, 머스크를 온전히 이해하려면 스페이스X의 존재를 파악해야 한다. 폰 홀츠하우젠이 스페이스X의 로켓들을 보고 전기차 도전이 상대적으로 쉬워 보인 것처럼 말이다.

스페이스X 설립 초기의 어려움과 이를 극복하는 과정을 돌이켜보면, 국가도 쉽게 감당할 수 없는 대상이다. 머스크의 지인들은 그의 안전을 염려해 로켓 발사 도전을 멈추라고 조언했다. 실리콘 밸리의 유명 기업가 피터 디아만디스는 2000년 무렵부터 머스크를 만났고, 스페이스X 설립을 말리려 했다.[4] 그동안 많은 사람이 로켓 발사 도전에서 목숨을 잃었고, 여러 기업이 실패했기 때문이다. 머스크는 도전을 멈추지 않으면 빈털터리가 될 것이라는 경고를 자주 들었다고 한다.[5]

2008년 12월, 배우 데니스 호퍼Dennis Hopper의 저택에서 열린 할리우드 힐The Hollywood Hill 연말 파티에 머스크가 발표자로 참석했다.[6] 영화, 텔레비전, 음악 산업 종사자 등 300명은 크게 관심을 주지 않고 지나갔다. 발표 중에도 일부 사람들이 문을 열고 나가기도 했다. 지금으로서는 상상도 할 수 없는 광경이었다.

그 당시 참가자 중 누가 10년 후 머스크가 제프 베이조스와 세계 최고의 부자 자리를 두고 경쟁할 줄 알았을까? 단순한 부자로 성공했다면 이 책은 존재하지 않았을 것이다. 명찰을 달고 있어야 알아볼 수 있었던 머스크는 그 자리에서 스페이스X의 비전을 소개했다. 완전히 재사용할 수 있는 궤도 로켓만이 발사 비용을 줄일 수 있으며, 팰컨 9 로켓의 성공이 인류의 다행성 종족으로의 진화를 가능하게 한다고 강조했다.

2023년, 스페이스X를 제외한 모든 기업은 18번 발사를 시도해 13번만 성공했다. 2위인 중국은 67회 시도 후 66회 성공, 3위인 러시아는 19회 시도해 모두 성공했다. 중국과 러시아는 정부 기관이 발사를 주도한다. 전 세계 어느 정부 기관이나 민간 기업도 한 해에 96회 이상 로켓 발사에 성공한 적이 없으니, 현재로서는 머스크의 팀이 압도적으로 앞서 있다. 2023년 한 해에만 팰컨 헤비는 5번 발사되며 초대형 리프트 발사체Super heavy-lift launch vehicle 발사 기록도 경신했다(종전 기록은 1972년 NASA의 새턴 5가 세운 3회다).

20년이 흘러, 디아만디스는 머스크를 초대해 기적 같은 도전에 성공한 테슬라와 스페이스X 이야기를 나눴다. 이는 아이러니하다. 실리콘 밸리의 혁신가조차 머스크를 온전히 파악하기 어려웠다. 그렇다면 대부분 사람은 테슬라와 스페이스X의 역사와 성과를 상당히 오해하고 있지 않을까?

이 문제를 해결하기 위해 2016년부터 미국, 중국, 독일, 일본에서 머스크의 영향력을 추적했다. 그가 성공한 창업가로서의 삶에 만족했다면 이 책을 쓰지 않았을 것이다. 많은 이들이 그를 단순히 전기차와 우주 기업가로 오해하지만, 그의 진정한 목표는 인류를 화성에 보내는 것이다. 스페이스X 설립과 화성 진출이라는 목표는 과학적 호기심을 넘어 인류의 미래와 행성 너머의 가능성을 탐색하는 큰 그림의 일부다.

2010년에 머스크가 스페이스X 본사를 소개하는 장면에서 회의실에 걸린 로버트 고다드^{Robert Hutchings Goddard}의 사진이 눈에 띈다. 그는 미국의 로켓 공학자로 1926년에 액체 연료로 추진되는 최초의 실험 로켓 발사에 성공했다. 머스크는 고다드의 이념을 계승하며, 도전이 무모함이 아닌 진보로 가는 길임을 보여 준다. 이제 우리는 이 비전을 바탕으로 더 넓은 우주를 향한 꿈을 꿀 준비가 되어 있다.

감사를 전하며

이 여정을 가능하게 하는 힘은 인내해 준 사랑하는 아내와 양가 부모님, 동생들, 특히 편집을 도와주신 아버지, 그리고 이 책이 빨리 끝나길 바란 세상에서 제일 소중한 딸 다인이와 사랑하는 조카 은우 덕분이다. 〈테큐멘터리〉 유튜브 채널 운영에 도움을 준 박관재 매니저 등 경기도 콘텐츠 진흥원, 글로벌 채널 런칭의 영감을 준 유튜브 컨설턴트 주힘찬, 김한비 등 234 콤비네이터 공동 설립자들의 응원도 큰 도움이 되었다. 콘티넨탈 오토모티브, 코오롱, 한국엑셀러레이터협회, 서울대, 한양대 등에서 만난 여러 임직원과 청년 기업가들, 기업 심사를 믿고 맡긴 투자자들, 세계 여러 행사에서 다양한 질문에 친절하게 답변해 준 테슬라, 아마존, 구글, 존디어, 마이크로소프트, BMW, 폭스바겐, 훼스토, 토요타 등 임직원들, 특히 오랜 인내로 기다려 준 구준모 팀장, 계약한 것보다 많은 원고를 편집한 고병찬 편집자 등 처음북스에 감사하다.

– 이선

참고 문헌 및 출처

『테슬라 마스터 플랜』의 참고 문헌 및 출처는
QR을 통해 웹페이지에서 확인하실 수 있습니다.